COUR DES PAIRS.

ATTENTAT DU 28 JUILLET 1835.

RAPPORT

FAIT A LA COUR

PAR M. LE COMTE PORTALIS.

PARIS.
IMPRIMERIE ROYALE.

M DCCC XXXV.

COUR DES PAIRS.

SÉANCES

DU 16 NOVEMBRE 1835 ET JOURS SUIVANTS.

RAPPORT

FAIT À LA COUR PAR M. LE COMTE **PORTALIS**, L'UN DES COMMISSAIRES[1] CHARGÉS DE L'INSTRUCTION DU PROCÈS DÉFÉRÉ À LA COUR DES PAIRS, PAR ORDONNANCE ROYALE DU 28 JUILLET 1835.

MESSIEURS,

Constitués en Cour de justice, vous poursuiviez avec constance l'accomplissement d'un de vos plus pénibles et de vos plus importants devoirs; la solennité des fêtes établies par la loi pour la célébration de l'anniversaire des journées de juillet 1830 avait pu seule interrompre le cours de vos travaux, lorsqu'un attentat inouï vint nécessiter un nouvel appel à votre haute juridiction. Le plus grand des forfaits n'était point consommé. Le Roi et ses fils avaient été préservés, mais de nombreuses victimes étaient tombées, et parmi elles nous avons à

[1] Les commissaires étaient M. le Baron PASQUIER, Président de la Cour, et MM. le duc DECAZES, le comte DE BASTARD, le comte PORTALIS, le maréchal comte MOLITOR, le comte DE MONTALIVET, GIROD (de l'Ain), le baron DE FRÉVILLE, et le président Félix FAURE, commis par M. le Président.

regretter un de nos plus illustres collègues, un vaillant et glorieux Maréchal, dont le sang, tant de fois épargné, durant les fureurs de la guerre, par le fer des ennemis, a été si déplorablement répandu, au sein de la paix, par un lâche assassinat.

Le 29 juillet, par l'ordre du Roi, M. le Garde des sceaux apporta à la Chambre des Pairs et déposa sur le bureau une ordonnance rendue la veille[1], par laquelle Sa Majesté ordonnait *que la Chambre des Pairs, constituée en Cour de justice, procéderait, sans délai, au jugement de l'attentat contre la personne du Roi et contre les Princes de sa famille, commis dans le cours de la journée du 28 juillet.* Cette ordonnance désignait M. Martin (du Nord), procureur général près la Cour royale de Paris, assisté de M. Franck-Carré, avocat général près la même Cour, pour remplir les fonctions du ministère public, et chargeait le garde des archives de la Chambre et son adjoint de remplir les fonctions de greffier près la Cour des Pairs.

Cette ordonnance, régulière dans la forme, était rendue en exécution de l'article 28 de la Charte et de l'article 86 du Code pénal.

La Chambre, après en avoir entendu la lecture, se constitua, séance tenante, en Cour de justice. Le procureur général du Roi lui soumit, à l'instant même, un réquisitoire *renfermant plainte contre les auteurs et complices de l'attentat contre la personne du Roi, commis dans la journée de la veille*, et tendant à ce qu'il fût immédiatement procédé à une information sur les faits relatifs à cet attentat. De suite, et sans désemparer, la Cour, après en avoir délibéré, statua sur le réquisitoire

[1] Ordonnance du Roi du 28 juillet 1835.

du procureur général et ordonna *que, par M. le Président de la Cour et par tels de MM. les Pairs qu'il lui plairait commettre pour l'assister et le remplacer, en cas d'empêchement, il serait, sur-le-champ, procédé à l'instruction du procès, pour, ladite instruction faite et rapportée, être par le Procureur général requis, et par la Cour ordonné ce qu'il appartiendrait*[1].

M. le Président a commis, pour l'assister et le remplacer, au besoin, dans l'instruction ordonnée par la Cour, huit de ses membres; il s'est associé, par plusieurs délégations et commissions rogatoires, divers juges d'instruction de Paris[2] et des départements. Ces magistrats ont répondu à sa confiance par leur zèle, et se sont montrés dignes de leur mission par leur discernement et leur habileté. Mais c'est surtout M. le Président qui a été l'âme de cette vaste procédure; il a tout dirigé, tout vu, tout examiné; il l'a rendue complète dans toutes ses parties : on peut dire qu'elle est son ouvrage.

C'est de cette instruction, Messieurs, que nous venons aujourd'hui vous rendre compte.

Trois mois ont été consacrés aux informations nécessaires pour arriver à la connaissance de la vérité. Il ne s'agissait pas seulement de découvrir les coupables auteurs de cette épouvantable combinaison qui voulait arriver au régicide par le massacre; il s'agissait encore de rétablir la sécurité publique. Il fallait qu'une recherche approfondie des faits et de leurs causes rassurât le pays; soit qu'en dévoilant les complots ténébreux et les desseins criminels dès longtemps couvés par les passions

[1] Arrêt de la Cour des Pairs du 29 juillet.

[2] Les magistrats de Paris délégués par M le Président, pour l'affaire du 28 juillet, sont MM. *Zangiacomi*, *Gaschon*, *Legonidec* et *Jourdain*, juges d'instruction.

et les haines politiques, elle eût pour résultat d'en préserver l'avenir; soit qu'en démontrant que le forfait du 28 juillet, œuvre solitaire de la frénésie d'un scélérat, n'avait rien de symptomatique, elle le réduisît à la simple apparition d'un de ces phénomènes effrayants qui viennent, de temps à autre, humilier notre orgueil, en reculant les bornes de la perversité humaine.

Rien n'a été négligé ni omis dans un si grand intérêt. On sentait, sans doute, combien une prompte justice pouvait être utile; mais les inconvénients d'une instruction incomplète et d'un jugement précipité n'étaient pas moins manifestes. En matière de crimes d'Etat, quand on envisage la tranquillité publique troublée, les lois foulées aux pieds, les intérêts et la sûreté de tous en péril, il semble que la justice ne peut être rendue avec trop de célérité, tant il paraît urgent, dans l'intérêt commun, que le châtiment suive de près une si grave offense. Mais quand on vient à penser aux soupçons inquiets, aux craintes vagues qui s'emparent de la société tout entière; aux dangers d'une occasion si facile donnée à l'esprit de parti d'emprunter le voile d'un faux zèle, pour compromettre ou accabler ses ennemis; enfin, à la timidité, à l'hésitation, ou même à la fausse délicatesse qui s'emparent trop souvent de ceux qui savent ou qui ont vu, et qui seuls peuvent rendre témoignage à la vérité, on reconnaît qu'une sage lenteur n'est pas moins recommandée au nom de l'innocence et de la justice. C'est en présence de ces hautes considérations; c'est en cherchant à maîtriser la douleur et à contenir l'indignation, dont tous les bons Français ont été saisis à l'aspect d'un crime qui accumule tant de crimes en un seul, qu'il a été procédé.

Les circonstances ne nous ont pas permis d'attendre que la procédure fût complète pour commencer notre travail et le coordonner dans toutes ses parties sur un plan général; elles ont déterminé la méthode que nous avons suivie. Comme nous avons dû nous mettre à l'œuvre pendant que l'on procédait encore, notre rapport sera en quelque sorte le journal de l'instruction.

Nous vous devons le récit exact des faits qui sont établis, avec plus ou moins d'évidence, par les divers documents dont l'instruction se compose. En développant ces faits, nous indiquerons soigneusement les traces qu'ils ont laissées après eux; nous rappellerons les dépositions de ceux qui en ont été les témoins, ou qui, sans avoir vu le fait en lui-même, ont pu voir les circonstances qui l'ont précédé, accompagné ou suivi; en un mot, nous vous présenterons tous les éléments de la procédure.

Vous les pèserez dans votre conscience; votre conviction naîtra d'un mûr examen : elle qualifiera les faits et réglera votre compétence; elle appréciera la part apparente que chacun des inculpés a probablement prise au crime, et prononcera sur l'accusation.

Avant tout, nous tâcherons, Messieurs, d'être narrateurs fidèles. En analysant les interrogatoires des prévenus et les dépositions des témoins, nous nous efforcerons d'en conserver le caractère, et nous reproduirons ces paroles pleines de mouvement et de vie ou empreintes d'originalité qui laissent lire, sans milieu, dans l'âme des interlocuteurs : car d'un mot, échappé à la plénitude du cœur, jaillit quelquefois une vive lumière, et la naïveté de son langage recommande souvent la véracité d'un témoin qui ne se souvient qu'à demi, tandis que les souvenirs trop complets et le récit circonstancié d'un autre inspirent moins de confiance et commandent un examen plus scrupuleux.

Le mardi 28 juillet, second jour du cinquième anniversaire de la révolution de 1830, le Roi, entouré de l'élite des citoyens armés pour le maintien de l'ordre public et des lois, venait renouveler, en quelque sorte au milieu d'eux, l'étroite et sainte alliance du trône et de la liberté. Il passait la revue de la garde nationale parisienne et des troupes de ligne, entouré des Princes ses fils.

La vigilance de l'administration était stimulée par divers avis. Elle avait été informée que des armes à feu, dirigées sur la personne du Roi, devaient faire explosion d'une maison située sur le boulevart Saint-Martin. Ce quartier était surveillé avec soin. Dès trois heures du matin, les inspecteurs du service de sûreté l'avaient parcouru. Un détachement d'agents de police, munis d'armes, placés en dehors de la ligne militaire, précédait le Roi de quelques pas, et avait pour consigne d'observer attentivement les croisées, d'arrêter la marche du cortége au moindre signe menaçant, et de traverser pour cela, s'il en était besoin, les rangs de la troupe [1].

Accompagné de plusieurs de ses Ministres [2] et d'un nombreux état-major, le Roi achevait de parcourir les rangs de la seconde ligne d'infanterie. Il arrivait au boulevart du Temple; les tambours battaient aux champs. MM. le duc *d'Orléans*, le duc *de Nemours* et le prince *de Joinville* étaient près de lui [3]. Une foule de toute condition, de tout sexe, de tout âge, se pressait aux fenêtres des maisons et dans les contre-allées du boulevart. Il était midi [4], midi et demi, entre midi et une heure. Le

[1] Déposition de *Villiers*, 17 août; déposition de *Morel*, 17 août.

[2] M. le duc *de Broglie*, Président du conseil; M. le maréchal *Maison*, Ministre de la guerre; M. *Thiers*, Ministre de l'intérieur.

[3] Déposition de *Doreille*, 28 juillet; déposition de *Laimbourg*, 28 juillet; déposition de *Placaud*, 8 août.

[4] Déposition de *Cochot*, 28 juillet; déposition de *Boquet*, 28 juillet.

cri de *vive le Roi*[1] de toutes parts répété, signalait le passage de Sa Majesté.

Le Roi se trouvait devant le front de la 8e légion de la garde nationale, à la hauteur du quatrième arbre[2] qui précède, sur ce point, la grille d'entrée du Jardin Turc. Il était en avant de son escorte, de plus d'une longueur de cheval. Le maréchal duc *de Trévise* se trouvait à sa suite, en tête de l'état-major. Subitement une forte détonation retentit[3] : on croit entendre un grand nombre de pétards[4], une fusillade, plusieurs coups de feu[5], trois explosions successives : on dirait un feu de peloton mal exécuté. A l'instant, autour du Roi, un grand vide se fait[6], sur la chaussée du boulevart[7]. Le pavé est inondé de sang, jonché de morts, de blessés, de chevaux gisants auprès de leurs maîtres. Le maréchal duc *de Trévise*[8], six généraux, deux colonels[9], neuf officiers, grenadiers ou autres citoyens faisant partie de la garde nationale[10], un officier d'état-major, de simples spectateurs, hommes, femmes, enfants, au nombre de vingt et un, sont frappés[11] plus ou moins grièvement[12]; onze tombent sans vie; de ce nombre est une

[1] Déposition de la femme *Bouillieau*, 6 août; déposition de *Berranger*, 14 août; déposition de *Martin*, 29 juillet.
[2] Déposition de *Besson*, 30 juillet.
[3] Déposition de *Vitel*, 28 juillet; déposition de *Renniau*, 28 juillet.
[4] Déposition de *Pigeaux*, 1er août; déposition de *Berranger*, 14 août; déposition de *Dranguet*, 28 juillet.
[5] Déposition de *Vié*, 28 juillet; déposition de *Placaud*, 28 juillet; déposition de *Boquet*, 28 juillet.
[6] Déposition de *Besson*, 30 juillet.
[7] Déposition de *Pélissier*, 7 août et 28 juillet.
[8] Déposition de *Martin*, 29 juillet.
[9] Déposition de *Dorcille*, 28 juillet; dépositions de *Laimbourg*, 28 juillet et 7 août; déposition de *Perrot*, 29 juillet; déposition de *Martin*, 29 juillet; déposition de *Veyssier*, 6 août.
[10] Déposition de *Veyssier*, 6 août; déposition de *Berranger*, 14 août.
[11] Dépositions de *Ledhernez*, 28 juillet; de *Besson*, 30 juillet.
[12] Dépositions de *Ragon*, 7 août; de la femme *Huguenin*, 12 août.

jeune fille de seize ans; sept ne survivent que peu d'heures ou peu de jours[1]. Un serrurier en bâtiment, nommé *Ledhernez*, sa femme et sa belle-sœur, sont renversés et

[1] *État des personnes mortes par suite de l'attentat du 28 juillet 1835.*

1. M. le maréchal MORTIER, duc *de Trévise*	Morts le 28 juillet.
2. M. le comte VILATTE, capitaine d'artillerie	
3. M. RIEUSSEC, lieutenant-colonel de la 8e légion	
4. M. LÉGER, grenadier au 1er bataillon de la 8e légion	
5. M. RICARD, grenadier au 1er bataillon de la 8e légion	
6. M. PRUDHOMME, sergent de grenadiers, 1er bataillon de la 8e légion	
7. M. BENETTER, grenadier dans la 8e légion	
8. M. JUGLAR, garde national, 8e légion	
9. M. ARDOUINS	
10. Dlle RÉMY, âgée de 16 ans	
11. Dme LAGORÉ	
12. M. le général LACHASSE DE VÉRIGNY	Morts le 29 juillet.
13. M. le colonel RAFFÉ	
14. M. LABROUSTE, receveur des contributions, à Paris	Mort le 30 juillet.
15. Dlle Rose ALIZON	Morts le 23 août.
16. M. LECLERC	
17. Dme BRIOSNE	Morte le 27 août.
18. Dme LEDHERNEZ	Morte le 10 sept.

État des personnes blessées par suite de l'attentat du 28 juillet 1835 [1].

1. M. le général comte DE COLBERT.
2. M. le général baron BRAYER.
3. M. le général PELET.
4. M. le général BLEIN.
5. M. le général HEYMÈS.
6. M. CHAMARANDE, sergent de la garde nationale, 1er bataillon, 8e légion.
7. M. MARION, capitaine de la garde nationale, 8e légion.
8. Dme HÉBERT, veuve ARDOUINS (son mari tué à ses côtés).
9. M. André GORET, âgé de 13 ans.
10. M. CHAUVIN, garde national.
11. M. ROYER, grenadier, 1er bataillon, 8e légion.
12. M. VIDAL, âgé de 16 ans.
13. M. DELÉPINE, jardinier.
14. Dlle Clotilde FRANÇOIS, domestique.
15. M. LEDHERNEZ, serrurier.
16. Dme LEDHERNEZ de MÉRY.
17. M. AMAURY, cocher.
18. M. BONNET, garçon boulanger.
19. M. BARATON, ouvrier.
20. M. ROUSSEL, journalier.
21. M. FRACHEBOND, bijoutier.
22. M. VOGEL, imprimeur sur étoffes.

[1] M. le maréchal MOLITOR a eu son cheval grièvement blessé sous lui.

blessés sur la contre-allée du boulevart, au moment où le Roi passait devant eux[1]. Diverses personnes sont atteintes dans la direction du gros arbre placé entre la maison n° 33 *bis* et la porte du Jardin Turc, près de la boutique du coutelier *Dumont*[2]. Une balle n'atteint heureusement qu'à la surface le front du Roi, où elle a cependant laissé des traces qui ont duré plusieurs jours. La Providence, qui dans cette journée a si miraculeusement veillé sur les destinées de la France, n'a pas permis que l'atteinte fût plus profonde. Le cheval de Sa Majesté est frappé à la partie supérieure de l'encolure. Les chevaux de M. le duc de *Nemours* et de M. le prince de *Joinville* sont pareillement blessés[3], l'un au jarret, l'autre dans le flanc.

De tous les côtés on s'écrie : *Le Roi est mort*[4], *on assassine le Roi*[5] *!* A la voix de ses chefs, la garde nationale se porte en avant[6]. Cette foule, naguère si tranquille et si joyeuse[7], se disperse épouvantée[8], en poussant des cris d'alarme et de douleur[9]. Au milieu de ce désordre inexprimable, le Roi, déchiré à l'aspect de tant de regrettables victimes, mais surmontant son émotion[10], se porte sur la gauche de la compagnie des voltigeurs du 4e bataillon de la 8e légion[11]: il la rassure par sa présence et ses paroles; et, après une courte halte[12], il reprend sa marche et continue la revue[13],

[1] La femme *Ledhernez* est morte le 10 septembre, à la suite d'une amputation nécessitée par ses blessures.
[2] Déposition de *Dumont*, 30 juillet; déposition de *Prevost*, 30 juillet.
[3] Déposition de *Koutz*, 23 octobre; déposition de *Villate, idem*.
[4] Déposition de *Sauvey*, 17 août.
[5] Déposition de *David*, 13 août.
[6] Déposition de *Sidrac*, 1er août.
[7] Déposition de *David*, 13 août.
[8] Déposition de *Sacré*, 7 août.
[9] Déposition de *Renniau*, 7 août.
[10] Déposition de *la femme Huguenin*, 12 août.
[11] Certificat de *ces voltigeurs*, 31 juillet.
[12] Déposition de *Ragon*, 7 août.
[13] Déposition de *Besson*, 30 juillet.

comme si une grêle de balles et de mitraille n'avait pas, à l'instant même, fait pleuvoir la mort autour de lui et de ses augustes fils.

Cependant, en face du Jardin Turc, au troisième étage d'une maison portant sur le boulevart le n° 50, et dont la porte d'entrée est située entre le café des *Mille-Colonnes*, ou café *Périnet*, et le café *Barfety*, on avait aperçu la jalousie d'une fenêtre se soulever et laisser échapper des tourbillons d'épaisse fumée[1] : c'était de là qu'étaient partis les coups meurtriers. En une minute, la maison fut investie ; les agents de police, les gardes nationaux, des officiers de la suite du Roi, se précipitèrent à l'envi, pour y pénétrer et saisir, s'il se pouvait, en flagrant délit, les auteurs d'un si abominable attentat. La porte de cette maison a-t-elle été ouverte volontairement par la portière[2]? a-t-il suffi du moindre effort pour l'ouvrir[3]? a-t-elle été enfoncée par un sergent de ville[4]? par un ou plusieurs gardes nationaux[5]? c'est ce qui ne résulte pas clairement de l'instruction. Toutefois, le plus grand nombre des témoins qui ont déposé sur ce fait s'accordent à dire que cette porte n'a cédé qu'à l'effort des gardes nationaux, soit qu'ils l'aient enfoncée, soit qu'ils en aient brisé la serrure.

Une pareille incertitude n'existe pas sur la manière dont on est entré dans l'appartement du troisième étage. Il a fallu employer la force, et une vive force pour s'y

[1] Déposition de *Boquet*, 28 juillet; déposition de *Besson*, 30 juillet.

[2] Déposition de *Fromageau*, 10 août; dépositions de *Salmon*, 29 juillet et 8 août.

[3] Déposition de *Dautrèpré*, 2 août.

[4] Déposition de *Lefebvre*, 1er août.

[5] Déposition de *Cuvillier*, 28 juillet et 7 août; déposition de *Membré*, 10 août; déposition de *Mangin*, 6 et 8 août; déposition de *Ferlay*, 10 août; déposition de *Brière*, 10 août.

introduire. La porte de la seule pièce qui s'ouvre sur l'escalier était soigneusement fermée et barricadée. Des canons de fusil employés en guise de leviers, des crosses[1] servant de maillets ou de marteaux, l'ont enfoncée sous l'effort de plusieurs assaillants, presque tous sortis des rangs de la garde nationale.

L'appartement dans lequel tant de zélés citoyens, conduits par l'horreur du crime et le désir d'en assurer la punition, firent à la fois irruption, est composé de quatre pièces[2]. Celle qui sert d'antichambre, et qui donne sur le palier de l'escalier, reçoit la lumière par une fenêtre qui s'ouvre sur le toit du café des *Mille-Colonnes*. La seconde est située à droite de la première, dans laquelle elle a son entrée; elle était destinée à servir de cuisine; une seule fenêtre l'éclaire, elle a vue sur la cour intérieure de la maison : une ouverture carrée perce le plafond de cette pièce, et sert d'accès au grenier qui en dépend; on montait habituellement à ce grenier par une échelle.

En face de la porte de l'antichambre ouverte sur l'escalier, s'ouvre la porte de la troisième pièce. Comme la première, cette pièce est éclairée par une fenêtre qui donne sur le toit du café des *Mille-Colonnes;* on a de cette fenêtre une vue oblique sur le boulevart. Ces trois pièces étaient absolument dépourvues de tout mobilier. Dans la seconde se trouvaient, çà et là, une corde, des copeaux, un chapeau de feutre gris à coiffe verte, une échelle renversée. La quatrième pièce s'ouvre, en enfilade sur la troisième, par une porte vitrée. Elle a deux

[1] Déposition de *Fromageau*, 10 août.

[2] *Description de l'appartement du nommé* GIRARD, *par M. le juge d'instruction Legonidec*, en date du 28 juillet.

Procès-verbal de description des lieux de la maison située boulevart du Temple, n° 50, etc., par le commissaire de police Haymonet, en date du 28 juillet.

fenêtres; l'une, donnant comme les précédentes sur le toit du café des *Mille-Colonnes*, est oblique au boulevart; l'autre s'ouvre directement sur le boulevart, en face du Jardin Turc; toutes les deux étaient garnies de jalousies. C'était là nécessairement le lieu et le repaire du crime.

Un nuage d'une fumée dense, exhalant une forte odeur de poudre, empêcha d'abord d'avoir une vue distincte des objets. Malgré la chaleur de la saison, du jour, de l'heure de la journée, un feu très-ardent brûlait dans la cheminée; de la paille enflammée, un tison fumant et embrasé, gisaient sur le plancher, près d'un ciseau, d'une gouge, d'un vilebrequin, d'une vrille, d'un éclat de fer. Le sol, couvert de morceaux de verre, de fragments de canons de fusil, était souillé d'un sang fluide et fraîchement répandu. Dans un endroit voisin du mur, et près de la porte, une mare de sang en caillots semblait indiquer qu'un homme grièvement blessé y était tombé. Là se trouvait un bougeoir en cuivre, garni d'une chandelle récemment éteinte. Les vitres étaient brisées, le châssis de la jalousie, dépendant de la fenêtre qui donnait sur le boulevart, démonté; cette jalousie, violemment arrachée; plusieurs de ses lames, éparses çà et là, circulairement perforées. Une large traînée sanglante, longue de six pieds, souillait le papier de tenture, déchiré sur plusieurs points, où le mur mis à nu portait l'empreinte des balles, des éclats de canon de fusil, et même des vis qui l'avaient récemment endommagé.

Devant la fenêtre, *un bâtis en bois de chêne*, de trois pieds et demi de hauteur, s'élevait sur quatre montants ou chevrons à vis, munis de sept traverses. Les traverses étaient de grosseurs différentes; les plus rapprochées de la croisée se trouvaient de moindre proportion. La plus haute de toutes, qui était placée derrière, sans être précisément mobile, pouvait, au moyen des vis qui la retenaient, s'élever ou s'abaisser à volonté, selon la direction qu'on voulait imprimer à la machine. En ce moment, elle était posée obliquement à la croisée, de manière à faire face au cortége du Roi, venant de la porte Saint-Martin et se dirigeant vers la place de la Bastille. D'un côté, la machine n'était qu'à un pouce du mur, de l'autre, elle en était distante de douze à quatorze pouces. Elle avait supporté vingt-quatre canons de fusil, disposés en plan incliné vers le boulevart : l'inclinaison ou la déclivité était de neuf à dix pouces. Ces canons de fusil semblaient avoir été fixés sur *le bâtis* à l'aide de deux bandes de fer, retenues à leurs extrémités par des vis; ils reposaient sur deux traverses crénelées. Les créneaux, au nombre de vingt-cinq ou de vingt-quatre (nous reproduisons ici les variations des témoins oculaires, depuis rectifiées par l'examen que nous avons fait nous-mêmes de la machine), étaient distants l'un de l'autre de quatre à six lignes. Sur chacun de ces créneaux était adapté un canon de fusil, attaché par une corde neuve de la grosseur du petit doigt. La culasse des canons reposait sur la traverse la plus élevée.

Douze, *quinze* ou *seize* canons, fumants, brûlants, ensanglantés, étaient encore dans leurs embrasures : *quatre*, *cinq*, *six*, crevés au tonnerre ou éclatés vers la culasse, étaient à terre, fracassés. Deux n'avaient pas fait feu; quelques témoins avaient dit trois. On en a trouvé un autre dans une armoire et sous de la paille; il paraît n'avoir pas été employé. Deux des canons crevés au tonnerre contenaient encore une partie considérable de leur charge. Ce lieu de désolation était désert.

Nous devons noter ici une circonstance remarquable,

qui résulte de l'instruction. Un caporal de la garde municipale (*Renniau*) a dit avoir *ramassé au pied de la machine* une feuille de papier représentant le portrait d'*Henri V*. Un autre témoin, le sieur *Placaud*, propriétaire, a déclaré qu'en effet on avait ramassé en cet endroit, sous ses yeux, une effigie du *duc de Bordeaux*. M. le juge d'instruction *Legonidec*, dans un procès-verbal descriptif de l'appartement, en date du 28 juillet, a constaté que M. le commissaire de police *Haymonet* lui avait remis, sur les lieux, une lithographie portant pour exergue : *si qua fata aspera rumpas..... eris*, et représentant les traits du *duc de Bordeaux;* mais le procès-verbal ne dit pas que cette lithographie soit celle qu'avait ramassée le caporal *Renniau*, et qu'il assure avoir remise à l'adjudant *Pélissier*, ni d'où elle provient; la suite de ce rapport éclaircira cette circonstance.

Cependant, par quelle voie avaient pu se sauver l'auteur ou les auteurs du crime? Quels étaient-ils?

Dans le premier moment, tel dut être l'objet de la préoccupation universelle et le but de toutes les recherches. Mais malgré l'empressement que M. le Ministre de l'intérieur, qui faisait partie du cortége du Roi, mit à se rendre sur les lieux; malgré la présence presque instantanée de plusieurs juges d'instruction et de divers commissaires de police, on ne put maîtriser sur-le-champ, pour le mieux diriger, le zèle impétueux de tous les auxiliaires qui vinrent en aide aux agents de l'autorité, sans autre mission que celle que tout bon citoyen tient, en pareille occasion, de son amour pour le bien public, l'ordre et les lois.

Aussi les premières investigations durent-elles se ressentir du désordre et du tumulte inévitables dans une pareille conjoncture.

Une longue allée, placée entre le corps de logis faisant saillie sur le boulevart, et d'où est parti le feu, et le café *Périnet*, forme l'entrée de la maison n° 50; l'escalier qui conduit aux étages supérieurs est au fond de l'allée; un peu avant, et à gauche de celui-ci, un autre escalier descend dans une cour plus basse que le boulevart, et de niveau avec la rue des Fossés-du-Temple. La partie de la maison n° 50 qui forme rez-de-chaussée sur le boulevart est élevée au-dessus du sol de la cour comme le serait un premier étage. La cour forme un retour d'équerre à droite, comme le corps de bâtiment sous lequel se trouve placé le café, après s'être prolongée à la suite du corps de logis qui fait aile sur le boulevart. Le fond de la cour, ou le retour d'équerre, est terminé par une clôture en planches. Cette palissade sépare seule la cour de la maison n° 50, boulevart du Temple, de la cour de la maison n° 39, rue des Fossés-du-Temple. Cette dernière maison dépend du théâtre des Folies-Dramatiques; elle sert de magasin et de lieu de dépôt pour les décorations; elle s'ouvre sur la rue par une grande porte cochère. Il n'existe entre les deux maisons aucune communication habituelle et convenue; mais le passage de l'une dans l'autre était facile, au moyen de matériaux adossés à la palissade, d'une échelle qui se trouvait dans le voisinage, et d'une sorte d'ouverture pratiquée dans l'intérieur des lieux d'aisance d'une de ces maisons, et qui donne dans la cour de l'autre.

A gauche, en entrant dans la cour que nous venons de décrire, se prolongent les bâtiments de la maison portant le n° 52 sur le boulevart du Temple, et sur la rue des Fossés-du-Temple, le n° 41. Le rez-de-chaussée de la première partie de cette maison renferme le café *Barfety*, ouvert par une porte intérieure sur l'escalier de service; il se compose, en outre, d'un couloir qui conduit du boulevart à l'escalier et à la cour, dans laquelle on descend par plusieurs marches. Cette cour communique, au moyen d'une porte qui ne ferme qu'à l'aide d'une courroie, avec une autre cour plus particulièrement destinée au service de la partie de la maison située rue des Fossés-du-Temple. On remarque à droite, en entrant dans cette cour, une terrasse qui forme le toit d'une écurie. Il est facile d'escalader cette terrasse à l'aide de constructions qui y sont adossées, et qui dépendent de la maison n° 50. Ces détails topographiques sont nécessaires pour l'intelligence de ce qui suit[1].

Tous les appartements de la maison n° 50 furent envahis et visités, précaution indispensablement commandée par les circonstances; mais les objets plus ou moins suspects qui y furent saisis furent déplacés et transportés d'un lieu dans un autre. Des agents de sûreté, des officiers de paix qui recherchaient les auteurs du crime, furent arrêtés, maltraités, confondus et détenus avec ceux-ci. Toutefois la trace sanglante de ces derniers ne fut pas perdue; elle conduisit à la fenêtre de la cuisine de l'appartement du troisième étage.

Ainsi que nous l'avons indiqué, une échelle servait habituellement de moyen de communication entre cette cuisine et son grenier. Cette échelle était, en ce moment, couchée en travers et engagée dans l'embrasure de la fenêtre de cette pièce, qui s'ouvre sur le toit du café des Mille-Colonnes : les ventaux de cette fenêtre, qui était ouverte, retenaient encore au besoin l'échelle, à laquelle se rattachait une double corde pendante sur le toit. L'appui de la fenêtre était taché d'un sang fraîchement

[1] Voir les plans annexés à ce rapport.

répandu; le mur extérieur en était également souillé en plusieurs places.

Mais pendant que les caves et les appartements de la maison étaient parcourus, et soigneusement explorés dans toutes leurs parties, les agents de police et les gardes nationaux pénétraient dans la cour intérieure; et quelques voisins, attirés par le bruit aux fenêtres de leurs logements qui donnaient sur cette cour, observaient ce qui s'y passait.

Au moment où la détonation venait de se faire entendre, leur attention fut excitée par la fumée qui s'échappa tout à coup de la fenêtre de la cuisine du troisième étage de la maison n° 50[1]. Presque aussitôt, un homme couvert de sang, blessé au visage, en chemise, et n'ayant pour tout vêtement qu'un pantalon de toile écrue[2], suivant un témoin; suivant un autre, revêtu d'une blouse vert-marron[3], et portant, suivant un troisième, un habit-veste[4] et un pantalon grisâtre, parut à cette fenêtre, se saisit de la double corde qui s'y trouvait suspendue, et se laissa glisser jusqu'au niveau d'un petit toit qui longe le second étage de la maison n° 52. Là, il s'élança pour gagner ce toit, et, selon toute apparence, le mouvement qu'il imprima à la corde en la quittant, fit tomber un pot de fleurs[5] qui se brisa dans sa chute. A ce bruit, un agent de police qui faisait le guet dans la cour, leva les yeux et s'écria : *Voilà l'assassin! Voilà l'assassin qui se sauve par le toit*[6]. Un garde national, qui était ac-

[1] Déposition de la dame *Boillot*, 29 juillet.
[2] Déposition de *Boguet*, 28 juillet, 7 août.
[3] Déposition de *Villers*, 17 août.
[4] Déposition de *Ferlay*, 10 août.
[5] Déposition de *Placaud*, 8 août; déposition de *Mongin*, 6 août.
[6] Déposition de *Villers*, 30 juillet.

couru, somma le fugitif de se rendre, et le menaça de tirer sur lui s'il s'y refusait[1]. Celui-ci, sans se déconcerter, écartant de sa main droite (car sa main gauche était blessée) le voile de sang qui se répandait sans cesse sur ses yeux, après avoir tenté vainement de pénétrer dans le magasin du sieur *Chimène*[2], marchand de rubans, dont la fenêtre était la première qui se présentait à lui sur le toit, gagna celle de la cuisine du même appartement, et posant ses deux mains sur l'appui de pierre de cette fenêtre qui était ouverte, sauta, en se retournant, dans cette pièce.

La dame *Gomez*, belle-sœur du sieur *Chimène*, dont elle soignait les enfants, en l'absence de leur mère, effrayée par l'explosion, venait d'abandonner à l'instant la croisée, d'où elle assistait à la revue, pour se réfugier dans la cuisine. En s'avançant vers cette pièce, qui s'ouvrait sur le couloir d'entrée par une porte vitrée, la dame *Gomez* aperçut un homme tout en sang qui s'y élançait par la fenêtre. Éperdue à ce spectacle, elle se précipita, échevelée, vers la porte de l'appartement, en jetant des cris et appelant au secours; le fuyard hâta sa marche, poussa rudement la dame *Gomez* et lui dit : *laissez-moi passer*, en essuyant le sang qui l'aveuglait et l'empêchait de diriger ses pas. Il descendit rapidement l'escalier : partout, après lui, des traces de sang indiquaient son passage; mais il arriva trop tard dans la cour pour pouvoir s'enfuir. Un garde national veillait sur l'issue de la maison du côté de la rue des Fossés-du-Temple, le capitaine *Boquet* avait les yeux sur l'autre issue : un agent de

[1] Déposition de *Mongin*, 6 août.

[2] Déposition de *Solvet*, 3 août; déposition de la veuve *Gomez*, 8 août; Déposition de *Chimène*, 8 août; déposition de M. *Bessas-Lamégie*, 4 août.

police survint, le fugitif fut arrêté[1] et conduit au poste du Château-d'eau[2]. De toutes parts on l'assaillit dans sa marche[3]. L'horreur qu'avait inspirée le crime dont on le supposait l'auteur exaspérait toutes les âmes : sa vie dut être laborieusement défendue par ces mêmes braves gardes nationaux dont le sang venait d'être répandu avec tant d'inhumanité et de dédain.

Mais quel était cet homme? habitait-il la maison d'où il s'évadait? était-il dans la chambre à l'instant où l'attentat avait été commis? Y était-il seul? Était-ce lui qui avait commis l'attentat, ou avait-il seulement aidé à le commettre? Lors même qu'il eût été seul en ce moment fatal, n'avait-il pas des complices? Personne ne l'avait-il aidé ou assisté, avec connaissance de cause, dans les faits qui avaient préparé ou facilité l'exécution du crime? Personne ne lui avait-il procuré les armes, les instruments, ou tout autre moyen ayant servi à l'action, en sachant qu'ils devaient y servir? Personne enfin ne l'avait-il provoqué à cet attentat, ou ne lui avait-il donné des instructions pour le commettre? Et s'il avait des complices, quels étaient-ils? Quel motif avait pu déterminer les auteurs d'un si grand forfait à s'en rendre coupables?

La tâche de l'autorité judiciaire était désormais de résoudre ces importantes questions; mais à dater de ce moment ce n'était plus du hasard qu'elle allait tenir ses informations. Disposant de tous les moyens que la loi met au pouvoir des magistrats, il fallait procéder avec méthode, constater les traces matérielles des faits, recueillir tous les renseignements, rechercher

[1] Déposition de *Veyssier*, 6 août.
[2] Déposition de *Lefebvre*, 1er août.
[3] Déposition de *Levy*, 28 juillet; déposition de *Moulin*, 28 juillet.

tous les indices, approfondir toutes les charges, interroger toutes les personnes suspectes, entendre toutes celles qui pouvaient déposer utilement, consulter, selon les occurrences, des hommes experts dans certains arts, ne rien négliger enfin de ce qui pouvait procurer ce degré de lumière capable d'exclure tout nuage et de manifester la vérité avec évidence. Nous pouvons affirmer, sans présomption, que c'est ce qui a été fait. Jamais une instruction plus complète n'aura été offerte à des juges : la netteté des aveux a permis de suivre pied à pied, et dans tous ses détails, la préméditation du crime, et de vérifier minutieusement toutes les circonstances de fait qui s'y rapportent ainsi qu'à son exécution.

Nous allons analyser d'abord les éléments que nous fournit l'instruction, en commençant par les renseignements et les indices recueillis avant les aveux du principal inculpé, et nous réserverons ceux-ci pour éclaircir, en dernier lieu, la solution définitive des questions que nous avons posées.

Dans la chambre où se trouvait la machine infernale (et nous avons à dessein omis de le dire en son lieu), il y avait une alcôve, et dans cette alcôve un matelas plié en deux. Sur l'un des coins de ce matelas on lisait *Girard* : c'était le nom du locataire de l'appartement. *Girard* habitait la maison depuis quelques mois : le portier a dit qu'il y était entré *vers la fin d'avril;* selon le locataire lui-même, il s'y serait établi *le 8 mars*[1].

Il n'avait point garni son logement de meubles; aussi avait-il payé un demi-terme d'avance, et ce demi-terme se montait à 37 francs 50 centimes. Il avait ac-

[1] Interrogatoire de *Fieschi*, 11 septembre.

quitté l'autre demi-terme à la fin de juin ou au commencement de juillet. Entre les deux versions et les deux dates que nous venons d'indiquer, il est clair qu'il faut préférer la dernière; car le fondé de pouvoir du propriétaire de la maison a déclaré que le portier, qui *faisait les locations*, lui avait dit, vers la fin du mois de mars dernier, qu'il avait loué le troisième étage à un individu nommé *Girard*, qui avait annoncé qu'il garderait ce logement s'il convenait à sa femme, et qui avait payé d'avance un demi-terme[1]. *Girard* disait qu'il venait du Midi, il en avait l'accent; il attendait, pour se meubler, l'arrivée de sa femme et de ses enfants, qui, selon l'une de ses versions diverses, résidaient en Normandie.

Il se donnait pour *mécanicien*. Au moment de son entrée dans la maison, et pendant les premiers temps qui suivirent cette époque, il avait les mains noires comme un manouvrier. Il sortait de bonne heure le matin, et ne rentrait que le soir. Plus tard, il ne paraissait plus travailler de ses mains, et quand on l'interrogeait sur ce sujet, il répondait *qu'il faisait trop chaud*. Il se vantait de ses connaissances en géométrie; il avait emprunté récemment à une de ses voisines une grande table, pour dessiner un plan de Paris. Quand il sortait, il emportait toujours la clef de son appartement. Jamais la portière n'était entrée chez lui: il n'y avait reçu qu'un seul homme, qu'il prétendait être *son oncle*[2], et trois femmes, qu'il disait être *ses bonnes amies*.

Néanmoins, selon quelques dépositions, le 26 juillet, à onze heures et demie du soir, après que la porte de la maison eut été fermée, un jeune homme,

[1] Déposition de M. *Dallemagne*, 29 juillet.
[2] Interrogatoire de Nina *Lassave*, 7 août.

qu'on a dit plus tard s'appeler *Victor*, s'y serait introduit par une porte qui communique avec le *café Périnet*, et, après être demeuré quelque temps dans la chambre de *Girard*, aurait été reconduit par celui-ci, et serait sorti par la même porte. Ce jeune homme serait venu, le 27, demander *Girard*, qu'il n'aurait point trouvé: c'est alors qu'il se serait nommé. On signale cet homme comme étant brun et de petite taille. Il paraissait âgé de *20 à 25 ans*. Il portait de petites moustaches. Il était vêtu d'une redingote de couleur marron, et coiffé d'un chapeau rond, bas de forme et à grands bords.

Girard ne recevait jamais de lettres des départements; il ne paraissait pas avoir beaucoup d'argent, mais il en avait habituellement assez pour subvenir à ses besoins: selon ses assertions, sa femme lui en envoyait de son pays.

Girard, le 28 juillet, se tenait sur le boulevart; il allait et venait, il montait et descendait, il entrait au café et en sortait; contre son habitude, il y but un verre d'eau-de-vie. On battait aux champs qu'il était encore dans l'allée[1]; il ne rentra dans sa chambre que peu d'instants avant l'explosion. En rentrant, il avait rencontré la fille du portier, qui sortait avec les enfants de la maison pour aller voir la revue. Il lui avait dit: *Vous allez donc voir passer votre Roi*[2]*?* Il alla chez un de ses voisins, qui logeait au même étage que lui, allumer une chandelle qu'il portait dans un bougeoir en cuivre; il lui dit qu'il allait *se faire de la soupe*. C'est bien lui qui avait été arrêté dans la cour intérieure de la maison n° 50, grièvement blessé à la tête et à la main gauche, au moment où il descendait de

[1] Interrogatoire de *Fieschi*, 18 août.
[2] Déposition de *Sophie Salmon*, 8 août.

l'appartement du sieur *Chimène*, situé dans la maison n° 52. Mais il restait à le mieux connaître; il fallait surtout connaître ses relations.

Nous venons de dire de quelles clameurs, de quelles menaces, de quelles malédictions, de quelles voies de fait *Girard* avait été accompagné pendant qu'on le transférait au poste du Château-d'eau. Il était blessé, et ses blessures, particulièrement celles de la tête, étaient extrêmement graves. Au-dessus de la partie externe du sourcil gauche, une plaie de 18 lignes de longueur, oblique, irrégulière, à bords déchirés, pénétrait jusqu'aux os. Ceux-ci étaient fracturés, et les bords de la fracture, écartés de plus d'une ligne, laissaient entrevoir les mouvements de soulèvement du cerveau. De la lèvre inférieure, près de la commissure droite, s'étendait, jusque vers la partie inférieure du tiers supérieur du cou, une blessure d'environ quatre pouces. Les bords de cette plaie étaient irréguliers et déchirés, la lèvre fendue dans toute son épaisseur, l'os de la mâchoire mis à nu. Trois doigts de la main gauche, l'*indicateur*, l'*annulaire* et le *petit doigt*, étaient couverts de plaies irrégulières à bords meurtris; le *petit doigt* et l'*annulaire* avaient, chacun, deux phalanges brisées.

Le blessé ne pouvait parler qu'avec une extrême difficulté. Arrivé au corps de garde, un garde national lui demande : *Qui êtes-vous? — Cela ne vous regarde pas*, répondit-il avec assurance : *je le dirai quand je serai interrogé*. On le fouille, on trouve sur lui un fouet ou fléau à manche de bois, portant trois branches composées de lanières en cuir tressé, garnies à leur extrémité de fortes balles de plomb : une paire de besicles en acier, dans son étui en maroquin : une pièce de *cinq francs*, et un franc six sous trois liards en menues pièces de monnaie : un couteau à plusieurs lames : de la poudre à tirer fine, enveloppée dans du papier, et pouvant équivaloir à la valeur de quatre cartouches. Interpellé pour quel usage il réservait cette poudre? — *Pour la gloire* sont les seuls mots qui sortent de sa bouche[1]. Son esprit était assez présent pour qu'il trouvât le moyen de dérober à tous les regards un poignard dont il était armé et de s'en débarrasser, en le jetant furtivement sous le lit de camp du violon du poste du *Château-d'eau*, où il a été retrouvé longtemps après.

Une heure ne s'était pas écoulée, à peine avait-on pu relever et compter les victimes; malgré l'effrayante rapidité avec laquelle circulent les nouvelles désastreuses, une grande partie de la population de Paris ignorait encore qu'un épouvantable attentat venait d'ensanglanter cette grande cité, et *Girard* subissait déjà son premier interrogatoire. Il est utile de mettre sous vos yeux les premières paroles qu'il prononça en ce moment solennel. Là commence la série de ces aveux, d'abord si incomplets, dont il se défendit et se préserva pendant si longtemps avec tant d'astuce et de dissimulation, et qu'il a fini par développer d'une manière si explicite et si détaillée. On l'avait ramené dans la maison n° 50 du boulevart du Temple, au premier étage : il put dire son nom, sa demeure, sa profession de *mécanicien*. On lui demande : *Combien étiez-vous?* à plusieurs reprises, il lève un seul doigt. *Quand avez-vous commencé cette machine?* Il montre deux, trois, quatre, cinq doigts. — *Est-ce des jours ou des semaines?* Il répond : *cinq se-*

[1] Déposition de *Bretagne*, 30 septembre. — *Idem* de *Thierry*, 30 septembre.

maines. — Qui vous avait donné cette idée-là? — Moi-même. — Qui vous a commandé cet attentat? En se frappant sur la poitrine, il répète : *Moi-même. — Vouliez-vous tuer le Roi?* Il fait un signe affirmatif et tombe dans un état de faiblesse qui ne lui permet plus de répondre, même par signes, aux questions qui lui sont adressées.

Le temps était précieux, d'une minute à l'autre l'état du blessé pouvait empirer et rendre toute instruction impossible. Cependant le salut de l'État, la justice et la paix publique étaient intéressés à ce que la vérité fût mise en tout son jour, non pas seulement pour rétablir l'ordre par la punition des coupables, mais pour calmer cette fermentation sourde, suite inévitable d'un grand crime qui menace la société tout entière dans l'auguste personne de son chef, dans son gouvernement, dans ses institutions et dans ses lois, et dont chacun, selon ses sympathies ou ses dissentiments, rattache involontairement les causes aux machinations secrètes et aux pernicieux complots de diverses factions politiques.

Le même jour, vers les six heures du soir, après que l'inculpé eut été transféré dans les prisons de la Conciergerie, il fut interrogé de nouveau. Il ne put répondre que par signes et par écrit. Il avoua, par signes, qu'il avait établi une machine composée de plusieurs fusils. Il répéta de la même manière qu'elle était dirigée contre la personne du Roi. Sommé à plusieurs reprises de désigner les instigateurs de son crime, il refusa obstinément de s'expliquer à ce sujet. Il assura, par un signe affirmatif, qu'il avait mis le feu à la machine; par d'autres, il exprima qu'il était seul dans sa chambre, que c'était lui qui tenait la jalousie pendant l'explosion, enfin qu'il était l'inventeur et le seul fabricateur de la machine. Il montra, par ses doigts, qu'il avait employé deux jours à la construire. Les médecins ayant jugé à propos de le saigner, l'interrogatoire fut suspendu pendant trois quarts d'heure : on le reprit à huit heures moins un quart. *Girard* éprouvait quelque soulagement; il pouvait dire quelques paroles. Quand on lui demanda s'il avait des complices, on crut comprendre qu'il voulait faire entendre par signes que *oui :* on l'interrogea de nouveau pour savoir s'il avait dit *oui;* il répondit intelligiblement : *Oui.* Toutefois il ne voulait nommer personne. Le juge continua en ces termes : *Seraient-ce les républicains qui auraient fait le complot?* Après des réponses faites par signes qui semblèrent équivoques, il articula clairement : *Oui.* Néanmoins les souffrances qui tourmentaient le prévenu laissant encore au juge quelques doutes sur le véritable sens de ses réponses, il lui adressa cette autre question : *Seraient-ce les légitimistes qui auraient fait le complot?* il n'obtint aucune réponse.—*Vous a-t-il été donné de l'argent?* —Pas de réponse.

Le malaise du prévenu commanda une nouvelle suspension de l'interrogatoire. Un médecin fut appelé; il était huit heures et un quart. A neuf heures et demie, l'examen fut repris en présence et même par l'intermédiaire du médecin. Le prévenu répondit qu'il se nommait Jacques *Girard*, qu'il était de *Lodève* et que *sa femme et son fils y étaient.* Les médecins ayant déclaré que la prolongation de l'interrogatoire pouvait fatiguer le malade, et qu'il n'y avait pas de péril en la demeure, le procès-verbal fut clos à dix heures moins dix minutes du soir, et l'opération fut continuée au lendemain 29, à huit heures du matin. A l'heure indiquée, le prévenu était mieux, il parlait librement : il déclara qu'il se nommait Joseph-François *Girard*, et non plus *Jacques*; qu'il était âgé de 39 ans, *mécanicien* de profession, et qu'il demeurait à Paris, boulevart du Temple, n° 50. Le juge lui ayant représenté l'énormité de son crime, *Girard* s'écria : *Je suis un malheureux! je suis un misérable !..... je ne puis rien espérer!..... je puis rendre service........ nous verrons....... j'ai du regret de l'avoir fait!* M. le Garde des sceaux était présent, et joignit ses exhortations à celles du juge, pour engager le prévenu à dire toute la vérité. Le prévenu ne répondit à ces interpellations diverses et multipliées que par ces paroles entrecoupées, et par d'autres semblables : *J'arrêterai peut-être quelque chose..... je ne nommerai personne..... je ne vendrai personne..... mon crime a été plus fort que ma raison.....* Comme on lui demanda si les publications politiques, si les journaux n'avaient pas contribué à égarer son esprit et à l'exciter au crime, il répondit d'abord : *pas trop*. Par réflexion il ajouta : *oui*. Ensuite il dit avoir été *fanatisé*. Il parla des événements de la rue *Transnonain* et de ceux de *Lyon*.

La Cour des Pairs ayant été saisie de l'affaire, l'interrogatoire de *Girard* ne fut plus repris que par M. le Président.

Il était maintenant certain que *Girard* habitait la maison d'où il s'était évadé, et qu'il était dans la chambre où se trouvait la machine au moment où l'attentat avait été commis; mais les premiers éléments de la procédure autorisaient-ils à penser que *Girard* était seul dans cette chambre, et qu'il avait commis le crime sans l'assistance actuelle d'aucun autre?

Le témoignage spontané d'un homme digne de foi semblait établir le contraire; d'autres témoins affirmaient avoir vu deux hommes se glisser le long de la corde qui avait servi à l'évasion de *Girard*. On parlait d'un second individu aperçu sur le toit par lequel *Girard* avait passé; d'un plus grand nombre encore qui, au moment de l'explosion, se seraient échappés dans la rue des Fossés-du-Temple par la porte de la maison n° 39, laquelle, comme vous savez déjà, est jointe à la maison n° 50 du boulevart du Temple et peut communiquer avec elle. On parlait encore de plusieurs personnes qui s'étaient sauvées en escaladant la clôture de divers chantiers de bois à brûler situés dans la même direction; enfin d'un homme blessé à la cuisse, qui était allé se faire mystérieusement panser dans la rue des Fossés-du-Temple, qu'on avait ensuite porté à l'hôpital Saint-Louis et qui avait donné une fausse adresse.

Ces indices méritaient attention et commandaient des recherches approfondies : nous vous devons un détail circonstancié de leur résultat.

Le 28 juillet, au moment où le Roi arrivait sur le boulevart du Temple, le sieur *Martin*, entrepreneur de bâtiments, venait de l'extrémité de la rue Charlot où il avait déjeuné chez le traiteur *Bonvalet*, et se dirigeait vers le Jardin Turc. Quand il se trouva sur le boulevart, en face de la maison n° 50, il se souvint qu'un peintre en décors, nommé *Beaudon*, qu'il employait quelquefois, y était logé, et il fut *assailli d'un désir vague* d'aller lui demander une place à la fenêtre de son escalier qui donnait sur le boulevart, afin de voir plus commodément passer la revue.

Pour y parvenir, il pria un garde national, de ceux

qui formaient la haie devant lui, de le laisser traverser la chaussée. Préoccupé de son projet, il jetait naturellement les yeux sur la façade de la maison où il se rendait. Il aperçut très-distinctement lever la jalousie d'une des fenêtres du troisième étage, et l'éclat du soleil, qui donnait alors en plein sur ce côté du boulevart, fit briller à ses regards des objets qu'il put d'autant moins distinguer, dans le premier moment, que la vue lui en était interceptée, en partie, par trois hommes qui paraissaient regarder à droite et à gauche. Deux de ces hommes portaient des chapeaux gris. Ils avaient à peu près cinq pieds deux ou trois pouces. Leur vêtement était d'une couleur foncée; l'un d'eux était plus mince que l'autre: le troisième avait la tête nue et les manches de sa chemise relevées.

L'éclat qu'avaient jeté les objets dont ces hommes dérobaient la vue au sieur *Martin*, attira ses regards sur eux; et comme il avançait lentement sur la chaussée, le cri de *vive le Roi* s'étant fait entendre, il vit ces hommes quitter précipitamment la fenêtre, et devant eux une batterie de canons de fusil sur laquelle ils étaient courbés dans la position d'un artilleur qui pointe un canon. A l'instant la jalousie tomba et l'explosion se fit entendre. Le sieur *Martin*, hors de lui-même, s'écria aussitôt en montrant la fenêtre : *c'est de là*. Il s'aperçut alors qu'il avait été lui-même atteint et que son chapeau venait d'être percé d'une balle.

Dans le premier moment, en voyant ces canons de fusil ainsi braqués, sa pensée avait été d'avertir les gardes nationaux qui l'entouraient, quoique l'idée du crime ne lui fût pas venue à l'esprit. Mais le temps lui manqua, tant ses perceptions s'étaient rapidement succédé. Tout avait disparu en quelques secondes. Après l'événement, et lorsqu'il eut aidé à relever l'infortuné duc *de Trévise*, le sieur *Martin* se rendit chez le commissaire de police du faubourg du Temple pour y faire sa déclaration. Ne trouvant point ce fonctionnaire à son bureau, il rentra sur-le-champ et lui écrivit une lettre détaillée. Le lendemain 29, le sieur *Martin* fut entendu par un juge d'instruction et confirma le récit contenu dans sa lettre. On reconnut sur son chapeau la trace de la balle qui l'avait troué. Les deux chapeaux gris, trouvés dans la chambre de *Girard*, lui ayant été représentés, il crut les reconnaître pour ceux que portaient deux des personnes qu'il avait vues à la fenêtre de *Girard*. On lui présenta aussi une blouse verte ensanglantée, il ne la reconnut pas, *à moins*, dit-il, *qu'elle ne fût portée par l'individu sans chapeau et à manches retroussées*; cette blouse était celle de *Girard*.

Il est constant que le sieur *Martin*, dont rien ne peut faire suspecter la véracité, a employé plusieurs fois le peintre *Beaudon*, et il a été vérifié que celui-ci habitait la même maison que *Girard*.

Conduit sur le boulevart du Temple par un commissaire de police qu'en vertu des ordres de M. le Président, un juge d'instruction avait délégué à cet effet, le sieur *Martin* a désigné les points de la contre-allée et de la chaussée du boulevart où il se trouvait le 28 juillet, peu d'instants avant l'explosion, quand il dit avoir aperçu la batterie de fusils de *Girard*. Le premier de ces points est au pied des arbres bordant la chaussée du côté du Jardin Turc, précisément en face de la maison nº 50; l'autre est au milieu de la chaussée, dans la même direction. Le commissaire de police a constaté que dans la ligne directe de ces deux points, le sieur *Martin* a pu voir les canons de fusil braqués à la fenêtre de Girard, si la jalousie était levée.

Le sieur *Martin* a renouvelé le 26 août sa déclaration devant M. le Président. Confronté avec les inculpés arrêtés, il a cru, sans pouvoir néanmoins l'affirmer, reconnaître *Girard* pour le plus petit des trois hommes qu'il avait vus, et notamment pour celui qui avait la tête nue.

Cependant rien n'est venu à l'appui d'un témoignage si positif. S'il paraît à peu près certain qu'il a été saisi deux chapeaux gris dans l'appartement de *Girard*, l'un des deux, celui qui a été recueilli au pied de la machine, en très-mauvais état, est incontestablement le chapeau de *Girard* qui s'est sauvé la tête nue, et que l'on sait avoir eu en sa possession un chapeau gris et un chapeau noir[1]. Il a déclaré plus tard qu'au moment où il mit le feu à la machine, il avait sur la tête un chapeau gris, dont l'intérieur était vert foncé et vert clair; il a reconnu le chapeau saisi dans sa chambre et déchiré dans sa partie antérieure pour celui que l'explosion avait sans doute violemment arraché de son front. Quant au second chapeau, les uns affirment qu'il a été vu d'abord dans la chambre où était la machine, d'autres dans la cuisine, un troisième qu'il était dans une armoire, un quatrième qu'il était sur l'appui de la fenêtre de l'antichambre; et cette incertitude sur le lieu où il aurait été trouvé rend moins certaine sa présence dans l'appartement de *Girard*, au moment de l'attentat, et par conséquent moins concluante sa saisie sur les lieux; d'autant plus que les contradictions des témoins peuvent être expliquées par

[1] Interrogatoire de *Fieschi*, 21 septembre.

un fait qui diminue beaucoup l'importance de la saisie du second chapeau. Ce fait est la preuve acquise que des chapeaux, trouvés au premier et au second étage, ont été transportés au troisième avant tout acte *d'instruction.* D'où il suit que ceux qui n'ont pas pénétré les premiers dans l'appartement de *Girard,* ne peuvent faire foi quand ils attestent que les choses qu'ils y ont vues s'y trouvaient réellement au moment où les portes ont été ouvertes.

En effet, M. *Bessas-Lamégie,* maire du 10e arrondissement, une des premières personnes qui se soient introduites dans la maison, a déclaré qu'un chapeau ciré, tel qu'en portent les marins, et un chapeau de feutre gris, ont été découverts dans la cheminée d'une chambre du second étage; ils étaient couverts de poussière et devaient être cachés depuis plusieurs jours, ce qui démontre qu'ils n'ont pu être trouvés chez *Girard* que parce qu'ils y ont été portés après coup. De son côté, la femme *Beaudon* a déclaré que les deux chapeaux de marin saisis proviennent d'une perquisition faite chez elle, au second étage, et qu'ils sont les restes d'un assortiment de costumes qu'elle avait formé à l'époque du carnaval.

Il paraît, au surplus, que tous les effets, recueillis durant les premières perquisitions qui eurent lieu dans la maison, immédiatement après le crime, furent amoncelés dans l'appartement de *Girard.* C'est ainsi que l'on y trouva des rôles de comédie [1] et une reconnaissance du Mont-de-piété, qui appartenaient à un artiste dramatique, deux peignes de femme et d'autres objets, plus tard réclamés par leurs véritables propriétaires, totalement étrangers à *Girard* et à son crime. De ce nombre

[1] Déposition de *Brossat,* 28 et 29 juillet.

furent deux habits d'homme[1], auxquels on avait d'abord attaché une grande importance, et qui, ayant été réellement saisis dans le café *Barfeti*, paraissent être ceux de deux joueurs de billard, qui les avaient quittés à cause de l'extrême chaleur du jour, et qui se sont enfuis sans les reprendre, au moment où la force publique prenait possession de la maison, entraînés par la crainte d'être compromis s'ils y étaient trouvés. Ces deux habits ont été depuis réclamés, l'un par le sieur *Canteloup*, et l'autre par le sieur *Kirchove*.

Une dernière observation vient infirmer la déposition du sieur *Martin*. Ou les hommes qu'il aurait aperçus à la fenêtre du n° 50 se seraient avancés entre la machine et la croisée pour regarder sur le boulevart, et se seraient ensuite retirés derrière cette machine, ce que sa situation rendait impossible, puisqu'il n'y avait entre elle et l'appui de la croisée qu'une distance d'un pouce d'un côté et de quatorze pouces de l'autre; ou ces hommes auraient déplacé la machine pour regarder par la fenêtre et l'auraient immédiatement replacée et ajustée : supposition également inadmissible dans un moment où il fallait si promptement pointer et amorcer la batterie.

Un homme, François *Baraton*, avait été vu sortant de la maison n° 39, rue des Fossés-du-Temple. Il était blessé. On l'aurait suivi à la trace de son sang; il ne pouvait aller plus loin. On le fit asseoir dans la rue, près de la boutique d'un perruquier; on le pansa, il fut transporté à l'hôpital Saint-Louis; il y était arrivé nu-tête et sans habit. Les vêtements qu'on croyait alors avoir été trouvés chez *Girard*, pouvaient être à son usage. Son adresse, qu'il donna, fut mal comprise. On ne put trouver son domicile au lieu qu'on croyait qu'il avait

[1] Déposition de *Toillon*, 28 juillet.

indiqué. Cette méprise fortifia les soupçons qu'on avait conçus. On crut devoir faire arrêter le pauvre blessé.

L'instruction a dissipé tous les doutes, et son innocence a été tardivement reconnue. *Baraton* est un honnête ouvrier, qui se trouvait sur le boulevart du Temple, devant les théâtres, non loin du café des Mille-Colonnes, presque sur le pavé de la chaussée, tout près du Roi et de son état-major; car la foule qui était derrière lui le poussait jusque sous les pieds des chevaux. Il a été atteint, au moment de l'explosion, à la partie moyenne et postérieure de la cuisse, de haut en bas, par un projectile en plomb, de forme carrée, d'une longueur d'un pouce et d'une épaisseur de huit lignes environ. Aussitôt, on s'est empressé autour de lui, on lui disait : *Vous êtes blessé, retirez-vous*. Il est alors entré dans le café *Barfety* avec les autres, et il en est sorti, comme eux, par un passage qu'il ne connaissait pas. Il s'est trouvé dans une rue dont il ne savait pas le nom, et où l'on a pris soin de lui.

La position de sa blessure avait d'abord inspiré quelque défiance; elle paraissait inconciliable avec son récit. On a procédé à une exacte et minutieuse vérification des faits. Il a été constaté que les projectiles lancés par la machine avaient pu l'atteindre au lieu où il disait s'être trouvé, et le blesser de la manière dont il l'a été. Une perquisition a été faite chez lui, on n'y a rien trouvé qui pût le compromettre. Il a été reconnu qu'il n'avait jamais eu de liaisons ni de rapports soit avec *Girard*, soit avec aucune des personnes impliquées dans le procès.

Son arrestation prolongée est un surcroît de malheur, dont la justice veut qu'il lui soit tenu compte; car sa détention l'a seule empêché d'être compris au nombre des victimes qui ont été secourues par un acte de la munificence nationale.

Le flux de fuyards qui entraîna *Baraton* explique les dépositions des témoins qui disent avoir vu, immédiatement après la détonation, les uns plusieurs individus, les autres six jeunes gens *pâles*, s'échapper dans la rue des Fossés-du-Temple, par la maison n° 39 [1]. Ce fait aiderait même, au besoin, à expliquer une déposition de laquelle il résulterait qu'au moment de l'explosion, neuf jeunes gens, *vivement émus et à la figure décomposée*, seraient sortis d'un chantier de bois à brûler, dont la porte était en ce moment ouverte, quoiqu'elle soit habituellement fermée, auraient tenu conseil entre eux dans la rue des Fossés-du-Temple qui longe le chantier, et, après deux ou trois minutes de conversation, se seraient séparés. Trois auraient franchi le mur du chantier de l'Étoile, s'enfuyant vers le canal Saint-Martin, et les autres se seraient retirés par le faubourg du Temple [2]. Mais cette déposition est contredite en partie par celle du garçon qui dessert le chantier qu'auraient traversé les fuyards en venant de la rue des Fossés-du-Temple, et par celle du propriétaire de ce chantier : ils ont fait observer qu'à l'heure indiquée, les deux entrées du chantier étaient fermées, et que deux chiens fort méchants étaient en liberté dans son enceinte, ce qui rendait très-difficilement admissible la supposition qu'on y eût pénétré du dehors [3]. Plusieurs autres témoignages viennent à l'appui de ceux-ci. De plus, cette déposition, dont il sera reparlé plus tard, croule par la base, car elle supposerait la présence, en ce lieu et à cette heure, d'un individu qu'on a constaté n'y être pas venu. Aucune de ces circons-

[1] Déposition de la femme *Bouilleau*, 6 août; déposition de *Martin*, 6 août; déposition de la femme *Leriche*, 28 juillet.
[2] Déposition de *Godu*, 7 septembre.
[3] Déposition de *Pichoux*, 7 septembre.

tances ne saurait donc établir la présence de plusieurs personnes dans la chambre de Girard au moment où le feu a été mis à la machine.

Il est à peu près certain que l'homme, aperçu sur l'un des petits toits ou terrasses interposés entre les maisons n°s 50 et 52 du boulevart du Temple et la maison n° 39 de la rue des Fossés-du-Temple, était un agent de police [1] qui poursuivait *Girard*. Il résulterait, à la vérité, du témoignage du capitaine *Boquet*, que deux personnes seraient descendues par la double corde attachée à la fenêtre de la cuisine de l'appartement de *Girard*, et qu'un second individu aurait été arrêté dans la cour intérieure où Girard a été arrêté lui-même. Cet individu aurait depuis disparu, ou aurait été relâché. Mais si cet homme était descendu par la fenêtre, il avait dû nécessairement descendre avant *Girard*, car la fenêtre a été trop bien observée, après l'évasion de celui-ci, pour qu'un autre ait pu le suivre [2]; et la dame *Boillot* [3] a vu *Girard* sortir par la croisée, au moment où l'explosion retentissait, pour ainsi dire, encore. Il est donc impossible qu'un autre ait pu le prévenir dans l'emploi de ce moyen d'évasion.

S'il était nécessaire de rechercher comment ces dépositions, dont rien n'autorisait à suspecter la bonne foi, ont cependant fini par être péremptoirement écartées, nous ferions observer que cette apparente inconséquence se renouvelle presque toujours dans les circonstances analogues à celle-ci. Les imaginations vivement frappées, dans ces instants d'émotion profonde, se saisissent d'une première apparence qui devient bientôt pour elles une certitude; une image fantastique se lie

[1] Rapport et déposition de *Boquet*, 4 et 7 août.
[2] Déposition de *Ferlay*, 10 août.
[3] Déposition de la *dame Boillot*, 27 juillet.

alors dans la mémoire aux circonstances les plus réelles, et les mêmes faits, observés par un grand nombre de personnes, se trouvent ainsi racontés par plusieurs d'entre elles, et avec une égale bonne foi, quoique d'une manière diverse.

D'après les éléments de la procédure, *Girard* paraît donc avoir été seul dans sa chambre, lorsqu'il a allumé la machine infernale; et les complices de son crime, s'il en a, ne l'ont point aidé ou assisté à le commettre, dans ce dernier et horrible moment. Sous ce rapport, le résultat de l'instruction est conforme aux détails que lui-même a donnés plus tard. Il résulte d'un de ses interrogatoires, qu'au moment où il mit le feu à la machine, le prétendu *Girard* était seul dans sa chambre; et, pour prouver que d'autres n'ont pu se servir du même moyen d'évasion que lui, il a employé à peu près les mêmes arguments que nous venons de vous présenter. Enfin il a expliqué la fuite de diverses personnes qui se sont échappées vers la rue des Fossés-du-Temple, en disant que le café Périnet était d'ordinaire fréquenté par les membres de la société des Droits de l'homme [1].

L'instruction établit d'ailleurs avec quelque certitude que des hommes armés et malintentionnés étaient répandus sur divers points des boulevarts, et spécialement aux environs du boulevart du Temple. Ces hommes, qui attendaient, ou qui espéraient quelque tumulte ou quelque tentative coupable, et qui semblaient s'y être préparés, ont dû naturellement se disperser avec effroi quand ils ont vu l'indignation publique éclater de toutes parts contre les auteurs présumés de l'attentat. Nous reviendrons plus tard sur cette circonstance.

Cependant l'instruction était poussée avec une per-

[1] Interrogatoire de *Fieschi*, 21 septembre.

sévérante activité; on recherchait tout ce qui pouvait révéler et manifester la vérité.

On vint à connaître plusieurs circonstances qu'il devenait important de vérifier. D'abord, quand *Girard* s'était présenté chez le portier de la maison située boulevart du Temple, n° 50, pour y chercher un logement, il était accompagné d'un homme qui paraissait âgé d'une soixantaine d'années, qu'il appelait *son oncle*, et qui, au moment de la location, s'était porté son répondant; ensuite *Girard* était souvent visité par trois femmes, qu'il disait être *ses bonnes amies* : l'une, signalée comme *borgne* ou *louche*, et *blanchisseuse de fin*; l'autre, *brune*, et ordinairement vêtue d'*habits de deuil*; et la troisième, qui se disait *Lyonnaise*, et qui portait ordinairement un *chapeau*. On disait qu'un jeune homme appelé *Victor* était venu le voir une ou deux fois, la veille et l'avant-veille de l'événement. Enfin, trois ou quatre jours avant le 28 juillet, il était arrivé pour lui une malle, lourde, grande, qu'il avait prétendu lui venir de sa femme. Le 28 juillet au matin, jour de l'attentat, il avait lui-même fait emporter cette malle. L'usage qui pouvait en avoir été fait, la destination ultérieure qu'elle avait reçue, ce qu'elle avait contenu, l'origine de cette malle, ainsi que la connaissance précise des diverses personnes que nous venons d'indiquer, pouvaient jeter de vives lumières sur l'information : on dut rechercher ces choses avec soin.

L'importance de ces circonstances justifiera sans doute à vos yeux les détails un peu minutieux dans lesquels nous allons entrer : nous les croyons indispensables, parce qu'il importe d'établir, avec une complète exactitude, les premiers faits qui ont conduit à des découvertes capitales, et d'où jailliront bientôt les renseignements les plus précieux sur les moyens qui ont servi à commettre le crime, et sur les individus soupçonnés d'y avoir participé. C'est ainsi, et ainsi seulement, Messieurs, qu'il nous sera possible de vous associer et de vous faire, en quelque sorte, assister, comme nous le désirons, à l'instruction qui a eu lieu en exécution de votre arrêt.

Les dépositions de plusieurs habitants de la maison, sans indiquer au juste l'instant où il était arrivé une malle dans l'appartement de *Girard*, donnaient la certitude qu'une malle y avait été portée un des trois ou quatre jours qui ont précédé le 28 juillet. Plus tard, il avait été constaté que c'était le samedi 25. *Girard*, qui était si mal dans ses meubles, prit soin d'avertir le portier de cet accroissement de son mobilier. Il voulait sans doute prévenir par cette précaution les soupçons et les commentaires. Il dit que la malle renfermait du linge qui lui était envoyé par sa femme.

Entre une et deux heures, il s'était adressé au desservant de la place de cabriolets de la rue de Vendôme, pour se faire aider à transporter jusqu'à la maison n° 50, boulevart du Temple, une malle qui se trouvait déposée au coin des rues Charlot et de Vendôme, à la porte du sieur *Maréchal*, marchand de vin. L'homme auquel il s'adressa ne le connaissait point alors; mais il l'a reconnu depuis. Comme il portait la malle sans crochets, il assure qu'il fut obligé de se reposer trois fois, durant le court trajet qu'il avait à parcourir, tant il trouvait sa charge pesante. Il estime que la malle pesait cent cinquante ou cent quatre-vingts livres. Il s'informa de ce qu'elle renfermait. *Girard* lui répondit qu'il l'ignorait; que c'était un envoi que lui faisait sa femme. En ce cas, reprit le porteur, elle contient *du plomb, du fer*, ou *des écus*.

Quand ils furent arrivés, *Girard* dit au portier :

Voici l'avant-garde; ma femme va bientôt venir : il dit au marchand de vin *Travault*, qui se trouvait sur le seuil de sa boutique : *M. Travault, cela est lourd; c'est ma femme qui m'envoie cette malle : elle contient du vin, de l'eau-de-vie et du linge.* La malle fut montée au 3ᵉ étage, et déposée dans la première chambre en entrant. Le porteur fut frappé du dénûment de l'appartement et le témoigna. *Girard* lui dit qu'il emménageait; il lui donna huit sous pour sa peine; et, descendant avec lui, le mena chez le marchand de vin, où ils burent chacun un verre de bière.

Après avoir congédié son porteur, *Girard* remonta immédiatement dans sa chambre; quelque temps après, il redescendit, tenant une bouteille d'eau-de-vie; il en fit goûter à *Travault*, tant il avait à cœur de justifier ce qu'il lui avait dit sur le contenu de la malle.

Suivant le témoignage des habitants de la maison qui l'ont vue, cette malle pouvait avoir *quatre pieds de long; elle était en bois, recouverte d'une peau noire encore garnie de poils*, et *portait sur le couvercle trois traverses en bois.*

Toutefois les voisins avaient remarqué que, depuis environ huit jours, *Girard*, qui d'ordinaire *ne tapait pas chez lui, y cognait du bois et faisait du bruit avec des planches.* Le lundi 27, dans la matinée, il *cogna* encore plus fort. On aurait dit que c'étaient des coups de marteau sur du bois. La femme Élisabeth *Andrener*, qui habitait au second étage, sous l'appartement de *Girard*, remarqua que ce bruit se faisait entendre sur sa tête, toujours à la même place.

Elle était alors près de sa fenêtre qui donne sur le boulevart. Il a été constaté que c'était précisément au-dessus de cet endroit qu'était dressée la machine infernale.

Le mardi, 28 juillet, au matin (l'heure n'est pas

bien certaine, mais dans un moment où le rappel battait), *Girard* alla chercher un commissionnaire au coin de la rue d'Angoulême, et l'amena dans la maison qu'il habitait. Avant de sortir, il avait informé la portière, évidemment pour qu'elle le répétât, qu'il allait renvoyer à sa femme la malle qu'il avait reçue quelques jours auparavant, après l'avoir remplie de différents objets qu'elle l'avait chargé d'expédier dans son pays. Il conduisit le commissionnaire dans la première pièce de l'appartement du troisième étage, et lui montra, entre la porte d'entrée et la porte de la cuisine, *une grande malle en bois, noircie, recouverte d'une peau avec son poil.* Le commissionnaire mit cette malle sur ses crochets; elle lui sembla peser environ soixante et dix ou quatre-vingts livres. *Girard* accompagna le commissionnaire; il ne voulut pas indiquer d'abord la destination de la malle. *Pas tant de questions*, disait-il au commissionnaire, *je vous paye, voulez-vous ou ne voulez-vous pas aller?* Il se ravisa, et, craignant sans doute qu'une pareille réticence ne parût suspecte, il indiqua une maison de roulage rue Basse. Il avait d'abord suivi le commissionnaire dans cette direction. Tout à coup il passa devant, et, tournant par la rue Charlot, il s'arrêta à la place des cabriolets de la rue de Vendôme, au même endroit où il était venu le samedi précédent. Il y trouva le porteur qui avait transporté sa malle ce jour-là, et le salua; celui-ci reconnut la malle. *Girard* congédia le commissionnaire, après lui avoir donné huit sous pour sa commission. Il monta avec sa malle dans le cabriolet n° 27, et ordonna au cocher d'aller *à la place Maubert.* Le conducteur demanda trente sous pour sa course. *Girard* lui répondit : *Vous ne savez pas si je ne vous donnerai pas davantage.* Une fois monté, il ne fut plus question de la place Maubert; il se fit conduire place aux Veaux, près du port aux Tuiles. Là, le conducteur fut payé, et *Girard* lui fit boire un verre de vin, ainsi qu'à un garçon tonnelier, employé chez le sieur *Durand*, marchand de futailles, rue de Poissy. Il avait prié ce garçon de l'aider à transporter sa malle près de là. Pour s'excuser de ne pas boire avec eux, il leur dit qu'il ne buvait jamais de vin.

L'identité de la malle et de l'homme a été constatée par la représentation de la malle au conducteur du cabriolet, et par sa confrontation avec *Girard*. Le marchand de vin chez lequel s'arrêta le conducteur, et devant la porte duquel la malle fut descendue, a confirmé le récit de celui-ci par sa déposition. Il y a ajouté que l'individu qui était dans le cabriolet, et qu'il a reconnu pour être *Girard*, chargea la malle sur son épaule, avec l'assistance d'un garçon tonnelier, et l'emporta en se dirigeant du côté de la rue Saint-Victor. *Girard*, interrogé dès le 29 sur ce qu'était devenue cette malle, répondit que cela ne regardait que lui. Il convint qu'il l'avait portée du côté de la rue Saint-Victor; et, quand on lui demanda chez qui, il refusa de s'expliquer, et répondit, avec un signe d'impatience qui devait caractériser aux yeux du magistrat instructeur l'importance de la question : *Je regrette, et les autorités doivent regretter que j'aie fait ce que j'ai fait. Je sais qu'il y a maintenant un homme de trop au monde, et c'est moi!* Le garçon tonnelier, en ce qui le concernait, a confirmé ces particularités par son témoignage.

Girard cependant n'était point sorti de la rue de Poissy; il était allé chez un ouvrier marbrier qui habite, dans cette rue, la maison n° 13, le sieur *Nolland*. Celui-ci a dit le connaître sans savoir son nom; il se souvenait de l'avoir vu deux ans auparavant, lorsqu'il était allé poser des robinets de fontaine, rue Croullebarbe, dans une maison qu'habitait cet inconnu. *Nolland* a ajouté que cet ancien voisin étant venu le prier de recevoir une malle en dépôt, il y avait consenti, et qu'il l'avait même aidé à transporter la malle du bas de la rue de Poissy jusqu'à sa propre demeure. En s'en allant, l'inconnu prétendu dit à *Nolland* : *Si la malle n'est pas enlevée d'ici à une heure, vous ne la remettrez que sur un ordre de M. Morey.*

Morey était un bourrelier-sellier, très-connu de *Nolland*, qui demeurait rue Saint-Victor, n° 23. Le 28 ni le 29 personne ne réclama la malle; car ce ne peut être que par erreur que la femme *Guerard* place au 29 des faits qui évidemment ne se sont passés que le 30.

Le jeudi 30 juillet, entre huit et neuf heures du matin, un commissionnaire se présenta chez *Nolland* pour prendre la malle; la dame *Nolland*, qui était seule chez elle, refusa de la livrer sans un ordre de *Morey*. Une demi-heure après, *Morey* arriva chez *Nolland* au moment même où le commissionnaire venu la veille s'y présentait de nouveau. Cette rencontre fut purement fortuite, selon *Morey*. *Nolland* lui dit : *Voilà une malle qui ne doit être enlevée qu'avec votre permission*. Après un moment d'hésitation, *Morey* répondit : *Eh bien! donnez-la;* et le commissionnaire, avec lequel il ne veut pas s'être entendu, et qu'il prétend ne pas connaître, emporta la malle, non sans mystère, s'il faut en croire la déposition d'une voisine, qui assure que pour la sortie de la malle, la dame *Nolland* s'était hâtée d'ouvrir une petite porte, habituellement fermée. *Morey*, interrogé sur ces circonstances, convint du fait, mais il ajouta qu'il n'avait été informé du dépôt de la malle que par *Nolland*, et qu'il n'en connaissait pas le propriétaire. Il était difficile de croire à la sincérité d'une déclaration si peu vraisemblable, et qui s'accorde si peu avec celle du commissionnaire auquel la malle a été remise.

Il résulterait de celle-ci, en effet, qu'un individu qui, d'après les indications données, ne saurait être un autre que *Morey*, serait venu, le mercredi 29, à sept heures du soir, chercher le commissionnaire à sa place, sur le pont de la Tournelle, pour le mener près de là quérir une malle; le commissionnaire ayant accepté la proposition, l'inconnu et lui se seraient rendus dans le haut d'une rue, entre la rue Saint-Victor et la place aux Veaux : ils auraient frappé à une porte fixée dans une clôture en planches, et, personne n'ayant répondu de l'intérieur, ils seraient allés boire de la bière dans une *gargote* qui fait face à la rue où se trouve la maison à la porte de laquelle ils avaient frappé; ils se seraient séparés ensuite, et l'homme avec lequel le commissionnaire se trouvait lui aurait donné rendez-vous pour le lendemain matin, de bonne heure: le lendemain au matin, le commissionnaire se serait rendu à la maison indiquée, où, après quelques mots échangés entre l'homme de la veille et le maître et la maîtresse du logis, on aurait chargé la malle sur ses crochets.

On a demandé à *Morey* s'il n'avait pas connu quelqu'un qui demeurait, deux ans auparavant, rue Croullebarbe; il a répondu qu'il n'avait jamais connu, dans cette rue, qu'une femme dont le fils était blanchisseur. La mère et le fils demeuraient ensemble, et étaient allés s'établir depuis rue Mouffetard. *Nolland*, interrogé de son côté, a répondu qu'il ne croyait pas que l'individu qu'il avait connu rue Croullebarbe fût blanchisseur, et qu'il ne savait pas s'il demeurait avec sa mère. La dame *Nolland* a ajouté qu'il lui semblait que cet individu était portier, et qu'il avait une *fille privée d'un œil.* On reconnaîtra plus tard l'importance de cette circonstance, qui a mis sur la voie de la vérité, dont il devenait évident que *Morey* cherchait à faire perdre la trace.

Nolland, conduit rue Croullebarbe, a reconnu la maison dans laquelle il était allé placer des robinets de fontaine, et qu'habitait l'individu qui était venu, le 28 juillet, déposer une malle chez lui. Cette maison, située rue du Chant-de-l'Alouette, n° 10, à l'extrémité de la rue Croullebarbe, était actuellement en réparation et inhabitée. Mais deux voisines ont déclaré que l'homme qui y résidait à l'époque indiquée prenait le nom de *Fieschi;* qu'il se disait Corse; qu'il était d'une taille élevée, de l'âge de 34 à 35 ans; qu'il avait la barbe et les cheveux bruns, et un accent méridional très-prononcé; qu'il vivait avec une femme qui se nommait *Petit*, et qui avait auprès d'elle une fille âgée de 14 à 15 ans, à laquelle *il manquait un œil.* Elles ont ajouté qu'elles croyaient que cette jeune fille était actuellement placée à la Salpêtrière. Selon elles, pendant qu'il demeurait dans ce quartier, le nommé *Fieschi* était un objet de terreur pour le voisinage, et plusieurs fois la femme *Petit* avait dit qu'elle n'oserait jamais divulguer ce qui se passait dans l'intérieur de son ménage. Enfin,

Fieschi se vantait hautement d'avoir subi une condamnation infamante prononcée par un conseil de guerre, devant lequel il avait été traduit comme militaire.

Il était impossible de ne pas remarquer que le signalement de *Fieschi*, tel que venaient de le donner deux femmes qui ne connaissaient pas *Girard*, semblait établir l'identité de l'homme qui portait ces deux noms. Confrontés avec lui, *Nolland* et sa femme l'ont reconnu, et l'on a obtenu ainsi un commencement de preuve de cette identité.

Le commissionnaire qui avait pris la malle chez *Nolland* a déclaré que, toujours accompagné de celui qui était venu le chercher la veille, il l'avait portée dans la direction de la place aux Veaux, par le pont de la Tournelle, l'île Saint-Louis, le pont Marie, le quai à gauche, jusque par delà le pont Louis-Philippe; qu'ils étaient remontés ensuite à droite, et parvenus ainsi dans une rue qui lui était inconnue; là, ils entrèrent dans une maison qu'il croyait pouvoir reconnaître; ils montèrent au deuxième étage; une femme vint ouvrir; il déposa la malle qu'il portait sur le palier de l'escalier, et il reçut quinze sous pour son salaire.

Ce renseignement obtenu, il devenait extrêmement important de découvrir cette malle et cette rue: toutes celles du quartier, dans la direction indiquée, furent explorées avec soin par des commissaires de police accompagnés du commissionnaire *Dubromet*. Celui-ci avait d'abord cru reconnaître dans la rue Geoffroy-l'Asnier, au n° 7, la maison où il avait transporté la malle; mais après un mûr examen, il se convainquit qu'il avait été trompé par de fausses apparences.

Enfin le 3 août, à cinq heures du soir, *Dubromet*,

arrivé dans la rue de *Long-Pont*, reconnut distinctement la maison n° 11 pour celle dans laquelle il avait été introduit le 30 juillet. Des perquisitions eurent immédiatement lieu, et la malle fut trouvée dans un cabinet, au quatrième étage, en la possession d'une jeune fille *privée d'un œil*, et qui a dit se nommer Nina *Lassave*. C'était une *malle noire*, dont le *couvercle bombé* et *garni de trois voliges en bois* était *en partie recouvert de poils de sanglier*. Elle peut avoir *3 pieds 1/2 de long sur 18 pouces de largeur et 12 ou 14 pouces de hauteur*.

Au moment où les agents de police étaient entrés chez Nina *Lassave*, cette fille avait laissé apercevoir l'intention de se détruire; il fallut employer la force pour prévenir les effets de son désespoir. Elle tira de son corset une petite enveloppe renfermant un carré de papier sur lequel on lut ces paroles : « Vous êtes prié de ne « plus aller voir Nina; elle n'existera plus dès ce soir. « Elle laisse dans sa chambre la *chose* dont elle était dé- « positaire; voilà ce que c'est que de l'avoir si vite aban- « donnée. Adieu! après ma mort, arrivera ce qui pourra! »

La fille *Lassave* convint que la malle avait été apportée chez elle le jeudi 30 juillet par le commissionnaire *Dubromet*, qu'elle reconnut. Elle avoua que le commissionnaire n'était pas venu seul; mais elle dit d'abord qu'il était accompagné d'un *monsieur* qu'elle ne connaissait pas : ce ne fut qu'après l'avoir éclairée sur l'intérêt qu'elle avait à dire la vérité qu'on triompha de ses dénégations, et qu'on obtint d'elle l'aveu que c'était *Morey* qui avait fait porter la malle chez elle; qu'il lui avait dit de la garder, et que c'était à lui qu'était destiné le billet dont on vient de faire mention.

Cependant, elle prétendait avoir perdu de vue *Morey*

depuis longtemps, et n'avoir eu avec lui aucune relation récente.

La malle avait été ouverte par un serrurier. La fille *Lassave* soutint qu'elle l'avait fait ouvrir sur l'autorisation que *Fieschi* lui avait donnée le lundi 27 juillet, et qu'elle était seule quand l'ouverture en avait été faite. Elle dit que la malle ne contenait que des hardes d'homme, une robe de laine, un jupon et une chemise à son usage, et des cartes de géographie. On y trouva, en effet, outre les objets déclarés, trois plans de Paris et une trousse de rasoirs qui renfermait un récépissé provisoire du Mont-de-Piété, en date du 22 juin 1835. Le commissionnaire *Dubromet* reconnut la malle, mais la trouva beaucoup moins lourde; la fille *Lassave* avoua qu'elle en avait détourné divers objets pour les faire vendre, et du linge et des chaussettes pour les faire blanchir; elle indiqua les personnes auxquelles elle avait elle-même vendu ces choses, ou qui s'étaient chargées de les laver ou de les vendre. Elles ont été entendues, et leurs dépositions ont pleinement justifié les déclarations de la fille *Lassave*.

Nina *Lassave* était apparemment cette jeune fille à laquelle il *manquait un œil*, qui habitait avec *Fieschi*, quand il demeurait lui-même rue Croullebarbe, avec la femme *Petit;* mais les témoins qui l'avaient signalée, et que nous venons de citer, avaient dit qu'ils la croyaient actuellement placée à la Salpêtrière. Elle avouait qu'elle avait vu *Fieschi* le lundi 27; il devenait nécessaire d'éclaircir comment, pourquoi et depuis quand elle habitait un cabinet au quatrième étage dans la maison n° 11 de la rue de Long-Pont.

Un ouvrier bandagiste, qui y demeure, quoiqu'il ne soit

point le portier de la maison, est par la position de son logement, situé au rez-de-chaussée, proche de l'escalier, fort au courant de ce qui s'y passe : il a déclaré que le mercredi 29 juillet, avant midi, une jeune fille, à laquelle on avait donné le nom de *Joséphine*, s'était présentée à la porte avec un *vieux monsieur*, vêtu d'une redingote brune et portant un chapeau gris, et qu'ils avaient demandé s'il y avait une chambre à louer dans la maison. Le locataire du rez-de-chaussée les mit en relation avec la dame propriétaire du logis. Le lendemain jeudi, vers neuf heures du matin, le même *vieux monsieur* était revenu avec un commissionnaire qui portait une malle. Le *monsieur* avait un gros paquet sous le bras. Le commissionnaire descendit en s'essuyant le visage; et s'adressant au même témoin, dont le poste était si favorable pour observer, il lui dit qu'il n'avait jamais porté une malle si lourde pour si peu d'argent : il n'avait reçu que 15 sous. Le vieux *monsieur* ne sortit qu'une demi-heure après le commissionnaire. C'est lorsqu'il fut sorti que *Joséphine* envoya chercher le serrurier. *Joséphine* s'ennuyait beaucoup de ce que son oncle ne revenait pas. Cependant, le vendredi 1er, ou le samedi 2 août, le *monsieur* revint vers deux ou trois heures après midi, mais *Joséphine* était sortie; il demanda si elle était *en haut;* le voisin du rez-de-chaussée lui remit la clef de l'appartement; le *monsieur* monta; il ne descendit et ne rendit la clef qu'à sept heures du soir; il dit qu'il s'était endormi : *Joséphine* n'était pas rentrée, il annonça qu'il reviendrait le lendemain matin à sept heures; on ne l'a pas revu depuis.

Ces circonstances, qui résultent en partie de la déposition du bandagiste *Milhomme*, sont confirmées et complétées par le témoignage de la dame veuve *Dulac*, propriétaire de la maison. Il résulte, de plus, de la déposition de cette dame, que le *monsieur* qui accompagnait la jeune fille était de petite taille, qu'il s'était donné pour l'*oncle* de *Joséphine*, et qu'elle attendait une malle qui arriverait le lendemain ou le surlendemain. *Morey*, confronté avec *Milhomme*, la femme *Milhomme* et la dame veuve *Dulac*, a été reconnu par eux pour le *monsieur* qui avait amené *Nina Lassave* ou *Joséphine*, et qui s'était annoncé comme son oncle. Il les a reconnus aussi, mais il a soutenu n'avoir pas dit que cette jeune fille était sa nièce. *Milhomme* a remarqué qu'aussitôt que la jeune personne eut appris l'arrestation d'un homme qui l'intéressait, elle allait tous les jours chercher le journal. Il paraît croire que c'est l'arrestation de celui qui se disait son oncle qui excitait ainsi sa sollicitude; selon toute apparence, c'était l'arrestation d'un autre homme, et cet homme c'était *Fieschi*.

La malle a été représentée à *Milhomme* et à *Morey*; ils l'ont l'un et l'autre reconnue pour celle que *Dubromet* avait apportée le jeudi 30 juillet. Le portier de la maison qu'habitait *Fieschi*, sur le boulevart du Temple, a pareillement reconnu dans la malle saisie chez la fille *Lassave* celle qui avait été apportée chez *Fieschi* le samedi 25 juillet, et qu'il en avait vu sortir le mardi 28 au matin. La dame veuve *Richer*, qui habitait la même maison et qui avait vu aussi emporter la malle le jour de la revue, a cru également la reconnaître dans celle qui lui a été représentée.

En cet état de la procédure, il demeurait établi que l'individu qui se faisait nommer *Girard* dans la maison n° 50 du boulevart du Temple, était connu sous le nom de *Fieschi* dans le quartier du Jardin du Roi; qu'il était en relation intime avec la fille Nina *Lassave* et avec le bourrelier *Morey*; que l'introduction de la malle apportée dans son appartement le samedi 25 juillet y avait été suivie d'un *bruit de planches* et de *coups de marteau* qui, selon toutes les apparences, signalaient le moment de la construction de la machine infernale; enfin que la destination de cette malle, renvoyée dans le quartier Saint-Victor, le 28 juillet au matin, pour y être à la disposition de *Morey*, et remise par lui à *Nina Lassave*, avait une connexion nécessaire avec l'attentat de ce jour et ses auteurs. Il importait dès lors de rechercher d'où cette malle venait et ce qu'elle renfermait le jour où elle était arrivée chez *Girard*.

Nous avons vu que le samedi 25 juillet, dans l'après-midi, elle s'était trouvée près de la porte du marchand de vin *Maréchal*, au coin des rues Charlot et de Vendôme; d'où et comment y était-elle venue? Les progrès que l'information avait faits pendant qu'on procédait à la recherche de la malle ont facilité la solution de ces questions.

De toutes les traces matérielles que le crime avait laissées après lui, les armes meurtrières qui avaient servi à le commettre étaient naturellement celles qui devaient exciter d'abord toute la sollicitude des magistrats-instructeurs. D'où provenaient-elles? Par qui avaient-elles été fournies? Comment étaient-elles venues aux mains de ceux qui en avaient si cruellement abusé? On s'était livré sans délai à ces importantes recherches.

Dès le 29 juillet à midi, le sieur *Boutteville*, armurier, fut chargé de procéder à l'examen des canons de fusil trouvés dans la chambre d'où les coups de feu étaient partis; il résulte de son rapport que ce sont de vieux canons provenant des magasins de l'État, rebutés par l'autorité militaire, puis redressés par un serrurier ou un mécanicien pour être livrés ensuite au commerce; sorte d'industrie nouvelle qu'explique, mais ne justifie pas, une âpre soif du gain, car de tels fusils doivent presque nécessairement éclater dans les mains de ceux qui en font usage.

L'expert signala en particulier les canons numérotés 19 et 23, comme portant encore, nonobstant le redressement et la réparation, les traces des coups de tranche donnés dans les arsenaux de l'État pour en marquer le rebut.

Le même jour, à neuf heures du soir, le sieur *Bury*, quincaillier, marchand d'armes, demeurant rue de l'Arbre-Sec, n° 58, comparut spontanément devant le procureur du Roi. Ayant appris que l'attentat commis la veille sur la personne du Roi et sur son cortége avait été exécuté au moyen d'une batterie composée de canons de fusil, il avait pensé que ces canons, dont on disait que le nombre était de vingt-quatre, pouvaient provenir d'une vente qu'il avait faite le samedi précédent; il déclara, en conséquence, tout ce qu'il savait à ce sujet, et diverses personnes furent assignées pour déposer sur les faits énoncés en sa déclaration.

Il fut constaté que plusieurs semaines avant le 28 juillet (l'un des témoins dit *trois semaines*, et un autre *six*), un individu *de petite taille, maigre, basané, âgé d'environ 36 à 40 ans, vêtu d'une redingote bleue, et coiffé d'un chapeau gris*, s'était présenté chez le sieur *Meunier*, armurier, demeurant quai de la Mégisserie, n° 46, et lui avait demandé à acheter des canons de fusil de munition; il ne dit pas quel nombre il voulait en acquérir; il les aurait pris, quelles que fussent leurs dimensions. Le sieur *Meunier* lui répondit qu'il ne tenait point d'armes de guerre et qu'il n'avait pas de fusils de munition à vendre. L'inconnu s'enquit d'un magasin où il pourrait en trouver; l'armurier lui donna l'adresse du sieur *Bury*. En effet, un inconnu de *5 pieds 3 pouces environ*, aux *cheveux châtains* ou *châtains foncés*, *d'une assez forte corpulence*, *vêtu d'une redingote bleue*, *coiffé d'un chapeau gris*, *portant des souliers demi-fins et un peu découverts*, se présenta chez le sieur *Bury*; il était porteur d'une adresse imprimée du sieur *Meunier*, au dos de laquelle l'adresse du sieur *Bury* était exactement écrite. Il s'annonça comme venant de la part du sieur *Meunier*, et demanda quel serait le prix d'une vingtaine de canons de fusil qu'il désirait acheter; le marchand lui répondit qu'il en avait des différentes fabriques, mais de rebut, et qu'il les vendait 6 francs la pièce.

L'inconnu répliqua qu'il était obligé, avant de conclure, de communiquer les conditions de la vente à la personne qui avait besoin de ces canons, et il se retira en annonçant qu'il reviendrait. Dix ou quinze jours avant le 29 juillet (il y a probablement ici dans la déclaration du sieur *Bury* une erreur de date), le même individu revint dans le même magasin; en l'absence du maître, il s'adressa à la dame *Bury*; il lui annonça qu'il avait reçu une lettre de ses commettants qui l'autorisaient à conclure le marché au prix demandé, et il ajouta qu'il prendrait vingt-cinq canons de fusil si on lui donnait, en outre, un petit pistolet. La dame *Bury* y consentit. L'inconnu remit 5 francs d'arrhes, et demanda que les canons fussent prêts et graissés pour le lendemain à six heures du matin, ou à midi au plus tard. Toutefois il ne revint les chercher que le jeudi 23 juillet; il trouva *Bury* occupé à la préparation des canons, et il s'informa si on pouvait lui fournir une caisse pour les placer. On lui proposa d'en commander une; il s'y refusa en disant qu'ayant plusieurs objets à expédier, il achèterait une *malle* et mettrait le tout ensemble. Le samedi 25 juillet dans l'après-midi, en l'absence du sieur *Bury*, l'inconnu arriva avec une malle chez ce marchand; il venait prendre livraison des vingt-cinq canons de fusil. Jusqu'alors il ne s'était pas nommé; en ce moment il dit qu'il s'appelait *Alexis*, et demanda qu'il lui fût délivré une facture sous ce nom. Il exigea que les canons de fusil fussent cotés à 7 fr. 50 cent. la pièce, quoique le prix convenu ne fût que de 6 francs. La facture fut dressée par le neveu de *Bury*. Le prix fut énoncé dans les termes indiqués par l'acheteur, qui cependant ne compta au marchand que 145 fr. en pièces de cent sous, c'est-à-dire le prix convenu en y comprenant les arrhes. L'inconnu reçut par-dessus le marché un pistolet de la fabrique de Liége dont le canon était en cuivre; il l'estimait 8 francs. La dame *Bury* fit observer à *Alexis* que les lumières de trois ou quatre canons n'étaient pas percées: il répondit que *cela n'y faisait rien*, et que les personnes à qui ces canons étaient destinés sauraient bien les percer. La dame *Bury* plaça elle-même les canons de fusil dans la malle. *Alexis* pria *Boudet*, le neveu de *Bury*, d'aller chercher un fiacre. *Bury* arriva sur ces entrefaites. Il vit les canons de fusil dans la malle. La malle paraissait *neuve;* elle avait des *traverses de bois en long sur de la peau noire.*

Boudet amena une voiture de place, qu'il avait trouvée en tête de celles qui stationnaient sur la place du Louvre. C'était le fiacre n° 121, conduit par le cocher *Pierron.* Selon le cocher, dès que la voiture fut arrivée à la porte de *Bury*, deux hommes apportèrent tout de suite une *grande malle*, ou plutôt une *cassette* ayant des *poignées en fer*, de *couleur de bois un peu souillé*, *n'ayant pas de peau par-dessus*, mais *deux* ou *trois barres de bois en travers du couvercle* pour joindre les planches. Cette cassette pouvait avoir environ *quatre pieds de long* sur *dix-sept pouces de large*, et environ *treize pouces de hauteur;* elle paraissait peser de soixante et dix à quatre-vingt-dix livres. On la plaça dans la voiture : un seul des deux hommes qui avaient apporté la malle monta dans le fiacre; sa taille était, toujours selon le cocher, de *cinq pieds un pouce environ*, *il pouvait avoir trente-cinq ans d'âge;* il était plutôt *mince* que gros. La rue Boucherat fut indiquée comme le but de la course; le cocher s'étant enquis du numéro de la maison devant laquelle il devait s'arrêter, l'homme qu'il menait répondit : *Allez toujours, je vous le dirai.* Dans la rue Boucherat, il fit déposer la malle devant la boutique de marchand de vin située au coin de la rue Charlot et de la rue de Vendôme. Le cocher reçut 36 sous pour sa course et un verre de vin.

L'armurier *Meunier* et le cocher *Pierron* ont reconnu dans *Girard*, le premier, l'individu qui était venu lui demander des canons de fusil; le second, l'inconnu qu'il a conduit, avec la malle, au coin des rues Charlot et de Vendôme; *Bury*, la dame *Bury* et *Boudet* ont pareillement reconnu en lui, lors de leur confrontation, l'inconnu qui s'était d'abord présenté de la part de *Meunier*, et qui ensuite, sous le nom d'*Alexis*, avait conclu le marché des vingt-cinq canons de fusil et en avait pris livraison. La dame *Bury* a reconnu la malle sasie chez la fille *Lassave;* elle a affirmé que c'était la même dans laquelle elle avait placé les canons de fusil vendus à *Alexis* ou *Girard.* Pour prouver son assertion, elle a indiqué, dans l'intérieur de la malle, les taches d'huile produites par les bouts graissés de quelques canons. La malle n'était pas de la même longueur que les canons; *j'ai été,* dit la dame *Bury, obligée de les mettre obliquement et de les forcer un peu; je les ai contrariés; c'est bien cette malle-là.* Un des canons de fusil de la machine a été en effet posé dans la malle, et il a été reconnu qu'on ne pouvait l'y faire entrer qu'en le plaçant un peu de travers; les canons ont environ deux pouces de plus en longueur que l'intérieur de cette malle.

Il est difficile d'arriver à plus d'exactitude dans une information. On était parvenu, en retrouvant l'itinéraire exact de la malle qui avait servi de véhicule aux principaux instruments du crime, à découvrir par quelles mains elle avait successivement passé, et cette découverte devait puissamment contribuer à faire connaître les complices apparents de l'attentat.

Pour ne plus revenir sur ce qui concerne la malle, nous devons dire ici que *Fieschi* l'avait achetée au Temple, chez un marchand fripier nommé *Beaumont,* le 24 juillet dans l'après-midi, et vint en prendre livraison le lendemain matin, accompagné d'un homme dont le signalement et les vêtements étaient semblables au signalement et aux vêtements de *Morey.* Le 24 juillet, *Fieschi* avait donné 20 sous d'arrhes; le 25, il a payé la malle 11 francs, et l'a fait transporter chez le quincaillier *Bury* par le commissionnaire *Pessain. Beaumont* a déclaré, en voyant la malle qui lui a été représentée, qu'il pensait que c'était la même qu'il avait vendue. Il a reconnu *Fieschi* et *Morey; Pessain* a également reconnu *Fieschi* [1]. Les dépositions des témoins et les déclarations de *Fieschi* se sont trouvées parfaitement concordantes.

Quoique les divers témoins qui ont porté, rempli ou vidé la malle du prétendu *Girard* ne fussent pas parfaitement d'accord dans la description qu'ils en donnent, quoiqu'ils aient diversement estimé son poids, il ne pouvait exister aucun doute sérieux sur l'identité de la malle. En effet, les témoins étaient unanimes sur ses dimensions, sur sa couleur, sur le nombre des traverses ou voliges en bois posées sur son couvercle. En pareil cas, ce que les témoignages rendus par des personnes qui n'avaient aucun motif d'observer attentivement les circonstances de fait dont elles déposent, peuvent avoir de divergent, loin de contribuer à les infirmer, donne en quelque sorte une nouvelle autorité à ce que ces dires ont de conforme; car on y trouve la preuve évidente que de telles dépositions, franches et indépendantes, ne sont ni le résultat d'un concert frauduleux, ni l'écho ou la répétition servile les unes des autres.

La même observation est applicable aux variations qui se trouvent dans l'indication des heures et des jours, et que, pour plus d'exactitude, nous avons cependant pris soin de relever minuticusement, rien n'étant si naturel que cette espèce de désaccord entre différentes personnes qui se souviennent du même fait. La vie s'écoule si rapidement que la moindre confusion dans la mémoire, la plus petite lacune dans un souvenir d'ailleurs subsistant, suffisent à nous faire mé-

[1] Déposition de *Beaumont*, 21 octobre; de *Pessain*, 22 octobre.

prendre sur les circonstances de temps qui ne sont présentes à notre pensée que par des rapports de succession ou de simultanéité. Si les témoignages concordent quant aux circonstances de lieu et d'action, et si la diversité du temps auquel elles sont rapportées n'implique avec elles aucune contradiction, cette diversité est inconcluante, elle peut être négligée et ne saurait atténuer la probabilité qui résulte de la concordance des témoins en ce qui concerne les faits qu'ils rapportent.

Relativement au signalement des personnes, il convient de distinguer les signes qui ne se composent, en quelque sorte, que de nuances, de ceux qui, comme la hauteur de la taille, les apparences de l'âge, la couleur décidée de la chevelure, celle des vêtements, la forme et la nature de la coiffure, forment des circonstances saillantes sur lesquelles ceux qui ont réellement vu ne peuvent guère différer. La diversité des témoignages sur les premières de ces choses ne saurait affaiblir leur concordance sur les secondes, ni infirmer la probabilité qui en résulte; mais ici toutes les ombres s'évanouissent devant la lumière qui jaillit des aveux circonstanciés de *Fieschi;* c'est ce qui vous sera démontré par la suite de ce rapport.

En cet état de la procédure, les rapports de confiance entre *Fieschi* et *Morey* semblaient suffisamment établis par la découverte de la malle commise aux soins de celui-ci, et par ses relations, actuellement bien constantes, avec Nina *Lassave.* D'un autre côté, les témoins habitants de la maison, n° 50, boulevart du Temple, et qui avaient vu venir chez *Fieschi* le seul homme qu'il reçût dans ses appartements, disent que cet homme, qu'il appelait son *oncle,* pouvait avoir une soixantaine d'années, qu'il était *petit de taille, assez gros*, que *sa figure était ronde*, qu'il *grisonnait*, et qu'habituellement *assez bien mis*, il portait une *redingote de couleur foncée* et des *pantalons :* ces renseignements, qui se rapprochent du signalement de *Morey*, pouvaient induire à penser que c'était en effet lui qui avait accompagné *Fieschi* ou *Girard* lorsqu'il était venu louer un appartement dans la maison de M. *Billecocq*, et qui s'était présenté comme son *oncle*. Ce commencement de preuve recevra de plus grands développements.

Nous devons nous contenter en ce moment de recueillir, dans diverses dépositions très-explicites, les circonstances suivantes, que nous vous prions de retenir. Celui que *Girard* ou *Fieschi* appelait son *oncle*, et qu'il ne voyait que rarement à l'époque qui suivit de près son établissement au boulevart du Temple, était venu au contraire *fort souvent, presque journellement*, durant les dix ou douze jours qui avaient précédé le 28 juillet. Aussi, quand le prétendu *Girard* sortait, avait-il soin de dire à quelle heure il rentrerait, pour qu'on en informât son *oncle*, si celui-ci venait le demander en son absence. Dans la matinée du lundi 27, la portière, Sophie *Salmon*, ne voulut pas laisser monter la fille *Lassave* chez le faux *Girard*, parce qu'il était avec son *oncle*. Cet oncle revint le soir, et la femme Élisabeth *Andrener*, qui habitait la maison, après avoir entendu *Girard cogner* longtemps dans sa chambre, le rencontra encore sur l'escalier avec son *oncle*, qui en descendait. Elle remarqua que celui-ci détourna la tête, en passant devant elle, pour cacher sa figure; *Girard* emprunta un parapluie à la portière pour reconduire cet individu. C'étaient là autant d'indices d'où l'on pouvait conclure que ce personnage était au moins dans la confidence de *Girard*.

On ne pouvait plus douter que la fille *Lassave* ne fût une des trois femmes désignées comme les *bonnes amies* de *Fieschi*. Leur destinée semblait étroitement liée. C'était à elle qu'après la consommation du crime, et par une sorte de fidéi-commis, *Morey* avait remis les dépouilles ou l'héritage de *Fieschi*. Dans l'ignorance où elle était du sort de celui-ci, elle renonçait à la vie. On savait de plus qu'elle parlait souvent du dessein qu'elle avait formé d'aller vivre avec un Corse nommé *Fieschi*, qui avait pris, disait-elle, le nom de *Girard*, et avait loué sur le boulevart du Temple, dans la maison n° 50, un appartement *un peu cher* pour un homme qui n'avait point d'état fixe; c'était au commencement de juillet qu'elle devait aller se réunir à son amant. Aussi, depuis quelque temps, enlevait-elle successivement de l'hôpital qu'elle habitait, à chacune de ses sorties, quelques-uns des effets qu'elle possédait; c'est ce qui explique comment une partie de ses hardes s'est trouvée dans la malle de *Fieschi*.

Depuis, on avait appris que, le 26 et le 27 juillet[1], elle était venue demander dans son logement le prétendu *Girard*, et qu'elle lui avait parlé ces deux jours; le même lundi, elle avait dit à la femme *Roux* et à la fille *Beauvilliers*, deux personnes qui comme elle habitaient l'hôpital général de la Salpétrière, qu'il *pourrait bien se passer quelque chose à la revue*[2]. Elle avoue elle-même qu'elle avait répété ce que *Fieschi* lui avait dit, *qu'il y aurait peut-être du bruit; qu'on demanderait l'amnistie;* que, si elle était accordée, on crierait *vive le Roi!* mais que, si elle était refusée, *on se battrait*. Comme on lui

[1] Interrogatoire de la fille Nina *Lassave*, 7 août.
[2] Déclaration de la fille Nina *Lassave*, 5 août.

répondit qu'on ne croyait point à ce bruit, elle répliqua: *On ne sait pas.*

Elle sortit le mardi 28 pour aller à cette revue avec la femme *Roux*. A mesure qu'elles approchaient de la rue du Pont-aux-Choux, elles apprirent ce qui venait de se passer. La fille *Nina*, saisie, agitée, se mit à courir vers la rue Basse; mais elle ne tarda pas à venir retrouver la femme *Roux*. Elles continuèrent leur route vers le Jardin Turc; à la hauteur de la rue d'Angoulême, la fille *Lassave* traversa le boulevart, entre un régiment de cavalerie et la 8e légion de la garde nationale, et disparut. Elle ne reparut à l'hospice que vers trois ou quatre heures de l'après-midi; elle y arriva en nage et toute tremblante. Elle dit à la femme *Beauvilliers* qu'elle était *fort malheureuse*. Interrogée s'il fallait attribuer son trouble à la catastrophe dont elle avait été presque témoin, elle répondit que *ce n'était pas là la cause de son chagrin, mais qu'elle en avait beaucoup.* Elle tremblait si fort, qu'elle ne put jamais parvenir à dénouer son bonnet. La fille *Beauvilliers* crut qu'elle avait perdu sa mère. La fille *Lassave* ne répondit point à ses questions, et, après avoir changé de vêtements, elle disparut pour ne plus revenir.

Vous savez comme on l'a retrouvée depuis rue de Long-Pont, nº 11, sous la protection de *Morey*, quoiqu'elle semblât l'accuser de l'avoir abandonnée. Il était indispensable de pousser plus loin l'information. Cette fille pouvait être complice de l'attentat; elle pouvait avoir été la confidente de *Fieschi* et connaître ses complices; il était évident que, dans tous les cas, son témoignage serait d'une grande importance. Arrêtée le 3 août, en vertu d'un mandat d'amener, elle dut être interrogée. Pendant deux jours elle refusa de donner les éclaircissements qu'on lui demandait.

Le 5 août, elle fit une déclaration importante. Il en résulte que, le dimanche 26 juillet, à midi, la fille *Lassave* étant venue chez *Fieschi*, le trouva seul chez lui. Elle aperçut, dans la chambre qui donne sur le boulevart, une machine qu'elle prit pour un métier. C'étaient quatre morceaux de bois montés en carré et retenus par des traverses; elle croit pouvoir affirmer qu'il n'y avait pas de barres de fer. Elle demanda à *Fieschi* ce qu'il voulait faire de cet appareil; il lui répondit que c'était un *métier pour fabriquer des cordons*. Elle lui représenta qu'il avait peut-être tort de se livrer à d'aussi grandes dépenses; qu'il lui faudrait acheter du coton et faire diverses avances dans lesquelles il était à craindre qu'il ne rentrât jamais. Il répliqua à cette observation : *Cela ne te regarde pas; ce ne sont pas des affaires de femme : quand je me mêle de quelque chose, je sais bien ce que je fais.* Ces circonstances ont été pleinement confirmées par *Fieschi* dans son interrogatoire du 18 août. La fille *Lassave* ajoute ici une grave circonstance, c'est que, vers la fin du mois d'avril, elle avait vu dans la même pièce, rangés contre le mur, à droite, plusieurs morceaux de bois détachés et plusieurs planches; que *Fieschi* lui avait tenu le même langage sur leur destination future, et qu'elle a la conviction que ce sont ces mêmes pièces de bois qui ont servi en juillet à la construction de la machine.

Ce même jour, 26 juillet, *Fieschi* recommanda à la fille *Lassave* de ne pas venir à Paris pendant les fêtes, *parce qu'il y aurait des troubles*, et qu'*il aimait autant qu'elle n'y fût pas.* Comme elle insistait beaucoup pour venir, il la prévint que sa porte lui serait fermée si elle s'y présentait : il avait la figure altérée, l'air soucieux et préoccupé; elle lui en fit la remarque; il répondit qu'il était dans une mauvaise position; que d'ailleurs il ne voulait entendre aucune question sur ce sujet. La fille *Lassave* lui demanda s'il craignait d'être arrêté : *Ce n'est pas ce qui m'inquiète*, lui dit-il; *j'ai d'autres affaires qui ne te regardent pas; ainsi ne me questionne pas plus longtemps.* Plus tard, il lui répéta de ne pas venir le lendemain, en lui promettant d'aller la voir, s'il le pouvait, vers midi. Elle, qui ne comptait pas sur l'exécution de sa promesse, vint à sa porte, et, religieuse observatrice de ses ordres, ne demanda pas à monter; elle se contenta de prier la portière de lui dire, quand elle le verrait, qu'il pourrait la trouver rue *Meslay*, n° 65, chez une de ses amies. La portière lui apprit que *Girard* était dans sa chambre avec son oncle; que ce *vieux monsieur* ne le quittait pas, et qu'ils avaient défendu qu'on laissât monter personne.

La fille *Lassave* n'ayant pas trouvé son amie, poussée par une secrète inquiétude ou par la curiosité, revint rôder autour du logis de *Fieschi*. A quelque distance de sa demeure, et du côté du théâtre de l'Ambigu, elle l'aperçut *attablé avec Morey* sous la tente d'un café: il pouvait être une heure et demie; ils buvaient ensemble de la bière. *Fieschi*, qui de son côté aperçut *Nina*, vint à elle sur le boulevart, laissant *Morey* à table; il s'excusa de n'être point allé la chercher la veille, et la conduisit dans l'allée de sa maison, où ils causèrent très-peu de temps ensemble; il lui répéta qu'il ne pouvait la faire monter chez lui, et la congédia. La figure de *Fieschi* était encore plus sombre qu'auparavant. A trois heures, il alla rejoindre la fille *Lassave* chez une de ses amies, où il lui avait donné rendez-vous; mais à peine arrivé, il *voulait* s'en aller. Elle le pria d'attendre un instant, afin qu'elle pût sortir avec lui : jamais il n'avait montré tant d'impatience; sa physionomie était toute décomposée. Dès qu'il eut fait quelques pas avec ces femmes, il s'éloigna précipitamment, après avoir dit à la fille *Lassave* : *J'irai te prendre demain à la Salpêtrière; tu m'attendras vers midi.* En se retournant, elle remarqua qu'il s'était tout à coup arrêté. *Il nous regardait nous en aller,* dit-elle; ce regard était, dans sa pensée, comme un dernier adieu : c'était, en effet, le moment où la fille *Lassave* voyait *Fieschi* pour la dernière fois.

Le lendemain, en apprenant qu'on venait de tirer des coups de fusil sur le Roi, du 3e étage d'une maison attenante au café des Mille Colonnes, précisément en face du Jardin Turc, un affreux pressentiment s'empara d'elle; l'air égaré de *Fieschi*, le soin qu'il avait mis à l'empêcher de monter chez lui depuis deux jours, ne lui permirent presque plus de douter qu'il ne fût l'auteur du crime.

Arrivée sur les lieux, on lui montra la fenêtre d'où étaient partis les coups : elle la reconnut pour celle de *Fieschi*; on disait qu'il avait été tué. La tête de Nina *Lassave* se perdit; abandonnée par sa mère depuis longtemps, *Fieschi* était son seul soutien. L'énormité du crime qu'il venait de commettre la glaça d'effroi; la crainte d'être poursuivie comme sa complice, parce qu'elle était sa maîtresse, s'empara d'elle. Ne se croyant plus en sûreté là où elle était connue, elle se hâta d'aller recueillir ce qui lui restait encore à la Salpêtrière, et revint se réfugier auprès d'une de ses amies, chez laquelle elle passa la nuit. Dénuée de toutes ressources, le lendemain, la fille *Lassave* engagea, pour la somme de 5 francs, chez un commissionnaire au Mont-de-piété, quelques-uns de ses effets; ensuite, elle chercha à mettre à profit un avis que *Fieschi* lui avait donné au mois d'avril : à cette époque, se croyant apparemment menacé de quelque péril imminent, il lui avait dit que si elle venait à le perdre, elle pourrait s'adresser à son *ami intime*, le sieur *Pepin*, qui aurait soin d'elle; elle courut chez *Pepin* avec empressement : il était absent. Mme *Pepin*, qui avait sans doute entendu *Fieschi* parler quelquefois de la fille *Lassave*, la reçut avec froideur, et lui répondit sèchement qu'elle ne connaissait ni *Fieschi*, ni *Girard*. Alors elle se décida à recourir à *Morey*, qu'elle avait vu, deux ans auparavant, venir souvent chez *Fieschi*, quand il habitait avec Laurence *Petit*, le moulin de Croullebarbe; c'était, après *Pepin*, le seul ami qu'elle connût à *Fieschi* : elle espéra trouver en lui un consolateur et un appui. Arrivée à sa maison, n° 23, rue Saint-Victor, elle monta au premier étage; elle y trouva *Morey*: elle l'aborda toute en pleurs. Il est impossible d'abréger le dialogue qui eut lieu entre ces deux personnes; nous le reproduirons: *Eh bien! qu'est-ce qu'il y a donc?* lui dit Morey.— *Vous le savez tout aussi bien que moi.* — *C'est donc* Fieschi *qui a tiré le coup? Est-il mort?*—*On dit que oui: vous étiez avec lui lundi?* —*Non; je suis sorti, mais je n'étais pas avec lui.*—*Pourquoi cherchez-vous à me le cacher? je vous ai vu de mes propres yeux: vous étiez dans un café, sur le boulevart, avec* Fieschi. — *Oui, c'est vrai.* Elle exposa alors à *Morey* toute l'étendue de son malheur; ses sanglots étouffaient ses paroles. Après une pause de quelques instants, il lui dit: *Montez à la barrière du Trône; vous m'y attendrez, et je vous parlerai.*

Avant qu'elle sortît, *Morey* ajouta qu'il avait brûlé un portefeuille appartenant à *Fieschi*, et qui contenait *des condamnations*. La fille *Lassave* a dit plus tard que ce portefeuille avait été brûlé devant elle, et qu'il contenait de vieux papiers qui ressemblaient, en effet, à ce qu'avait dit *Morey*. Il lui recommanda de ne rien dire à sa femme[1]. La fille *Lassave* se rendit sur-le-champ au lieu indiqué; *Morey* ne se fit point attendre. Ils étaient à portée de la manufacture de papiers peints de *Lesage*; *Fieschi* y avait travaillé sous le nom de *Bescher*, pendant qu'il se dérobait aux recherches de la police. *Morey* quitta un instant la fille *Lassave* pour aller, disait-il, remettre à *Lesage* le livret du véritable *Bescher* et son passe-port, qui, ainsi que nous aurons lieu de l'exposer plus loin, avait été prêté à *Fieschi*, suivant toute apparence, pour favoriser sa fuite. Quand *Morey* fut de retour, il fit entrer la fille *Lassave* chez un marchand de vin traiteur, à gauche, hors de la barrière; ils se mirent à table, et *Morey* dit à la fille *Lassave*: *Vous ne savez rien? — Je ne sais que ce qui n'est ignoré de personne. Quel malheur est arrivé! Il y a eu beaucoup de victimes. On dit que ce général* Mortier *était si bon! — C'était une canaille comme les autres. — C'est bien mal s'y prendre; pour tuer une personne, vous en avez tué cinquante. Moi, qui ne suis qu'une femme, si j'avais voulu tuer* Louis-Philippe, *j'aurais pris deux pistolets, et, après avoir tiré dessus, je me serais tuée. — Soyez tranquille; il ne perdra rien pour attendre, et il descendra la garde.* Fieschi *est un imbécile; il a voulu se mêler de charger trois fusils, et ce sont ceux-là justement qui ont crevé; c'est moi qui ai chargé tous les autres. J'avais recommandé à* Fieschi *de bien charger son pistolet, et il devait se brûler la cervelle: ce n'est qu'un bavard; il a dit en certains endroits qu'il y aurait du bruit le jour de la revue; il a eu tort..... J'ai une malle à vous remettre, elle est chez un de mes amis; je n'ai pas voulu l'avoir chez moi; elle aurait pu me compromettre. Je vais vous la faire envoyer tout de suite; vous la ferez*

[1] Interrogatoire de la fille *Lassave*, 8 août.

ouvrir par un serrurier ; vous verrez ce qu'il y a dedans; mais vous ne vendrez rien à Paris...... Je vous procurerai, le plus tôt que je pourrai, soixante francs; vous emporterez la malle; vous partirez pour Lyon, où vous pourrez sans danger vous débarrasser des effets de Fieschi...... *Je m'en vais vous procurer une chambre, et j'aurai soin de vous jusqu'au moment de votre départ. — Comment* Fieschi, *qui n'était pas mécanicien, a-t-il fait pour arranger cette machine comme cela? — C'était moi qui avais tracé le plan; il n'y a qu'un instant que je l'ai déchiré; sans cela je vous l'aurais encore montré. Morey* ajouta que les fusils étaient bourrés de manière à ne pas manquer leur coup, mais que *Fieschi* avait mis le feu trop tard. Il avoua avoir passé avec *Fieschi* une partie de la nuit du 27 au 28; mais il dit que *Fieschi* était *seul* au moment décisif, qu'il avait voulu être *seul*. *Morey* dit encore à la fille *Lassave : C'est bien malheureux que l'affaire n'ait pas réussi ! si elle avait réussi, vous seriez devenue bien riche; vous auriez au moins vingt mille francs maintenant. On aurait fait une souscription pour* Fieschi; *elle aurait été bientôt remplie : c'était chose convenue.....*

En revenant, après le dîner, *Morey* s'arrêta pour jeter, au coin d'un mur, des balles qu'il avait dans sa poche; ensuite il accompagna la fille *Lassave*, et ils allèrent ensemble chercher un logement pour elle. Ils trouvèrent d'abord, rue de Fourcy, dans la maison n° 5, une chambre à louer qui leur convint, et ils donnèrent des arrhes, un faux nom et une fausse adresse. Mais *Morey* réfléchit que cette chambre, se trouvant dans une maison garnie, pourrait n'être pas un asile sûr, et qu'il valait mieux perdre les arrhes données et chercher un autre appartement. Après de nouvelles recherches, ils parvinrent à se procurer un cabinet, rue de Long-Pont, dans la maison n° 11. *Morey* ayant témoigné le désir de céler la retraite de la fille *Lassave*, la maîtresse du logis lui répondit qu'il pouvait être tranquille, que sa maison n'était pas garnie, et qu'elle donnerait la chambre de son propre fils. *Morey* promit à la fille *Lassave* de lui faire apporter la malle le lendemain. Il lui remit quinze francs et donna dix francs pour le loyer du cabinet pendant quinze jours. Le lendemain, il revint avec la malle.

La fille *Lassave* avait cru que *Fieschi* était mort; le journal lui apprit qu'il vivait encore : elle parla de cette circonstance à *Morey*; il lui répondit : *Malheureusement il n'est pas mort; mais c'est égal, il n'aura jamais besoin de ses effets, vous pouvez les vendre; mais il ne faut pas que ce soit à Paris : attendez que je sois parti pour faire venir un serrurier pour ouvrir la malle; je ne veux pas être là.* Il ajouta que, dans deux ou trois jours, il lui apporterait soixante francs pour qu'elle pût se rendre à Lyon, où était son frère. Elle se plaignit de ce procédé. *Ce n'est pas cela, lui dit-elle, que vous avez promis à* Fieschi : *vous lui avez promis d'avoir soin de moi; et quand vous m'aurez donné ces soixante francs, vous serez débarrassé de moi.* Pour la tranquilliser, *Morey* lui promit de ne la laisser qu'un ou deux ans à Lyon, et de la faire revenir à Paris aussitôt qu'il n'y aurait plus *aucune rumeur* à craindre.

Il est remarquable qu'il savait *parfaitement* ce que la malle contenait. La fille *Lassave* avait laissé chez *Fieschi* une robe de laine; elle témoigna la crainte de ne pas la trouver dans la malle, *Morey* affirma qu'elle y était.

Morey revint le soir; la malle était ouverte depuis onze heures du matin. Il prit trois ou quatre volumes qu'elle renfermait, savoir : trois tomes d'un ouvrage intitulé *la Police dévoilée*, et un autre ouvrage en un volume, intitulé *la Femme*, par *Virey*; il s'empara aussi d'un carnet vert, à dos rouge, dans lequel se trouvaient diverses adresses et diverses notes de la main de *Fieschi*. Selon la fille *Lassave* il y avait écrit : *Bua, treize francs*. Elle a dit que c'était le prix du bois employé à la construction de la machine. Elle proposa à *Morey* de déchirer les feuilles de ce carnet sur lesquelles il y avait de l'écriture; il répondit : *Il a écrit partout; sur le dos; il n'y a pas moyen; je l'emporte; je m'en débarrasserai*. La fille *Nina* ayant demandé à *Morey* si sa femme ne serait pas curieuse de savoir d'où provenaient ces objets, il lui répondit : *Les livres n'entreront pas chez moi*. Suivant une autre déclaration, *Morey* aurait dit à la fille *Lassave* qu'*il brûlerait* le carnet de *Fieschi*.

A ce propos, cette jeune fille rappela à *Morey* qu'elle avait laissé sur la cheminée de *Fieschi* des lettres de son frère, Amédée *Lassave* : elle craignait que ces lettres ne la fissent arrêter; *Morey* s'efforça de la rassurer, en lui disant que, la veille de l'événement, il avait fait brûler ces lettres par *Fieschi*, ainsi que d'autres papiers, même un *papier auquel il tenait*. *Fieschi* eut d'abord de la peine à consentir à brûler celui-là, mais il s'y décida, en disant : *Oui, vous avez raison, cela ne me sera plus bon à rien*.

Morey n'étant plus revenu (il avait été arrêté), la fille *Nina* se crut abandonnée, et le billet qu'on a saisi le 3 août, en la découvrant dans sa retraite, témoigne du désespoir où cet abandon l'avait réduite et de la résolution violente qu'il lui avait inspirée.

Vous venez d'entendre que *Fieschi* avait pris le nom de *Bescher*, et qu'il avait emprunté à un individu ainsi nommé un livret et un passe-port. *Bescher* a été arrêté;

nous vous rendrons compte plus tard de la partie de l'instruction qui se rapporte à lui; il n'est lié au reste à la cause que par la circonstance que nous venons d'indiquer.

Virginie ou Nina *Lassave* est une jeune fille de dix-neuf ans, née à Cette, département de l'Hérault, de Louis-Joseph *Lassave*, receveur aux déclarations des douanes, et de Laurence *Petit*, née à Balaruc, dans le même département. Elle perdit son père de bonne heure, et sa mère ne tarda pas à contracter une nouvelle union avec François *Abot*, négociant en *rouenneries*, établi à Lyon.

Le mari et la femme furent traduits ensemble devant la cour d'assises du département du Rhône, et condamnés pour crime de banqueroute frauduleuse. En conséquence de cet arrêt, Laurence *Petit* subit cinq années de reclusion dans la maison de détention d'Embrun.

Il paraît par une lettre de son frère, saisie avec les effets de *Nina*, que leur mère était sévèrement jugée par ses propres enfants, et que la jeune fille ne trouvait point en elle cette tendresse providentielle et éclairée des mères, qui sait si bien faire naître et développer dans l'âme d'une jeune fille le sentiment du devoir, l'instinct de la pudeur et le goût des vertus de son sexe. La santé de la fille *Nina* fut longtemps languissante. Une maladie d'enfance l'a privée de trois doigts de la main droite, et probablement de l'usage de l'œil qu'elle a perdu. *Fieschi* assure s'être attaché à elle à cause des soins qu'il lui avait prodigués durant une dangereuse maladie, qui avait duré neuf mois [1]. Elle n'avait que quatorze ans quand elle vint à Paris, en 1831, rejoindre sa mère, réputée depuis plusieurs années la femme de *Fieschi*, qui avait em-

[1] Interrogatoire de *Fieschi*, 17 août.

prunté son nom (car il se faisait souvent appeler *Petit*); *ils vivaient maritalement ensemble*, pour parler leur propre langage. Durant un voyage que fit plus tard, à Lyon, Laurence *Petit*, elle laissa sa fille *Nina* seule avec *Fieschi*; à son retour, Laurence *Petit* prit un logement dans la maison n° 49 de la rue Saint-Victor; la fille *Nina* demeura avec *Fieschi* au moulin de Croullebarbe. L'instruction, d'où résultent tous ces faits, nous apprend encore que, dans un épanchement de confiance, la fille *Lassave* aurait laissé échapper le déplorable aveu que ses relations avec *Fieschi* étaient l'ouvrage de sa mère.

Nous avons eu besoin de vaincre une vive répugnance pour vous entretenir de ces circonstances honteuses : si vous n'aviez des devoirs si étroits et des fonctions si rigoureuses à remplir, elles seraient sans doute indignes de vous; mais il faut, dans l'intérêt sacré de la manifestation de la vérité, que vous en soyez informés, pour bien connaître les personnes et apprécier leurs témoignages. C'est avec un sentiment de dégoût et de profonde tristesse qu'on arrête ses regards sur l'affligeant spectacle que présente cette partie de la société où fermentent les mauvaises passions, dans l'oubli de toutes les croyances religieuses, de tous les devoirs sociaux, et de tous les liens de famille; car c'est là que, dans l'atmosphère du vice, on voit poindre et germer tous les crimes.

Quand la passion de *Fieschi* pour la fille *Lassave* eut éclaté, Laurence *Petit* fit admettre sa fille à la Salpétrière [1] : elle y fut reçue comme indigente et infirme, et placée au service de la dame *Sornet*, marchande mercière. *Fieschi* continua à lui témoigner un vif attachement; elle passait avec lui et chez lui les journées du dimanche,

[1] Interrogatoire de *Fieschi*, 17 août.

mais elle n'y demeurait jamais la nuit, parce que la règle de la maison qu'elle habitait voulait qu'elle fût rentrée à neuf heures du soir. Il fournissait à son entretien, et lui donnait souvent quelque argent.

Les deux autres femmes qui venaient chez *Fieschi* sont Annette *Bocquin*, ou celle que l'on a désignée sous le nom de *la Brune*, et qui portait habituellement des *vêtements de deuil*; et Marguerite *Daurat*, dite *Agarithe*, ou celle qui portait un *chapeau*, et que l'on appelait *la Lyonnaise*.

Comme la fille *Lassave*, Annette *Bocquin* a dix-neuf ans : elle est lingère de son état, et native de Goron, commune du département de la Mayenne. Sa mère est une pauvre femme qui file du lin pour le bureau de charité du 11ᵉ arrondissement. *Annette* venait travailler à la journée chez Laurence *Petit*, qui demeurait alors dans la maison n° 5 de la rue du Battoir. La jeune ouvrière y fit connaissance avec *Fieschi*, qu'on ne désignait là que sous le nom de *Petit*, et qui était cru le mari de la maîtresse du logis. Elle y connut aussi, mais plus intimement encore, un jeune homme nommé *Janot*, neveu de M. *Caunes*, ingénieur des ponts et chaussées. Ce jeune étudiant en droit était en pension chez Laurence *Petit*; l'oncle et le neveu étaient tous deux fort liés avec le prétendu *Petit*.

La fille *Bocquin* quitta le domicile de sa mère pour s'attacher à *Janot*. Ayant discontinué de travailler chez Laurence *Petit*, elle perdit de vue le mari supposé de cette femme : celui-ci d'ailleurs tarda peu à rompre tout commerce avec sa femme prétendue. Ils se quittèrent fort irrités l'un contre l'autre : elle, *inconsolable*, a-t-elle écrit depuis, d'avoir pu *partager sa couche avec un tel monstre, malheur qui abreuvera de dégoût le reste de sa vie*; lui, convaincu que la conduite perverse de cette femme, et l'abus qu'il l'accuse d'avoir fait de sa confiance, en le dépouillant du fruit de son travail et de ses économies, l'ont précipité dans le crime. M. *Caunes*, de son côté, désirait que son neveu retournât dans sa province. Une lettre de son père vint annoncer à ce jeune homme que sa mère était dangereusement malade : elle détermina son départ. Il quitta Paris, débiteur envers Laurence *Petit* ou *Fieschi* d'une somme que celui-ci évalue à plus de 500 francs. Il laissa la fille *Bocquin* chez un de ses cousins, appelé *Brocard*, et se chargea de son entretien ; elle quitta bientôt cet asile équivoque[1], pour des motifs qu'elle n'a pas fait connaître. Une fausse honte, ou peut-être les habitudes d'indépendance qu'elle avait récemment contractées, l'empêchèrent de retourner chez sa mère. Cette infortunée se trouva livrée sans défense aux poignantes sollicitations de la misère et aux suggestions décevantes de la débauche. *Janot*, instruit de sa situation, en fut affligé; il désira lui en procurer une meilleure; il voulut la détourner du désordre, car il la croyait dans une *mauvaise maison*, et pour cela il s'adressa à *Fieschi* : c'est celui-ci qui l'a raconté. Ce qui est certain, c'est que, vers la fin du mois de mai, *Fieschi* alla chercher la fille *Bocquin*, qui demeurait rue Saint-Honoré, près la rue Jeannisson, hôtel de Normandie; elle sut alors qu'il portait le nom de *Girard*. Il la mena chez lui, boulevart du Temple, n° 50.

Pendant un mois, ils n'eurent qu'une même table et un même logement [2]. *Fieschi*, malgré les apparences les plus fortes, a nié cependant que ses rapports avec elle aient eu le caractère d'une intimité coupable[3].

[1] Interrogatoire de *Fieschi*, 17 août.
[2] Interrogatoire d'Annette *Bocquin*, 5 août, 7 août.
[3] Interrogatoire de *Fieschi*, 21 septembre.

Vers le 15 juillet, il la plaça chez la dame *Billet*, marchande lingère, qui demeurait rue Saint-Sébastien, n° 48. Pendant le temps que la fille *Bocquin* a partagé l'appartement de *Fieschi*, il ne lui donnait que la nourriture et le logement; en échange, elle raccommodait son linge et ses hardes.

Elle n'a jamais vu d'homme chez lui; mais elle sait que très-souvent il dînait chez *Morey*; qu'il y allait quelquefois le soir, et qu'il le regardait comme un *ami solide*. Il y avait un autre homme sur lequel *Fieschi* comptait beaucoup : c'était *Pepin*. Il trouvait dans sa boutique tout ce qu'il désirait et sans le payer.

La fille *Bocquin* a rencontré deux ou trois fois *Agarithe* chez *Fieschi*, et elle y a vu souvent la fille *Lassave*, sa maîtresse en titre; elle a recueilli celle-ci chez elle pendant la nuit du 28 au 29 juillet; c'est cette fille qui lui a appris en pleurant que *Fieschi* était l'auteur de l'attentat.

Marguerite *Daurat*, dite *Agarithe*, est une raccommodeuse de châles, âgée de vingt-trois ans; elle est née à Tarare, département du Rhône. Elle est arrivée de Lyon à Paris le 4 juillet, et n'a apporté avec elle que 40 francs. Elle avait connu, à Lyon, Amédée *Lassave*, qui lui a donné une lettre de recommandation pour sa sœur *Nina* : celle-ci l'a conduite chez *Fieschi*. En y arrivant, *Agarithe* fut frappée de ne voir dans son appartement qu'un si petit nombre de meubles. Il n'y avait dans la chambre du fond, la seule qui fût garnie, qu'une table ronde, quatre chaises, un lit de peu de valeur, et sur la cheminée une glace d'un pied de large, suspendue à un clou. Près de la glace, était un poignard dans un fourreau vert, auquel était attaché un cordon de même couleur.

Dans une promenade qu'il fit plus tard avec *Agarithe*, *Fieschi* lui confia que ce poignard ne le quittait jamais. C'est ce que répètent un grand nombre de témoins entendus dans l'instruction : vous avez vu que *Fieschi* portait ce poignard le jour de l'attentat.

Le 10 ou le 12 juillet, *Agarithe* dîna chez le prétendu *Girard*, avec la fille *Bocquin* et la fille *Lassave :* le repas fut peu recherché. La fille *Daurat* dit qu'il se composait d'un potage de vermicelle au maigre, d'un plat de viande en ragoût, d'une salade et d'une bouteille de vin blanc. *Fieschi* s'occupa très-activement, et d'une manière fort désintéressée, à chercher un logement et de l'ouvrage pour *Agarithe ;* il la recommanda dans ce but à un Corse, nommé *Sorba*, qui cohabite avec une fille *Michel*, marchande de modes, et demeure rue Meslay. Il est à présumer qu'il s'établit certains rapports d'intimité et de confiance entre *Fieschi* et la fille *Daurat*, car elle reçut de lui 5 fr. un jour où il n'y avait que 17 fr. dans sa bourse. De plus, elle connaissait ses relations avec *Boireau;* le prétendu *Girard* lui avait confié qu'il était connu de diverses personnes sous un autre nom, qui n'était pas celui de *Petit;* elle savait même que le nom de *Girard* était un nom emprunté, et que celui qui l'usurpait s'appelait *Fieschi*.

La fille *Daurat* a vu le poignard trouvé au poste du Château-d'Eau, et l'a reconnu : c'était celui qu'elle avait vu sur la cheminée de *Fieschi*.

Pour arriver à la connaissance de ces faits, les circuits ont été longs, et les recherches multipliées. Un grand nombre de personnes ont été interpellées, une multitude d'actes d'instruction sont intervenus, et pourtant les progrès étaient lents; c'était péniblement qu'on arrivait à la découverte imparfaite des complices probables, du caractère et de la situation de celui que l'on pouvait considérer comme le principal auteur ou l'instrument capital de l'attentat: les circonstances qui pouvaient établir la préméditation du crime et celles qui en avaient aidé ou accompagné la consommation se révélaient cependant peu à peu.

Les interrogatoires de *Nina*, d'*Annette*, d'*Agarithe*, et les informations qui ont été prises pendant que l'on était en quête de la malle, avaient constaté que *Fieschi*, qui déclinait son nom avec une sorte d'arrogance lorsqu'il demeurait rue Croullebarbe, cherchait, depuis quelque temps, à faire perdre les traces de son existence antérieure et même à dissimuler son existence présente, en se multipliant, pour ainsi dire, dans différents quartiers de Paris, sous plusieurs noms supposés. C'est ainsi qu'il se nommait *Petit*, dans les domiciles successifs de la femme au sort de laquelle il s'était lié; *Bescher*, à la manufacture de papiers peints de *Lesage*; *Alexis*, chez l'armurier *Bury* et le tailleur *Fournier*; *Girard*, au boulevart du Temple.

Il paraissait également constant, d'après ces informations, que de premiers préparatifs avaient été faits dès le mois d'avril pour la construction de la machine infernale, et il devenait tout à fait probable que l'appartement du troisième étage de la maison n° 50, boulevart du Temple, avait été loué un peu avant l'anniversaire de la fête du Roi, dans l'attente d'une revue qui devait être passée à cette époque.

Il demeurait établi que *Fieschi*, dont le véritable nom a été découvert le 1er août, par la déclaration des femmes *Branville* et *Ramangé*, avait cessé de travailler de ses mains quelques semaines avant l'époque fatale. Sans avoir à sa disposition des sommes d'argent considérables, il pouvait toujours suffire à ses besoins, entretenir la fille *Nina*, nourrir et secourir *Annette*, et même donner à l'occasion cinq francs à la fille *Daurat*: d'ailleurs, *Fieschi*, uniquement possédé par deux passions, l'amour des femmes et le désir immodéré d'élever son nom, par une voie quelconque, au niveau de cette haute supériorité qu'il croyait être en lui, se montrait sobre et rangé, et manifestait la ferme confiance de ne jamais manquer de fonds, d'avoir en *Pepin* un fournisseur complaisant, et en *Pepin* et *Morey* des *amis solides*, prêts à l'aider en toute occurrence, comme à prendre soin de sa *bonne amie* favorite, si, par cas fortuit, elle venait à le perdre.

On se trouvait sur la voie des rapports intimes de *Fieschi* avec *Morey* et de l'active coopération qu'aurait eue celui-ci à la préméditation et à l'exécution de l'attentat: on pouvait entrevoir déjà les relations de *Pepin* avec *Fieschi*; c'est dans la suite de l'instruction que vous verrez la gravité de ces indices se développer et s'accroître. Enfin le nom de *Boireau* avait été prononcé: *Boireau* se nomme aussi *Victor*; n'avait-il rien de commun avec ce jeune *Victor*, que quelques témoins déposent avoir vu venir chez *Fieschi* presque immédiatement avant l'attentat?

Pour demeurer fidèle à la méthode que nous avons adoptée et dérouler devant vous l'instruction dans l'ordre progressif des faits et des actes de la procédure qui les ont révélés, nous devons continuer à vous faire connaître d'abord quelles lumières la première partie de l'instruction, celle où l'on a recueilli les renseignements extérieurs et les témoignages des personnes étrangères à la prévention, répand sur les problèmes judiciaires que vous avez à résoudre. Nous aborderons ensuite cette partie de la procédure, siége des charges plus graves et des présomptions de culpabilité plus concordantes, qui se compose des interrogatoires, des confrontations des inculpés, et des divers actes d'instruction qui servent de contrôle à ces documents.

Le 27 juillet, à onze heures et demie du soir, le commissaire de police *Dyonnet* écrivit à M. le préfet de police pour l'informer qu'un *honnête fabricant, électeur, père de famille*, et qui désirait n'être pas nommé, était venu le trouver à l'Opéra, où son service l'avait appelé, et lui avait révélé que des conjurés préparaient une machine infernale pour attenter le lendemain aux jours du Roi, pendant la revue, sur les boulevarts : cette machine devait être placée à la hauteur de l'Ambigu. Cette indication, imparfaitement donnée, fut mal comprise. Il s'agissait de l'ancien Ambigu-Comique : toute la surveillance de l'administration se porta sur les alentours du théâtre qui porte actuellement ce nom. On croyait qu'il s'agissait d'un souterrain pratiqué dans quelque cave avancée sous les boulevarts, et où des tonneaux de poudre auraient été introduits.

L'auteur de l'avertissement avait été instruit de ce qu'il rapportait par son fils, commis dans la maison de M. *Vernert*, fabricant de lampes, dont les magasins et l'atelier sont situés rue Neuve-des-Petits-Champs, n°s 27 et 31. Ce jeune homme avait, à ce qu'on disait, surpris, en quelque sorte, un ouvrier de M. *Vernert* pendant qu'il recevait la visite de plusieurs conjurés richement vêtus. Après leur départ, cet ouvrier aurait dit à son compagnon : *Prenez garde à vous, vous êtes mort si vous dites un mot! Je veux bien vous dire d'engager votre père à ne pas aller à la revue. Vous êtes le seul en dehors de la conjuration qui en ayez vent : s'il m'arrive quelque chose, vous périrez de la main des conjurés.*

On avait ajouté que les conjurés devaient se réunir le lendemain à sept heures du matin en un lieu qu'eux seuls connaissaient : cette indication a été rectifiée plus tard. Il paraît que la réunion indiquée devait avoir eu lieu le 27, à sept heures du soir; c'est par erreur que le commissaire de police *Dyonnet* avait compris qu'elle était indiquée pour le lendemain matin. La machine infernale devait être l'ouvrage d'un *forçat évadé* ou *libéré, très-ingénieux,* qui y travaillait depuis longtemps.

Aussitôt après avoir reçu ces avis, M. le préfet de police donna les ordres nécessaires pour qu'on recherchât et surveillât l'ouvrier que désignait la lettre du commissaire de police *Dyonnet.* On ne sut son nom et son adresse que le 28 à huit heures du matin; il se nommait *Boireau,* et demeurait rue Quincampoix, n° 77. Il était sorti à sept heures, portant un chapeau gris; il fut aperçu sur le boulevart des Italiens vers neuf heures, en compagnie d'un sieur *Martinault.*

A onze heures du soir, une perquisition, qui ne produisit aucun résultat, eut lieu dans le domicile de *Boireau,* peu après son arrestation. Le 29, un juge d'instruction reçut la déposition d'un commis du sieur *Vernert,* nommé Édouard *Suireau :* c'était le premier auteur de l'avis donné au commissaire de police *Dyonnet.*

De ce témoignage il résulte que *Boireau* affichait des opinions très-républicaines; qu'il avait fait disparaître, dès le samedi 25, son collier de barbe et ses moustaches; que, le lundi 27, il était venu à l'atelier du sieur *Vernert*, deux heures plus tard que de coutume; qu'il avait paru préoccupé, et n'avait pas travaillé comme à son ordinaire; que, vers deux ou trois heures, et lorsqu'ils s'étaient trouvés seuls ensemble, il avait laissé entendre au témoin, par des demi-confidences, qu'il y aurait probablement du bruit le lendemain, et même une machine infernale sur le passage du Roi; et que, comme *Suireau* avait désiré savoir en quel lieu, pour que son père, qui faisait partie de la garde nationale, ne s'y trouvât point, *Boireau* lui avait dit : *Ne dépassez pas l'Ambigu; ce doit être entre l'Ambigu et la place de la Bastille.*

C'est *Suireau* qui a présumé que la machine devait être sous terre. *Boireau* ne le lui avait pas dit : ce qu'il avait affirmé, c'est que le fabricateur de la machine était un *homme dévoué*, un *criminel*, un *galérien*. Il avait ajouté : *Surtout n'en dites rien.* Il n'aurait point parlé de conjuration, et *Suireau* n'a point répété la circonstance des conjurés richement vêtus qui seraient venus trouver *Boireau*. A la suite de cette confidence, celui-ci aurait remis vingt sous à *Suireau*, en le priant d'acheter pour lui un quarteron de poudre et de le lui remettre dans la journée; *Suireau* l'aurait promis, et serait allé tout de suite rapporter à son père ce qu'il venait d'apprendre. Le mardi matin, à sept heures, *Boireau* serait venu demander sa poudre à *Suireau*; celui-ci, d'après le conseil de son père, lui aurait répondu qu'il la trouverait à sa porte dans une heure; et, en effet, après l'avoir achetée, *Suireau* aurait déposé chez le portier ce quarteron de poudre à l'adresse de *Victor Boireau*. *Boireau* serait revenu le soir, à dix heures, prendre son parapluie qu'il avait laissé à l'atelier, mais n'aurait point réclamé de poudre. Il portait ce jour-là un chapeau gris et un pantalon blanc, une redingote vert-russe et des bottes.

Cette déposition confirme, dans plusieurs de ses circonstances importantes, le rapport du commissaire de police *Dyonnet*. Plus tard, les sieurs *Suireau* père et fils ont donné des détails ampliatifs et confirmatifs de leur première déclaration.

Le sieur *Sebire*, avocat, qui fait partie, dans la garde nationale, de la même compagnie que le sieur *Suireau* père, a déclaré que celui-ci lui avait dit, immédiatement après l'événement, ce qu'il en savait avant qu'il fût accompli, et les démarches qu'il avait faites auprès de l'autorité compétente, afin qu'elle pourvût à la sûreté du Roi.

Ce n'était pas la première fois que Victor *Boireau* était impliqué dans une affaire de ce genre; il a déjà été arrêté, comme prévenu de complot, le 28 février 1834.

Il paraîtrait qu'il avait eu connaissance du coupable projet de *Fieschi*, puisqu'il avait, à l'avance, désigné le lieu, l'instrument et l'auteur du crime; car, si *Fieschi* n'était pas un forçat évadé, c'était au moins un condamné libéré, comme nous le dirons bientôt.

Fieschi ayant dit à la fille *Daurat* qu'il connaissait *Boireau*, et le signalement de celui-ci se rapprochant du signalement du jeune homme portant comme lui le prénom de *Victor*, qui était venu chez *Fieschi* le 26 et le 27, il était naturel de conjecturer que Victor *Boireau* et cet autre *Victor* pouvaient être une seule et même personne. C'est ce que la suite de ce rapport vous mettra mieux à portée d'apprécier.

Cependant, la Cour des Pairs ayant été saisie de l'affaire

par son arrêt du 29 juillet, dès le lendemain 30, M. le Président interrogea *Girard*.

Ici commence une longue série d'interrogatoires, qui seront imprimés et distribués, ainsi que toutes les pièces importantes de la procédure; car nous avons jugé que chacun de vous, Messieurs, doit connaître toutes les questions qui ont été adressées aux prévenus et toutes leurs réponses, ainsi que les actes d'instruction qui contiennent quelque chose de substantiel; et, parmi les dépositions des témoins, celles qui peuvent jeter quelque jour sur les circonstances d'un crime si énorme. Il convient en effet que vous soyez mis à portée d'apprécier ce qui a été fait, ce qui pourrait avoir été négligé et ce qu'il serait peut-être convenable de faire encore, dans l'intérêt de la vérité et du complet éclaircissement de l'affaire; car, dans l'instruction d'un procès de cette nature, on peut dire qu'il n'y a que ce qui surabonde qui suffise; et l'on n'a point poussé les recherches assez loin, si on ne les a étendues jusqu'où peuvent atteindre les conjectures d'hommes impartiaux et raisonnables. Toutefois nous vous devons une analyse rapide de ces interrogatoires; elle vous guidera dans l'étude consciencieuse que vous en ferez. A son aide, vous saisirez sur-le-champ les principaux traits du caractère des inculpés; vous déduirez mieux les conséquences de leurs aveux; vous pressentirez, avec plus de facilité, ce que leurs réticences laissent présumer, et ce que l'on doit conclure de leurs dénégations. C'est ici le cœur de la procédure.

Le 30 juillet, *Fieschi*, qui était encore *Girard* aux yeux des interrogateurs, ne changea point de système; il déclara qu'il *était bien fâché de ce qu'il avait fait, et qu'il ne l'aurait pas fait s'il n'avait pas bu un verre d'eau-de-vie dans le café de sa maison;* qu'il *était très-content de n'avoir pas tué le Roi,* et *que, quand il serait sur l'échafaud, il dirait au Roi des choses qu'aucun autre que lui ne pourrait dire.* Il ajouta qu'à l'avenir *le Roi pouvait se tenir tranquille; qu'ils y regarderaient à deux fois;* que d'ailleurs *il ne se trouverait pas facilement un homme comme lui :* LES COMPLICES COMME CELA SONT BIEN RARES. Mais il refusa d'indiquer qui l'avait poussé au crime, et de désigner ses complices. Il soutint que c'était à lui que la pensée en était venue, que C'ÉTAIT UNE IDÉE FOLÂTRE; qu'il ne *parlerait pas* pour *obtenir sa grâce,* mais qu'*il y viendrait pour être utile;* qu'il avait *des sentiments patriotiques, quoiqu'il eût commis un grand crime;* que si, pour *l'espoir de sauver sa vie, il faisait des victimes dans ses amis, ce serait un crime plus horrible que celui qu'il avait commis;* que *s'il avait dit qu'il avait des complices, il ne pouvait rien affirmer;* qu'*il avait agi comme un homme égaré, qui donne un coup de hache à un autre homme qui est devant lui;* enfin, qu'il ne *nommerait personne.* Il ajoutait qu'il était *sûr de sa condamnation.*

Au reste, il affirma qu'il était seul dans sa chambre au moment de l'attentat, et qu'il ne connaissait ni *Boireau,* ni *Baraton;* mais loin de démentir sa première fable, il la confirma. Il laissa entendre, et dit même explicitement, qu'il était de Lodève, qu'il y avait sa femme, qu'il était *malheureux d'avoir des enfants,* et que *ses enfants étaient bien malheureux d'avoir un père* COMME CELA; qu'au reste, ils *avaient des métiers, et que quand son affaire serait faite ils travailleraient aux draps à Lodève.*

Quel spectacle que celui d'un homme couvert de profondes et cruelles blessures, gisant sur un lit de douleur, sous les voûtes sombres et imposantes de la Conciergerie, luttant contre les convulsions d'une vive souffrance, le glaive de la loi suspendu sur sa tête, et feignant une affliction qu'il n'éprouvait pas, pour exciter la compassion de ses juges, et, en leur donnant le change, se jouer doublement de la vérité!

Le 31 juillet, nouvel interrogatoire. Le même système de dénégation continue. Il nie avoir acheté les canons de fusil chez *Bury;* il affirme les avoir trouvés de côté et d'autre; toute question l'importune. *Il ne m'est dû que la mort; je ne puis nommer personne; faites-moi juger bien vite; vous verrez ma loyauté et si je sais tenir un serment.*

Vous vous souvenez, Messieurs, qu'en procédant à la recherche de la malle, on avait recueilli le 1er août deux déclarations desquelles il résultait que *Girard* avait été connu sous le nom de *Fieschi,* quand il demeurait au moulin de Croullebarbe. L'inspecteur général des prisons, en faisant sa visite à la Conciergerie, reconnut effectivement en lui, le même jour, un individu nommé Joseph *Fieschi*[1].

Ce fonctionnaire désigna plusieurs personnes qui pouvaient également le reconnaître, et entre autres, M. *Lavocat,* membre de la Chambre des Députés, lieutenant-colonel de la 12e légion de la garde nationale de Paris, et directeur de la manufacture royale des Gobelins: c'était à lui qu'il était réservé de changer les dispositions de l'inculpé, de vaincre son obstination et de triompher de son silence.

On ne perdit pas un instant; et, le 2 août, M. *Lavocat* fut introduit auprès du lit de *Girard,* en présence d'un

[1] Déposition de M. *Dukème,* 4 août.

juge d'instruction. Il l'appela du nom de *Fieschi*; *Girard* simula d'abord la surprise et feignit ne pas savoir qui lui parlait; il lui demanda même, avec une naïveté apparente, s'il était de Lodève. M. *Lavocat*, rappelant alors à *Fieschi* l'intérêt qu'il lui avait autrefois témoigné, se plaignit d'être méconnu au moment où il lui donnait une nouvelle et si sensible preuve de cet ancien intérêt. A ce reproche, *Girard* fut saisi d'une violente agitation; il éclata en sanglots et fondit en larmes. Le souvenir d'une époque de sa vie où il avait joui de l'estime d'hommes honorables brisa son cœur; il convint qu'il reconnaissait M. *Lavocat*. Interrogé alors sur son véritable nom, il se contenta de répondre: *Il le sait bien, lui*[1]. La certitude consolante de n'être pas renié par tous ceux qui l'avaient connu en des jours meilleurs, malgré l'horreur qu'inspirait son crime et l'état d'abjection où il était descendu par sa faute, amollit son caractère et le disposa à plus d'ouverture et de franchise: touché de la visite de M. *Lavocat*, il annonça l'intention de s'expliquer devant lui avec sincérité[2].

Pour s'expliquer l'ascendant exercé par M. *Lavocat* sur *Fieschi*, et pour faire connaître *Fieschi* tout entier, il convient de retracer brièvement les circonstances qui les rapprochèrent l'un de l'autre.

Après 1830, une portion de terrain dépendant de l'établissement des Gobelins fut cédée à la ville de Paris pour l'élargissement de la rue Saint-Hippolyte, et pour faciliter la canalisation de la Bièvre; par suite de cette cession, on dut construire dans l'enclos des Gobelins deux ponts et un barrage.

Fieschi était alors surveillant de la rivière de Bièvre

[1] Déposition de M. *Lavocat*, 2 août.
[2] Interrogatoire de *Fieschi*, 3 août.

et gardien du moulin de Croullebarbe, appartenant a la ville de Paris; il y avait été placé par M. *Emery*, ingénieur en chef de la ville, et sous les ordres de M. *Caunes*, ancien professeur de mathématiques au lycée de Reims, sous lequel M. *Lavocat* avait étudié.

Les travaux que nous venons d'indiquer donnaient occasion à *Fieschi* de venir très-souvent, soit avec M. *Emery*, soit avec M. *Caunes*, chez le directeur de la manufacture des Gobelins. En 1832, M. *Caunes*, ayant été vivement atteint du choléra, se fit porter chez *Fieschi*, pour lequel il avait pris une grande confiance; ce dernier l'installa dans sa propre chambre et lui prodigua les soins les plus affectueux et les plus attentifs. Une somme assez considérable fut remise à la discrétion de *Fieschi*; il en usa avec épargne et discernement pour les besoins du malade et rendit de sa gestion un compte exact et fidèle. A la même époque, le frère de M. *Lavocat* fut frappé de la même maladie : comme il ne pouvait être convenablement soigné dans une maison que l'on s'occupait de reconstruire presque en entier, il se fit porter dans une maison de santé; *Fieschi* offrit d'aller le soigner, et lui fit en effet plusieurs visites. La capacité de *Fieschi* avait fait concevoir à M. *Lavocat* des impressions favorables : une telle conduite devait les accroître. Les poursuites pour délits politiques, dont il prétendait avoir été la victime dans les premiers temps de la restauration, sa position d'employé de la ville de Paris, les noms des hommes dont il assurait avoir été connu, tels que MM *Didier* (de Grenoble), *Vivien*, *Baude*[1], le général *Franceschetti*, ajoutèrent encore à l'intérêt que lui portait M. *La-*

[1] Déposition de M. *Baude*, 6 août.

vocat, et, sur sa demande, plusieurs secours furent accordés à *Fieschi*. Dès cet instant celui-ci lui voua, pour parler son langage, une *protection de Corse*.

Fieschi était assez avant dans plusieurs sociétés républicaines, mais il était, par-dessus tout, fanatique de l'Empereur; pour le ramener à des opinions conformes à l'ordre de choses actuel, M. *Lavocat* lui fit observer que l'Empereur n'avait jamais aimé les républicains, et qu'ils avaient été la cause de sa chute; aussitôt il les prit, disait-il, *en horreur, et ne resta dans leurs rangs, que pour savoir ce qu'ils méditaient*. A chaque émeute, *Fieschi* était toujours un des premiers à venir offrir ses services à M. *Lavocat*, qui, plusieurs fois, l'envoya reconnaître la position et le nombre des révoltés, mission périlleuse dont il s'acquittait avec zèle, intelligence et intrépidité. Souvent il donna des renseignements utiles à M. *Lavocat* pour sa sûreté personnelle; plusieurs fois il l'informa que, dans certains clubs, on avait manifesté l'intention d'attenter à sa vie.

Fieschi aurait eu l'ambition d'être employé en première ligne dans la police politique; car, se disant désormais également hostile aux carlistes et aux républicains, depuis que M. *Lavocat* l'avait éclairé sur l'éloignement réciproque de l'Empereur pour les républicains et des républicains pour l'Empereur, à l'entendre, il ne connaissait que *Louis-Philippe*, et il exprimait le désir de le servir d'une manière efficace. Il aurait voulu être envoyé en Vendée ou en Italie, et il prétendait pouvoir y rendre de grands services, à cause des relations qu'avait sa femme, qui, selon lui, recevait une pension de quelques carlistes puissants, et pouvait aisément se mettre en rapport avec tout le parti. M. *Lavocat*, car c'est lui qui a fait connaître tous ces détails, ne voulant pas se *mêler de police*, résista à toutes les instances de *Fieschi*, et refusa, quoiqu'il ne doutât nullement de sa bonne foi, de le mettre en rapport avec le préfet de police. Ce fut seulement après les premiers mois de 1834 que M. *Lavocat* apprit que *Fieschi* l'avait trompé. Il sut alors qu'il avait usurpé le titre de condamné politique en forgeant de faux certificats, que la justice le poursuivait et qu'il avait pris la fuite; depuis ce moment il ne le revit plus [1].

Plusieurs autres témoins, qui avaient connu *Fieschi*, furent entendus et confrontés avec lui; tous le reconnurent et levèrent ainsi le voile dont il avait voulu se couvrir sous le faux nom de *Girard* [2]. Il est inutile d'ajouter que les recherches que l'on avait faites, tant à Paris qu'à Lodève, pour avoir des renseignements, soit sur *Jacques*, soit sur Joseph-François *Girard*, furent toutes infructueuses [3]; on ne trouva aucune trace réelle de ce pseudonyme.

Cependant des négociants de Lodève qui se trouvaient à Paris avaient connu dans cette ville un ouvrier mécanicien du nom de *Gérard*, qui avait inventé une *bobineuse* : ils furent appelés. Deux de ces témoins, les sieurs *Vitalis* et *Vallat*, auxquels *Fieschi* fut alors représenté, déclarèrent que la figure de cet homme ne leur était pas inconnue, sans pouvoir affirmer toutefois qu'ils reconnaissaient en lui le *Gérard* inventeur de la *bobineuse*. Un troisième, le sieur *Captier*, reconnut *Fieschi* pour l'avoir vu à Lodève, et *Fieschi* le nomma

[1] Déposition de M. *Lavocat*, 4 août.

[2] Déposition de la femme *Radiguet*, 5 août; de Claude *Martin*, 2 août; de *Bernard*, 3 août; de M. *Fieschi*, prêtre, 7 août; de *Maupas*, 24 août; de *Kretz*, 28 août.

[3] Déposition de M. *Vitalis*, 31 juillet; de M. *Vallat*, *idem*; de M. *Cartier*, *idem*; de *Fabreguette*, 4 août; de *Fournier*, *idem*; de *Vaillant*, *idem*; de *Labranche*, *idem*; de *Giraud*, *idem*; de la femme *Giraud*, *idem*; procès-verbal du juge d'instruction de Lodève, 3 août; de M. *Jac*, conseiller de la cour royale de Montpellier, 4 août; lettre du Procureur du Roi de Lodève, 6 août.

quand il le vit entrer dans sa prison. Le séjour que *Fieschi* a fait en réalité dans cette ville, et dont il sera parlé plus tard, explique cette circonstance.

Le principal acteur de ce drame sanglant étant bien connu, il devient nécessaire de reprendre les choses de plus haut, et d'exposer rapidement l'histoire de sa vie; elle aidera à mieux comprendre la suite des faits du procès.

Il existe à Vico, en Corse, ou dans les environs de ce bourg, deux familles, d'origine italienne, venues de Rome ou de Gênes, mais établies dans l'île de temps immémorial[1] : l'une porte le nom de *Fieschi*, l'autre celui de *Guelfi*; ces familles se sont plusieurs fois alliées. Joseph *Fieschi* appartient à la famille *Guelfi*. Son grand-père, Ignace *Guelfi*, épousa d'abord Marie *Fieschi*, dont il eut trois enfants, savoir : *Jean-Antoine*, *Louis* et *Marie-Anne*; il se maria une seconde fois : quatre fils naquirent de cette seconde union, et deux d'entre eux ont laissé de nombreux descendants. La partie de l'instruction faite en Corse a donné sur cette famille les détails généalogiques les plus circonstanciés mais qui seraient ici sans intérêt.

Il suffit de savoir que *Louis*, dit *Petusecco*, fils d'Ignace *Guelfi*, berger de profession, domicilié à Renno, canton de Vico, se maria deux fois. Il eut de sa première femme, Lucie *Gentile*, de la commune de Rapalle[2], trois enfants, savoir : deux fils et une fille. Ses fils furent nommés, l'un *Jacques-Toussaint*, et l'autre *Joseph* (c'est l'auteur de l'attentat); la fille eut nom *Marie*. Après la mort de Lucie *Gentile*, *Louis*

[1] Lettre du procureur général près la cour royale de Bastia, 1er septembre.
[2] Lettre du procureur général près la cour royale de Bastia, 14 août; déposition de Marie *Ristorcelli*, 13 août.

épousa Xavière *Casalta*, de laquelle il n'eut qu'un seul enfant, sourd et muet, nommé *Antoine*.

On ignore par quel motif Louis *Guelfi* dit *Petusecco*, quitta le nom de son père pour prendre celui de sa mère : ce qui est certain c'est qu'il se fit appeler *Fieschi*. Par arrêt de la Cour de justice criminelle du département du Golo, il fut condamné, le 30 thermidor an XII, à six ans de détention avec exposition, pour s'être rendu coupable d'un vol de nuit, en faisant partie d'une bande qui ravageait plus particulièrement la ville de Bastia et ses environs, et qui s'était rendue fameuse, en Corse, sous le nom du brigand Martin *Pietri*, son chef[1].

Jérôme *Fieschi*, son cousin germain, fut condamné avec lui. Louis *Fieschi* a subi sa peine dans la maison de reclusion d'Embrun; il y est décédé le 8 mars 1808[2].

Jacques-Toussaint *Fieschi* est mort sous les drapeaux, durant les guerres de l'Empire. Marie est veuve de Joseph *Ristorcelli*, laboureur; elle est âgée de 48 ans et habite, depuis son mariage, la commune de Biguglia, canton de Borgo, arrondissement de Bastia. Elle n'entretenait aucune relation avec son frère Joseph, et n'avait plus entendu parler de lui depuis qu'il avait quitté la Corse pour n'y plus retourner : sans que personne le lui eût écrit, elle croyait qu'il était mort lors de l'invasion du choléra à Paris. Le sourd-muet Antoine réside à Murato, canton de Bivineo.

M. Dominique *Fieschi*, curé à la Cour-Neuve, près Saint-Denis, entendu comme témoin dans la procédure, est Corse comme l'inculpé, qu'il a eu occasion de

[1] Arrêt de la cour de justice criminelle du département de Golo, du 30 thermidor an XII. — Déposition d'Antoine-Simon *Guelfi*, 23 août.
[2] Acte de décès de Louis *Fieschi*, 8 mars 1808.

voir à Paris et de secourir, et dont il a concouru à établir l'identité; mais il n'appartient pas à la même famille[1].

Joseph *Fieschi* a été baptisé à Murato, le 3 décembre 1790, sous les noms de Joseph-Marie; l'extrait baptistère ne porte point la date de sa naissance; ses parents y sont seulement nommés Louis et Lucie[2], l'usage étant alors en Corse de ne désigner les personnes dans de tels actes que par leurs prénoms; le procureur général près la cour royale de Bastia dit même, dans une de ses lettres, qu'à cette époque un grand nombre d'habitants n'avaient pas encore de nom patronymique.

Tant qu'il demeura en Corse, Joseph fut berger comme l'avait été son père. A l'âge de 18 ans, le 15 août 1808 (c'est par erreur sans doute qu'il a dit qu'il n'avait alors que 13 ou 14 ans)[3], il s'engagea volontairement, selon lui, dans un bataillon qui allait en Toscane, au service de la grande-duchesse Elisa-Napoléon, et dans le régiment corse, selon le Ministre de la guerre[4]; il s'embarqua à Bastia, et il débarqua à Livourne. La troupe dont il faisait partie fut envoyée à Naples, et y fut incorporée dans la légion corse.

Fieschi a fait la campagne de Russie. C'est en Pologne, à la fin de 1812, qu'il fit connaissance avec M. le comte Gustave *de Damas*, alors aide-de-camp de M. le maréchal duc de Dalmatie. *Fieschi* était, à cette époque, sergent dans un régiment que commandait le général *Franceschetti*. Il déclare que, dans une affaire qui eut lieu à Polotsk, pendant la retraite de Russie, il fit,

[1] Déposition de M. *Fieschi*, prêtre, 7 août.
[2] Extrait baptistère de *Fieschi*, 3 décembre 1790.
[3] Interrogatoire de *Fieschi*, 21 août.
[4] Lettre du Ministre de la guerre au préfet de police, 6 août 1834.

sous les ordres de M. Gustave *de Damas*, une action vigoureuse dont il paraîtrait que cet officier n'a jamais perdu le souvenir[1]. La légion dans laquelle servait *Fieschi* fut cédée plus tard au roi de Naples; il passa au service de ce prince le 14 avril 1813. Il s'y fit remarquer par une adresse et une subtilité remarquables. Un certain esprit d'intrigue et une grande hardiesse d'exécution le distinguaient. C'était à *Fieschi* qu'on recourait, dit un de ses compagnons d'armes, quand il y avait *quelques prouesses à faire* ou *quelques mèches à éventer*[2].

Le corps dont il faisait partie ayant été licencié à Ancône en 1814, après la paix, *Fieschi* reçut son congé à Macerata le 1er août. Aucun étranger ne pouvant être conservé dans l'armée du roi de Naples, s'il ne se faisait naturaliser sujet napolitain, *Fieschi* revint en Corse le 8 septembre. Il entra dans un corps nommé le régiment *provincial corse*, que l'on composait alors, dans cette île, de tous les militaires qui se trouvaient dans une position analogue à celle de *Fieschi*.

Au mois de janvier 1815, *Fieschi* était sergent dans ce régiment, que commandait le colonel *Monneret*[3]. Il était décoré de l'ordre royal des Deux-Siciles. Lorsque l'empereur Napoléon revint de l'île d'Elbe, *Fieschi* fut commandé pour aller en détachement aux environs de Cervioni. Le bruit courut que, dans l'incendie de la maison de Mme *Cervoni*, veuve du général de ce nom, il s'était emparé d'un peigne de grande valeur qu'il avait vendu pour une centaine de francs[4]. *Fieschi* demeura dans le même régiment jusqu'après les cent jours; à cette époque ce corps fut dissous. Dans le même

[1] Interrogatoire de *Fieschi*, 28 octobre.
[2] Déclaration du capitaine *Gabrielli*, 27 août.
[3] Certificat du colonel *Monneret*, 30 novembre 1834.
[4] Déclaration de *Sallicette*.

temps, M. le comte Gustave *de Damas*, poursuivi en France à cause de son dévouement à l'Empereur, se réfugia en Corse; *Fieschi* eut occasion de le voir, et ses parents purent l'obliger. Le roi Joachim Murat était aussi venu chercher un asile en cette île : il s'efforça de rallier autour de lui quelques soldats. Le général *Franceschetti*, après lui avoir donné l'hospitalité, se dévoua à sa cause : *Fieschi* suivit son ancien colonel; ils firent voile ensemble le 28 septembre pour la Calabre. On sait la sanglante catastrophe qui termina cette aventureuse expédition. A une époque où tout semblait commander aux arbitres du monde de fortifier le principe monarchique, en consacrant plus que jamais l'inviolabilité des personnes royales, et de conserver au moins à la royauté ses droits imprescriptibles, lorsqu'on ne pouvait lui rendre tant de prestiges évanouis, un brave guerrier, que presque tous les souverains de l'Europe avaient salué du nom de frère, subissait une condamnation capitale, au lieu même où il avait porté la couronne ! Triste et funeste exemple qu'il n'aurait pas fallu donner aux nations !

Fieschi fut fait prisonnier avec les débris de la petite armée du roi Joachim. Généraux, officiers, soldats, ils avaient tous été pris les armes à la main : on les considérait comme des rebelles; ils furent tous condamnés à mort. Ferdinand IV se refusa à l'exécution de cette rigoureuse condamnation; il ordonna qu'elle serait regardée comme non-avenue à l'égard des soldats français qui faisaient partie de l'expédition; ils furent mis à la disposition du Roi de France.

Après avoir relâché à Livourne, *Fieschi* et ses compagnons d'infortune touchèrent à Saint-Florent, en Corse, et de là furent conduits au fort *la Malgue*, à Toulon. Le général *Franceschetti* et les officiers français qui l'avaient accompagné furent mis en jugement et acquittés à Draguignan; les soldats qui avaient fait partie de l'expédition recouvrèrent leur liberté. Alors *Fieschi* retourna en Corse, au hameau de Nera, pour y revoir ses nombreux parents. Il y fut précédé par une assez mauvaise réputation[1]. Un de ses cousins germains se plaint d'avoir été trompé par lui, et toute la famille atteste cette circonstance. Il aurait vendu à cette époque, à *Quiricus Guelfi*, boucher à Vico, et à *Antoine Simon*, son frère, un mulet volé à Ajaccio : *dix-huit gros écus* lui furent comptés pour prix de cette vente; mais quelque temps après, le véritable propriétaire ayant revendiqué son mulet, les frères *Guelfi* se virent contraints de le restituer sans indemnité[2]. Indignés de cette mauvaise action, à dater de cette époque ils ne regardèrent plus *Fieschi* comme leur parent. Toutefois la puissance de ces liens de famille qu'il venait de relâcher, par sa mauvaise conduite, le préserva de toute poursuite judiciaire[3]. Il se retira, à ce que disent ses parents, dans l'ancienne province de Nebbio.

Peu de temps après, il fut arrêté près de Bastia, comme prévenu d'avoir volé, le 17 décembre 1815, dans un enclos situé dans le territoire de Murato, un bœuf appartenant à Mathieu *Murati*, habitant de la même commune; de l'avoir vendu sous un faux nom; d'avoir en outre imité et falsifié l'écriture et la signature du maire de la commune d'Olonetta, canton de

[1] Déposition de Bonaventure *Fieschi*, 24 août.
[2] Déposition de Quiricus *Fieschi*, 25 août; d'Antoine-Simon *Guelfi*, *id.*; de Joseph *Fieschi*, 26 août; de Louis *Fieschi*, 28 août.
[3] Déposition de la veuve *Poggi*, née *Fieschi*, 12 août.

Tuda; d'avoir contrefait le sceau de cette commune, et de s'être servi de ces pièces fausses.

Le faux en écriture authentique ne fut pas prouvé; *Fieschi* ne fut déclaré coupable que de vol dans les champs, de faux en écriture privée, et de fabrication et contrefaçon du sceau d'une mairie : il fut, en conséquence, par arrêt de la cour de justice criminelle du département de la Corse, en date du 28 août 1816, condamné à dix ans de reclusion et à l'exposition [1].

Interrogé sur cette circonstance de sa vie, voici comment *Fieschi* a essayé de l'expliquer. Quand il était rentré en Corse, *il ignorait la rigueur des lois*; il avait voulu se payer *de ses mains avec son beau-frère*, et il lui avait volé un bœuf. Très-lié avec le neveu du maire, il avait confié à son ami qu'il avait besoin d'argent pour partir, et afin qu'il pût s'en procurer sans danger, celui-ci lui avait fait avoir le sceau de son oncle, pour qu'il pût l'apposer sur un certificat attestant que le bœuf volé appartenait à *Fieschi*. A la vérité, il timbra le certificat, mais il se garda bien d'y mettre le nom du maire; il le signa d'un nom en l'air, dont il ne se souvient plus, et c'est à cette circonstance qu'il doit de n'avoir point été condamné aux fers. Il a ajouté qu'il avait alors *dix-neuf ou vingt ans, et que sa conduite, depuis ce temps-là, a prouvé qu'il n'était point noyé dans le vice* [2].

Ces explications cadrent mal avec les faits constatés par l'arrêt ou connus par l'instruction. *Fieschi* n'avait point de beau-frère du nom de *Murati*; il ne paraît pas que le mari de sa sœur unique, *Ristorcelli*, fût son débiteur. Son propre récit induit à penser qu'il était plus instruit

[1] *Arrêt de la Cour de justice criminelle* de Corse, 28 août 1816.
[2] Interrogatoire de *Fieschi*, 21 août.

de *la rigueur des lois* qu'il ne le prétend, puisqu'il eut soin de ne pas contrefaire la signature d'un fonctionnaire public, pour éviter l'application des peines graves dont le Code punit le faux en écriture authentique; et il paraît certain qu'étant né en 1790, il était, en 1815, âgé de vingt-cinq ans.

L'arrêt fut exécuté, et *Fieschi* fut transféré dans la maison de reclusion d'Embrun, pour y subir sa peine; son écrou sur les registres de cette prison est à la date du 10 novembre 1816 [1]. Il s'y fit remarquer par son intelligence, et, au bout de deux ans, il capta la confiance des entrepreneurs du service, qui l'établirent contre-maître de l'atelier des draperies. A ce titre, il était admis à circuler librement dans toute la maison. Durant la dernière année qu'il y demeura, il devint chef de cuisine de l'infirmerie[2]. Il parlait souvent de son attachement à l'Empereur et se vantait sans cesse des services qu'il avait rendus à la cause impériale. Ceux qui avaient étudié son caractère, le représentent comme un homme opiniâtre, fier, orgueilleux, fort accessible à la flatterie, entreprenant, intéressé, et peu susceptible d'un dévouement fanatique [3]. Pendant le temps qu'a duré sa détention, la conduite de *Fieschi* a été bonne[4]; il paraît n'avoir encouru d'autres punitions que celles qui lui ont été plusieurs fois infligées à cause des relations qu'il savait entretenir, malgré la vigilance des gardiens, avec Laurence *Petit*, veuve *Lassave*, femme *Abot*, alors détenue comme lui, et condamnée à cinq ans de reclusion.

[1] Lettre du directeur de la maison centrale d'Embrun, 19 septembre.
[2] Interrogatoire de *Fieschi*, 17 août
[3] Lettre du sous-préfet d'Embrun, 7 août.
[4] Certificat du directeur de la maison centrale d'Embrun, 4 septembre 1826.

Fieschi fut mis en liberté après l'expiration de sa peine, le 2 septembre 1826[1]. Il partit d'Embrun pour se rendre à Vienne et y travailler de son état. Il faut cependant qu'il y soit demeuré bien peu de temps, puisqu'après avoir travaillé environ deux mois dans la fabrique de Villeneuvette, près de Lodève, il en sortit le 29 novembre 1826.

Fieschi fut renvoyé de cette manufacture parce qu'on avait appris qu'il était récemment sorti de la maison centrale de détention d'Embrun. Il se fit remarquer de ses camarades par l'ostentation de sa passion pour une femme, qu'il disait se nommer *Émilie*, dont il montrait des lettres et le portrait qu'il ne quittait jamais. Il disait qu'elle était recluse pour l'amour de lui, et qu'il n'avait jamais pu la voir qu'à travers les grilles et les barreaux. C'était évidemment une allusion à ses relations avec Laurence *Petit*, qu'il déguisait sous plusieurs noms, comme il sut plus tard se déguiser lui-même.

Ouvrier peu laborieux, il raisonnait très-pertinemment et d'une manière supérieure à sa condition, écrivait avec facilité, et se montrait chaud partisan de Napoléon, dont il parlait toujours avec enthousiasme, mais sans haine pour la maison de Bourbon. En partant de Villeneuvette, il y laissa des dettes; il passa quelques jours à Clermont, près Lodève, et de là il alla travailler à Lodève même[2]. Il paraît que, le 28 décembre 1826, il était employé, comme fabricant de peignes, dans la manufacture de draps de MM. *Vitalis et Lagure*. Là aussi il parlait de ses amours. Une jeune personne, qu'il

[1] Lettre du directeur de la maison centrale d'Embrun, 19 septembre.

[2] Déposition de M. *Maistre*, 4 septembre; de *Benecke, id.*; de *Granier, id.*; de la veuve *Albands, id.*; de *Flavas, id.*; de M. Hercule *Maistre*, 19 août.

nommait *Rosalie*, et qu'il disait enfermée dans un couvent, en était l'objet. Il se déclarait napoléoniste et se prononçait fortement contre la dynastie régnante. Il quitta vers le 15 mars 1827 la ville de Lodève, pour se rendre à Sainte-Colombe, département du Rhône[1]; il partit sans avoir payé son aubergiste.

Le 15 avril suivant, M. le préfet du département du Rhône apprit par M. le directeur de la police que le nommé Joseph *Fieschi*, condamné libéré, était autorisé à venir résider à Sainte-Colombe. En l'avertissant que *Fieschi* n'était pas assujetti à la surveillance de la haute police, le directeur de la police prescrivait au préfet, par mesure de précaution, de veiller attentivement sur la conduite de ce condamné libéré, qui paraissait fort suspect sous le rapport politique. *Fieschi* arriva en effet à Sainte-Colombe dans les premiers jours du mois de mai, muni d'un passe-port délivré à la mairie de Montpellier le 24 avril précédent; il était désigné, dans ce passe-port, comme tisserand de drap, natif de Biguglia en Corse, et demeurant à Lodève[2].

Ne trouvant pas d'occupation à Sainte-Colombe, il se rendit sans autorisation à Vienne, département de l'Isère, qui n'est séparé de Sainte-Colombe que par le Rhône[3]. Le 11 mai, il était dans cette ville, ainsi que le constate un livret qui lui a été délivré le même jour à la mairie de Vienne. Il y fut employé dans la fabrique de draps de M. *Romiguière;* mais n'ayant pu justifier de l'autorisation de résider en cette ville, il fut obligé de retourner à Sainte-Colombe. Peu de temps après, il revint à

[1] Déposition de *Vigonot*, 7 août; de M. *Lagure*, *id.*; de la femme *Froment*, *id.*; de *Bousquet*, *id.*; de *Couvrat*, *id*; de *David* dit *Moulin*, *id.*

[2] Lettre du préfet du département du Rhône, 5 août; passe-port de la mairie de Montpellier, 24 avril 1827.

[3] Lettre du préfet du département du Rhône, 9 octobre.

Vienne, et travailla successivement dans les fabriques de draps de M. *Chapit* et de M. *Anselme*. Il quitta furtivement ce dernier, chez lequel il avait travaillé quatre mois, sans lui rembourser une somme de 24 francs dont l'avance lui avait été faite[1].

On trouve, dans les archives de la préfecture du Rhône, une décision du Ministre de l'intérieur, à la date du 2 août 1827, qui refuse à *Fieschi* l'autorisation de se rendre à *Biguglia*, en Corse, parce qu'il y était connu sous des rapports trop défavorables pour pouvoir espérer d'y trouver des moyens d'existence.

Le 19 janvier 1828, *Fieschi* vint à Vaise; il a travaillé dans ce faubourg chez un fabricant de couvertures, qui a disparu depuis 1833; il n'y est connu que d'un ouvrier couverturier qui y travaillait avec lui. Dans le courant du mois de juin, il vint à Lyon, où il logeait chez un ouvrier en soie, qui avait été porte-clefs à Embrun, pendant que *Fieschi* y était détenu. Il y travailla comme tisseur[2]. Au mois de septembre de la même année, il se trouvait à Saint-Symphorien-d'Ozon, près Lyon, où il exerçait l'état de couverturier[3]. Il était connu parmi les ouvriers sous le nom *du Corse*, ou *du Grec*. Il paraît que de Saint-Symphorien, qui est entre Vienne et Lyon, *Fieschi* serait retourné dans cette dernière ville, où il aurait retrouvé Laurence *Petit*, qui disait arriver de Toulon, où elle était allée voir son mari détenu au bagne.

Laurence *Petit* était sortie de la maison centrale d'Embrun le 7 avril 1829. Elle avait son domicile à Lyon. Elle y revint trouver son fils et sa fille. *Abot* vivait encore, et *Fieschi*, auquel les inventions de ce genre sont

[1] Livret de *Fieschi*, 11 mai 1827.
[2] Déposition de *Moulin*, 14 août.
[3] Déposition de *Rougeard*, 14 août; de *Long*, 13 août.

familières, faisait passer Laurence pour sa femme et pour la veuve d'un sieur *Petit.*

A la fin de 1828, et en 1829, un colporteur corse, frère d'un prêtre habitué de la paroisse Saint-Polycarpe, à Lyon, dit avoir vu *Fieschi* à Givors, où il travaillait comme tisserand. Il paraît aussi avoir été employé à Villeurbanne, département de l'Isère, chez un fabricant de couvertures, et à Caluire, près Lyon, chez un fabricant de chapeaux de paille, à la veuve duquel il devrait encore 200 francs, suivant une reconnaissance qu'il aurait signée du nom de *Girard.*

En 1830, on le retrouve à Lyon, où il fut employé pendant deux mois et demi environ, avril, mai et moitié de juin, dans une fabrique de toile que montait un sieur *Fermery*[1], qui le congédia, parce qu'il s'était engagé à faire par jour sept ou huit aunes de toile, et qu'il n'en faisait pas deux aunes et demie. M. le préfet du Rhône[2] certifie que *Fieschi* n'a quitté la ville de Lyon qu'en novembre ou décembre de la même année. *Fieschi*[3] a déclaré qu'il avait rencontré à Lyon, à la fin d'août, M. Gustave *de Damas* qui l'avait engagé à partir pour Paris, où il devait se rendre aussi. Il n'en fallut pas davantage pour déterminer *Fieschi.* C'est alors qu'il vint s'établir à Paris; il y arriva le 8 ou le 14 septembre.

A dater de cette époque, l'instruction a dû soigneusement rechercher les allures et les relations de *Fieschi.* C'était à leur aide qu'on pouvait éclairer ses démarches ultérieures, étudier les inspirations qu'il avait pu recevoir, et découvrir, pour ainsi dire, l'esprit et l'intention du crime.

[1] Déposition de Charles-Guillaume *Fermery*, 14 août.
[2] Lettre du préfet du Rhône, 8 août.
[3] Interrogatoire de *Fieschi*, 28 octobre.

En 1830, l'époque n'est pas certaine, un témoin dit que c'était à la fin d'août (il paraît dans tous les cas que *Fieschi* n'était pas à Paris au mois de juillet[1], il a déclaré lui-même n'y être arrivé qu'en septembre), *Fieschi* se présenta au sergent-major de la 1re compagnie des sous-officiers sédentaires. Il était porteur d'un ordre du commandant de la place, pour être reçu en subsistance dans la compagnie, et de diverses pièces qui prouvaient qu'il avait été sous-officier dans les troupes napolitaines.

A l'inspection générale, on lui proposa d'entrer dans un régiment avec le grade de sergent; il refusa : il voulait être sous-lieutenant[2]. Il avait d'ailleurs trouvé à Paris le général *Franceschetti*, son ancien compagnon d'armes et d'infortune, et celui-ci l'avait honorablement aidé de sa bourse et de son crédit[3]. Il paraît qu'il le fit admettre dans la compagnie des vétérans employée à la garde de la maison de détention de Poissy. *Fieschi* se plaignit d'être à Poissy, loin de toutes ressources, et hors d'état d'utiliser son industrie; il voulait venir à Paris. Un huissier du cabinet du Roi[4], ancien militaire lui-même, prit intérêt à la position d'un ancien militaire, son compatriote, qui, de plus, se présentait comme un de ces condamnés politiques que l'on admettait, à cette époque, non-seulement à réclamer des indemnités, mais des récompenses. Il recommanda *Fieschi* à un de ses amis qui connaissait M. le général *Pelet*; et ce fut, chose remarquable! à la demande de ce général, qui devait être un jour une de ses victimes, que

[1] Déposition de *Paillard*, 6 août; de Charles-Guillaume *Fermery*, 6 août.
[2] Déposition de M. *Gigan*, 4 août.
[3] Déposition de *Devert*, 7 août.
[4] Déposition de *Santini*, 26 août.

Fieschi obtint d'être incorporé dans la troisième compagnie de sous-officiers sédentaires, en garnison à Paris[1]. Il retrouva, au mois d'octobre, M. Gustave *de Damas* qui lui prêta aussi son appui.

François *Abot* étant mort le 20 janvier 1830, Laurence *Petit* vint à Paris demander une pension à l'administration des douanes, en qualité de veuve du sieur *Lassave ;* elle ne put l'obtenir, mais elle retrouva *Fieschi.* Ils se réunirent. C'est alors qu'*elle s'abaissa jusqu'à lui pour l'élever jusqu'à elle :* nous empruntons ses propres expressions. A la fin de 1830, ils étaient concierges de la maison nº 7, dans la rue de Buffon, près du Jardin du Roi. Cette maison appartenait à un sieur *Dubief,* charpentier; il ne donnait que le logement à ses portiers et point de gages; mais ce logement était commode à *Fieschi,* que son service appelait au Jardin du Roi, et il lui devint bientôt très-avantageux.

M. *Caunes,* ingénieur des ponts et chaussées, inspecteur de l'assainissement et des travaux de canalisation de la Bièvre, vint se loger dans cette maison avec ses bureaux. *Fieschi* et la veuve *Abot* parvinrent à se faire employer tous deux à son service. La veuve *Abot* soignait l'intérieur de l'appartement; *Fieschi* était employé comme garde des travaux le jour et même la nuit. La ville de Paris avait acheté en 1827, pour faciliter la canalisation de la Bièvre, les quatre moulins situés sur cette rivière et construits *intra-muros.* Il était devenu nécessaire de constituer deux gardiens, tant pour la conservation des objets mobiliers que ces usines renfermaient, que pour en manœuvrer les vannes, lors du passage du flot qui s'échappait

[1] Déposition de M. *Bulos,* 18 août; de *Fortin,* 26 août.

les moulins supérieurs. Une de ces places de gardien, celle du moulin de Croullebarbe, étant venue à vaquer en 1831, à la demande et sur la recommandation du général *Franceschetti*, M. *Caunes* en pourvut *Fieschi* le 7 novembre[1].

Laurence *Petit* a prétendu que c'était à elle que les profits de la garde du moulin de Croullebarbe avaient été destinés, et que *Fieschi* n'était que son prête-nom. Quoi qu'il en soit, il transféra alors au moulin son domicile et celui de sa famille d'adoption. Par suite de ses nouvelles fonctions, il jouissait d'un salaire quotidien de deux francs: il continua à servir M. *Caunes*.

Le 21 septembre 1830, une décision du Ministre de la guerre l'avait admis à la solde de sous-lieutenant d'état-major, sans accessoires[2]; il a touché cette solde jusqu'au 3 février 1831, et il n'avait été rayé du contrôle des subsistants dans la première compagnie des sous-officiers sédentaires[3] que le 20 janvier de cette même année. Par décision ministérielle du 28 du même mois, il devait être incorporé, en qualité de sous-officier, dans le 61e régiment de ligne, et cette décision, qui n'a jamais été exécutée, n'a cependant été révoquée que le 8 août 1834.

Abusant des circonstances antérieures de sa vie et de la condamnation qu'il avait subie, pour s'en faire un titre, *Fieschi* racontait aux uns qu'il avait été condamné à mort pour crime politique, et gracié après une longue détention; aux autres, qu'il avait joué un rôle en 1816 dans la conspiration de *Didier*, près de Grenoble, et qu'après avoir enduré les plus rudes épreuves pour

[1] Rapport de M. *Emmery*, 7 août.
[2] Certificat de M. le baron *Ledru*, 26 février 1831; lettre de *Fieschi* à M. *Didier*, 5 novembre 1833.
[3] Dépositions de M. *Gigan*, 4-10 août.

être amené à *vendre la mèche*[1], comme il le disait, on lui avait fait souffrir les plus cruels traitements pour prix du silence qu'il avait gardé : il eut recours alors au même procédé qui lui avait si mal réussi en Corse, quinze ans auparavant.

Une ordonnance, rendue par la chambre du conseil du tribunal de première instance du département de la Seine[2], constate que, le 24 octobre 1831, il avait adressé à la commission des condamnés politiques une pétition dans laquelle il exposait que, s'étant trouvé enveloppé dans la conspiration de Grenoble en 1816, il avait été condamné par la Cour d'assises de Draguignan à la peine capitale; que cette peine avait été commuée, et qu'il avait en conséquence subi dix années de reclusion dans la prison d'Embrun. A l'appui de ses assertions, il produisit deux copies de certificats, énonçant que sa détention avait pour unique cause des délits politiques; par l'un de ces certificats, le directeur de la maison centrale de détention d'Embrun aurait attesté que Joseph *Fieschi*, qui avait subi dans cet établissement une détention de dix années, *pour délits politiques*, y avait tenu une conduite régulière. Il s'y trouve une faute de langue grossière. La seconde attestation devait être l'ouvrage du maire de Sainte-Colombe-lès-Vienne. Ce fonctionnaire public y certifiait que Joseph *Fieschi, Corse, condamné libéré, seulement pour opinion politique*, s'était conduit en homme probe et d'honneur[3]; une faute d'orthographe assez choquante trahissait la supposition de cette pièce. On peut considérer comme certain que les originaux de ces certificats n'ont jamais

[1] Déposition de *Bernard*, du 3 août.
[2] Ordonnance du 23 avril 1835.
[3] Dossier de *Fieschi*, police correctionnelle.

existé. Cependant ils paraissent avoir procuré à leur auteur une pension de 550 fr.[1].

A la fin de 1831, la fille Nina *Lassave*, était venue joindre sa mère à Paris, à la tréfilerie de Croullebarbe.

Fieschi ne négligeait aucun moyen d'améliorer sa position; il obtint, d'après son propre aveu, par l'entremise de M. *Chauvin*, d'être compris au nombre des porteurs du journal *la Révolution*[2], ce qui lui assurait une rétribution de 30 à 40 sous par jour[3]. *Fieschi*, qui faisait profession d'un dévouement exalté pour l'empereur Napoléon, s'était attaché à M. *Chauvin*, parce que celui-ci avait suivi son héros à Sainte-Hélène.

Au journal *la Révolution*, *Fieschi* se lia avec l'ancien chef d'escadron *Lennox*, sous les auspices duquel la publication de cette feuille périodique avait été entreprise, et il fut dénoncé à M. le Président du conseil et à M. le Ministre de la guerre, comme facilitant les intelligences que MM. *Lennox* et Gustave de *Damas* cherchaient à nouer dans les régiments de la garnison de Paris, afin d'y propager l'esprit d'insurrection et de révolte qui venait de se manifester si malheureusement à Tarascon[4].

Dans le même temps, un autre Corse, le sieur *Giacobbi*[5], qui avait été signalé à la police comme s'étant jeté dans le parti jésuitique avant la révolution, fonda à Paris, en 1831, la société des *Amis de l'Égalité*, et en

[1] Déposition de *Paillard*, 10 août.
[2] Interrogatoire de *Fieschi*, 19 août.
[3] Déposition de M. *Chauvin*, 5 août.
[4] Lettre du Ministre de la guerre, 6 juin 1831; lettre de M. le Président du conseil, *idem*.
[5] C'était sur un renseignement erroné que, dans le premier tirage du rapport, le sieur *Giacobbi* dont il est ici parlé avait été désigné comme *ancien procureur du Roi à Calvi*. Il a été vérifié que M. *Giaccobi*, ancien procureur du Roi en Corse, et maintenant juge d'instruction à Alger, n'a rien de commun avec la personne qu'a connue *Fieschi*.

devint le président. On assure que *Fieschi* fut admis dans cette société politique, ainsi que dans plusieurs autres sociétés populaires. Le sieur *Giacobbi*[1] nie que *Fieschi* ait jamais été membre de la société qu'il avait fondée et qu'il déclare avoir dissoute lui-même, parce qu'il fut accusé d'être en rapport avec la police. Ce qu'il y a de certain, c'est qu'il connaissait particulièrement *Fieschi*, qui lui a servi de témoin dans un duel.

A cette même époque, *Fieschi* eut quelques rapports avec le préfet de police de Paris, alors M. Baude, actuellement membre de la Chambre des Députés; l'instruction a dû constater la nature de ces rapports, qui ont donné naissance à des bruits de diverse nature.

Il paraît que M. le préfet de police avait conçu le projet de diriger sur Alger un grand nombre d'hommes dont la présence pouvait troubler l'ordre public à Paris. Ce projet reçut de la publicité; M. Gustave de *Damas*, qui habitait alors le département de la Loire, écrivit à M. *Baude* pour lui demander à être employé dans cette opération; il vint à Paris pour avoir son appui. Dans un de ses entretiens avec M. le préfet de police[2], M. Gustave de *Damas* lui parla d'un homme qui lui était dévoué, dont l'intelligence, le sang-froid et l'adresse pouvaient être fort utiles. M. *Baude* n'hésita pas, sur un tel éloge, à remettre à M. Gustave de *Damas* un billet, à l'aide duquel cet homme put parvenir jusqu'à lui. Cet homme était *Fieschi*: il se présenta dans un état misérable; il parla de la condamnation qu'il avait subie pour délit politique; il dit qu'il y avait dans cette affaire un peu de vengeance; ce qui, à cause des mœurs de son pays, atténuait le caractère de gravité des actes de

[1] Déposition de M. *Giacobbi*, 21 août.
[2] Déposition de M. *Baude*, 6 août.

violence auxquels il pouvait s'être livré. M. *Baude* ne tarda pas à se convaincre que *Fieschi* avait une grande valeur pour certaines expéditions.

Il l'employa après lui avoir donné quelques directions. Paris était alors fort agité; des désordres graves se succédaient; le sang avait coulé. *Fieschi* bravait les plus grands dangers pour rapporter des renseignements exacts. Son amour-propre, exalté par la confiance qu'on lui témoignait, le pénétrait d'une vive reconnaissance pour les rapports directs qu'il avait avec M. le préfet de police, et qui n'étaient connus que de celui-ci et de son secrétaire intime. *Fieschi* a parlé lui-même de ses rapports avec M. *Baude*; il paraît que ce magistrat l'avait chargé de surveiller quelques sociétés politiques *qui voulaient,* dit *Fieschi*, *renverser à droite et à gauche.* Il se vante d'avoir rendu de notables services, surtout à l'occasion du pillage et de la destruction de l'Archevêché [1].

Quand M. *Baude* quitta la préfecture de police, *Fieschi* vint le trouver et lui dit: *Je suis Corse; je suis fier; je ne suis pas fait pour être un instrument ordinaire de la police, et je n'y retournerai pas.* On a dit cependant à M. *Baude* que *Fieschi* avait été employé par son successeur, M. *Vivien;* nous inclinons à croire que ce sont les efforts infructueux qu'il fit pour communiquer directement à ce magistrat quelques lettres qu'il s'était procurées, et dont nous vous entretiendrons plus tard, qui ont donné naissance à cette supposition, qu'aucun autre indice n'est venu confirmer dans le cours de l'instruction. M. *Vivien* a depuis fait connaître d'une manière authentique qu'il ne con-

[1] Interrogatoire de *Fieschi*, 18 août.

servait aucun souvenir de *Fieschi*, et qu'il n'avait jamais eu de rapports avec lui comme préfet de police[1].

Après que la Chambre des Députés eut adopté la proposition faite par M. *Baude* d'accorder des secours aux condamnés politiques, *Fieschi* vint le voir et le prier de s'intéresser à lui, pour le faire participer à ces secours. M. *Baude* le recommanda à M. *Didier*, alors secrétaire général du ministère de l'intérieur; à M. *Teste*, membre de la commission de répartition des secours, et à quelques autres personnes. A l'aide de ces recommandations, il obtint une allocation de 30 à 40 fr. par mois. Nous ne savons si cette allocation doit se confondre avec les secours provisoires que *Gigan* et quelques autres témoins ont dit que *Fieschi* avait obtenus, en 1830, de la commission des récompenses nationales, et qui se montaient, selon eux, à la somme mensuelle de 25 à 30 fr. On peut considérer comme certain qu'elle se rapporte à la pension de 550 fr. dont nous avons déjà fait mention, sur la foi du témoin Paillard.

En 1832, le choléra vint affliger Paris; M. *Caunes* en fut violemment attaqué. Nous avons déjà appris de M. *Lavocat* les services que *Fieschi* rendit à cette occasion, et comment M. *Caunes* lui dut la vie[2]. Il paraît qu'à l'époque des déplorables journées des 5 et 6 juin, *Fieschi* fut violemment tenté de se jeter parmi les révoltés et *de prendre un fusil comme les autres*. Le témoin[3] qui rapporte ce fait l'explique facilement par ce propos que *Fieschi* lui avait tenu : *Les Français sont las des rois;* mais il se contint ou fut contenu, car il passa la soirée du 5 juin et la nuit

[1] Lettre de M. *Vivien*, 14 novembre.
[2] Déposition de M. *Caunes*, 3 août.
[3] Déposition de *Gaudio*, 6 octobre.

qui la suivit chez M. *Caunes*; soit qu'il pensât, comme on assure qu'il l'a dit depuis, que le moment n'était pas encore venu, soit que la crainte de perdre son emploi ou quelque autre obstacle l'arrêtât, car M. *Caunes*[1] affirme l'avoir retenu plusieurs fois au moment où son caractère inquiet et hasardeux l'entraînait dans les émeutes. Cette disposition paraît naturelle dans un homme qui disait à Gaudio : *Quelque chose me dit que je passerai à la postérité*, et qui, selon M. *Baude*, *était profondément ulcéré contre l'état de la société.*

Cependant il assiégeait de ses pétitions et le Ministre de la guerre[2] et la commission des secours à distribuer aux condamnés politiques[3]. Il exploitait ses services militaires et ses prétendus services politiques ; il se représentait comme un père de famille intéressant, ayant à sa charge une femme et une fille de 14 ans, infirme; et cette fille, c'était cette même fille *Nina* dont nous venons de vous entretenir!

On le voit exercer sa profession de tisserand pendant les instants qu'il dérobait à ses fonctions de gardien[4] : il avait acheté à cet effet un métier et un équipage de tissage[5]. Dans les trois derniers mois de cette même année 1832, il s'engagea à faire pour le sieur *Ferret*[6], marchand de molleton, une chaîne d'environ cent aunes de cette étoffe. C'est au neveu de celui-ci qu'il disait, en lui montrant des cicatrices que les fers qu'il avait portés avaient laissées à ses jambes : *Si jamais vous avez des enfants, tâchez qu'ils n'aient point de fanatisme poli-*

[1] Déposition de M. *Caunes*, 12 août.
[2] Pétition de *Fieschi*, 16 juin 1832.
[3] Lettre de *Fieschi*, 28 mars 1832.
[4] Rapport de M. *Hemmery*, 7 août.
[5] Déposition de la femme *Radiguet*, 5 août.
[6] Déposition de M. *Ferret*, 20 août; de *Chatel*, 21 août.

tique[1]. Il trouvait encore le temps de faire des commissions dans ses moments perdus, et même de donner des leçons au gymnase militaire, où il était instructeur des exercices à la baïonnette[2]. Le 28 septembre, son congé de libération du service militaire lui ayant été expédié, il dut quitter la compagnie des sous-officiers sédentaires, dans laquelle il était encore incorporé, quoiqu'il n'y fît plus de service et qu'il payât pour s'y faire remplacer. Il paraît que l'expédition de ce congé fut provoquée par le capitaine de la compagnie, à cause des opinions républicaines que *Fieschi* manifestait, et probablement aussi à cause de son absence constante du corps.

En 1834, M. *Caunes* eut besoin d'un chef d'atelier pour le dégravellement de l'aqueduc d'Arcueil : il choisit *Fieschi*. Chargé de diriger une douzaine d'ouvriers, il le fit avec tant d'activité et d'intelligence, qu'ils exécutèrent sous ses ordres l'opération dont ils étaient chargés, sur 4,000 mètres d'étendue, moyennant la même somme environ qui avait à peine suffi, l'année précédente, au dégravellement d'une étendue de 1,200 mètres. Mais, vers la fin du travail, M. *Caunes* fut averti que son chef d'atelier n'acquittait pas exactement les dépenses qu'il était chargé de solder, et qu'il détournait les deniers destinés à leur payement. Il vérifia le fait et l'ayant trouvé exact[3], il en témoigna une vive indignation à *Fieschi :* celui-ci convint qu'il avait joué et qu'il avait perdu, non-seulement l'argent qui lui avait été confié, mais une plus forte somme. M. *Caunes* n'ayant point admis

[1] Déposition de *Chatel,* 20 août.
[2] Déposition de *Pinette,* 7 août.
[3] Déposition de M. *Caunes,* 29 août.

cette excuse comme valable, *Fieschi* leva le poing et lui dit : *J'ai perdu l'honneur près de vous ; il ne me reste qu'à me détruire ; je vous quitte, vous ne me verrez plus.* M. *Caunes*, en homme d'honneur et de probité, se jugea responsable de l'abus de confiance qu'avait commis un homme qu'il avait placé. Il rembourса ce qui était dû aux fournisseurs et aux ouvriers, et résolut en même temps de se débarrasser de *Fieschi* sans le compromettre. Au lieu de le renvoyer, il feignit de dissoudre l'atelier tout entier, et reprit tous les ouvriers quelques jours après, moins celui qu'il avait voulu exclure[1]. Ce fut le 9 octobre que *Fieschi* cessa d'être employé au dégravellement de l'aqueduc d'Arcueil : cet emploi lui valait 80 francs par mois[2].

Il paraît que *Fieschi* s'était lassé des habitudes paisibles d'une vie rangée, et qu'il subissait les tristes et ordinaires conséquences de l'union désordonnée qu'il avait contractée. Au commencement de cette année, la fille *Nina* avait dû quitter le domicile commun de sa mère et de *Fieschi* pour entrer à la Salpêtrière, le 15 janvier. Laurence *Petit* disait de lui : *On ne sait pas ce que c'est que cet homme-là ; c'est un monstre.* Elle se plaignait d'être battue ; les voisins étaient souvent troublés par des cris, des pleurs, des gémissements, et n'osaient intervenir. Toutes les fois qu'il y avait des scènes violentes dans l'intérieur de ce ménage, on entendait des coups de pistolet que *Fieschi* tirait, apparemment pour effrayer Laurence *Petit*. Il inspirait une égale terreur à ses voisins. Dès le mois de juin, cette femme avait transféré son domicile,

[1] Rapport de M. *Hemmery*, 7 août.
[2] Déposition de *Bernard*, 3 août.

d'abord rue Copeau, n° 10, ensuite rue du Battoir[1]. *Fieschi* l'y avait suivie. Là, elle tenait une table d'hôte pour de jeunes étudiants, et leur donnait même à loger. C'est chez elle que *Janot* connut *Annette Bocquin*. On ne voyait presque plus *Fieschi* au moulin de Croulle-barbe; les clefs en étaient abandonnées aux voisins. Il abusait de la permission de découcher, qu'il avait obtenue de ses chefs, et ne passait presque plus une seule nuit à son poste[2].

Ses manquements furent signalés à ses supérieurs; en même temps ils avaient été avertis que leur subordonné était doublement poursuivi, et par la police et par la justice. En effet, les mensonges de *Fieschi* et les nouveaux faux qu'il avait commis avaient été découverts; ses pensions et ses traitements furent suspendus. Dès le mois de mars, M. le procureur du Roi de Paris avait chargé, par commission rogatoire, M. le procureur du Roi d'Embrun de vérifier les faits relatifs à la détention de *Fieschi* dans la maison centrale de cette ville. Au mois d'octobre, par suite de cette vérification, *Fieschi* fut inculpé d'avoir *créé de fausses pièces* et de *faux certificats censés émanés de l'autorité publique*, *d'avoir apposé de fausses signatures sur ces actes*, et d'*en avoir fait usage sciemment*[3]. Une procédure fut instruite en conséquence, sur la plainte du ministère public.

De son côté, M. *Emmery* fit procéder à une enquête administrative sur la conduite de *Fieschi*. Alors il conçut un grand mécontentement et il en affecta un plus grand encore. Il disait que ses occupations étaient

[1] Déposition de la femme *Thévenot*, 12 août.
[2] Déposition de *Paillard*, 6 août.
[3] Réquisitoire du procureur du Roi, 21 octobre 1834.

au-dessous d'un homme tel que lui; il ajoutait, d'un ton significatif, *qu'il ne souffrirait pas toujours, mais qu'avant de mourir*[1] *!..* En toute occasion, il se montrait irrité contre le *gouvernement, qui ne faisait pas assez pour lui*[2]. Quand il apprit que sa pension était supprimée, on l'entendit dire que, *s'il arrivait quelque sédition, il serait le premier à pénétrer aux Tuileries pour assassiner le Roi et les princes, et partout où il y aurait quelque chose à piller*[3].

C'est dans le courant de cette année, et quand sa bonne fortune l'abandonnait, que Laurence *Petit* rompit ouvertement avec lui; elle l'accusait d'avoir fait violence à sa fille[4]. Alors les liaisons de *Fieschi* avec la fille Nina *Lassave* devinrent plus intimes. Pour atténuer ce qu'elles avaient d'odieux, il faisait adroitement circuler que la fille Nina n'était que la fille adoptive de Laurence *Petit.* De son côté, les reproches de celle-ci étaient sans mesure. Elle se lia avec un sieur *Bourseaux*, d'abord détenu à Sainte-Pélagie, comme impliqué dans les troubles d'avril, et chercha à s'en faire un appui contre *Fieschi.*

Elle a d'abord fait remonter sa rupture avec *Fieschi* au temps où celui-ci aurait commencé à négliger les devoirs que lui imposait son emploi, et où elle serait allée successivement demeurer rue Saint-Victor, n° 49, rue du Battoir, n° 5, et en dernier lieu rue S. Jacques, n° 17. Elle avait alors pour pensionnaires Isidore *Janot*, neveu de M. *Caunes*, étudiant en droit, et deux étudiants en médecine, *Salis* et *Offray.* Plus tard, elle a

[1] Déposition de *Carlotti*, 7 août.
[2] Déposition de *Bertin*, 6 août.
[3] Déposition de Claude *Martin*, 2 août.
[4] Déposition de *Bourseaux*, 12 août.

fini par reconnaître qu'elle n'a cessé de vivre avec *Fieschi* qu'au mois de novembre[1].

Fieschi a prétendu, en 1835, que *Salis*[2] et sa femme devaient venir habiter, conjointement avec lui et une autre femme, le logement qu'il avait pris sur le boulevart du Temple; mais c'était une de ces défaites qu'il inventait perpétuellement au commencement de l'instruction, pour dérouter les recherches et dissimuler la vérité. Il paraît certain que *Fieschi* partageait encore assez souvent le logement de Laurence *Petit*, quand elle demeurait dans les rues du Battoir et Saint-Victor; il ne serait plus revenu dans son dernier domicile que pour la quereller et lui faire *des scènes.*

Fieschi, de son côté, se plaint d'avoir été indignement trompé par Laurence *Petit.* Elle avait loué sous son nom leur logement commun. Elle s'est approprié son mobilier, qui valait de 1,700 à 1,800 francs, et les économies qu'il avait pu faire; car il lui remettait religieusement tout ce qu'il gagnait. Il a dit avoir acheté ses meubles chez un marchand de la rue Saint-Victor[3]. Ce marchand a été entendu deux fois; il a à peu près confirmé le récit de *Fieschi*; il lui a vendu, pendant environ trois années, différents meubles, pour une somme de 8 à 900 francs, qui lui ont été payés. *Fieschi* se libérait en donnant un à-compte chaque mois[4].

Nous insistons sur ces détails; car sa rupture avec Laurence *Petit* et les torts qu'il impute à cette femme

[1] Interrogatoire de la femme *Petit*, 2 août.
[2] Interrogatoire de *Fieschi*, 30 juillet.
[3] Interrogatoire de *Fieschi*, 17 août.
[4] Dépositions de *Loppinet*, 17 août, 22 septembre.

paraissent avoir exercé une grande influence sur les résolutions désespérées de *Fieschi*[1].

Ancien militaire sans grade ni retraite, ouvrier sans occupation certaine; dépouillé de la pension qu'il avait usurpée; expulsé d'un domicile qu'il prétendait être le sien, par la femme qu'il avait choisie et qui s'était librement attachée à lui; possédé d'une passion violente pour une jeune fille, qui joignait à l'inexpérience de son âge la légèreté de son caractère; sous le poids d'une inculpation grave et de poursuites judiciaires: *Fieschi*, pour comble de disgrâce, au commencement de l'année 1835, se trouvait à la veille de perdre son dernier emploi et sa dernière ressource; car, le 27 janvier, un arrêté du préfet du département de la Seine, en supprimant le poste de gardien du moulin de Croullebarbe, consomma sa ruine et détruisit ses dernières espérances. De si funestes auspices ont tenu ce qu'ils semblaient promettre.

C'est alors qu'on le rencontrait toujours soucieux, préoccupé et manquant d'argent; c'est alors qu'il empruntait les noms d'*Alexis* et de *Bescher*, pour se dérober aux agents de police qui le poursuivaient; qu'il travaillait, en se cachant, à la manufacture de papiers peints de *Lesage*, près de la barrière du Trône; qu'il demandait successivement à ses amis un asile où il pût reposer sa tête à la fin du jour, et du travail pour occuper ses mains et gagner son pain quotidien; c'est alors que tour à tour il alla cacher ses nuits sans sommeil chez *Boireau*, chez *Morey*, chez *Pepin*. En ces jours de détresse, il ne sortait plus sans joindre au poignard qu'il portait toujours, le *fléau* redoutable dont il était encore

[1] Interrogatoire de *Fieschi*, 19 août.

muni dans sa fuite, le 28 juillet, et à l'aide duquel il prétendait défier vingt assaillants[1].

Le 25 avril, une ordonnance de la Chambre du conseil l'avait renvoyé devant le tribunal de police correctionnelle, pour délit d'escroquerie, et, le 30, un mandat d'arrêt fut lancé contre lui.

Cependant, à mesure que le ressentiment fermentait dans son cœur, la pensée du crime s'emparait de son esprit; il s'efforçait à donner un corps à ses projets de vengeance. Vous verrez qu'il conçut dès le mois de janvier le plan de la machine infernale.

Sans conviction et même sans passions politiques, il aurait été disposé à les exploiter toutes à son profit. Le valet de chambre de M. *Lavocat*[2] a déclaré que *Fieschi* lui avait montré, huit mois environ avant l'attentat, une médaille représentant *Henri V*, qui lui avait été donnée par un personnage dont *Laurence Petit* lui avait fait faire la connaissance; il disait que ce portrait lui servirait à obtenir de l'argent, et *que peu lui importait le parti auquel il s'attacherait*. D'un autre côté, les vétérans, ses camarades, le représentent comme un partisan déclaré de la *république*[3]. Ses voisins de la rue Croullebarbe le désignaient sous le nom du *vétéran républicain*[4]. Il blâmait un de ses amis d'entrer dans la garde municipale, parce qu'il *serait exposé au feu des républicains*[5]. Il disait au marchand de vin *Travault* qu'il n'y avait que la *république* et le *gouvernement des États-Unis*[6]. Selon Marguerite *Daurat*, les femmes

[1] Déposition de *Broissin*, 8 août.
[2] Déposition de Claude *Martin*, 2 août.
[3] Dépositions de *Lehmann*, 6-7 août; de *Robinot*, 6 août; de *Magalon*, 6 août; de *Floriot*, 11 août.
[4] Dépositions de *Barre*, 18 août; de la femme *Barre*, 20 août.
[5] Déposition de *Bernard*, 3 août.
[6] Déposition de *Travault*, 29 juillet, 10 août.

avec lesquelles il dînait s'ennuyaient de l'entendre toujours parler *république* [1]. Néanmoins, il paraît avoir dit à d'autres qu'*après Napoléon, il n'y avait que Louis-Philippe*, et qu'il le défendrait [2]. Dans son profond dédain pour tous les partis, poussé par ses dispositions aventureuses et ce mépris de la vie qu'il porte au plus haut degré, depuis qu'il n'y avait plus de chances pour les partisans de l'Empire, ce qu'il désirait surtout, c'était un grand bouleversement social, au sein duquel il pût développer ses facultés intellectuelles, dont il a une si haute idée, et l'énergie de son caractère. Mais il lui fallait, pour accomplir ces desseins, des confidents et des auxiliaires; vous apprendrez de sa bouche comment et dans quels rangs il les choisit.

Cependant, même cette périlleuse et criminelle entreprise, qui aurait suffi pour absorber les soins et l'attention des conjurés les plus résolus et des plus audacieux conspirateurs, n'était pas suffisante pour l'occuper tout entier; il avait voulu se réconcilier avec Laurence *Petit*, et il eut avec elle une entrevue chez une dame veuve *Micoulot*, qui vit *maritalement* avec un sieur *Décle*. La femme *Petit* y vint accompagnée de *Bourseaux*. Ses efforts furent infructueux, et leur mauvais succès exaspéra sans doute encore cette âme déjà si irritée.

Fieschi prétend qu'il conçut à cette époque l'idée de publier un plan de Paris, sur lequel toutes les rues parcourues par les voitures publiques, allant d'un point fixe à un autre, suivant des directions déterminées, seraient indiquées, ainsi que les lieux où

[1] Interrogatoire de Marguerite *Daurat*.
[2] Déposition de *Saillard*, 6 août.

ces voitures stationnent, et leur point de départ et d'arrivée. Mais il lui fallait un bailleur de fonds pour mener à bien cette entreprise; il s'adressa à un docteur en médecine, nommé *Perrève*[1], qu'il avait rencontré chez un de ses compatriotes, nommé *Querini*. Il savait que M. *Perrève* avait fait, de concert avec M. *Querini*, une spéculation infructueuse, et il pensa, à cause de cette circonstance, qu'il le trouverait facilement disposé à accueillir son projet, et à se prêter à une combinaison qui pouvait lui devenir profitable.

L'attente de *Fieschi* ne fut point trompée : M. *Perrève* l'encouragea à exécuter son entreprise, et réunit lui-même un assez grand nombre de matériaux qui devaient y être employés. A compte sur leurs futurs bénéfices, *Fieschi* demanda, par avance, quelques objets de première nécessité : une redingote, un gilet, un pantalon furent en conséquence commandés au tailleur *Fournier*, et des souliers au cordonnier *Hache*. M. *Perrève* paya le tout. *Fieschi* ne voulut pas indiquer le lieu de sa demeure; il disait à M. *Perrève* qu'il était obligé *d'aller déjeuner à droite et dîner à gauche*[2], et il pria son tailleur et son cordonnier, qui ne le connaissaient que sous le nom d'*Alexis*, de porter les effets qui lui étaient destinés chez M. *Pepin*, épicier, rue du faubourg Saint-Antoine, n° 1. Ils y furent effectivement portés et reçus. Une petite dame répondit : *M. Alexis reste ici*[3]. Il paraîtrait que c'était la dame *Pepin*, qui depuis a déclaré qu'elle connaissait le faux *Bescher* sous le nom d'*Alexis*[4]. Cette circonstance est remarquable; car c'est

[1] Interrogatoire de *Fieschi*, 17 août.
[2] Interrogatoire de M. *Pinçon*, 3 août.
[3] Déposition de *Valade*, 7 août.
[4] Interrogatoire de la dame *Pepin*, 28 août.

pour la première fois que le nom du sieur *Pepin* a été prononcé dans l'instruction.

Nous devons néanmoins remarquer, pour être exacts, qu'il paraîtrait que *Fieschi* s'est faussement attribué l'honneur de l'invention du plan de Paris avec itinéraire des *Omnibus*. L'instruction établit que c'est le sieur *Copin*, employé à la Caisse d'amortissement, qui en a le premier suggéré l'idée au docteur *Perrève*[1]. Celui-ci, qui ne pouvait l'exécuter par lui-même, en aurait chargé *Fieschi*, dont l'esprit et l'intelligence l'avaient frappé, quand il l'avait rencontré chez le sieur *Querini*. Vous avez vu que, peu de jours avant l'attentat, *Fieschi* s'occupait encore de l'exécution et du dessin de ce plan.

Ces circonstances aident à expliquer comment, cinq ou six semaines avant cette époque, le sort de *Fieschi* semblait amélioré, et pourquoi il était proprement vêtu au commencement de juillet[2]. Il est certain que, soit à cause des secours qu'il avait reçus en nature ou en argent du docteur *Perrève*, soit à cause de ceux qui lui venaient d'ailleurs, et dont nous dirons la source plus tard, son aisance semblait augmenter depuis qu'il ne travaillait plus à la manufacture de Lesage.

Mais il est temps de le laisser compléter lui-même sa propre histoire.

Depuis que *Fieschi* eut avoué son véritable nom, et qu'il eut librement communiqué, selon son désir, avec M. *Lavocat*, il dut être interrogé de nouveau. Voici

[1] Déposition de *Devart*, 7 août.
[2] Déposition de *Julien*, 7 août.

quelles furent alors ses premières paroles. *J'aurais voulu que M.* Lavocat *ignorât ma situation. Quand il est venu me voir, j'avais honte de paraître devant lui; je me suis mis à pleurer, et je lui ai dit: Je vous raconterai à vous tout ce qui s'est passé, non comme à un juge d'instruction, ni comme au Président de la Chambre des Pairs, ni comme à un Ministre de Sa Majesté, mais comme à un homme qui m'a fait beaucoup de bien; je vous dirai tout. Vous en ferez ensuite ce que vous voudrez. M.* Lavocat *n'est pas aussi puissant que vous; mais il m'a fait plaisir de venir me voir, et je lui dirai tout.* C'était M. le Président qui l'interrogeait. M. le Ministre de l'intérieur, M. le duc Decazes, l'un des Pairs désignés pour assister ou suppléer M. le Président, M. le Procureur général près la Cour des Pairs, et M. *Lavocat* étaient présents.

Cependant le moment n'était pas venu: *Fieschi* prétendit qu'il ne pouvait rien dire *maintenant;* que plus tard il avertirait M. *Lavocat* et lui dirait *dans quel endroit on pouvait atteindre Sa Majesté;* que, du reste, personne n'avait vu sa machine, ni ne lui avait fourni de l'argent; qu'il en avait gagné en travaillant; qu'après avoir conçu la première idée de son projet, il s'était dit d'abord: *Il faut attendre au mois de mai;* qu'il en avait ensuite ajourné l'exécution jusqu'au mois de *juillet,* dans l'espérance d'avoir le temps de lever le pied; il serait parti s'il avait pu emporter ses canons de fusil; car pendant les sept ou huit jours qui avaient précédé l'attentat, il était décidé à partir. Mais ne pouvant avoir de passe-port pour l'extérieur, il s'était dit: « *Il faut jouer de son reste,* » et il avait mis le feu à sa machine.

Il était évident qu'il y avait jusque-là peu de sincérité dans les discours de *Fieschi*. Le produit de son travail, insuffisant pour soutenir son existence, n'avait pu fournir aux frais de son loyer et de sa machine; il était faux que les canons de fusil qu'il avait achetés le 25 l'eussent empêché de partir vers le 20.

M. *Lavocat* intervint dans l'interrogatoire, pour faire sentir à *Fieschi* que la confiance qu'il disait avoir en lui serait entièrement stérile s'il se bornait, comme il l'avait fait jusqu'alors, à raconter en détail le plan ou la description de sa machine; que ce qui importait à la justice, c'était de savoir le nom des personnes avec lesquelles il avait été en rapport et qui pouvaient l'avoir poussé à l'acte qu'il avait commis. *Fieschi* se contenta de lui répondre : *Les hommes que j'ai connus sont les ennemis du Gouvernement, ne se plaisent sous aucune couronne; viendrait* Charles X, *viendrait la république, ce serait la même chose : ce sont des gens corrompus.*

M. le Président reprit la parole et s'efforça de faire comprendre à *Fieschi* que, s'il avait des complices, il devait les faire connaître et déclarer tout ce qu'il savait et qui pouvait intéresser la sûreté du Roi et de l'État. *Fieschi* biaisa encore dans sa réponse. Il était toujours dans son lit, enveloppé de bandes et de cataplasmes; il dit que, quand il serait levé et qu'il y *verrait des deux yeux*, il parlerait à M. *Lavocat*, parce qu'il était reconnaissant des démarches que son ancien bienfaiteur avait faites pour le voir; que tout ce qu'il demanderait serait d'être envoyé à trois ou quatre cents lieues, sous un autre nom; qu'il avait fait une *sottise*, mais qu'il était dévoué à Sa Majesté. Pressé par M. le Président, il prit l'engagement formel de dire à M. *Lavocat* tout ce qu'il savait, et de ne lui dire que la vérité; il ajouta : *Si M. Lavocat n'était pas venu, un quart d'heure avant de monter sur l'échafaud, j'aurais dit au Roi : méfiez-vous de cela et de cela*[1].

Désormais on n'avait pas le choix des moyens; la marche de l'instruction était déterminée par la nécessité. L'état des blessures de *Fieschi* faisait une loi de le ménager. Les médecins ordonnaient d'entretenir sans cesse de la glace sur sa tête, et la plus légère contrariété pouvait rendre inutiles tous les soins et tous les remèdes. Son caractère extraordinaire ne commandait pas de moindres précautions : il fallait l'aborder par le seul côté qui semblait accessible, et, si l'on pouvait espérer d'obtenir de lui la vérité, la saisir au passage, pendant qu'elle s'échapperait de ses lèvres, dans les épanchements de sa confiance reconnaissante pour M. *Lavocat*. Il eut en effet avec ce dernier plusieurs entretiens. M. *Lavocat* recueillait avec soin ses paroles; il s'assurait, en les lui répétant, qu'il les avait bien comprises, et il portait ensuite ces renseignements à M. le Président pour qu'il y puisât au besoin, ainsi que dans les pièces de l'instruction, le texte des questions qu'il devait adresser à *Fieschi*.

Il n'y a rien dans une telle manière de procéder qui s'écarte des règles ordinaires de la procédure. Les matériaux mis en œuvre par les juges d'instruction, dans leurs interrogatoires, se composent habituellement de renseignements extra-judiciaires; c'est ainsi qu'ils vérifient les avertissements et les diverses notions qui leur parviennent, et qu'il est de leur devoir de recueillir, à la charge de constater judiciairement l'existence

[1] Interrogatoire de *Fieschi*, 3 août.

ou la supposition des faits et des circonstances qui leur sont signalés. A la vérité, un tiers ne s'interpose point journellement entre le magistrat et l'homme qu'il examine; mais si cette interposition a lieu du consentement du magistrat, par son ordre, dans l'intérêt unique de la vérité; si le tiers est un homme digne de la confiance dont il reçoit une si haute marque; si ses rapports sont ensuite contrôlés, en son absence, par le magistrat même qui l'avait en quelque sorte délégué; si, tout à fait hors de la procédure, ils deviennent seulement l'occasion d'arriver à une instruction plus complète et plus approfondie, on ne peut que donner son assentiment à l'usage d'un moyen qui réunit tant d'avantages et présente si peu d'inconvénients.

L'interrogatoire dont nous venons de vous rendre compte avait eu lieu le 3 août; il ne fut continué que le 17. Il importait que l'instruction fût achevée sur certains points, et suffisamment avancée sur d'autres, pour que M. le Président pût reprendre utilement l'examen de *Fieschi*. Il fallait en savoir assez pour lutter avantageusement contre lui, s'il essayait de nouveau de dissimuler la vérité.

Durant les premiers jours de sa détention à la Conciergerie, *Fieschi* se plaignait des soins qui lui étaient prodigués. *Ce n'était pas la peine de le déranger si souvent et de le fatiguer si péniblement pour en finir par la guillotine.* Quand on lui recommandait de prendre patience, *autant vaut mourir aujourd'hui que demain*, répondait-il. Si on l'exhortait à dire la vérité, il s'écriait : *Quand j'aurai parlé, on ne m'en coupera pas moins la tête.* Une fois il demanda un prêtre, et dit qu'il *avait besoin de se confesser*. En d'autres instants, il paraissait ressentir de grands remords : il donnait à entendre que, quand il serait mieux; il écrirait au Roi, et quoiqu'il prétendît être descendant des Romains, ce qui l'avait déterminé, disait-il, à servir en Italie plutôt qu'en France, il paraissait appréhender la mort, et il répétait souvent : *J'agirai comme on agira envers moi.*

Peu à peu ses forces revinrent et sa santé se rétablit. Un de ses premiers soins, le 10 août, fut d'écrire à *Nolland*[1], pour savoir ce qu'étaient devenus sa malle et son linge. Si l'on n'avait déjà su complétement tout ce qui concernait la malle, cette lettre eût été un document bien important : elle est venue confirmer ce que la procédure avait appris.

Cependant l'interrogatoire de *Fieschi*, qui suivit ses premiers entretiens avec M. *Lavocat*, fut encore rempli de dénégations et de réticences.

M. le Président dut l'interroger d'abord sur ses relations avec *Boireau*, qui avait paru si bien informé, le 27 juillet, du lieu où devait se commettre l'attentat du lendemain, et de sa nature; ensuite sur ses ressources pécuniaires et sur les frais qu'il avait dû faire pour établir la machine infernale; enfin, et par voie de conséquence, sur ses relations avec *Morey* et *Pepin*.

Fieschi ne fut ni franc ni explicite à l'égard de *Boireau* : il prétendit n'avoir cherché qu'une fois, et dans le courant de juillet, un asile nocturne chez ce jeune homme; il soutint avec fermeté que *Boireau* n'avait eu aucune connaissance de ses projets; il prétendit, pour justifier sa dénégation, qu'il se serait bien gardé de se confier à un jeune homme *ivrogne et parleur;* il ajouta qu'*il n'avait pas connu un seul homme qu'il eût voulu mettre dans sa confidence*, et qu'il ne se serait ouvert à

[1] Lettre de *Fieschi* à *Nolland*, 10 août.

quelqu'un que s'il y avait eu à Paris *un Corse* qu'il eût bien connu, et qui eût été *un homme et non un hommelet.* Il conclut de là que les propos qu'avait pu tenir *Boireau* étaient complétement insignifiants; que d'ailleurs *Boireau* était informé de choses que lui *Fieschi* ne connaissait pas; qu'il lui avait parlé de cinq personnes qui seraient allées sur la place de la Révolution pour assassiner le Roi; qu'il lui avait dit leurs noms, et qu'au nombre de ces cinq personnes, qui avaient été arrêtées depuis, *Boireau* comptait un de ses bons amis. Il raconta aussi que *Boireau* lui avait parlé d'un homme de cinquante ans, brocanteur de son état, récemment sorti de Sainte-Pélagie, d'un caractère décidé, et qui réunissait les chefs des ennemis du Gouvernement hors des barrières. Mais *Fieschi* n'avait retenu aucun nom et n'avait jamais accepté la proposition que *Boireau* lui avait faite de se réunir à ces gens-là; il a nié également qu'un jeune homme fût venu chez lui après onze heures du soir, le dimanche 26 juillet; et comme M. le Président insistait sur cette circonstance, que *Boireau* avait dit formellement la veille de l'événement qu'un coup devait être fait contre le Roi au moyen d'une machine infernale, du côté de *l'Ambigu-Comique*, il répondit catégoriquement : *Il peut avoir dit tout ce qu'il a voulu. Que voulez-vous que j'y fasse? je ne pouvais pas l'empêcher de parler.*

Il y avait de l'habileté dans cette manière d'écarter de *Boireau* le soupçon de complicité qui pesait sur lui, en ayant l'air de l'impliquer indirectement dans une autre accusation sur laquelle *Fieschi* ne pouvait donner aucun renseignement positif : c'était dire, en d'autres termes, qu'il ne ménageait pas son complice prétendu, et que l'intérêt de la vérité l'empêchait seul de le charger.

Les explications que *Fieschi* donna, tant sur ses moyens d'existence depuis le mois de juin, époque à laquelle il avait cessé de travailler à la manufacture de papiers peints de *Lesage,* que sur ses dépenses habituelles, et celles qu'il avait dû faire pour établir sa machine, ne furent pas plus satisfaisantes : soit qu'il ne se fût pas encore arrêté au parti de tout avouer, soit qu'il voulût en quelque sorte distiller ses aveux goutte à goutte. Ses réponses furent presque toujours enveloppées et quelquefois divagatoires ou évasives.

Dans l'énumération de ses ressources, il compta d'abord *une couple de cents francs,* qu'il dit avoir reçus du docteur *Perrève,* pour l'exécution du plan de Paris, dont il lui avait donné, disait-il, *l'excellente idée ;* ensuite, les économies qu'il avait faites sur ses salaires lorsqu'il recevait 2 francs 50 centimes par jour chez *Lesage ;* le remboursement de quelque argent prêté, provenant de ses anciennes épargnes, fruits de son travail et de sa sobriété; *cent francs* représentant un billet tiré sur *Janot,* et escompté par *Morey;* enfin, 120 ou 130 fr. reçus de *Pepin* par *Fieschi,* et inscrits sur le carnet qui, disait-il, *devait avoir été trouvé dans sa malle.*

Comme M. le Président lui faisait observer que le docteur *Perrève* avait déclaré lui avoir donné beaucoup moins de 200 francs, *Fieschi,* importuné par la contradiction, répondit : *Il peut bien dire qu'il ne m'a rien donné du tout, car ce que j'ai fait pour lui valait bien 600 francs.*

Quant aux dépenses que devaient entraîner ses liaisons avec les jeunes femmes qu'il fréquentait, il prétendit n'avoir gardé *Agarithe* chez lui que quelques jours, et ne lui avoir rien donné. La fille *Nina* ne recevait jamais de lui plus de cinq francs à la fois, et venait seulement dîner chez lui une fois par semaine.

Pour l'achat et les frais de construction de la machine, il a assuré n'y avoir employé que son propre argent; il venait cependant de laisser entrevoir que *Morey* et *Pepin* lui avaient avancé quelques fonds; et en reconnaissant l'existence de ce carnet enfermé dans sa malle, qu'on n'y avait plus retrouvé et que la fille *Nina* assurait avoir été soustrait par *Morey*, il confirmait un fait grave à la charge de ce dernier.

Nous devons rappeler en ce lieu une circonstance dont nous venons de parler, et qui pourrait paraître relative à la somme de 120 ou 130 francs que *Fieschi* prétend lui avoir été remise par *Pepin*, et dont il sera question plus tard en termes plus explicites. Il résulte d'une déclaration de Laurence *Petit*[1], que vers le mois de mai, dans une entrevue qu'elle eut avec *Fieschi* chez la dame veuve *Micoulot*, celui-ci aurait offert de lui faire prêter par un de ses amis une somme de 200 francs; et il ressort d'une question adressée à *Fieschi* par *Pepin*, pendant l'une de leurs dernières confrontations, que *Fieschi* aurait demandé à *Pepin* d'avancer 200 francs à sa femme, qui était inquiétée pour le payement de son loyer et pour d'autres dettes.

Fieschi aurait-il mis *Pepin* à contribution sous ce prétexte? *Pepin* aurait-il cru ne rendre à son protégé qu'un service d'ami en lui remettant une somme qui devait l'aider à se réconcilier avec sa femme? C'est un doute que nous avons dû proposer à vos consciences, et que vous serez plus à portée de résoudre lorsque vous connaîtrez la procédure tout entière.

[1] Interrogatoire de la femme *Petit*, 4 août.

La partie de l'interrogatoire de *Fieschi* relative à *Morey* et à *Pepin* est plus concluante. Il avoua que *Morey* l'avait accompagné, comme *son oncle*, quand il était allé louer son appartement; mais il affirma qu'il avait payé lui-même son loyer sans l'assistance de *Morey*. Leurs relations remontent à l'année 1830 : ils habitaient alors le même quartier. Depuis l'époque où *Fieschi* était poursuivi et durant l'espace de deux mois, il a trouvé fréquemment chez *Morey* un asile pour la nuit. *Morey* est venu le voir quelquefois dans son logement du boulevart du Temple, mais *il n'a jamais rien su de mes affaires*, s'est empressé d'ajouter *Fieschi*. Vous verrez plus tard quel fond il fallait faire sur cette assertion; néanmoins *Fieschi* est convenu qu'il avait bu de la bière avec *Morey*, le lundi 27, sur le boulevart, sous une tente, entre la *Gaîté* et *Franconi*. Cet aveu remarquable confirmait en ce point la déclaration si importante de la fille *Nina*.

Dans le temps où il couchait tantôt d'un côté, tantôt d'un autre, depuis qu'il était poursuivi, et avant le 8 mars, époque à dater de laquelle il a eu un domicile certain, *Fieschi* avait passé trois ou quatre nuits chez *Pepin*. M. le Président lui ayant demandé si l'argent qu'il avait reçu de celui-ci ne lui avait pas servi à acheter les canons de fusil de la machine, il fit cette réponse remarquable : *Il n'y en avait pas assez, j'ai fourni le reste; le tout a coûté 150 et quelques francs. Quand je lui ai emprunté cet argent, je lui ai dit d'être assez discret pour ne pas me demander ce que j'en voulais faire.* Cependant, comme il voulait absolument en connaître l'emploi, *pour m'en débarrasser, je lui ai dit que c'était pour armer des Corses, afin que s'il arrivait quelque chose nous fussions tous ensemble.* *Fieschi* a d'ailleurs prétendu que s'il prenait de temps à autre quelque marchandise à crédit dans le magasin de *Pepin*, il payait quand il y retournait, et qu'il ne le voyait pas *très-souvent*, parce que ce n'était pas *trop son affaire d'aller chez lui.* Il est convenu cependant y avoir dîné, une fois, avec trois personnes *marquantes*, dont on ne lui fit connaître qu'une seule, qui se nommait *Recurt*, et qui était un *accusé d'avril;* il y avait aussi un *député*, *président d'un tribunal du Nord*, et un *avocat. Le député était de l'opposition, mais pas très-exalté. Fieschi* reconnaissait avoir vu *Pepin* une huitaine de jours avant l'attentat. M. le Président ayant fait observer à *Fieschi* que sa liaison avec *Pepin* devait être bien plus intime qu'il n'en convenait, puisque la fille Nina avait déclaré que *Morey* ou lui s'étaient engagés à prendre soin d'elle, en cas qu'il arrivât malheur à *Fieschi*, il répondit avec quelque impatience : *Je ne puis répondre que de ce que je dis; ce que les autres disent ne me regarde pas; on vous a trompé; s'il m'était arrivé malheur, la petite aurait eu à gagner sa vie comme tant d'autres, et ce n'est pas ce qu'on aurait pu me dire ou me promettre là-dessus qui m'aurait tranquillisé; elle s'apercevra bien de ma perte quand je n'y serai plus*[1].

Le dîner dont il est ici question est devenu l'objet d'une information spéciale. Nous aurons l'honneur de vous en rendre compte lorsque nous serons parvenus à cette partie de la procédure qui concerne *Pepin*, car elle roule sur un fait qui, ne pouvant constituer une charge contre *Fieschi*, n'a d'importance que pour établir les relations, coupables ou non, qui existaient entre *Pepin* et lui.

[1] Interrogatoire de *Fieschi*, 17 août.

Les interrogatoires de *Fieschi* prenaient beaucoup de temps; il s'y montrait prolixe, causeur; il était évident qu'il cherchait souvent à éluder les questions posées, par des divagations. Il fallait éviter de le fatiguer; mais il était urgent de suivre sans délai le fil qu'il avait remis aux mains de M. *Lavocat*, et de l'amener à des révélations franches et complètes. Occupé de ce soin, M. le Président continuait à l'examiner chaque jour.

Le 18 août, il l'interrogea de nouveau sur ses relations avec *Morey*. Il fallait s'assurer du degré de confiance que méritait la fille *Lassave*, et contrôler ses assertions par le témoignage de *Fieschi*. Il avoua que le lundi 27, ainsi que la fille *Lassave* l'avait déclaré, il avait quitté *Morey* sur le boulevart, pour aller parler à la jeune fille. M. le Président lui ayant demandé si la fille *Lassave* était allée chez lui le dimanche matin, il répondit: *Elle est venue, je crois, vers une heure, si elle est venue.* Comme on lui fit remarquer qu'elle affirmait elle-même y être allée, il répliqua : *Si elle le dit, cela est vrai; car elle ne ment pas:* paroles remarquables qu'il importe de retenir, et par lesquelles il s'était engagé plus qu'il ne pensait. En effet, quand M. le Président lui eut demandé s'il n'avait pas brûlé, le lundi 27 juillet, une assez grande quantité de papiers par le conseil de *Morey*, il reconnut avoir brûlé des papiers, entre autres les lettres de *Janot;* mais il se récria sur la part que l'on supposait que *Morey* aurait prise à sa détermination. *Je lui en revendrais à Morey,* s'écria-t-il, *si cela était nécessaire; je n'avais pas besoin de ses conseils.* Mais sur ce qu'on lui fit observer que c'était *Nina* qui avait déposé de ce fait et qui avait dit le tenir de *Morey* lui-même, il répondit : *Cela m'étonnerait que Nina fît un mensonge; il est possible que Morey lui ait dit cela, mais Morey ne m'a pas donné à moi* ce *conseil dont vous me parlez.*

On voyait clairement que *Fieschi* persistait à vouloir compromettre *Morey* le moins qu'il lui serait possible. C'est sans doute dans cette vue qu'il soutint que lorsqu'il avait porté sa malle chez *Nolland,* il n'avait point parlé de *Morey,* et qu'il avait recommandé seulement qu'on ne la rendît qu'à *la petite,* s'il ne venait pas la reprendre en personne. Il ajouta que si *Nolland* affirmait le contraire, *il disait ce que lui, Fieschi, ne lui avait pas dit.*

Selon une déclaration de la fille Nina[1], *Morey* aurait raconté que, le mardi 28 juillet, il avait rencontré près des greniers d'abondance, sur le boulevart Bourdon, à onze heures du matin, *Fieschi* qui revenait de porter sa malle, et qu'il lui avait dit : *Comment, vous êtes encore là?* A quoi *Fieschi* aurait répondu : *On ne bat pas encore* (le tambour), *j'ai le temps d'arriver chez moi. Fieschi* a complétement nié le fait. En revenant de la demeure de *Nolland,* il n'a point passé devant les greniers d'abondance, ce n'était point son chemin; mais à ce propos, il a dit d'abord que *Morey* et lui s'étaient promis, le lundi 27, de dîner ensemble le mardi, hors la barrière de Montreuil, et il a fini par avouer que *Morey* avait promis de l'attendre, après l'attentat, rue Basse-du-Temple, et qu'ils devaient fuir ensemble *vers la barrière de Montreuil ou de Charonne, celle des deux qui se trouve la plus voisine de la barrière du Trône, et où ils avaient déjeuné ensemble huit jours auparavant;* circonstance notable, et que nous retrouverons plus tard. Comme M. le Président lui demandait si, au moment où ils étaient ainsi con-

[1] Interrogatoire de la fille Nina *Lassave*, 7 août.

venus de leurs faits, *Morey* n'avait pas dit : *Nous f..... le feu aux barrières et dans la banlieue, nous briserons les télégraphes, et nous verrons. Fieschi* se contenta de répondre : *Le père Morey aurait peut-être fait comme les autres; il n'aurait pas été plus délicat qu'eux.*

Il a reconnu l'exactitude du récit de *Bury* en ce qui concernait l'achat des canons de fusil, et il est convenu en avoir montré la facture à *Morey*. Interrogé sur ce qu'il avait fait du pistolet qu'il avait reçu de *Bury* lors de l'achat des canons de fusil, il a déclaré que *Boireau* lui ayant dit qu'*il n'avait pas d'armes*, il le lui avait donné sur le boulevart, près de son logis. M. le Président lui ayant fait observer qu'il résultait de ses paroles que *Boireau pouvait avoir bientôt besoin d'armes pour se battre*, il a répondu : *Cela est bien possible; et puis les jeunes gens aiment à avoir des armes, quand ce ne serait que pour faire les fanfarons.*

Il a persisté à nier, avec protestation, qu'aucun homme fût entré dans sa chambre après que la machine avait été montée; il a déclaré avoir travaillé chez un armurier nommé *Dugène*, demeurant à la Gare, et avoir percé lui-même, avec un foret qu'il avait chez lui, la lumière de trois ou quatre des canons de fusil qu'il avait achetés. *En effet*, a-t-il ajouté, *je suis assez hardi, et j'ai la prétention comme cela de faire tout ce que je veux.*

M. le Président, voulant éclaircir une circonstance importante que nous avons signalée au commencement de ce rapport, a adressé à *Fieschi* les questions suivantes : *N'aviez-vous pas un portrait du duc de Bordeaux dans votre chambre?* il a répondu : *Oui, je ne l'aime pas beaucoup, mais je ne lui veux pas de mal. — Pourquoi aviez-vous ce portrait? — Je l'avais depuis deux ou trois jours ; je me disais que si on ne me prenait pas, on dirait que c'était un carliste qui avait fait le coup.—*

Combien aviez-vous acheté ce portrait? — Quinze sous. — Où l'aviez-vous acheté? — Rue du Petit-Reposoir, chez un marchand d'estampes. Ces faits ont été vérifiés : le portrait avait en effet été acheté par *Fieschi*, chez le sieur *Troude*, marchand d'estampes, demeurant au lieu indiqué. L'adresse imprimée de *Troude* ainsi qu'une lettre insignifiante qui lui était adressée et qui servait probablement d'enveloppe à la gravure, ont été trouvées, malheureusement pour lui, dans la chambre de *Fieschi*, car cette circonstance a motivé l'arrestation de ce marchand.

Ainsi s'explique la présence, dans la chambre de *Fieschi*, de cette lithographie du duc de *Bordeaux*, qu'on aurait pu prendre un instant pour le signe caractéristique de ses opinions politiques et comme une indication du parti qui aurait exploité l'énergie, de son caractère et les résolutions de son désespoir, si la dissimulation, et une dissimulation profonde, n'était pas là condition nécessaire de ces conspirations détestables dont l'assassinat est le moyen, et si ceux qui les ourdissent dans l'ombre, loin de laisser le crime arborer les enseignes de la faction à laquelle ils appartiennent, ne se réservaient toujours la lâche et hypocrite ressource d'en désavouer les auteurs.

Cependant il était facile de voir que *Fieschi* prétendait compenser les dénégations dans lesquelles il persistait, en étendant le cercle de ses révélations hors des limites de son attentat : soit qu'il s'efforçât d'atténuer l'horreur qu'inspirait son crime en cherchant à se rendre utile, soit qu'il prétendît donner le change à M. le Président et détourner son attention du véritable objet de ses recherches.

On ne peut expliquer que de cette manière la longue et parasite histoire d'un Hongrois nommé *Krawski*, et de sa maîtresse nommée *Victoire*, qu'il est venu mêler à la sienne.

Il avait connu ce *Krawski* en Italie; il le rencontra à Paris en 1830, et continua à le fréquenter. En 1831, il le voyait nager dans l'or et l'argent, et il apprit, en le grisant, qu'il servait à la fois la préfecture de police, occupée par M. *Baude;* la préfecture de la Seine, qui l'était par M. *Odillon-Barrot;* l'ambassade d'Autriche et celle de Sardaigne. *Krawski* offrit à *Fieschi* de partager ses profits en rendant les mêmes services. *Fieschi* lui répondit fièrement qu'il préférait moins de richesse et plus d'indépendance. Cependant *Krawski* partit bientôt pour l'Italie : il disait avoir reçu la mission d'aller surveiller les mouvements de la duchesse *de Berry;* mais il finit par s'arranger avec les agents de cette princesse, et il écrivit à sa maîtresse qu'il était en état de se moquer du gouvernement de Louis-Philippe. Avant son départ, il disait à *Fieschi: Tu crèveras toujours de faim avec ton patriotisme ; moi, je sers pour de l'argent. Fieschi* lui répondait: *Toi, tu fais comme les confiseurs, qui vendent des dragées à tous les baptêmes; moi, je ne sers qu'un parti.* Comme il était dans la confidence de Victoire et des trahisons de son mari, le patriotisme de *Fieschi* inspira son adresse, et il parvint à enlever du secrétaire de la prétendue baronne *de Krawski* les lettres qu'elle recevait d'Italie. Il en retint des copies, et il assure en avoir parlé à M. *Caunes*, à M. *Lavocat* et au général *Franceschetti.* Il remit ces copies de lettres à un employé de la préfecture de police, pour les faire parvenir à M. *Vivien*, qui avait alors succédé à M. *Baude*, et auquel il aurait bien voulu les montrer lui-même. Depuis, il n'a plus revu *Krawski;* il sait seulement que ce Hongrois a été arrêté, au mois de mai dernier, à Chaillot, avec cinq ou six Polonais, et sur-le-champ remis en liberté.

A cette occasion, *Fieschi* a déclaré qu'on lui avait proposé, un mois ou un mois et demi avant l'arrestation de la duchesse *de Berry*, et pendant que cette princesse était en Bretagne, de lui donner *cent mille francs, et dix mille francs* pour ses frais, s'il voulait se charger d'aller l'arrêter. Il prétend avoir refusé en répondant : *Je suis fatigué; si elle arrivait ici, je me battrais avec vous autres, mais voilà tout.*

On a cherché à vérifier ce qu'il pouvait y avoir de réel dans cette déclaration de *Fieschi* touchant *Krawski*. Les témoignages de Laurence *Petit*, de *Julien*, de *Chauvin*, confirment ce qu'a dit *Fieschi* sur les lettres dont il s'était emparé, et établissent les efforts infructueux qu'il a faits pour être admis à les présenter à M. *Vivien*.

Il convient de dire, à cette occasion, que plusieurs personnes avaient supposé, à cause des opinions légitimistes qu'elles prêtaient à Laurence *Petit*, que *Fieschi* devait être dévoué au parti qui professe ces opinions. Rien n'est moins établi que le dévouement de Laurence *Petit* au parti légitimiste, malgré ce que *Fieschi* avait voulu faire entendre lui-même à M. *Lavocat*. *Il n'y a que de sots propos* tenus par elle (c'est ainsi que les qualifie le témoin qui les rapporte) qui viennent à l'appui de cette supposition, et, comme le remarque encore ce témoin, ils étaient tenus par une femme très-bavarde et très-vaniteuse, qui pouvait bien faire des contes pour avoir l'occasion de parler d'elle[1]. C'est ainsi qu'on lui entendait dire : qu'un grand personnage ayant été surpris par la pluie, lui, ses domestiques et ses chevaux, dans la rue de Buffon, près de la porte qu'elle gardait, elle leur avait procuré un abri. Ce grand personnage, reconnaissant d'un service aussi

[1] Dépositions de la femme *Dubief*, 13 août; de la femme *Delgoff*, 12 août; de *Dubief*, 12 août.

signalé, se serait hâté de confier à Laurence *Petit* le secret de sa fuite; il l'aurait complaisamment informée qu'il quittait Paris clandestinement, pour éviter les recherches de la police, et qu'il se rendait en Vendée; il lui aurait promis sa protection et des récompenses.

On trouve ailleurs un témoin qui déclare que les opinions républicaines de Laurence *Petit* étaient encore plus exaltées que celles de son prétendu mari; on lit dans une autre déposition, qu'à la suite des attentats commis à Lyon, en avril 1834, elle s'était vivement prononcée en faveur des rebelles.

Il est constant, par ses propres aveux, que si elle a reçu des secours et de l'argent de diverses personnes attachées à l'ancienne dynastie, et entre autres de M. *Peyrecave*, elle en a également sollicité et reçu de M. *Voyer-d'Argenson:* enfin son ami *Bourseaux* est venu spontanément demander à être entendu une seconde fois, uniquement pour déclarer que Laurence *Petit* n'était point légitimiste.

Fieschi [1] fut enfin amené à reconnaître qu'il s'était logé boulevart du Temple, dans l'appartement qu'il y occupait, avec l'intention de commettre l'attentat. *Que voulez-vous?* a-t-il dit, *ç'a été mon tombeau.* Il convint qu'il avait hésité entre le projet qu'il a exécuté et celui d'aposter un certain nombre de Corses ou d'autres, qui auraient tiré sur le Roi. Mais il pensa qu'il trouverait difficilement un nombre suffisant d'hommes *discrets* et *courageux;* il préféra sa machine, et il fut assez *injuste ou* assez *inconstant*, c'est toujours lui qui parle, pour ne se fier à personne.

Il a déclaré que, le lundi 27 juillet, après avoir quitté *Morey*, il avait rôdé d'un côté et d'autre, cherchant une

[1] Interrogatoire de *Fieschi*, 19 août.

distraction ou *une âme charitable* qui eût de l'empire sur lui. *Je ne l'ai pas rencontrée,* a-t-il dit avec l'accent du regret.

Le 28 au matin, avant de faire le coup, sa préoccupation, ou, comme il parle lui-même, son embarras continuait. Il était allé de très-bonne heure chez son compatriote *Sorba,* qui demeurait rue Meslay, et ils sortirent ensemble. Il lui proposa de venir lui servir de second dans un duel. Était-ce *dans son crime,* qu'il aurait voulu dire? Ce fait n'a pas été avoué d'abord par *Fieschi;* il le repoussait en disant: *Je n'aime pas les duels, parce que, quand je me bats, je suis sûr de réussir.* Deux jours après, *Fieschi* a complété cette explication en ces termes : *A vous dire vrai, j'avais quelque envie de confier mon affaire à* Sorba, *peut-être pour m'en détourner. Sa figure trop jeune m'en a empêché; et puis, je ne le connaissais pas à fond. Je me serais plus facilement ouvert à* Sorba *qu'à* Morey *ou à tout autre, parce qu'il était mon compatriote. Je savais d'ailleurs qu'il n'était pas un lâche, puisque j'avais été avec lui témoin dans un duel entre* Giacobbi, *l'avocat, et un jeune Américain, condamné à trois ans pour les affaires des* Amis du Peuple, *et qui avait pour témoins* Plagniol *et* Desjardins[1]. — *Toutefois je me disais : Fieschi, est-ce que tu seras un lâche? Et le courage l'a emporté sur tout le reste.*

Triste et mémorable exemple des funestes effets que peut produire le renversement de toutes les notions morales! *Fieschi* donne le nom de *courage* à son endurcissement dans le crime; il rejette les salutaires inspirations du repentir, comme il aurait pu faire les lâches suggestions de la peur. On voit clairement qu'à ses yeux

[1] Interrogatoire de *Fieschi*, 21 août.

c'est la persévérance dans les résolutions arrêtées, bonnes ou mauvaises, qui constitue la vertu.

Cependant une circonstance imprévue faillit triompher de sa résolution : il aperçut M. *Panis* qui parlait à M. *Lavocat;* il y avait onze mois qu'il n'avait aperçu ce dernier. A son aspect, une émotion si vive s'empara de l'âme de *Fieschi,* que sa vue se troubla, et dans son trouble il baissa la machine de quatre ou cinq pouces. — *Si M.* Lavocat *était resté là,* a-t-il ajouté, *je n'aurais rien fait. Je voulais descendre, le faire monter chez moi, lui tout montrer, me jeter à ses pieds, lui dire que j'étais un malheureux et qu'il me fît expatrier; mais sa légion changea de place; mon mauvais destin l'a emporté; j'étais comme un désespéré.* Alors, il prit un tison dans sa cheminée et il mit le feu à la machine par le milieu. Il ne s'est pas souvenu d'avoir allumé une chandelle chez un voisin pour faire son feu; il ne le croit pas, parce qu'il avait un briquet phosphorique chez lui.

Pressé de nouveau de déclarer ses complices, il a répondu ces paroles remarquables: *J'ai dit à M.* Lavocat *des choses passées, je lui ai nommé des gens qui sont des traîtres; qui ont pris l'argent du parti carliste en le jouant, et qui ont fait travailler les républicains ; je l'ai autorisé à donner ces renseignements au Gouvernement, non pour me sauver, je ne l'espère pas, mon affaire est trop grave, mais pour être utile. Il y a des lâches qui, à ma place, se seraient détruits ; mais quand un homme a fait une faute, il doit un exemple, et je dois donner un grand exemple sur l'échafaud. Si j'avais été avide d'argent, je me serais adressé aux ennemis du Gouvernement; mais je n'ai jamais rien voulu faire pour de l'argent; en tout pays j'étais sûr de vivre en travaillant.*

Il devenait évident qu'il ne pouvait plus nier ses relations avec *Pepin* d'une manière absolue; il a été forcé de convenir qu'il avait fait porter chez ce dernier les vêtements et la chaussure que le docteur *Perrève* avait commandés pour lui, et que c'était le père *Morey* qui l'avait introduit chez *Pepin* pendant que lui, *Fieschi*, travaillait chez *Lesage*, près de la barrière du Trône. Il a ajouté que la boutique de l'épicier se trouvant sur son chemin, il y entrait quelquefois pour prendre un petit verre d'eau-de-vie; mais *Pepin* n'était pas plus son homme de confiance que les autres, et voici la raison qu'il en donnait: *J'avais adopté un système téméraire, qui était de n'avoir que des connaissances et pas d'amis; je ne me confiais à personne; si j'avais été aussi sage que discret, vous ne m'interrogeriez pas.*

Il y avait évidemment progrès dans ses aveux relativement à *Pepin*. Il avait dit d'abord qu'il ne le voyait pas très-souvent, parce que ce n'était *pas son affaire d'aller chez lui*. Il reconnaissait maintenant qu'il y venait quelquefois. En ce qui concerne *Morey*, il persistait à nier qu'il lui eût confié son projet. *Si cela était, je vous le dirais*, ajoutait-il. *Morey d'ailleurs s'enfonce assez lui-même, à ce qu'il paraît. Je lui ai dit que je voulais faire monter les canons. Voilà tout.*

Cependant, il ne pouvait contester qu'il eût donné un rendez-vous à *Morey* pour le 28 juillet, à une heure; mais il chicanait sur le lieu. Il prétendait que c'était à la barrière qu'ils devaient se rejoindre, et non dans la rue Basse-du-Temple, où *Morey* avait été, en effet, aperçu à l'heure indiquée. Il prétendait que ç'aurait été un *vilain rendez-vous*; qu'il avait les jambes plus dégourdies que *Morey*, et qu'il n'avait pas besoin de lui pour se sauver.

Il a déclaré avoir acheté au marché du Temple, dans une boutique qu'il a indiquée, la malle qui a servi au transport des canons de fusil; il l'a payée 12 ou 13 francs; elle lui fut livrée en donnant 20 sous d'arrhes. C'est Morey qui lui en avait remis le prix. Il la fit porter chez *Bury* par un commissionnaire, qui reçut 15 sous pour sa commission. Il a également déclaré que, lorsqu'elle avait été remise à *Nolland*, elle contenait trois volumes de *la Police dévoilée*, par *MM. Delaveau et Froment*, et un volume intitulé *de la Femme*, par *Virey*, le tout bien relié; et enfin un petit carnet, couvert en carton, qui contenait une ou deux adresses, celle d'Annette *Bocquin* et d'une marchande chez laquelle *Fieschi* espérait la placer; diverses notes de dépenses, peut-être celle des canons de fusil et du bois qui avaient servi à la confection de la machine; à coup sûr, celle du loyer de l'appartement, et peut-être encore la note de l'argent payé au tailleur *Fournier* par le docteur *Perrève*.

Nous reviendrons plus tard sur ces indications qui avaient besoin d'être vérifiées et éclaircies. Nous avons eu l'honneur de vous rendre compte de l'enquête laborieuse et difficile qui a fait enfin découvrir le marchand qui avait vendu la malle à *Fieschi*, et, sous ce rapport, sa déclaration a été reconnue parfaitement exacte.

Quant au carnet, nous vous avons appris plus haut comment *Morey* s'en était emparé en le retirant de la malle de *Fieschi*. Vous vous rappelez la proposition faite par la fille *Lassave* d'en déchirer les feuillets écrits, et cette réponse de *Morey* : *Il n'y a pas moyen; il a écrit partout, jusque sur le dos, je l'emporte : je m'en débarrasserai*. Le 24 août, ce carnet fut retrouvé dans les lieux d'aisances de la maison habitée par *Morey*, rue Saint-Victor, n° 23. Les procédés de la chimie moderne ont permis de le désinfecter et de le laver sans en faire disparaître ce que *Fieschi* y avait écrit, soit à la plume, soit au crayon; c'est une des pièces du procès. Ce carnet fut représenté à *Fieschi,* qui l'a reconnu : il contenait des renseignements sur les voitures dites *Omnibus*, quelques adresses sans noms propres, quelques noms propres sans adresses, la note de divers objets mobiliers, des chiffres paraissant indiquer des sommes reçues et dépensées, enfin une phrase écrite à demi-mots, qui semblait vouloir dire: *Le mois de juillet effrayera la France.* On y a trouvé, comme la fille *Lassave* l'avait annoncé, un article conçu en ces termes: *Bua, 13 fr. 23 cent.*

Fieschi n'a pu expliquer les divers articles inscrits sur son carnet qu'après de longues méditations.

Les indications des sommes dépensées se rapportaient assez bien au payement des divers demi-termes de son loyer, au prix des pièces de bois qu'il avait achetées pour la confection de sa machine, au prix de main-d'œuvre pour la façon de ces pièces de bois, enfin au prix de la malle dans laquelle les canons de fusil avaient été transportés. La difficulté consistait à rendre compte des recettes. On y voyait plusieurs fois répétée une somme de 218 fr. 50 cent. : on a retrouvé la signification certaine de ces chiffres dans une des dernières confrontations de *Fieschi* et de *Pepin,* ainsi que nous aurons occasion de l'expliquer plus tard.

Mais, entre plusieurs petites sommes qui pouvaient exprimer différents secours reçus de *Pepin* par *Fieschi,* à diverses époques, se trouvaient dans le carnet d'abord une somme de 4,750, 40 et puis une autre somme de 21850 18. 50. *Fieschi* ne pouvait en trouver la signification qu'en les décomposant en plusieurs nombres; car il a toujours soutenu, et il soutient encore qu'il n'a jamais reçu que 500 fr. ou 525 fr. environ.

Il a fait observer, en dernier lieu, qu'il a porté plusieurs fois les mêmes articles en recette, comme les mêmes articles en dépense, ce qui a occasionné dans son carnet de fréquents doubles emplois. Il paraît que cette répétition des mêmes choses était pour lui une habitude; car on trouve l'état de son indigent mobilier recopié deux fois sur ce petit registre.

Les adresses inscrites sur ce carnet ont été reconnues tout à fait insignifiantes; on a entendu diverses personnes qu'elles semblaient indiquer, et on s'est convaincu que ces personnes n'avaient eu aucune relation avec *Fieschi.*

Quant à la phrase mutilée, *Fieschi* a dit avec franchise qu'il ne se rappelait pas de l'avoir écrite, mais que, puisqu'il *avait fait la chose*, c'est-à-dire puisqu'il avait commis le crime, il avait bien pu écrire une phrase qui semblait le prophétiser.

Un *fac simile* de ce carnet, accompagné des explications qu'en a données *Fieschi* lui-même, sera joint au présent rapport.

Après l'avoir interrogé sur un grand nombre d'individus signalés pour avoir été connus de lui, à l'égard desquels il a fait des réponses catégoriques, et qui démontrent évidemment que ces individus sont complétement étrangers à l'attentat, M. le Président a été naturellement conduit à lui faire remarquer qu'ayant connu beaucoup d'ennemis du Gouvernement, on devait croire qu'il avait instruit de ses projets quelques-uns d'entre eux; il a répondu : *Mon Dieu, non. Je me serais bien donné de garde de leur rien dire; c'étaient des gens qui voulaient avoir l'air de tout faire et qui n'étaient bons qu'à faire des crédits dans les cabarets: c'étaient des hommes corrompus, à corrompre les filles, les femmes, les onze mille vierges; ce sont des ennemis de tout gouvernement, disposés à aller dans toutes les émeutes, mais incapables de conduite et de secret.*

Fieschi[1], comme vous le voyez, Messieurs, en disait assez pour que les indices qui existaient contre *Boireau*, *Morey* et *Pépin* conservassent toute leur gravité, et que ses dénégations, quelque absolues qu'elles fussent, ne détruisissent point l'impression profonde que devaient faire les sérieuses apparences de culpabilité ou de complicité qui étaient à leur charge.

Dans le plus prochain interrogatoire qu'il lui fit subir, M. le Président crut devoir présenter à *Fieschi* le résumé de ces indices, afin de le mettre à portée de les discuter avec précision. Il fallait nécessairement que *Fieschi* les détruisît par ses explications ou qu'il les confirmât par ses aveux.—Vous allez voir avec quelle adresse et quelle constance il cherchait encore à les éluder : « *Boi-*
« *reau*, lui dit M. le Président, vivait avec vous dans une
« grande intimité, puisque vous alliez coucher chez lui,
« et que, de votre aveu, il est venu plusieurs fois vous cher-
« cher dans votre domicile (ou près de votre domicile).
« Cela est, en outre, prouvé par le don que vous lui avez
« fait d'un pistolet. *Boireau* savait que l'attentat devait
« être commis; il avait annoncé, la veille, le lieu où il
« le serait, et par quel moyen. De plus, au moment où
« l'attentat a été commis, il se tenait dans le voisinage; il
« convient même que vous lui avez dit *qu'il fallait que*
« *les patriotes se tinssent prêts :* que pouvez-vous dire
« pour nier sa participation à l'attentat? »

Fieschi s'est contenté de répondre qu'il avait fait connaissance avec *Boireau* au mois de décembre 1834; qu'à cette époque, quand *Boireau* ne savait où aller dîner, il venait manger à la table de *Fieschi*, c'est-à-dire à celle où dînaient les pensionnaires de Laurence

[1] Interrogatoire de *Fieschi*, 21 août.

Petit; que depuis ce temps-là il l'avait assez pratiqué pour s'être aperçu que c'était une tête *chaude*, aussi *ivrogne* qu'il était *jeune*; qu'il n'était capable de prendre un fusil que quand il était *soûl*, et qu'on savait par expérience qu'*homme de vin, homme de rien*; qu'il n'avait donc jamais rien confié à *Boireau*; et que ce jeune homme, quoi que pussent dire des *témoins menteurs*, n'était point venu *chez lui*, *ni aucun autre*, dans la nuit du 27 au 28 juillet. Vous verrez plus tard, Messieurs, quel fond on pouvait faire sur une dénégation aussi positive. *Fieschi* a donné en preuve de ses assertions le récit d'une soirée qu'il avait passée au café des Sept-Billards, avec *Boireau* et *Maurice*, officier au 54e régiment de ligne, détenu depuis à Sainte-Pélagie pendant dix mois.

M. le Président a fait alors observer à *Fieschi* deux circonstances remarquables : d'abord, on n'avait pas trouvé dans sa chambre le foret qui avait dû servir à percer la lumière des trois canons de fusil qui n'en avaient pas; ensuite *Boireau* était sorti du magasin de son maître le dimanche 26 juillet, emportant un foret et la plaque en bois nécessaire pour s'en servir; il a représenté à *Fieschi* qu'il résultait de ces deux circonstances une grande probabilité que c'était *Boireau* qui lui avait fourni le foret nécessaire à son opération. *Fieschi* a répondu qu'il s'était servi d'un foret qu'il avait acheté chez un ferrailleur, dans une rue qui est entre la rue Saint-Louis et la rue Charlot, et d'une plaque en bois de chêne qui lui appartenait, et qui devait avoir été trouvée chez lui; enfin, que si le foret n'y avait pas été saisi, c'est qu'après l'avoir brisé, ainsi que son archet, il avait jeté le tout dans les lieux d'aisances.

Les indices qui inculpaient *Morey* furent exposés en ces termes : « Votre intimité avec *Morey* était encore « plus grande, puisque pendant deux mois vous avez « couché chez lui; puisque vous lui avez montré la « facture des canons de fusil que vous aviez achetés, « dans le but, vous en êtes convenu, d'obtenir de lui, au « moyen de cette facture un peu enflée, un peu plus d'ar- « gent; il vous en fournissait donc, et dans le but de « l'attentat? De plus, *Morey* s'est vanté d'avoir chargé « une partie des canons de fusil. Il vous attendait rue « des Fossés-du-Temple, au moment même où vous « commettiez l'attentat; il était là de votre consentement, « vous en êtes convenu une fois; et si vous avez depuis « cherché à atténuer cet aveu, en disant que vous n'aviez « pas la certitude de ne lui avoir donné rendez-vous « qu'à la barrière de Montreuil, vous n'en avez point « détruit l'effet, puisque votre intelligence avec lui et « sa complicité dépendent bien moins du lieu du ren- « dez-vous que du rendez-vous même. »

Fieschi ne répondit à des arguments si pressants que par des défaites qui équivalaient en partie à des aveux : il croyait bien avoir donné rendez-vous à *Morey*, rue des Fossés-du-Temple; mais ceux qui l'y avaient vu, l'avaient vu avant le passage du Roi : il n'avait rien confié à *Morey ;* si *Morey* se vantait d'avoir chargé quelques canons de fusil, il en *avait menti. D'ailleurs*, ajoutait-il en ricanant, *s'il le veut, je lui céderai bien volontiers ma place, et je lui dirai comme ce condamné auquel un prêtre disait qu'il était bien heureux d'aller voir les anges : Si vous voulez y aller, je vous donne ma place.*

Quant à *Pepin*, M. le Président a fait remarquer à *Fieschi* qu'après avoir été introduit par *Morey* dans la maison de ce nouvel ami, il y avait été caché, et qu'il prenait à crédit dans son magasin tout ce qui lui était nécessaire. C'était là qu'il avait fait déposer les vêtements que lui avait donnés le docteur *Perrève*; c'était *Pepin* qui avait remis à *Fieschi* les 130 francs qui lui avaient servi à acheter les canons de fusil; et *Fieschi* était convenu lui-même que c'était dans l'intention de lui en montrer la facture ainsi qu'à *Morey*, et de tirer par ce moyen un peu plus d'argent de l'un et de l'autre, qu'il y avait fait insérer un prix au-dessus du prix véritable. Il était impossible de n'en pas conclure que *Pepin*, comme *Morey*, était dans la confidence de l'achat des canons de fusil. *Fieschi* ne fit que répéter ce qu'il avait déjà dit : il n'avait connu *Pepin* que trois ou quatre mois avant l'événement, et il lui avait fait un conte plutôt que de lui confier la véritable destination de l'argent qu'il lui avait demandé.

Fieschi déclara incidemment qu'il n'avait employé que vingt-quatre des vingt-cinq canons de fusil qu'il avait achetés chez *Bury*, et qu'il avait laissé le vingt-cinquième dans un *placard* près de la cheminée. Sa déclaration, ainsi que vous le savez déjà, est conforme à la vérité. Il a dit également, et l'instruction l'a prouvé, qu'il avait barricadé les portes de son logement; mais ce qui paraîtra plus extraordinaire, c'est qu'il ne se souvient plus de quelle manière il en est sorti; il ne croyait point être descendu par la fenêtre, et quand il ne lui a plus été permis d'en douter, il a répondu : *J'avais reçu un tel atout, qu'il y a de quoi oublier. Si les gardes municipaux ont dit cela, ils n'ont point d'intérêt à mentir*[1].

L'enquête la plus scrupuleuse a eu lieu chez tous

[1] Interrogatoire de *Fieschi*, 21 août.

les marchands de vieux fers qui se trouvent dans les rues adjacentes aux rues Saint-Louis et Charlot. Aucun n'a vendu de foret vers l'époque indiquée. La fosse des lieux d'aisances de la maison qu'habitait *Fieschi* a été vidée[1], on y a trouvé un foret brisé et en mauvais état; mais la mèche de ce foret rapprochée de la lumière des canons de fusil qu'elle aurait dû percer ne s'y rapportant pas, il a été démontré que ce n'était pas cet instrument qui avait servi à forer les canons de fusil; il est possible qu'il ait été employé à un premier essai, et que *Fieschi* après s'être assuré de son insuffisance, l'ait jeté comme il l'a dit. La suite de l'instruction et des interrogatoires de *Fieschi* vous fera connaître de quel foret il s'est effectivement servi.

A mesure que les dépositions des témoins assignés indiquaient quelques nouvelles circonstances qui pouvaient mettre sur la voie des relations de *Fieschi* avec d'autres personnes, de nouveaux interrogatoires devenaient nécessaires.

Un sieur *Ribeyrolles*[2], piqueur dans les travaux publics, qui avait été employé avec *Fieschi* à l'assainissement de la Bièvre, avait déclaré que le dimanche 26 juillet, vers huit heures et demie du matin, se trouvant au carrefour de la rue Charlot, il avait aperçu *Fieschi*, venant du boulevart du Temple, en compagnie d'un homme d'environ cinquante ans, d'une forte corpulence, d'une taille d'environ cinq pieds deux ou trois pouces, ayant la figure ronde, la barbe et les cheveux bruns. Cet homme était vêtu d'une redingote bleue et d'un chapeau noir. Ce pouvait être *Morey* : on voulut s'en éclaircir, on le demanda à *Fieschi* ; celui-ci dit qu'il ne se souvenait pas

[1] Procès-verbal du commissaire de police *Milliet*, 21 et 22 août.
[2] Déposition de *Ribeyrolles*, 6 août.

précisément du fait, mais que si ce jour-là, à cette heure et dans ce quartier, on l'avait rencontré avec quelqu'un, c'était sûrement avec *Morey*[1]. Que la circonstance dont il s'agit fût vraie ou non, et il paraît qu'elle ne l'était pas, puisque le sieur *Ribeyrolles*, confronté avec *Morey*, ne l'a pas reconnu et a même positivement déclaré que ce n'était pas lui qu'il avait vu avec *Fieschi*, l'aveu de ce dernier n'en dénote pas moins la fréquence de ses rapports avec *Morey*, durant les jours qui ont immédiatement précédé l'attentat.

Une dame veuve *Martineau* avait déclaré[2], le 22 août seulement, que le lundi 27 juillet, vers six heures moins un quart du soir, elle avait vu sur la place Royale trois individus qui causaient près d'un arbre. Elle crut entendre en ce moment qu'ils parlaient de *serments* qu'auraient faits entre elles plusieurs personnes, et du *sort* qui aurait désigné l'une d'elles. Autant qu'elle en put juger, ils se servaient d'une espèce d'*argot;* le plus petit disait : *J'ai la mauvaise chance*, et faisait entendre qu'il risquait tout. Les deux autres lui répondaient : *Tu as ton serment et nous avons les nôtres ; la chose ne peut manquer. L'un d'eux fit observer qu'ils étaient près d'un poste : ils répétaient : Tout est sûr, tout est bien confectionné.* L'un de ces individus pouvait avoir cinq pieds quatre à cinq pouces, de grands yeux bleus, un *nez saillant du milieu*, le teint blond, les cheveux châtains, les épaules voûtées, la poitrine un peu rentrée; il portait un habit noir et un pantalon blanc. Le second était moins grand et d'une grosseur ordinaire; il ôtait souvent son chapeau, et passait sa main dans ses cheveux noirs. Il portait un pantalon bleu et un

[1] Interrogatoire de *Fieschi*, 24 août.
[2] Déposition de la dame veuve *Martineau*, 22 août.

habit râpé et brun. Le troisième était beaucoup plus petit : il avait les cheveux noirs, crépus et relevés sur le devant; le front découvert et bombé, le nez droit, les yeux un peu enfoncés, ainsi que la naissance du nez, le teint un peu brun. Le témoin remarqua celui-ci plus que les autres, parce qu'il avait une mauvaise physionomie, et que c'était celui qui avait dit qu'il avait la *mauvaise chance*. Il proposa aux autres d'aller dîner, en disant que ce serait *la dernière fois*.

La dame veuve *Martineau*, à laquelle on a représenté *Fieschi*, a cru le reconnaître pour le troisième interlocuteur; *Fieschi* a nié absolument le fait : il allait quelquefois rue des Tournelles et rue Royale-Saint-Antoine, mais il ne s'est jamais arrêté sur la place Royale. La dame veuve *Martineau* avait cru reconnaître, parmi les individus qui causaient avec *Fieschi*, un sieur *Piet de Saint-Hubert*, ancien garde du corps du Roi, compromis dans les troubles de la Vendée, qui s'était évadé de Nantes un an auparavant, avec une fille *Rozier*, et qui depuis vivait très-caché, ou ne sortait qu'habillé en *femme*. Rien n'est venu à l'appui de la déposition de la dame veuve *Martineau*, et jamais aucun individu du nom de *Piet de Saint-Hubert*, et auquel pourraient s'appliquer les indications données par cette dame, n'a eu en aucun temps des relations avec *Fieschi*. Il a dit à cette occasion : *Ce sont des phraseurs qui ont dit cela; j'ai eu une vie agitée, mais je n'ai d'ailleurs point eu de chance. Je ne voulais pas qu'on fît de l'argent avec ma tête, et je ne me suis confié à personne.*

Mais à ce propos il a déclaré une circonstance qui tendait à prouver de plus en plus l'intimité de ses rapports avec *Pepin*. *Fieschi*, en se rendant à la manufacture de papiers peints où il travaillait, s'arrêta un jour chez *Pepin* : c'était le matin. Celui-ci lui dit : *J'attends aujourd'hui un grand personnage, le comte ou le baron de Rohan, un parent de Louis-Philippe.* — *Tiens, c'est un carliste*, reprit Fieschi. — *Il fait le républicain, mais je ne me fie pas à lui.*

Pepin informa *Fieschi* que ce *monsieur* était à Paris avec sa femme, et qu'il habitait ordinairement la Suisse. *Fieschi* conçut alors l'idée d'écrire une lettre à M. Gustave *de Damas*, qui était également établi en Suisse, pour lui faire connaître sa position et lui exprimer le désir qu'il avait de sortir de France, où il était poursuivi. Il demanda à *Pepin* s'il ne croyait pas que M. *de Rohan* se chargerait de sa lettre. *Pepin* dit à *Fieschi* qu'il pouvait écrire, mais qu'avant de remettre sa lettre il convenait de sonder le terrain, parce qu'il était possible que M. *de Rohan* ne fût pas bien avec M. *G. de Damas*. Le lendemain, *Fieschi* retourna chez *Pepin*; il vit arriver une voiture de place d'où descendit un *monsieur assez gros*, la tête grise, la figure *assez fraîche*. Un jeune homme l'accompagnait. *Pepin* dit à *Fieschi* : *Monte là-haut*. Il y resta jusqu'après le départ de M. *de Rohan*; alors *Pepin*, sans s'expliquer sur la cause ou l'occasion de la visite qu'il avait reçue, dit à *Fieschi* que M. *de Rohan* connaissait en effet M. *G. de Damas*, mais qu'ils ne se voyaient pas. M. *de Rohan* reprochait à cet officier général, dit *Pepin*, d'avoir *fouillé dans toutes les familles* pour faire une biographie; *je soupçonne*, ajouta-t-il, *que ce personnage y est pour quelque chose*. *Fieschi* supprima sa lettre. *Pepin* raconta à *Fieschi* que M. *de Rohan* lui avait dit : *Louis-Philippe et moi, nous étions amis autrefois; mais depuis la révolution de juillet, j'ai vu que c'était un ambitieux, et nous ne nous voyons plus. Je suis venu à Paris où mes parents me doivent de l'argent ; mais ils me contrarient pour le recevoir : il suffit que je sois républicain.* M. *de Rohan* ne voulut pas donner son adresse à *Pepin*.

Celui-ci, interrogé plus tard sur ce récit de *Fieschi*, a déclaré que le prince *Charles de Rohan* était en effet venu deux fois chez lui, pour le voir, dans le courant du mois d'avril dernier, et ne l'avait rencontré qu'une fois. L'origine et l'histoire de leurs relations était toute simple: *Pepin*, auquel il avait été accordé divers brevets d'invention, en avait, entre autres, obtenu un pour la décortication des légumes secs; il fit annoncer sa découverte dans les journaux. Le prince *de Rohan* lui demanda des produits de sa manufacture, et eut occasion d'en faire placer une certaine quantité en Suisse, où il demeurait. Une correspondance assez amicale s'établit entre eux, à ce sujet. De plus, *Pepin* voulant obliger, il y a environ deux ans, un ancien grenadier au 16e régiment de ligne, le recommanda et l'adressa, en Suisse, au prince *de Rohan*. Ce soldat avait servi dans la garde municipale, et il était obligé de sortir de France, parce qu'il s'était compromis; *Pepin* paya son voyage. La visite du prince *de Rohan* n'était que de pure civilité. Il n'existait entre *Pepin* et lui aucune relation politique.

Au reste, tout ce qu'avait rapporté *Fieschi* au sujet de la lettre destinée à M. *Gustave de Damas*, et des relations de famille du prince *de Rohan*, se trouve confirmé, quoique d'une manière indirecte, par les hésitations, les demi-aveux, et même les demi-dénégations de *Pepin*. Il a prétendu, néanmoins, en parlant de la lettre, *qu'il ne savait pas qui diable lui avait donné cette commission*[1].

[1] Interrogatoire de *Pepin*, 28 août.

La dame *Pepin*[1] est convenue, comme son mari, des deux visites que le prince *Charles de Rohan* aurait faites à *Pepin*, le printemps dernier; il n'a vu *Pepin* qu'une fois, pendant une demi-heure tout au plus; la dame *Pepin* était présente à une grande partie de l'entretien; il roulait alors sur la mécanique.

Il a été vérifié que, le 10 août 1834, M. le prince *Charles de Rohan-Rochefort* avait pris, à l'ambassade de France en Suisse[2], un passe-port pour Augsbourg, et que, pendant le printemps dernier, il était venu à Paris au moyen de ce passe-port, qui a été visé le 11 mai 1835, au ministère des affaires étrangères. Ce voyage paraît avoir été déterminé par des motifs purement domestiques. M. le prince *de Rohan*, après avoir habité pendant plusieurs années une maison de campagne aux environs de Vevey, est actuellement établi dans cette ville. Il est de retour dans son domicile depuis le commencement de septembre, et il a repris ses occupations habituelles. On assure qu'il partage son temps entre des expériences pour la carbonisation de la tourbe, le creusement des puits artésiens et les jouissances matérielles de la vie.

Il paraîtrait que M. le prince *de Rohan-Rochefort*, dont les opinions et la conduite, à l'époque de notre grande révolution, auraient entièrement différé de la conduite et des opinions des autres personnes de son nom, a peu de relations avec sa famille. On assure même qu'il allie, à un sentiment de prédilection pour la branche aînée de la maison de *Bourbon*, des idées républicaines. Ses fils habitent la Bohême.

Le gouvernement du canton de Vaud ne s'est jamais

[1] Interrogatoire de la dame *Pepin*, 28 août.
[2] Lettre du chargé d'affaires du Roi en Suisse, 16 septembre.

cru obligé de surveiller sa conduite. Aucune circonstance ultérieure de l'instruction n'a rappelé le nom du prince *Charles de Rohan*, ni attiré l'attention des magistrats instructeurs sur sa personne. Il n'y figure que pour signaler un fait, qui forme un des anneaux de la chaîne qui lie *Pepin* à *Fieschi*.

Il paraîtrait que *Pepin*, qui voulait peut-être sonder les dispositions de *Fieschi*, ne manquait pas, selon ce dernier, lorsque les visites de l'ouvrier en papiers peints coïncidaient avec quelques articles *un peu solides* des journaux contre le Gouvernement, de les lui faire lire. A la fin du mois de mai, c'est-à-dire quelques semaines après la visite de M. *de Rohan*, *Pepin* dit à *Fieschi*, en parlant du Roi : *Est-ce qu'on ne trouvera pas quelqu'un pour lui f. . . . un coup de fusil? Il y en a tant qui, pour un billet de 1,000 francs se sont fait condamner aux galères à perpétuité, et il n'y aura pas un homme pour délivrer le pays d'un brigand comme celui-là.*

Cependant *Fieschi* persistait toujours à soutenir qu'il n'avait point confié son projet à *Morey* ni à *Pepin*. *C'étaient eux et bien d'autres qui lui disaient qu'il y aurait quelque chose aux fêtes de juillet, et qu'il fallait que les patriotes se tinssent prêts.* M. le Président lui ayant demandé *quels étaient les autres*, il a répondu : *Voulez-vous que je vous cherche deux ou trois mille personnes peut-être? Quand je me trouvais avec des jeunes gens, des républicains, des bavards comme il y en a tant, ils disaient qu'il y aurait du bruit aux fêtes de juillet*[1].

Cependant, le 28 août, après de longues et infructueuses recherches, *Pepin* qui, comme il nous l'ap-

[1] Interrogatoire de *Fieschi*, 24 août.

prend lui-même, ne se cachait *pas directement*, depuis l'attentat du 28 juillet, mais qui, à raison des persécutions qu'il dit avoir éprouvées, ne *se montrait pas, pour laisser passer l'effervescence de ce triste événement, et qui, ayant l'habitude de n'être jamais chez lui les jours de revue, quittait comme cela son domicile par instant et rentrait de temps à autre, pour ne pas se trouver en face de gens qui pouvaient lui causer des vexations,* fut arrêté à Paris, dans son propre domicile.

Il fut interrogé sur-le-champ, ainsi que sa femme, son garçon de magasin et sa servante. Il est utile de donner quelque étendue à l'analyse de son premier interrogatoire, afin que le caractère de l'inculpé et son système de défense vous apparaissent dans tout leur jour et sous leur véritable aspect. *Pepin* s'efforça d'abord de repousser les inductions qu'on pouvait tirer contre lui de sa disparition préventive. *Le seul motif*, dit-il, *qui m'ait empêché de paraître publiquement chez moi, c'est que je voyais qu'on arrêtait tout le monde, et je craignais qu'on ne m'arrêtât aussi.* Il déclara ensuite *qu'il ne connaissait pas* Fieschi, *ou que, s'il le connaissait, il ne le connaissait pas du moins sous ce nom-là.* Après les malheureux événements de juin, il avait vendu son établissement pour aller demeurer dans le 12e arrondissement, qui est le quartier de *Morey*. Il y rencontra celui-ci, et l'employa comme bourrelier. Il y avait au moins deux mois qu'il ne l'avait vu à l'époque de l'attentat; après tout, il ne le connaissait que *passagèrement*. *Pepin* avait rétabli sa résidence dans le quartier Saint-Antoine au commencement de la présente année. Quand *Morey* passait dans ce quartier, il entrait chez *Pepin* pour savoir si on avait besoin de lui. A la vérité, il présenta une fois à *Pepin*, il y a environ six mois, et soi-disant pour le placer, un *patriote, qui avait besoin de travailler et de se soustraire.* Le nom de ce patriote poursuivi était *Bécher* ou *Béchot;* il n'inspira point de confiance à *Pepin,* qui ne voulut pas s'en charger. Il y a au moins trois mois qu'il ne l'a vu. Cependant ce *Bécher est venu peut-être quelquefois chez* Pepin, *lorsque celui-ci n'y était pas;* Pepin *peut lui avoir offert de coucher à la maison,* parce qu'il le croyait *poursuivi;* mais il n'en *est pas bien sûr:* ce qui est certain, c'est que cet homme n'y a jamais couché *que deux nuits.* D'ailleurs, *plus d'une fois des patriotes sont venus chez* Pepin *lui demander asile, et il leur a offert un matelas. Tout le monde peut-être, étant pris à l'improviste, aurait fait ce qu'il a fait. Ce* Bécher *ou* Béchot *couchait sur un matelas, dans une petite pièce sur le derrière.*

M. le Président ayant fait observer à *Pepin* qu'il paraissait incroyable qu'il eût donné asile chez lui à une personne dont il ignorait le nom, *Pepin* a répondu : *Je jure par ce qu'il y a de plus sacré pour un homme d'honneur, que je ne savais pas directement son nom.* Il a dit qu'il lui serait difficile de donner le signalement de la personne que lui avait présentée *Morey, de crainte de se tromper;* qu'il ne pouvait rien préciser sur la question de savoir si cette personne avait ou non un *accent particulier; c'est là,* a-t-il ajouté, *le résultat de sa conscience.*

Tout en disant que *Bécher* ne venait pas souvent chez lui, et que plusieurs fois même il lui avait fait refuser la porte, *Pepin* est convenu que cet homme était importun, qu'il *entrait* quelquefois malgré qu'on en eût, qu'il *s'asseyait,* et que quand il y avait là *un journal, il le lisait.* Toutefois il a ajouté, qu'après l'avoir admis à coucher chez lui, il lui avait interdit sa maison, parce que *la bonne* elle-même disait qu'elle ne voulait pas faire son lit et *qu'il avait l'air d'un voleur.* M. le Président lui ayant demandé s'il n'avait pas prêté de l'argent à son hôte, *Pepin* a répondu : *Si je lui en avais donné, ce serait bien peu de chose; mais je ne lui en ai pas donné. J'ai obligé beaucoup de monde, mais je ne pouvais donner de l'argent à un homme que je ne connaissais qu'en passant. Quand il a vu qu'on lui faisait mauvaise mine, il a disparu.* Comme on a fait alors observer à *Pepin* qu'on avait des raisons de croire qu'il n'avait pas cessé de voir cet homme, il a répondu *qu'il ne le voyait pas directement, mais qu'il entrait quelquefois le matin à la maison pour boire la goutte.*

M. le Président ayant jugé à propos de lui demander quelles étaient les autres personnes qui avaient cherché un asile chez lui, *Pepin* a répondu : *J'ai eu affaire à des patriotes, pour le procès d'avril; mais je ne pourrais pas entrer dans de grands détails, encore je ne crois pas qu'ils se soient cachés à la maison.*

Ce qu'il venait de dire du procès d'avril conduisait naturellement M. le Président à interroger l'inculpé sur ses relations avec le docteur *Recurt.* Vous n'avez pas oublié que *Fieschi* prétendait avoir dîné chez *Pepin* avec cet accusé et d'autres *personnes marquantes;* et c'était le moment d'éclaircir la circonstance de ce dîner, qui semblait placer *Fieschi* si avant dans l'intimité et si haut dans l'estime de *Pepin,* et qui établissait, en outre, leurs communes relations avec *Morey.*

Pepin répondit qu'il avait connu le Dr *Recurt* quand ils étaient en *relation de garde nationale,* ayant été l'un et l'autre capitaines de la 8e légion[1]; qu'il l'avait

[1] Déposition de *Recurt,* 14 août.

vu une ou deux fois depuis le procès d'avril; que *Recurt,* pendant qu'il était dans une maison de santé, était même venu un jour dîner chez lui, *en quelque sorte à son corps défendant,* uniquement parce qu'on lui avait dit qu'il se trouverait en compagnie de M. *Levaillant,* membre de la Chambre des Députés, qui avait rendu des services à *Pepin,* pour des *recouvrements. Pepin* ajouta qu'il lui serait bien *difficile de dire s'il y avait d'autres personnes;* cependant *il croit qu'il y avait un avocat qui fait ses affaires, nommé Me Lorélut,* et un négociant, M. *Fauveau;* s'il y avait encore *d'autres personnes,* elles sont venues *accidentellement à la fin du dîner,* et sans être engagées. Le dîner avait été en quelque sorte improvisé; car à quatre heures on ne savait pas qu'il dût avoir lieu : il était tard quand M. *Levaillant* fit dire qu'il viendrait dîner chez *Pepin* ce jour-là.

Ce récit n'est conforme ni à la vraisemblance ni au récit de M. *Levaillant.* En effet, selon ce dernier, aussi souvent que ses fonctions de député le ramenaient à Paris, *Pepin,* qu'il avait obligé, lui faisait beaucoup de politesses et l'invitait à dîner. M. *Levaillant* n'accepta pas d'abord; il accepta enfin, et c'est après ces itératives invitations qu'il a assisté au dîner à l'occasion duquel on a dû requérir son témoignage [1].

M. *Levaillant* avait dit qu'il y avait parmi les convives un homme de petite taille, assez commun, décoré de juillet, qui parlait surtout de son amour pour la chasse et de son habileté à tirer. On lui a représenté *Morey,* et il l'a parfaitement reconnu. M. *Fauveau* avait dit à peu près les mêmes choses [2].

[1] Déposition de M. *Levaillant,* 25 août.
[2] Déposition de M. *Fauveau,* 28 août.

M. le Président ayant demandé à *Pepin* s'il n'y avait pas à ce dîner une personne connue pour son adresse à tirer, et qui avait beaucoup parlé de ses prouesses à la chasse : *Si cela était*, a répondu *Pepin*, *ce ne pourrait être que M. Morey, qui tire très-bien aux prix ; mais je ne puis rien affirmer à cet égard.* Au surplus, il ne croyait pas qu'il fût venu quelqu'un à la fin du dîner ; *c'était cependant bien possible ; il était même très-possible, s'il était venu quelqu'un, que ce fût la personne qui lui avait été présentée par Morey;* mais *il ne se le rappelait pas.*

M. *Lorélut*[1] et M. *Levaillant* croient se souvenir qu'une septième personne est venue pendant le dîner. Il paraîtrait que *Fieschi* s'est *vanté*, en se plaçant au nombre des convives; il n'est venu que pendant le dîner ou quand le dîner finissait, au dessert, pour prendre du café et un verre de liqueur[2]. Au reste, cette réunion est un indice grave de la liaison étroite de *Pepin*, de *Morey* et de *Fieschi*, et de l'importance que *Pepin*, négociant établi, manufacturier, propriétaire, ancien capitaine de la garde nationale, donnait à un simple ouvrier, forcé d'emprunter un faux nom pour se dérober aux poursuites de la justice, après avoir subi de graves condamnations.

Pepin a soutenu qu'il ignorait que l'on eût porté chez lui des vêtements pour un individu nommé *Alexis*. Il ne savait pas que cet *Alexis* fût le même que *Bécher*, et encore moins que *Bécher* fût une seule et même personne avec *Girard* ou *Fieschi*. Il ignorait également que le prétendu *Bécher* eût demeuré chez *Morey* ; il a soutenu que *Morey* n'avait eu avec le soi-disant

[1] Déposition de M. *Lorélut*, 28 août.
[2] Interrogatoire de *Morey*, 26 août.

condamné politique que des relations fort indirectes; que d'ailleurs lui *Pepin* n'était pas *véritablement lié* avec *Morey*, qu'il ne l'avait pas invité à dîner, que *Morey* était probablement venu sans invitation; qu'à la vérité ils avaient été tous deux membres de la société de l'*Union de Juillet*, mais qu'il ne croyait pas que *Morey* fît partie de la société des *Droits de l'Homme*, et que, quant à lui, il n'appartenait pas à cette société, quoiqu'on le lui eût imputé à crime, ainsi que d'avoir caché *Guinard*, *Cavaignac*, *Marrast et Raspail*, ce qui était également faux.

Il est impossible de ne pas remarquer en passant et ce qu'il y a de contradictoire entre cette déclaration de *Pepin*, qui nie avoir été lié avec *Morey* et l'avoir invité à dîner, et qui admet que *Morey* est venu dîner chez lui sans invitation ; et ce qu'il y a de faux dans ce qu'elle contient relativement à l'affiliation de Pepin à la société des *Droits de l'Homme*, puisqu'il a reconnu plus tard avoir été membre de cette société, et y avoir exercé des fonctions actives.

Il résulta de l'interrogatoire de la dame *Pepin* une circonstance importante, c'est que *Pepin* n'a pas dit la vérité lorsqu'il a déclaré qu'il ne connaissait *Morey* que comme bourrelier et parce qu'il l'avait fait travailler de son état. La dame *Pepin* a déclaré qu'elle avait les factures de tous les bourreliers qui avaient travaillé pour sa maison, même quand elle et son mari demeuraient à la Gare, et qu'on n'en trouverait aucune au nom de *Morey* [1]. L'interrogatoire de la servante des sieur et dame *Pepin* vient à l'appui de l'assertion de sa maîtresse; elle a nommé les deux bour-

[1] Interrogatoire de la dame *Pepin*, 28 août.

reliers qui ont travaillé pour la maison, lorsque ses maîtres habitaient le 12e arrondissement, et depuis qu'ils sont de retour dans le 8e. Il résulterait cependant d'une déclaration de *Fieschi*, que *Morey* aurait, au moins une fois, fourni à *Pepin* un harnais, ou quelque autre objet de sellerie ou de bourrelerie, puisque celui-ci voulait en compenser le prix avec ce qu'il restait devoir, pour sa part contributive des frais de construction de la machine infernale.

La servante de *Pepin* a également déclaré que le docteur *Recurt* n'avait jamais été le médecin de la famille *Pepin*, elle a nommé les médecins auxquels on recourait au besoin [1].

C'était donc sous d'autres rapports que ceux indiqués par *Pepin*, que *Pepin* et *Morey* s'étaient connus. Vous apprendrez ultérieurement qu'ils faisaient tous deux partie d'une même association qui n'était pas celle de l'*Union de Juillet*, ainsi que *Fieschi* l'a affirmé [2].

Un incident remarquable suivit le premier interrogatoire de *Pepin*. Il avait été ramené le jour même chez lui pour être présent à la vidange et à la fouille des lieux d'aisances de sa maison; il parvint à tromper la surveillance des deux inspecteurs de police à la garde desquels le commissaire de police *Milliet* l'avait confié, et il s'évada.

Cependant les interrogatoires de *Fieschi* continuaient; il précisa qu'il avait couché quatre ou cinq fois chez *Pepin*, dans une chambre située sur le derrière de la maison ainsi que l'avait dit celui-ci. Selon la fille *Patout*, cette chambre était destinée aux parents

[1] Interrogatoire de Marianne *Patout*, 28 août.
[2] Interrogatoire de *Fieschi*, 29 août.

et aux amis qui survenaient, et *Fieschi* ajouta qu'il avait toujours couché dans le lit, circonstance qui est encore confirmée par le témoignage de la servante, et qui dément ce qu'avait dit *Pepin*, qu'on ne lui donnait qu'un matelas. Suivant *Fieschi*, *Pepin* savait le véritable nom du prétendu *Bécher*; il savait également qu'il portait le nom de *Girard* au boulevart du Temple, et qu'il ne fallait le désigner sous celui de *Bécher* qu'au faubourg Saint-Antoine. La dame *Pepin* ne le connaissait que sous le nom de *Bécher* ou d'*Alexis*, et lorsqu'il prenait quelque chose à crédit, dans la boutique, elle l'inscrivait sous le nom du *peintre*, parce qu'il travaillait dans une manufacture de papiers peints, et même une fois elle lui a donné le nom de *barbouilleur*[1] pour le désigner. Cette dernière circonstance dénotait la fréquence et la familiarité des rapports de l'homme, qu'on indiquait sur les livres de cette manière grotesque avec la famille *Pepin*: elle a été vérifiée; les livres ont été compulsés; ils contiennent, du 1er janvier au 28 juillet 1835, divers articles de crédit faits au *peintre* pour fourniture de fromage, d'eau-de-vie de Cognac, de macaroni, d'épices, et l'un de ces articles est inscrit au nom du *barbouilleur*.

Fieschi a déclaré n'avoir jamais été ni franc-maçon ni carbonaro. On avait supposé qu'il avait pu avoir des rapports avec deux Corses, les frères *Giovellina*, et par l'un d'eux, qui a été quelque temps attaché au parquet du procureur du Roi à Paris, avec un ancien magistrat, autrefois procureur général en Corse, depuis chef du parquet du tribunal de première instance du département de la Seine, avant la révolution de

[1] Interrogatoire de *Fieschi*, 29 août.

juillet, et connu par son dévouement pour la branche aînée de la maison de Bourbon. *Fieschi* n'a jamais eu de rapports habituels avec celui des frères *Giovellina* que nous venons d'indiquer; il s'est adressé à lui une seule fois pour solliciter la permission de voir *Janot*, qui était arrêté, et cela à une époque où M. *Billot*, qui n'est allé en Corse que bien longtemps après la condamnation et le départ de *Fieschi*, n'était plus à Paris[1]. *Fieschi* ignorait que les *Giovellina* fussent deux frères.

Cependant il recueillait ses souvenirs, et déclarait chaque jour quelque nouvelle circonstance de son crime. Il avait acheté le plomb qui lui a servi à charger les canons de fusil chez le *férailleur* qui lui avait vendu le foret et son archet; il a fait fondre les balles chez lui, dans un moule qu'il a jeté dans le canal. Cette déclaration ne semble pas d'accord avec ce qu'il a dit une autre fois que *Morey* lui avait apporté les balles et le plomb nécessaires pour charger ses canons de fusil; d'autre part, elle expliquerait pourquoi les balles que *Morey* aurait jetées hors de la barrière du Trône ou de Montreuil ne seraient pas de même calibre que celles que *Morey* avait fondues dans les moules trouvés chez lui.

Fieschi et *Morey*, confrontés ensemble, se sont mutuellement reconnus.

En présence de *Morey*, *Fieschi* a soutenu que celui-ci le connaissait depuis long temps sous le nom de *Fieschi*; qu'il l'avait accompagné en se disant son *oncle*, quand *Fieschi* était aller louer un logement au boulevart du Temple, sachant bien que *Fieschi*

[1] Déposition de la dame *Billot*, 29 août.

prenait alors le nom de *Girard*; que le lundi 27 juillet, *Morey* avait bu de la bière avec lui, sur le boulevart du Temple, sous une tente, entre midi et une heure; qu'il avait certainement montré ou donné à *Morey* la facture de ses canons de fusil; enfin qu'il avait donné rendez-vous à *Morey*, le 28, dans la rue des Fossés-du-Temple, vers midi, et en tout cas, à la barrière de Montreuil.

Morey, de son côté, a soutenu que *Fieschi pouvait croire* lui avoir confié qu'il prenait le nom de *Girard*, mais qu'il ne l'avait jamais fait; qu'il ne l'a point accompagné quand il a été louer son appartement, et qu'il n'y a jamais mis les pieds; que c'est faussement qu'on prétend l'avoir aperçu sur le boulevart du Temple, le lundi 27 juillet, et que *Fieschi s'est trompé* quand il a cru le voir; qu'il n'a aucune connaissance de la facture des canons de fusil, et que, depuis plus de cinq semaines avant l'attentat, il n'avait point rencontré *Fieschi*.

Fieschi et *Boireau*, confrontés ensemble, se sont reconnus.

Fieschi a persisté à dire, en présence de *Boireau*, que ce jeune homme était venu plusieurs fois le demander, boulevart du Temple, n° 50; qu'il ne sait pas sous quel nom il le demandait au portier, mais qu'il s'arrangeait toujours de manière à le faire descendre; que, dans une de ces visites, *Fieschi* avait donné à *Boireau* le pistolet qu'il avait reçu de l'armurier *Bury*; qu'il avait couché une fois chez *Boireau* assez récemment et qu'il y était allé une autre fois, pour y coucher encore, mais qu'on ne l'y avait point reçu; que *Boireau* lui avait parlé du complot de Neuilly comme quelqu'un qui en connaissait les auteurs.

M. le Président a rappelé à *Boireau* que pour expliquer les révélations qu'il avait faites à *Suireau*, la veille de l'attentat, il avait dit que *Fieschi* lui avait annoncé que les carlistes devaient faire un coup, et qu'il fallait que les patriotes se tinssent prêts. *Boireau* s'est borné à répondre qu'il était innocent de l'attentat qui avait été commis; qu'il n'avait rien à dire de plus, et qu'il ne répondrait à aucune question.

Il était difficile de croire, si les aveux de *Fieschi* étaient sincères, qu'ils fussent complets. Le logement qu'il avait pris semblait avoir été choisi à dessein de commettre le crime dont il avait été le théâtre. L'époque de la location de ce logement coïncidait avec l'époque du 1er mai, jour de la fête du Roi. Si la déclaration de la fille *Lassave*, qui affirme avoir vu, à la fin d'avril, dans l'appartement de *Fieschi*, des morceaux de bois semblables à ceux qu'elle y a revus le 26 juillet, et qui ont servi à la construction de la machine, était exacte, il était permis d'en conclure que le logement avait été loué et les pièces de bois achetées dans l'intention de s'en servir pour l'exécution de détestables projets, s'il y avait une revue le jour de la fête du Roi.

Fieschi, en avouant que *Morey* l'avait assisté dans le choix et dans la location de l'appartement, et avait eu connaissance de l'achat des canons de fusil; que *Morey* était venu le voir le lundi 27, et lui avait assigné un rendez-vous pour le lendemain 28, à une heure de la journée qui devait coïncider avec l'instant où l'attentat aurait été commis, en disait trop ou n'en disait pas assez, car il était évident que *Morey* ne pouvait à la fois être dans sa confidence et n'y être pas. Celui-ci était plus conséquent en niant tout; mais les déclarations de *Nina*, et surtout les circonstances qui avaient accompagné la découverte de la malle et du carnet de *Fieschi*, demeuraient. Il était certain que *Morey* était le dépositaire des dernières volontés de *Fieschi*; qu'il l'avait vu faire sa malle; qu'après s'être emparé de son carnet pour le détruire, il l'avait jeté dans les latrines de la maison qu'il habitait; enfin, qu'il avait cherché à dérober *Nina* à toutes les recherches, et à l'éloigner de Paris.

Il en était de même à l'égard de *Boireau* et de *Pepin*. Les indices qui ressortaient contre eux des déclarations de *Fieschi* devaient être complétés ou démentis. *Boireau* était lié avec *Fieschi*; il venait le voir; *Fieschi* allait coucher chez lui. Peu de temps avant l'événement, *Fieschi*, s'apercevant que ce jeune homme n'avait point d'armes dans un moment où il avait été dit entre eux qu'il fallait que *les patriotes se tinssent prêts*, lui faisait présent d'un pistolet. *Boireau* avait annoncé, la veille, l'attentat qui devait être commis le lendemain; il était instruit du complot de Neuilly.

Il y avait là des circonstances que *Boireau* ne pouvait détruire par de pures dénégations, et il fallait qu'il les expliquât, ou qu'elles fussent expliquées à son avantage, pour qu'elles ne constituassent pas des faits à sa charge. En effet, en écartant même ce qu'on ne savait que par les interrogatoires de *Fieschi*, la déposition de *Suireau* et tous les témoignages qui concouraient avec le sien subsistaient. Il ne suffisait pas d'accuser *Suireau* d'imposture, puisque *Suireau* n'était pas un témoin isolé; puisqu'il avait dénoncé un fait qui s'était vérifié, il fallait indiquer d'une manière plausible la cause de son erreur ou de son mensonge, ou démontrer clairement sa haine et la fausseté de son témoignage.

Quant à *Pepin*, ses relations avec *Fieschi* étaient constantes, indépendamment des déclarations de celui-ci. C'était chez *Pepin* que le tailleur *Fournier* avait porté les vêtements destinés à *Fieschi* sous le faux nom d'*Alexis*, et là on les avait reçus pour le compte d'*Alexis* et remis à *Fieschi*. *Fieschi* avait été caché chez *Pepin*; il y venait souvent; il y lisait les journaux; il y prenait des marchandises à crédit: tous ces faits étaient établis. De plus, *Fieschi* prétendait avoir reçu de *Pepin* une somme d'argent pour acheter les canons de fusil, et, s'il n'avait pas instruit *Pepin* de la véritable destination de cet argent, il lui avait dit qu'il s'en servirait pour armer des Corses. Il déclarait d'ailleurs qu'il avait fait falsifier la facture des canons de fusil dans l'intention de tromper *Pepin*, qui devait concourir à en rembourser le montant.

Dans cette situation, le soin qu'avait pris celui-ci de se dérober à tous les regards dès le 28 juillet, avant l'attentat, l'embarras évident de son langage, le peu de netteté de ses réponses, venaient fortifier les indices qui s'élevaient contre lui; mais il y avait encore, en ce qui le concernait, bien des nuages à percer pour arriver à la vue distincte, soit de la part qu'il pouvait avoir eue au crime, soit de son innocence.

Il devenait de plus en plus urgent d'obtenir de *Fieschi* des déclarations nouvelles: c'était le meilleur moyen de contrôler celles qu'il avait faites jusqu'alors. S'il ne disait pas la vérité, il devait se couper et s'embarrasser dans ses récits; s'il la disait, il ne pouvait que répéter les mêmes choses, d'une manière plus explicite, et la justice réclamait évidemment de plus amples développements.

M. *Bouvier*, ancien directeur de la maison centrale de

détention d'Embrun, était venu à Paris. M. le Président jugea qu'il pouvait être utile à la manifestation de la vérité qu'il vît *Fieschi*. *Fieschi* se louait singulièrement de lui, et le plaçait au premier rang de ses bienfaiteurs; et, s'il faut l'en croire, la reconnaissance est pour lui une religion. C'est ainsi qu'il disait à M. *Bulos*, qui l'avait appuyé, en 1831, auprès de M. le général *Pelet*: *Vous avez maintenant un fusil et un sabre à votre disposition; si quelqu'un vous déplaisait, adressez-vous à moi*[1]. Il était probable que les exhortations de M. *Bouvier* achèveraient ce qu'avaient commencé celles de M. *Lavocat*, et que *Fieschi*, s'il avait réellement des révélations à faire, ne les retiendrait plus suspendues à ses lèvres.

Cette attente n'a point été trompée. M. *Bouvier* trouva *Fieschi* occupé à dicter ou à faire écrire l'histoire de sa vie, et précisément il en était au chapitre qui traite de son séjour à Embrun. Il s'étendait sur les services qu'il avait reçus de M. *Bouvier*, et sur les éloges que méritait, selon lui, ce bienfaiteur de l'humanité. *Fieschi* a vu deux fois M. *Bouvier*. Après lui avoir témoigné combien il trouvait flatteur et consolant que des hommes aussi honorables que M. *Lavocat* et lui vinssent le voir jusqu'au pied de l'échafaud, *Fieschi* lui parla de son repentir, de son amour pour Laurence *Petit*, dont il lui a paru toujours très-épris, quoiqu'il ne cesse de lui reprocher son crime et ses malheurs; et enfin de la construction de sa machine, dont il s'est dit l'inventeur et le principal ouvrier. M. *Bouvier* lui répondit qu'il ne cherchait pas à connaître ses secrets, qu'il voulait demeurer étranger à son procès; mais, puisqu'il le mettait

[1] Déposition de M. *Bulos*.

sur la voie, qu'il l'invitait à dire tout ce qu'il importait à la justice de connaître. Il lui conseilla d'abandonner le système de réticence dans lequel il semblait persévérer, et de ne plus rien dissimuler à M. *Lavocat.*

La première visite de M. *Bouvier* à *Fieschi* avait eu lieu le 7 septembre et la seconde le 10. Le lendemain 11, *Fieschi* fit à M. le Président une déclaration qui peut se résumer ainsi qu'il suit :

« Quelque temps après qu'on eut commencé à le poursuivre, désespéré de la perte de sa place et des mauvais procédés de Laurence *Petit* à son égard, *Fieschi* conçut la *malheureuse idée de sa machine ;* comme il connaissait *Morey* pour un ennemi du Gouvernement, il alla le trouver et lui en montra le dessin, avant d'avoir formé encore le projet de le mettre à exécution. *Morey* en fut *enthousiasmé*, et lui dit : *Si j'avais assez de fonds, je fournirais aux dépenses nécessaires.* Ce projet revint souvent dans leurs conversations. Cependant *Fieschi* n'avait pas d'ouvrage ; le temps lui pesait, il avait besoin de se distraire ; il lui fallait trouver un emploi de ses facultés et de son énergique activité. *Morey* le mena chez *Pepin* en lui disant : *C'est un homme qui fait travailler beaucoup d'ouvriers et il pourra vous occuper, soit à Lagny où il a une fabrique, soit ici. Pepin* promit de s'occuper de *Fieschi*, mais ses promesses tardaient à se réaliser. Alors *Morey* parla à *Pepin* du dessin de la machine, et le lui fit voir ; l'enthousiasme de *Morey* gagna *Pepin ;* il dit : *Si l'homme est solide, on pourrait faire les dépenses qui seraient nécessaires ; moi je les ferais. Morey* rendit compte à *Fieschi* de ce qu'il avait fait. *Pepin* s'informa si *Fieschi* n'était *pas un homme à tourner le dos dès qu'il aurait engagé sa parole.* Il fit appeler *Fieschi ; alors*, dit celui-ci, *nous nous trouvâmes tous les trois ensemble ; ils me demandèrent à quelle somme pourrait monter la dépense de la machine ; je me séparai d'eux un instant et fis un calcul détaillé, qui montait à peu près à 500 fr.*

« Ces choses s'étaient passées vers la fin de février ou au commencement de mars. Il fut décidé que *Fieschi* irait chercher un logement ; il en trouva un qu'il jugea *propice :* mais lorsqu'il voulut l'arrêter, il prit *Morey* avec lui : le logement convint à tous deux. *Fieschi* donna cinq francs d'arrhes ; le prix du loyer annuel fut fixé à 315 francs. *Pepin* fut engagé à venir voir si, lui aussi, trouvait le local *propice ;* il y vint, et c'est la seule fois qu'il y soit venu. *Fieschi* exposa alors qu'il était nécessaire de meubler l'appartement : il n'avait rien ; Laurence *Petit* l'avait dépouillé de tout ; il fit le détail des meubles indispensables à un ménage de garçon. Son devis se montait à cent trente et quelques francs ; *Pepin* lui remit cette somme. *Fieschi* acheta quelques meubles. »

Le détail s'en est trouvé sur son carnet ; la fille *Daurat* nous en a donné l'inventaire.

« Il prit possession de l'appartement le 8 mars. *J'avais encore,* dit-il, *quelque argent qui m'appartenait ; je me suis procuré de l'ouvrage pour gagner ma vie. Par amour-propre, je disais à Pepin que je gagnais plus que je ne gagnais réellement, ne voulant pas passer pour un sicaire qui agissait pour de l'argent.* « On s'attendait à « une revue pour le 1er mai : par conséquent vers le « 6 avril, je voulus acheter du bois. Je fus avec *Pepin* « sur le quai qui va du pont d'Austerlitz à la Râpée. « Autant que je puis me le rappeler, j'avais un habit de « drap bleu, *Pepin* avait une casquette en tissu de crin « gris et une blouse de toile grise, qui à force d'avoir «*été lavée était devenue blanche.* Nous avons tous les «deux ensemble marchandé le bois qui était nécessaire, «en nous adressant tant au garçon qu'au maître du «chantier. Nous achetâmes quatre chevrons en chêne, «épais de deux pouces à peu près, et une membrure «en bois de hêtre, de trois pouces d'épaisseur, six «pouces de largeur et huit pieds de longueur. Je don- «nai trois pièces de cent sous; on me rendit trente ou «trente-deux sous.» *Fieschi* alla ensuite chercher un commissionnaire et fit prendre son bois. Pour qu'on ne sut pas où il le faisait porter, il le fit déposer au coin d'une borne, près de la boutique où il voulait le faire façonner; ensuite il porta ce bois, *deux pièces à deux pièces,* à l'ouvrier qu'il avait choisi, en lui expliquant comment il fallait le travailler.»

Depuis, il a été prouvé que ces pièces de bois n'avaient point été portées directement dans la rue où demeurait l'ouvrier qui devait les façonner, mais avaient d'abord été déposées à la manufacture de Lesage.

«Cette façon coûta six francs. L'ouvrage achevé, *Fieschi* emporta les morceaux de bois chez lui; il ne fit pas façonner la membrure; il déposa le tout dans sa chambre.»

Nous continuons à résumer la déclaration de *Fieschi.*

«Il s'agissait de se procurer des fusils. *Pepin,* d'abord sans nommer personne, dit qu'il savait quelqu'un qui pourrait en procurer; plus tard, il s'expliqua : c'était *Cavaignac,* alors détenu à Sainte-Pélagie, qui, selon *Pepin,* connaissait quelqu'un qui avait des fusils en dépôt; mais voyant qu'il n'y avait pas de revue annoncée pour le 1er mai, *Pepin* ne demanda point de fusils, et *nous dîmes,* continue *Fieschi: attendons en juillet.* Vers cette époque, *Pepin* obtint, sous un faux nom, une permission pour aller voir *Cavaignac*. Il raconta à *Fieschi* qu'en parlant à *Cavaignac de cette affaire*, il lui avait dit qu'il avait besoin de vingt à vingt-cinq fusils, et qu'il fallait que *Cavaignac* fût assez discret pour ne pas demander à quel usage ils devaient servir. *Cavaignac* aurait répondu qu'il attendait quelqu'un qui le devait venir voir et qu'il en parlerait. On n'eut pas de réponse.

« Quand *Pepin* allait à Sainte-Pélagie pour voir *Cavaignac*, il voyait aussi *Guinard*. *Pepin* écrivit vers ce temps-là à *Cavaignac* une lettre signée d'un nom qui n'était pas le sien : il y demandait à celui-ci, si *l'homme pouvait compter sur la remise prochaine des 20 ou 25 francs*, parce qu'il n'attendait que cela pour partir. Ces *20 ou 25 francs*, c'étaient les fusils nécessaires au service de la machine. *J'ignore*, dit Fieschi, *si* Pepin *avait confié l'affaire à* Cavaignac, *mais c'est ma pensée, et je crois que c'est pour ce motif qu'a été résolue l'évasion de Sainte-Pélagie, puisqu'elle a eu lieu peu de jours avant les fêtes. Ma pensée à moi, au sujet de* Cavaignac, *de* Guinard *et des autres évadés, est que, s'ils ne sont pas sortis de France au moment de leur évasion, c'est qu'informés par* Pepin *de ce qui devait se passer, ils devaient rester à Paris pour attendre l'événement.* »

« *Fieschi* a ajouté que la résolution de commettre l'attentat était arrêtée avant la visite du prince *de Rohan* à *Pepin*. Il s'est quelquefois demandé si *Pepin* n'était pas carliste : ses relations avec le prince *de Rohan* l'avaient porté à le croire; car il pouvait difficilement comprendre que le prince *de Rohan* fût républicain, et il avait entendu *Pepin* dire qu'on était plus heureux sous Charles X que sous Louis-Philippe. Dans tous les cas, l'opinion de *Fieschi* est, qu'en dehors de la machine, dont l'invention et l'exécution lui appartiennent, on ne peut s'empêcher de regarder *Pepin*, en cette affaire, comme le principal agent des partis ennemis du Gouvernement. »

Pour *Fieschi*, tour à tour napoléoniste et républicain, il pouvait être sans conviction politique, mais à coup sûr il n'était pas carliste. Un jour, lorsque la duchesse de Berri était à Blaye, le menuisier *Vincent* lui ayant dit, en plaisantant, que Charles X reviendrait bientôt, *Fieschi* lui répondit, en faisant, selon ses mœurs et avec sa canne, le geste d'un homme qui met en joue : *S'il revenait, je l'aurais bientôt tué, quand même ma tête devrait sauter ; je l'ai risquée deux ou trois fois*[1]. L'ensemble de sa conduite ne dément point ce propos.

« Quand *Pepin*, *Morey* et *Fieschi* furent certains qu'il y aurait une revue pour les fêtes de juillet, ce dernier, toujours selon sa déclaration, se procura les canons de fusil, et, aussitôt que *Pepin* le sut, il donna cent quatre-vingt-sept francs et quelques centimes pour les payer. *Fieschi* ayant apporté chez lui les canons de fusil, fit lui-même tout le travail de l'assemblage des pièces de bois et de la traverse de derrière sur lesquels reposaient les culasses des fusils. Il fit le modèle de la ferrure et mit tout en règle. »

« Sept ou huit jours avant le 28 juillet, lorsque le marché des canons de fusil était déjà conclu, *Pepin*, *Morey* et *Fieschi* se donnèrent rendez-vous au boulevart de la Salpétrière, près du corps de garde de la Poudrière, sur le chemin qui conduit à la Gare, derrière l'hôpital général. *Fieschi*, arrivé le premier, fut rencontré en ce lieu par un nommé *Caillot*, caporal de la 3e compagnie des sous-officiers sédentaires, dans laquelle avait

[1] Déposition de *Vincent*.

servi *Fieschi*, et par un autre homme qui avait soin de ses effets lorsqu'ils étaient camarades; ces militaires le reconnurent, et il les accompagna jusque dans un jardin où ils allaient acheter de la salade. *Morey* joignit *Fieschi*; ils allèrent au devant de *Pepin*, qu'ils rencontrèrent sur la place de la Salpétrière; ils prirent alors la rue Poliveau, sortirent par le moulin de la Papeterie, et allèrent s'asseoir tous les trois auprès des arcades, ou sous les arcades du pont d'Austerlitz, en amont. Là, tout ce qui concernait l'achat des canons de fusil fut combiné. Le lendemain *Pepin* remit l'argent à *Fieschi*; c'est la dernière fois qu'il a vu *Pepin*. »

Depuis, *Fieschi* a dit que l'argent lui avait été donné par *Morey* auquel *Pepin* l'avait remis.

« *Morey* était venu sept ou huit fois voir *Fieschi* depuis qu'il habitait le boulevart du Temple; il a vu la machine toute montée, avant que les canons de fusil fussent posés; ce fut lui qui apporta les balles, les chevrotines et la poudre.

Fieschi avait dit, peu de jours auparavant, qu'il avait fait fondre lui-même les balles; et on a trouvé dans les fusils des lingots de plomb qui n'étaient point réduits en balles.

« Le matin du 28 juillet, dans l'agitation où se trouvait *Fieschi*, il alla donner *audience à ses réflexions*, sur le bord du canal; en rentrant chez lui, il rencontra *Morey*, rue des Fossés-du-Temple, et lui demanda ce qu'il faisait là; *Morey* lui dit qu'il venait voir ce qui se passait; c'est alors qu'ils se donnèrent définitivement rendez-vous pour l'après-midi à la barrière de Montreuil. »

Il résultait d'une déclaration qui fait partie de la procédure que, la veille ou l'avant-veille de l'attentat, un homme ou deux, montés sur des chevaux, devaient passer devant la fenêtre de *Fieschi*, sur le boulevart du Temple, pour qu'il pût établir la mire de sa machine. M. le Président interrogea *Fieschi* sur cette circonstance; il la nia, et il répondit que les hommes à cheval, qui passaient tous les jours sur le boulevart, lui suffisaient pour prendre ses hauteurs. Vous vous convaincrez plus tard qu'au moment même où il venait de dérouler une si grande masse de circonstances nouvelles, il en tenait quelques-unes encore en réserve, dont il ne s'est décidé qu'ultérieurement à révéler ou à reconnaître l'existence. C'est ainsi qu'il persistait à soutenir que *Boireau* n'avait, en aucune manière, concouru à la confection de sa machine, qu'il ne lui avait point confié son projet, et qu'il lui avait seulement dit, le 27, qu'il y aurait quelque chose le lendemain.

Cette déclaration de *Fieschi* rendait de nouvelles enquêtes nécessaires; il fallait que la sincérité de son récit fût mise à l'épreuve, et pour cela, on devait rechercher et constater avec soin toutes les circontances de fait qui y étaient rapportées.

La difficulté de trouver le chantier où *Fieschi* avait acheté ses chevrons a été fort grande. On a soigneusement exploré les nombreux dépôts de bois qui se trouvent sur le quai de la Râpée, et les livres de tous les marchands auxquels ces dépôts appartiennent. Durant plusieurs mois qui s'étaient écoulés, l'état des lieux était changé dans quelques chantiers, ce qui rendait les vérifications plus difficiles. Enfin la description qu'avait donnée *Fieschi* a paru s'appliquer assez exactement au chantier du sieur *Poucheux*, situé quai de la Râpée, n° 17[1]. On a trouvé dans le livre-journal de ce marchand

[1] Déposition de *Poucheux* père, 20 septembre.

quelques articles qui pouvaient se rapporter aux pièces de bois que *Fieschi* a employées; mais elles paraissent avoir été vendues le 26 mai, et c'était au plus tard vers le 26 avril que l'achat de celles-ci devait avoir été fait. Cependant *Fieschi* a reconnu M. *Poucheux* père pour le marchand qui lui avait fourni ses pièces de bois, et le commissionnaire qui est venu les prendre a à peu près reconnu le chantier du sieur *Poucheux*.

Ce commissionnaire, nommé *Chanut*[1], croit se rappeler qu'après les fêtes de Pâques, et le lendemain de la foire de la barrière du Trône, un inconnu vint le trouver à la place de la Bastille, dans la matinée, et lui dit de prendre une voiture et de venir avec lui chercher quelques pièces de bois qu'il avait achetées quai de la Râpée.

Il est nécessaire ici de bien fixer la date de ce fait. La foire de la barrière du Trône commence le jour de Pâques, et dure quinze jours. Pâques se trouvait cette année le 19 avril; la foire n'aurait dû finir que le 4 mai. Le lendemain de la foire serait donc tombé le 5, et dès lors le récit de *Fieschi* et celui du commissionnaire *Chanut* seraient contradictoires; car on n'aurait pu acheter le 5 des bois qui devaient être employés à fabriquer une machine destinée à fonctionner le 1er. Mais le commissaire de police du quartier a affirmé que les préparatifs que l'on avait dû faire pour la célébration de la fête du Roi, à la barrière du Trône, avaient obligé l'administration municipale à faire retirer les marchands de l'emplacement qu'ils occupaient le 26 ou le 27 avril; qu'ainsi la foire avait fini en réalité un de ces jours-là, ce qui met d'accord

[1] Procès-verbal de transport, de M. *Jourdain*, 29 septembre.

Fieschi et *Chanut*, puisque c'est le 27 ou le 28 que peut avoir eu lieu le transport des morceaux de bois.

L'inconnu accompagna le commissionnaire au chantier, et chargea dans la voiture à bras de *Chanut* des bois équarris. Il lui prescrivit ensuite de les voiturer jusqu'à une fabrique de papiers peints, située avenue des Ormes, où il déchargea sa voiture. *Chanut* a parfaitement reconnu la manufacture de papiers peints de M. *Lesage*, pour la maison à la porte de laquelle il avait déchargé les morceaux de bois qu'il apportait de la Râpée. L'inconnu l'attendait là; et, avec son aide, a porté ses bois équarris dans la cour de cette maison, où il les a déposés, près de la porte cochère, contre la cloison d'un petit hangar construit à gauche en entrant dans la cour. Après cette opération, le commissionnaire fut payé et renvoyé. *Chanut* a été confronté avec *Fieschi*; ils se sont mutuellement reconnus[1]. La dame *Lesage* a déclaré qu'un lundi, elle ne saurait affirmer si c'était après Pâques ou avant la fête du Roi (or, le 27 avril était précisément un lundi), un ouvrier, qu'elle connaissait sous le nom de *Bescher*, et que son mari avait occupé dans sa fabrique, était venu lui demander la permission de déposer quelques pièces de bois dans sa cour; elle y consentit, et presque aussitôt cet homme entra avec un commissionnaire portant quatre ou cinq pièces de bois équarries, qu'il déposa près de la porte cochère; il dit qu'il voulait en faire un métier pour sa fille, et paya le commissionnaire. Pendant plusieurs jours il vint les chercher le soir pour les emporter[2].

[1] Confrontation de *Chanut* et de *Fieschi*, 30 septembre.
[2] Déposition de la dame *Lesage*.

On avait remarqué, dès le commencement de l'instruction, sur l'un des chevrons qui servaient de montants à la machine infernale, ces mots écrits au crayon noir et à demi effacés : *Rue de Mont....., n° 41.* On voulut suivre ce premier renseignement pour découvrir, s'il était possible, le lieu où les chevrons avaient été achetés, et trouver ainsi une nouvelle trace de l'auteur ou des auteurs de l'attentat. Des perquisitions furent faites chez tous les menuisiers, charpentiers, marchands de bois qui demeuraient dans les rues de *Montmorency, Montorgueil, Montmartre, Montaigu, Montholon, Montpensier,* et généralement dans toutes les rues dont le nom commence par ces quatre lettres[1].

Enfin, on trouva, rue de *Montreuil, n° 41,* un menuisier nommé *Josserand*[2], qui se souvint très-bien d'avoir confectionné, dans le courant d'avril (il a dit plus tard du 5 au 10, ce qui est évidemment une erreur puisque le bois n'a pu être acheté avant le 27) un châssis pour un individu qui disait se nommer *Girard* et exercer la profession de mécanicien ; cet homme avait refusé de faire connaître à quel usage il destinait ce châssis; le menuisier crut que c'était une espèce de métier. Il était monté sur quatre pieds ou chevrons de trois pieds six à huit pouces, ils étaient liés par un *bâtis* composé de six traverses et d'une barre en forme de T. La traverse de devant était mouvante, et les deux pieds de derrière à coulisses. Le menuisier demandait 6 francs pour la façon; *Girard* n'en voulut donner que 5; et 10 sous, au lieu de 20 pour la barre du T.

Girard transporta chez lui ces pièces de bois démon-

[1] Procès-verbal de perquisition du commissaire de police *Vassal,* 1er août.

[2] Dépositions de *Josserand, Bridault,* la femme *Moget,* et les confrontations avec *Fieschi* (22 août).

tées, en différentes fois, ou plutôt il emporta lui-même trois morceaux de bois et envoya chercher le reste par un commissionnaire. Il dit au menuisier que les chevrons lui avaient coûté 13 fr. 10 sous. *Fieschi* a dit en effet que c'était le prix qu'il en avait donné et son carnet contient une note qui est à peu près conforme à cette donnée. La première fois qu'il était venu chez *Josserand*, il avait écrit avec de la pierre noire, l'adresse du menuisier sur une des pièces de bois. *Josserand* a reconnu *Fieschi* et sa machine. Il a fait observer que les pieds avaient dû être sciés depuis qu'il les avait façonnés, parce qu'ils étaient plus hauts quand ils étaient sortis de sa boutique. Il a ajouté que ce n'était pas chez lui qu'avait été travaillée la traverse qui supportait les culasses des canons de fusil[1].

Le marchand de bois *Poucheux*, ni aucune des personnes employées à son chantier ne se souvenant d'avoir vu *Fieschi* venir acheter ses chevrons et sa membrure, on ne pouvait, à l'aide de leur témoignage, vérifier si *Fieschi* était ou non accompagné de *Pepin* quand il avait fait cet achat.

Mais une dame *Moget* dépose que, dans le courant du mois d'avril, trois individus se sont transportés dans son chantier pour marchander un morceau de bois de charpente. Deux de ces individus paraissaient être des ouvriers, le troisième était un *Monsieur* qui se tenait un peu à l'écart; il paraissait âgé de 60 ans, ses vêtements étaient noirs et en bon ordre; sa taille était de cinq pieds un ou deux pouces. Ce signalement se rapproche de celui de *Morey*; toutefois *Fieschi* a dit expressément que *Morey* n'était pas venu avec lui pour

[1] Confrontation de *Josserand* avec *Fieschi*, 1er août.

acheter le bois. *Pepin* pourrait bien à sa blouse avoir été pris pour un ouvrier, mais non pas *Fieschi*, qui portait un habit de drap bleu. Quand *Morey* aurait été présent, il serait donc encore difficile de reconnaître dans les hommes qui seraient venus chez la dame *Moget*, *Fieschi* et ses compagnons. La dame *Moget* ayant demandé où elle devait envoyer la pièce de bois, l'un des acheteurs, qu'elle suppose avoir été un menuisier, dit : *rue de Montreuil;* comme il allait indiquer le numéro, un autre l'interrompit et le marché ne fut pas conclu.

M. *Burgh*, marchand de bois, quai de la Râpée, n°. 1er, croit se rappeler que deux ou trois individus de taille moyenne sont venus chez lui, vers la fin d'avril, pour acheter des chevrons et du bois de hêtre; comme il ne vendait pas de bois de hêtre, il les renvoya chez un autre marchand, le sieur *Poucheux*[1]. Il est remarquable que M. *Burgh*, qui a déclaré avoir fourni souvent du bois à *Pepin*, pour son hangar de la rue de Bercy, et l'avoir vu plusieurs fois dans son chantier, en *blouse blanche*, avec une ceinture de cuir verni et coiffé d'une *casquette en crin gris* et à visière noire, ne dit point l'avoir reconnu au nombre de ces deux ou trois individus.

Pour ne plus revenir sur l'origine et la façon des pièces de bois qui ont servi à la construction de la machine infernale, nous devons rapporter ici les dépositions du menuisier *Dubranle* et de l'ouvrier en menuiserie *France*, qui complètent tout ce qui se rapporte à cet objet.

Dubranle[2] a déclaré que *Fieschi* était venu dans

[1] Procès-verbal de transport de M. *Jourdain*, 24 septembre.
[2] Déposition de *Dubranle*, 3 août.

sa boutique, le 22 ou le 23 juillet, pour y acheter un morceau de membrure long de trois pieds et demi à quatre pieds. Il apporta en même temps deux montants ou chevrons de bois de trois pieds environ de hauteur, et de trois pouces carrés d'épaisseur. On avait pratiqué deux mortaises dans la traverse de ces chevrons. *Fieschi* désirait qu'on en substituât deux autres à celles-là, et il avait marqué au crayon les places où il voulait que les mortaises fussent faites. Il est venu le lendemain prendre la membrure et les chevrons; la membrure était rabotée des quatre faces, les mortaises étaient faites; il a payé 2 fr. pour le tout. Il a dit qu'il voulait s'en servir pour monter un dévidoir. Le samedi 25 juillet, à sept heures du soir, il est revenu avec la membrure; il y avait fait une entaille qui avait fait éclater le bois. Il demanda qu'il fût fait, sur la face opposée à celle qui était ainsi ébréchée, vingt-cinq entailles conformes au modèle dont il donna le dessin au crayon sur un morceau de papier. Il avait besoin de sa pièce de bois pour le lendemain dimanche 26 à dix heures du matin; il ne put l'avoir qu'à une heure et demie de l'après-midi. Il paya cet ouvrage 3 francs; on lui en avait demandé quatre.

Le menuisier *Dubranle* a reconnu dans la machine la membrure qu'il avait fournie, avec son entaille accompagnée d'un éclat, sur le côté opposé aux vingt-cinq créneaux, et les fausses mortaises qui y avaient été originairement pratiquées. *France* a pleinement confirmé cette déposition de son maître[1]. *Fieschi*, en s'en allant, demanda l'adresse d'un serrurier. Il alla en effet commander la ferrure de sa machine chez le sieur *Pierre*, entrepreneur de serrurerie. Nous aurons à vous entretenir plus tard de cette circonstance, dans laquelle *Boireau* est intéressé.

[1] Déposition de *France*, 30 septembre.

Il résulte des renseignements recueillis que la menuiserie de la machine a coûté à *Fieschi* 24 fr., savoir : 13 fr. 50 c. pour prix d'achat des chevrons en bois de chêne, 5 fr. pour la façon de ces mêmes chevrons, 50 c. pour le T, 2 fr. pour prix d'achat et façon de la membrure en bois de hêtre, 3 francs pour le crénelage de la membrure.

Il ne sort de cette partie de l'instruction aucune charge contre *Pepin*. *Poucheux* ne se souvient de rien. *Chanut*, la dame *Lesage*, *Josserand*, *Dubranle* et *France* n'ont vu que *Fieschi*; la déposition de la dame *Moget* serait plutôt à la charge de *Morey* que de *Pepin*, si *Fieschi* n'assurait pas que *Morey* n'était pas alors avec *Pepin* et lui[1]. Celle du sieur *Burgh*, qui connaît *Pepin* et qui ne l'a pas reconnu, viendrait à la décharge de celui-ci.

On a cherché à vérifier les circonstances relatives à l'entretien qu'auraient eu *Pepin*, *Morey* et *Fieschi*, près des arches du pont d'Austerlitz, en amont, dans la huitaine qui précéda le 28 juillet. *Fieschi* avait dit qu'il avait été rencontré, comme il se rendait au lieu convenu, par deux vétérans, ses anciens camarades. Ils ont été entendus: leurs dépositions ont confirmé le récit de *Fieschi*. Le 24 ou le 25 juillet ils l'ont rencontré entre quatre heures et demie et cinq heures du soir, *Fieschi* n'avait pas précisé l'heure, sur le boulevart de la Salpêtrière, à cent cinquante pas environ du poste, en face de la Poudrière; ils lui ont parlé. Il semblait attendre quelqu'un[2]. Toutefois *Fieschi* était seul en ce moment, et cette confirmation d'une partie de son récit, qui ne les concerne pas, ne saurait tourner à la charge

[1] Interrogatoire de *Fieschi*, 14 septembre.
[2] Dépositions de *Caillot* et de *Zinger*, 14 septembre.

de *Morey* ou de *Pepin*. Elle ne pourrait réagir contre eux qu'autant qu'elle donnerait quelque force nouvelle aux motifs qu'on peut avoir d'ajouter foi à la partie du récit de *Fieschi* qui les concerne et qu'ils nient.

Vous avez sans doute remarqué, Messieurs, que dans cette déclaration, d'ailleurs si riche en détails minutieux, *Fieschi* a omis une circonstance importante et que l'instruction a fait connaître. Au lieu de dire qu'il avait d'abord transporté ses bois dans la cour de la manufacture de papiers peints de *Lesage*, il a prétendu les avoir fait décharger tout de suite dans une rue, auprès d'une borne, non loin de la boutique où il voulait les faire ouvrer. Cependant, les rapports fréquents et récents qu'il avait eus avec les sieur et dame *Lesage* ne permettent pas de croire que cette circonstance fût absente de son souvenir. L'a-t-il omise à dessein par un sentiment de reconnaissance? aurait-il voulu éviter, aux personnes secourables qui l'avaient accueilli dans sa détresse, le désagrément d'être interpellées dans son trop fameux procès? ou aurait-il involontairement cédé à l'irrésistible puissance de cette habitude de dissimulation qu'il a contractée de si longue main et qui l'aurait dominé encore, lors même qu'il voulait dire la vérité?

Nous regrettons d'interrompre ainsi de temps à autre, par quelques réflexions incidentes, l'histoire du progrès et du développement de la procédure, mais nous y sommes contraint. Notre devoir nous ordonne de rapprocher des déclarations ou des dépositions importantes, soit à charge, soit à décharge, les motifs de douter ou de croire, qui peuvent dans notre opinion les fortifier ou les infirmer. Nous voudrions qu'aucun préjugé, au moins par notre faute, ne s'emparât prématurément de vos esprits et ne vînt troubler cet état de parfait équilibre où il est désirable qu'ils se maintiennent jusqu'à la fin de ce rapport. Nous désirons d'ailleurs éviter des répétitions fastidieuses et qui seraient inévitables si nous rejetions, après l'analyse de tous les documents, les observations que nous devons vous soumettre. En supposant que cette manière de procéder pût nuire à l'enchaînement des faits, cet inconvénient nous semblerait racheté par l'avantage de n'avoir plus à revenir sur ceux dont nous vous avons déjà entretenus; si nous nous méprenions, nous n'en compterions pas moins sur votre attention inaltérable et sur votre bienveillante indulgence.

Les déclarations explicites que venait de faire *Fieschi* le préoccupèrent. Le 14 septembre au matin il témoigna de la défiance pour les aliments qui lui étaient présentés, et de l'inquiétude sur la manière dont ils lui étaient apportés et servis. M. le Président crut devoir l'interroger sur la cause de cette inquiétude et de cette défiance. Sa réponse est trop remarquable pour n'être pas textuellement rapportée : *Le Gouvernement met six hommes pour me garder pour sa sûreté, moi je suis décidé à boire le calice jusqu'à la lie : je préfère mourir d'une condamnation qui m'est due par la loi, qu'un autre puisse donner de l'argent par une intrigue pour me faire empoisonner dans la prison; pour donner preuve de mon caractère, qui est toujours le même, et pour faire voir à la face de la France et de l'Europe entière tout ce dont les journaux de l'opposition m'ont accusé moi et un autre, j'ai donc prié M. le Directeur, qui a très-bien accueilli ma demande, de veiller, même pour sa sûreté personnelle, de faire faire un panier avec un cadenas, et de me faire toujours apporter mes vivres dans ce panier par la même personne.* M. le Président lui ayant demandé quelle raison il avait pour concevoir de pareilles craintes, il répondit qu'étant obligé de charger *Pepin* et *Morey* autant qu'il le faisait, il pouvait craindre des vengeances; que *Morey* n'avait sans doute pas assez de moyens pour être redoutable, mais que *Pepin* pouvait faire des sacrifices d'argent, et qu'il avait d'ailleurs des amis qui seraient capables d'en faire pour lui : car il avait appris de *Pepin* lui-même que, lorsqu'il fut traduit devant un conseil de guerre par suite de la rébellion des 5 et 6 juin 1832, un de ses amis, banquier de province et extrêmement riche, disait alors *qu'il sauverait* Pepin *à tout prix, dût-il en coûter deux ou trois cent mille francs.*

Après s'être procuré ces garanties pour sa sûreté personnelle, *Fieschi* continua le cours de ses révélations. Il déclara qu'outre la somme qui représentait le prix des canons de fusil, *Pepin*, depuis le mois de mars, pouvait lui avoir donné, en différentes fois, quarante francs pour ses dépenses personnelles, et lui avoir fourni à crédit pour environ vingt francs de marchandises. Aux approches du jour où devait se consommer l'attentat, *Pepin*, *Morey* et *Fieschi* voulurent régler leurs comptes; car il paraît que *Morey*, quoiqu'il ne fût pas riche et que ses affaires fussent embarrassées, devait supporter une moitié de la dépense. Ils entrèrent dans des détails minutieux, et *Fieschi* en a conservé, à ce qu'il paraît, un souvenir bien exact. *Morey* fit observer qu'il avait déjà remis vingt francs à *Fieschi*, soit pour l'achat de la malle, soit pour les arrhes des canons de fusil; que de plus il avait fourni à *Pepin* un harnais, ou un autre objet de sellerie ou de bourrelerie, du prix de vingt-cinq francs, et enfin, qu'il avait avancé dix à douze francs à *Fieschi* pour diverses dépenses : il demanda qu'on lui imputât ces sommes sur ce qu'il resterait devoir. Cette espèce d'apurement de comptes eut lieu, dans la conférence que nous avons signalée comme s'étant tenue entre *Morey*, *Pepin* et *Fieschi*, près des arches du pont d'Austerlitz, le 15 juillet, à huit heures du soir[1].

Pepin savait compter, et même, si l'on en croit *Fieschi*, *Boireau* lui reprochait de n'être pas généreux, et de ne savoir offrir dans l'occasion ni un verre de vin ni une pièce de cent sous; aussi quelques jours après voulut-il contrôler le compte de *Morey* : il lut à *Fieschi* le montant des diverses sommes que *Morey* prétendait avoir payées à *Fieschi*, pour s'assurer si celui-ci les avait réellement reçues.

Pepin avait proposé à *Fieschi* de comprendre la somme de 20 francs, qui représentait les fournitures à crédit faites à ce dernier par le magasin de l'épicier, dans la somme totale des frais de l'entreprise. *Fieschi* prétend qu'il s'y refusa et qu'il remit à se libérer de cette somme lorsque *Janot* serait de retour et lui aurait remboursé ce qu'il lui devait. La note de ces comptes devait se trouver, suivant *Fieschi*, dans un livre de commerce tenu par la dame *Pepin*, où elle écrivait les crédits qu'elle faisait à diverses personnes : ce livre était couvert de papier bleu gommé.

Il y avait là une circonstance matérielle dont la vérification semblait facile, néanmoins elle a été pénible et longue. Nous devons vous en épargner le détail. Les livres de commerce de *Pepin* ont été saisis, notamment cette espèce de livre-journal ou de main-courante, couvert

[1] Interrogatoire de *Fieschi*, 23 octobre.

en papier bleu gommé qu'avait signalé *Fieschi;* ils ont été reconnus et paraphés *ne varietur* par les sieur et dame *Pepin.* Celle-ci les tenait habituellement; *Pepin* y écrivait quelquefois, pour les ventes en gros et même pour le détail, quand sa femme était absente.

On y a trouvé l'indication de diverses livraisons de comestibles ou d'eau-de-vie faites à crédit, comme l'avait dit *Fieschi,* au *Peintre* et même au *Barbouilleur.* Un article, à la date du 6 mars, est ainsi conçu : *Le Barbouilleur, ami de M. Morey, doit, etc.,* et d'autres articles subséquents portent cette indication : *Le peintre en papiers doit.* Ces crédits, non compris un prêt de 5 francs également inscrit sur ces registres comme fait au même personnage, montent à 14 francs 95 centimes.

Cette vérification a eu lieu en présence de *Pepin* et de *Fieschi.* Ce dernier a énuméré dans le plus grand détail toutes les sommes qu'il assure avoir reçues de *Pepin,* soit directement, soit par l'entremise de *Morey,* y compris les 15 francs que *Pepin* lui aurait remis, dans le chantier même où l'achat avait eu lieu, pour solder le prix des pièces de bois qui devaient servir à la construction de la machine. *Pepin* a continué à tout nier; il a répété qu'il n'avait jamais remis à *Fieschi* aucune somme de 100 francs, de 150 francs ou au-dessus. *Fieschi* a affirmé de nouveau qu'on devait trouver sur un livre, *celui sur lequel sont inscrits les crédits faits à tout le monde,* au haut et au milieu d'une page un article conçu à peu près comme il suit : *donné à M. Bécher* 150 francs 50 centimes ou 218 francs 50 centimes, et que *Pepin* avait écrit cela en sa présence.

Alors M. le Président a représenté à *Pepin* la dernière feuille d'une des mains-courantes tenues par sa femme, sur laquelle on lit distinctement, au haut et au milieu d'une page, deux lignes de la main de *Pepin*, réunies par une accolade, derrière laquelle sont totalisées les deux sommes exprimées dans ces deux lignes. Quoique le tout soit couvert d'une large rature, la transparence de la dernière encre et la noirceur de la première laissent très-bien lire :

Plus, pour bois, loyer.	68f 50c	*ensemble* 218f 50c.
M. Bécher.	150 00	

Pepin a déclaré que cette écriture ressemblait assez *à la sienne*, mais qu'il ne pouvait affirmer que ce fût *la sienne.* L'identité d'écriture ressort cependant de la comparaison facile à faire de divers autres articles, écrits incontestablement de la main de *Pepin*, dans le même livre ou main-courante, et notamment de ceux qui concernent un meunier de Lagny, M. *Collet*, avec lequel *Pepin* faisait fréquemment des affaires. Un rapport de l'expert *Oudard* a d'ailleurs constaté que ces lignes sont de la main de *Pepin*[1]. *Pepin* a prétendu que, dans tous les cas, il n'était pas vrai que ces sommes eussent été données à *Fieschi pour un usage comme cela.* Il s'est réservé de dire plus tard et quand il s'en souviendrait, pour quel objet ce compte avait été fait[2]. Il ne faut pas perdre de vue que cette somme de 218 fr. 50 cent. se trouve portée jusqu'à trois fois sur le carnet de *Fieschi*; celui-ci a déclaré que les 150 fr. s'appliquaient à l'achat de son mobilier et au payement du premier demi-terme de son loyer, et les 68 fr. au payement du second demi-terme, à l'achat des pièces de bois et à l'acquit de la façon de ce bois[3].

[1] Rapport du sieur *Oudart*.
[2] Confrontation de *Pepin* avec *Fieschi*, 19 octobre.
[3] Interrogatoire de *Fieschi*, 26 octobre.

Remarquons en passant que ces lignes raturées quoiqu'elles soient rejetées à la fin de la main-courante, et après les pages qui rendent compte des transactions journalières du magasin jusqu'au 20 juin, ne doivent pas être considérées comme nécessairement écrites à cette époque. Il a été reconnu par *Pepin* qu'il réservait toujours quelques pages à la fin de ses mains-courantes, pour y inscrire confusément, et sans ordre chronologique, les choses dont il voulait garder le souvenir et qui ne se rapportaient pas à ses affaires journalières.

Il s'est montré depuis très-peiné d'avoir reconnu ses registres sans s'être préalablement assuré qu'ils ne contenaient rien qui vînt à l'appui des accusations que *Fieschi* a portées contre lui. En général, il s'est toujours montré préoccupé de la crainte de se compromettre par ses réponses. Dans son ignorance des affaires et dans sa défiance des hommes, il proteste sans cesse contre toute induction que l'on pourrait tirer, à son préjudice, de son impuissance à expliquer un article de compte, d'ailleurs raturé, qu'il ne peut s'expliquer à lui-même[1]. Vous apprécierez ses observations et la gravité d'un tel concours de circonstances venant à l'appui de la déclaration de *Fieschi.*

Selon *Fieschi*, *Morey* et *Pepin* lui avaient demandé, avant qu'il louât son appartement, un aperçu des dépenses qu'entraînerait leur coupable entreprise; il l'avait portée à un peu plus de 500 francs. *Pepin* avait écrit le détail de ce compte sur une feuille de papier hors de la présence de *Fieschi*; mais il lui montra ce calcul lorsqu'ils vérifièrent ensemble les à-compte répétés par *Morey*. On a trouvé chez *Pepin* une feuille

[1] Interrogatoire de *Pepin*, 29 octobre.

de papier où sont inscrites diverses sommes montant ensemble à 525 francs. Quoique la somme fût approximative de celle qu'il avait reçue, *Fieschi* ne voyant point figurer, dans l'addition, les sommes qu'il avait reçues, soit pour ses dépenses personnelles, soit pour son loyer, a déclaré qu'il ne reconnaissait point cette feuille pour le compte que *Pepin* avait discuté avec lui[1].

Entre le 15 et le 20 juillet, *Pepin*, *Morey* et *Fieschi* allèrent, si l'on en croit ce dernier, déjeuner ensemble hors la barrière de Montreuil, chez un restaurateur nommé *Bertrand*, dont *Fieschi* fréquentait l'établissement pendant qu'il travaillait à la manufacture des papiers peints de *Lesage*. La femme de ce restaurateur et une servante font ordinairement le service de la maison. Il paraît cependant qu'il prend un garçon les jours de fêtes, pour leur servir d'auxiliaire, ainsi que nous le verrons plus tard. *Pepin*, *Morey* et *Fieschi* demandèrent une bouteille de vin blanc; on leur apporta du vin rouge : ils firent réparer cette méprise, et déjeunèrent avec du fromage et du pain. Telles sont les enseignes données par *Fieschi* pour que l'on pût vérifier l'exactitude de son récit; voici maintenant la circonstance importante. Il paraîtrait que *Fieschi* et ceux qu'il désigne comme ses complices n'étaient pas d'accord sur la manière dont il fallait mettre le feu à la machine infernale. *Fieschi* soutenait qu'il fallait l'allumer par le milieu; et pour prouver sa thèse, il demanda qu'on fît une expérience; c'était là le but de la réunion de ce jour. Ils allèrent dans les vignes du côté du cimetière du Père-Lachaise. *Fieschi* mesura sur le terrain une ligne de 33 pouces, c'était la longueur présumée de la machine; il fit une

[1] Interrogatoire de *Fieschi*, 26 octobre.

traînée de poudre sur cette ligne. *Pepin* avait apporté un briquet phosphorique, il alluma une allumette et se mit en devoir de mettre le feu; mais il se tenait à une telle distance, *en tendant le bras et allongeant le corps*, qu'il était impossible qu'il atteignît la traînée; alors *Fieschi* lui arracha l'allumette et l'appliqua au milieu de la traînée de poudre, qui s'enflamma tout à la fois : dès lors, ils furent tous persuadés que la chose réussirait comme ils pouvaient le désirer.

Il y avait peu d'apparence que *Morey* et *Pepin* avouassent qu'ils avaient pris part à une expérience de cette nature; ils l'ont nié et se sont montrés indignés d'une telle inculpation. Mais on pouvait vérifier si la réunion avait eu lieu, et cette circonstance constatée pouvait ajouter quelque poids à la déclaration de *Fieschi*. *Fieschi* a reconnu le restaurateur *Bertrand*, celui-ci ne l'a point reconnu. La dame *Bertrand* et sa servante ont reconnu *Fieschi* pour l'avoir vu plusieurs fois, durant le cours de l'année, venir prendre son repas du matin dans leur guinguette. Toutes les deux ont reconnu *Morey*, mais sans pouvoir affirmer où elles l'avaient vu. Ni *Bertrand*, ni sa femme, ni sa servante, n'ont gardé le souvenir du déjeuner dont parle *Fieschi*, malgré les circonstances qu'il a révélées[1].

Lorsque *Fieschi* communiqua pour la première fois à *Morey* le plan de la machine infernale, il assure qu'il n'avait point encore l'attentat en vue; il voulait seulement faire connaître son génie inventif, et il avait imaginé un engin garni de quatre-vingt-dix fusils et d'une pièce de quatre, qui devait, pour la défense d'une place, suppléer, selon ses idées, à l'insuffisance de la

[1] Dépositions d'*Ajalbert Bertrand*, 17 septembre; de la dame *Ajalbert Bertrand*, 18 septembre; d'*Annette Barjeot*, 18 septembre.

garnison. Il dit à *Morey*, en lui présentant son plan : *Voilà qui vous aurait été bon dans les barricades. F...*, dit *Morey*, *ce serait meilleur pour Louis-Philippe*. Ce mot, toujours d'après *Fieschi*, devint comme le germe de l'attentat.

Au rapport de celui-ci, *Morey* disait que, s'il avait 100,000 francs il achèterait une maison près de la Chambre des Députés, ferait creuser un souterrain au moyen duquel il minerait la salle, et la ferait sauter, le Roi y étant. Il disait encore que, s'il trouvait le Roi au bout de son fusil, il ne le manquerait pas. *Morey*, après que la résolution de l'attentat eut été arrêtée, dit un jour à *Fieschi*, qu'à défaut de lui, s'il était malade ou pris par la police qui le poursuivait, il le remplacerait et ferait l'affaire.

Fieschi a fini par avouer qu'il n'avait pas dit la vérité quand il avait nié que *Morey* fût venu plusieurs fois le voir au boulevart du Temple, n° 50; il a même dit, d'une manière très-significative : *Quand il venait, il ne souhaitait pas le bonjour au portier*.

Morey avait fourni la poudre le jour où se fit l'expérience de la traînée de poudre; c'est lui, a répété *Fieschi*, qui a apporté, le dimanche 26 juillet, les balles, les chevrotines, le plomb et la poudre pour charger la machine. *Fieschi* y ajouta deux petites vis.

Il a affirmé de nouveau que c'était à *Pepin* et à *Morey* qu'il avait engagé sa parole, et que c'était la crainte de paraître à leurs yeux manquer *à l'honneur* qui l'avait retenu lorsqu'il avait été tenté de renoncer à son crime.

Le dessin de la machine fut montré à *Pepin* par *Morey*, pour lui donner une idée de la capacité de *Fieschi*. *Pepin* voulut alors voir *Fieschi*; et *Morey* le lui ayant présenté comme un condamné politique, *Pepin* le reçut en lui disant : *Moi aussi je suis patriote ;* et il lui demanda un modèle en bois de la machine dont *Morey* lui avait fait voir le dessin. *Fieschi* fit ce modèle chez un menuisier qui est portier de la maison n° 20, dans la petite rue de Reuilly. C'est là que demeure *Renaudin*, neveu par alliance de *Morey*, chez lequel *Fieschi* avait aussi trouvé quelquefois un asile durant la nuit.

Fieschi a reconnu qu'il s'était trompé quand il avait dit que l'argent qui devait servir à payer les canons de fusil lui avait été remis par *Pepin*. *Pepin* le lui fit remettre par *Morey*, qui le porta chez *Fieschi*. *Fieschi* n'a reçu des mains de *Pepin* que l'argent destiné à solder son loyer et le prix de son mobilier. *Pepin* s'est prévalu plus tard de cette variation de *Fieschi ;* il assure qu'il expliquera un jour comment il a pu secourir *Fieschi* de quelques sommes d'argent, sans avoir trempé dans ses criminelles machinations.

Morey parlait souvent à *Fieschi* des associations politiques dont il faisait partie. *Pepin* se vantait de connaître plus de quarante sociétés secrètes. Dans l'opinion de *Fieschi*, ceux qui faisaient partie de ces sociétés, et notamment de la société des Droits de l'homme, avaient été sûrement avertis par *Pepin* et *Morey* de ce qui devait arriver. *Pepin* devait avoir révélé à *Cavaignac*, avant l'évasion de Sainte-Pélagie, le projet de l'attentat. Ce dernier, toujours suivant la supposition de *Fieschi*, en avait sûrement parlé à *Guinard*, et ces deux individus avaient fort bien pu informer les autres[1]. Ils se seraient servis des journaux du parti pour la publica-

[1] Interrogatoire de *Fieschi*, 21 septembre.

tion des proclamations nécessaires après l'événement. Celle de ces feuilles sur laquelle *Pepin* devait le plus compter était celle du sieur *Raspail*, avec lequel il était intimement lié. A l'aide de tous ces moyens, leur projet était certainement d'établir un gouvernement provisoire. *Fieschi* pensait que tout cela n'aurait pas lieu sans coup férir; il était décidé à se battre aussi longtemps qu'il le faudrait, soit contre *l'étranger*, soit contre tous ceux qui opposeraient de la résistance. Il voulait se mettre à la tête d'une centaine d'hommes pour tirer parti de ses connaissances en tactique, sans aspirer à *une haute-paye*, car si on lui avait offert de l'argent, il l'aurait refusé; c'était uniquement pour le succès de la chose qu'il voulait combattre.

Fieschi a entremêlé cette déclaration de quelques excursions dans le passé. *Pepin* lui avait confié qu'il s'était armé pour prendre part à l'attentat commis à Paris en avril 1834, et que si l'affaire avait réussi, on aurait formé sur-le-champ une municipalité dont *Guinard* aurait été le chef, en qualité de maire, et dont *Pepin* devait faire partie. *Pepin* a nié ces prétendues confidences; il a déclaré qu'il n'avait ni les moyens, ni l'intention de jouer un rôle politique.

Cependant *Fieschi* persistait à soutenir qu'il avait chargé seul les canons de fusil de la machine, et, en ce point, il démentait la déclaration de *Nina*. Il persistait à soutenir que *Boireau* ne lui avait point fourni le foret au moyen duquel il avait percé ceux des canons de fusil qui n'avaient point de lumières, et il apportait à l'appui de ses dénégations un argument plein de force : *Après tout ce que j'ai déclaré*, disait-il, *il est évident que je suis autant compromis auprès des partis ennemis du Gouvernement, pour avoir fait connaître deux personnes, que si j'en faisais connaître cinq cents; par conséquent, quand je dis que* Boireau *ne m'a pas prêté de foret, et que j'ai acheté celui dont je me suis servi, je dois être cru.* Après un raisonnement aussi péremptoire, on aurait été fondé à présumer que c'était là son dernier mot; néanmoins la suite vous fera voir que ses prolixes révélations contenaient encore des réticences.

Il serait inutile et trop long de discuter d'une manière approfondie la déclaration que nous venons de résumer; nous nous contenterons de remarquer que, dans une de ses plus importantes parties, elle est purement hypothétique ou conjecturale. Or, les conjectures, qui peuvent souvent et à juste titre servir de base aux conclusions purement logiques de l'historien, sont insuffisantes pour motiver une décision judiciaire si elles ne sont accompagnées de présomptions graves, précises et concordantes. D'ailleurs, ces conjectures se rapportent à des hommes absents du procès.

Cependant il en est une qui se trouve corroborée par quelques dépositions dont vous trouverez l'analyse dans les notices qui composent la seconde partie de ce rapport. Ces dépositions établissent que, le 28 juillet, sur le boulevart du Temple, après la détonation de la machine infernale, plusieurs hommes armés se trouvaient réunis. Les uns, pour se dérober aux recherches de la police, se sont jetés dans des boutiques[1]; d'autres ont précipitamment changé de vêtements, ou quitté les blouses ou les pantalons de toile qui recouvraient leurs habits[2]. Dans la rue Meslay, plusieurs d'entre eux vou-

[1] Notices, n°s 146, 158.
[2] *Ibid.* n°s 147 et 149.

laient dételer une voiture pour commencer une barricade[1]. Sur d'autres points, des individus apostés semblaient, en apparence, attendre un événement, et prédisaient à l'avance un attentat contre la vie du Roi[2], ou se permettaient d'insulter grossièrement, après le fait accompli, ceux qui se félicitaient de ce que les intentions parricides des auteurs du crime avaient manqué leur effet[3]. Ces faits ne semblent-ils pas indiquer qu'un certain nombre de personnes étaient averties, sinon de ce qui devait se passer et des moyens qui devaient être employés contre la vie du Roi, du moins d'une catastrophe imminente, pour laquelle il fallait qu'elles se tinssent prêtes et en armes?

Cette dernière déclaration de *Fieschi* contient aussi le détail de plusieurs conversations intimes qui ont eu lieu sans témoins, et qui ne pourraient être avérées que par l'aveu des parties intéressées; cependant il a rapporté, à l'appui de ses allégations, quelques circonstances de fait qui pouvaient être contrôlées par des témoignages; ces témoignages ont été recherchés, et nous vous en devons compte

Renaudin est un marchand de couleurs qui demeure en effet petite rue de Reuilly, n° 20. Il est neveu de *Morey* par alliance, et, à la recommandation de son oncle, il a donné à coucher à *Fieschi* sept à huit fois, dans un espace de temps d'environ quinze jours à trois semaines, durant le mois de février dernier[1].

Un menuisier nommé *Barthe*, qui demeure dans la même maison, a déclaré que, durant ce temps, *Fieschi* lui demanda de lui vendre quelques morceaux de bois

Notices, n° 151.
Ibid. n°s 153, 186, 188.
Ibid. n° 172. Déposition de *Dumont*, 1er décembre
Déposition de *Renaudin*, 28 août.

pour faire un châssis. *Barthe* lui offrit de le faire, craignant que ses outils ne fussent gâtés s'il les confiait à *Fieschi*. Celui-ci insista, en disant, avec son accent méridional, qu'il connaissait *la partie* et qu'il réussirait mieux que *Barthe*. Le menuisier le laissa faire : au bout de deux heures, *Fieschi* avait effectivement terminé un châssis qui ressemblait à un métier de tisserand. Il pouvait avoir huit pouces de longueur sur quatre ou cinq de hauteur; les deux pieds de devant étaient plus courts que ceux de derrière. On ne fit pas payer à *Fieschi* le bois qu'il avait employé. Il avait dit d'abord que c'était le modèle d'un châssis de fourneau ; il dit ensuite que c'était celui d'un châssis à filtrer.

Barthe a reconnu *Fieschi*. On lui a représenté la machine infernale; il a déclaré qu'elle avait de la ressemblance avec le modèle fait par *Fieschi*; il n'en différait qu'en deux points, à savoir, que les rainures destinées à rendre mobile la traverse qui supporte les culasses des canons de fusil étaient transversales dans le modèle, tandis qu'elles ne le sont pas dans la machine, et que la traverse en forme de T qui se trouve dans celle-ci manquait au modèle, dans lequel se trouvaient seulement deux traverses parallèles[1]. Cette reconnaissance et cette ressemblance sont des points notables.

Fieschi fut enfin confronté avec la fille Nina *Lassave* : il reconnut la vérité de tout ce qu'elle avait déclaré; seulement il fit observer que cette fille soutenait à tort que la malle ne contenait aucune somme d'argent, puisqu'il devait s'y trouver cinquante francs qui y avaient été déposés pour elle ; quelques volumes des Œuvres de Cicéron,

[1] Déposition de *Barthe*, 29 septembre.

en latin et en français, étaient aussi dans cette malle ; le premier volume devait être dans les mains de *Pepin; Fieschi* le lui avait prêté. Enfin, il fit remarquer que *Morey* avait induit la fille *Nina* en erreur, en lui disant qu'il l'avait rencontré le 28 juillet au matin près du grenier d'abondance; c'était dans une rue près de celle des Fossés-du-Temple que cette rencontre avait eu lieu. La confrontation de *Fieschi* avec la fille Nina *Lassave* se termina par une dernière déclaration à la charge de *Morey*.

Vous vous souvenez, Messieurs, que cette fille avait dit que *Morey* s'était vanté à elle d'avoir chargé tous les canons de fusil de la machine infernale, moins trois, que *Fieschi* avait voulu absolument charger : ce dernier avait constamment nié ce fait. En présence de la fille *Nina*, qui répéta son récit sans hésitation et sans variantes, *Fieschi* changea de langage. Il reconnut que *Morey* était venu chez lui, le lundi 27, à cinq heures du soir ; qu'il avait apporté dans un *sac en toile* les chevrotines et les balles, et de la poudre dans une poire de corne. *Il y en a eu de reste*, a-t-il dit. Les canons de fusil n'étaient plus dans la malle. *Fieschi* et *Morey* se mirent à cheviller la machine et à l'assurer avec des cordes ; ensuite ils commencèrent à charger les canons. *Fieschi* versait la poudre dans la petite mesure qui sert à régler la charge ; il prenait les balles, qui étaient dans le sac, et les chevrotines, qui étaient sur la cheminée, et les donnait à *Morey*. Celui-ci s'était muni d'une petite baguette d'environ dix-huit pouces, parce qu'il avait, disait-il, fait faire les balles un peu plus fortes que le calibre ordinaire. Quand les balles étaient posées sur la bouche du canon, il fallait leur donner un coup de maillet pour les faire entrer, et ensuite les enfoncer avec la baguette. Un morceau du bois de la machine, que

Fieschi avait coupé, fut employé en guise de maillet. A mesure que les canons étaient chargés, *Fieschi* les plaçait sur les créneaux; quand ils furent tous chargés, il était à peu près neuf heures et un quart, neuf heures et demie.

Une réflexion se présentait naturellement : comment *Fieschi*, qui avait déjà déclaré que *Morey* lui avait fourni les balles, les chevrotines et la poudre, n'avait-il pas dit alors ce qu'il disait en ce moment? Était-ce à la vérité qu'il rendait hommage, ou changeait-il ainsi de langage pour ne pas démentir sa *petite Nina*, ou bien encore était-ce pour se venger des mauvais propos que *Morey* avait tenus sur son compte? M. le Président interpella l'inculpé de s'expliquer sur la cause de ses réticences : *Je me suis tu par orgueil*, a répondu *Fieschi*; *je n'étais pas convenu d'abord de ces choses, je n'ai pas voulu me démentir*[1].

Il nous faut de nouveau suivre *Fieschi* reprenant encore une fois son récit, si souvent commencé et jamais achevé. Quand les canons de fusil furent chargés, il descendit bien vite avec *Morey*, parce qu'il était pressé d'aller chercher Nina *Lassave*; il traversa le boulevart et fit venir un cabriolet qui emmena *Morey*. On n'a pu, quelques soins qu'on y ait apportés, retrouver la trace de cette course de cabriolet: sur cette place, les conducteurs ne tiennent point registre de leurs courses.

Alors, et nous tenons note de ces circonstances, parce qu'elles font de plus en plus connaître les dispositions de son âme dans les instans qui ont précédé le crime, *Fieschi* n'ayant plus trouvé la fille *Nina* chez Annette *Bocquin*, fut saisi d'impatience et *très-chagrin* de n'avoir pas dit à

[1] Confrontation de *Fieschi* avec Nina *Lassave*, 3 août.

Nina un adieu qui, dans sa pensée, aurait peut-être été le dernier. *S'il y avait eu de la place chez la maîtresse d'Annette,* dit-il, *je crois que j'y aurais couché; car je ne me sentais pas de force à coucher seul chez moi, en vue de la circonstance qui devait se présenter le lendemain. Eux-mêmes s'aperçurent que j'étais très-mécontent : je leur dis que je n'avais pas soupé; ils m'invitèrent à manger avec eux, je refusai; je restai longtemps....... et finis par m'en aller chez moi en me disant à moi-même : adieu à jamais!*

Il y a quelque chose qui saisit profondément, dans ce récit naïf des angoisses qui s'emparent du coupable, et le torturent, à mesure que s'approche l'instant fatal où doit s'exécuter le forfait qu'il a résolu dans son cœur; dans ces anxiétés croissantes d'une conscience que les passions effrénées n'écoutent plus; dans cette répugnance indestructible de la nature morale de l'homme pour le mal, dans cette secrète horreur que sa volonté pervertie ne surmonte jamais entièrement, sorte de remords stérile et anticipé qui n'expie, ni ne prévient le crime. Ce supplice intérieur est à la fois une éclatante preuve de l'existence de cette loi vivante qui naît avec nous, que les hommes n'ont point portée, et qui veille à la conservation du genre humain, et une haute et profonde leçon.

Ici plusieurs remarques sont à faire.

Vous n'avez pas perdu de vue que *Fieschi* avait dit antérieurement qu'il avait acheté le plomb pour fondre les balles chez le même ferrailleur qui lui avait vendu un foret, et que les balles avaient été fondues par lui dans un moule qu'il avait jeté dans le canal. Cette version ne saurait s'accorder avec son dernier récit, mais il l'avait donnée lorsqu'il niait encore toute participation de *Morey* à l'attentat. Depuis, les balles que *Morey* avait, selon la déclaration de la fille *Nina*, portées sur lui dans un sac, le mercredi 29, et jetées hors de la barrière du Trône, après qu'il venait de se vanter à elle d'avoir chargé les canons de fusil de la machine, ont été retrouvées au lieu qu'elle avait indiqué; et vous vous souvenez également que *Morey*, ou un homme qui lui ressemblait beaucoup, a été rencontré, le lundi 27 juillet au soir, par Élisabeth *Andrener*, dans l'escalier de *Fieschi*, détournant le visage pour n'être pas reconnu.

Fieschi n'avait plus rien à dire sur *Morey;* il s'était expliqué sur tous les indices qui venaient à la charge de celui-ci. Il n'en était pas de même à l'égard de *Boireau*. Mais il ne tarda pas à revenir aussi sur ses premières dénégations. Interrogé de nouveau sur la nature de ses relations avec ce jeune homme, on peut résumer comme il suit les détails qu'il a donnés.

Le dimanche 26 juillet au matin, *Fieschi* alla chercher *Boireau* à la boutique de son maître; ne l'ayant pas trouvé, il alla dans son logement rue Quincampoix, et, l'y rencontrant, il le pria de lui prêter un foret. *Boireau* alla en effet chez le sieur *Vernert* en prendre un, et le remit à *Fieschi*, qui ne l'instruisit pas de l'usage qu'il en voulait faire. Le manche du foret était en bois ordinaire, l'archet était d'un acier pliant, et la corde d'un acier élastique; *la conscience* (on nomme ainsi la plaque de bois sur laquelle on appuie la poitrine en manœuvrant l'instrument) n'avait que peu de trous. *Fieschi* ne perça que trois canons de fusil, parce que, sur les quatre qui n'avaient point de lumières, il n'y en avait que trois qu'on eût commencé à forer. Comme il perçait le troisième, la pointe de l'instrument s'émoussa.

Vous l'avez entendu repousser dédaigneusement

comme une supposition absurde l'idée qu'on lui avait prêtée de faire passer un homme à cheval devant la machine pour en prendre la mire; cependant il a fini par avouer qu'il était convenu avec *Pepin* et *Morey* que, le lundi 27 au soir, entre sept et huit heures, *Pepin* viendrait se promener à cheval, en face du Jardin Turc et de la croisée de *Fieschi*, afin que celui-ci dirigeât ses canons à la hauteur d'un cavalier cheminant sur la chaussée.

La parole donnée ne fut pas tenue, *Pepin* ne parut pas; la machine n'en fut pas moins ajustée, parce qu'il passa diverses personnes à cheval; mais *Fieschi* aurait désiré voir venir *Pepin*, pour s'assurer que *chacun faisait son métier*, c'est-à-dire, selon lui, que *chacun se prêtait à la circonstance de l'attentat que, depuis quatre mois*, Pepin, Morey *et lui avaient tramé.*

Après avoir quitté la fille *Bocquin*, comme *Fieschi* cherchait à se fuir lui-même et à s'étourdir *sur le mal qu'il devait faire le lendemain*, il entra au café des Mille-Colonnes. Il *s'amusait* à voir jouer au billard, lorsque *Boireau* arriva auprès de lui comme un homme *furieux*, très-content d'avoir appris par *Pepin* que, le lendemain 28, *Fieschi* devait se servir d'une machine qu'il avait faite pour tirer sur le Roi, sa famille et son escorte. Quand *Fieschi* eut entendu ces paroles, il se mit en colère et s'étonna que *Pepin* eût confié une affaire si grave à *Boireau*. Celui-ci dit alors à *Fieschi* qu'il était venu à cheval, entre sept et huit heures, sur le boulevart, se promener devant le Jardin Turc, et lui demanda s'il l'avait aperçu. Il raconta que *Pepin*, qui était malade, l'avait envoyé à sa place. Cette confidence donna beaucoup à penser à *Fieschi*, parce qu'il ne crut nullement à la maladie de *Pepin*, et qu'il imputa son absence à sa lâcheté et au désir qu'il avait de n'être pas connu pour avoir pris part à une entreprise si périlleuse.

On peut juger que la nuit qui suivit une telle soirée procura peu de repos à *Fieschi*; le lendemain au matin, craignant l'effet des indiscrétions de *Boireau*, il alla de bonne heure se promener sur le bord du canal, toujours en réfléchissant *au mal si étendu qu'il devait faire.*

Si j'avais tué le Roi, les princes et une grande partie des généraux et des gens de leur suite, dit-il, *que serait-elle devenue, notre malheureuse patrie! Je ne m'occupais pas de moi-même comme je m'occupais de la petite Nina, et je n'ai pas vaincu mon amour-propre d'avoir donné ma parole à des gens de cette espèce. En quittant les bords du canal pour revenir chez moi, je ne pris pas la rue d'Angoulême, parce qu'il y avait trop de monde; il me semblait que toutes les personnes que je voyais devaient lire sur ma figure que j'allais commettre un pareil attentat... Je rencontrai* Boireau *sur le boulevart, parallèlement à la rue Charlot, mais du côté opposé. Il était avec un jeune homme très-brun, portant des moustaches bien fournies, que je ne connais pas. Nous ne parlâmes de rien, quoique je pense que* Boireau *avait confié à son compagnon qu'il devait y avoir une affaire sérieuse. Il se tenait sans doute en réserve avec moi, pour ne pas me faire voir qu'il avait confié le secret à un autre. En me quittant,* Boireau *me dit, sans que l'autre l'eût entendu : Nous serons tous par là et nous attendrons l'affaire. — Je voltigeai par là comme un homme égaré en voyant la garde nationale et la troupe de ligne se placer.*

Fieschi a ajouté qu'il connaissait depuis longtemps la haine de *Boireau* pour le Roi et son gouvernement. Il a rappelé l'histoire d'une nuit d'ivresse dont il avait déjà fait mention, et durant laquelle, en sortant du café des

Sept-Billards, *Boireau* avait proposé à *Maurice* et à lui de tirer au sort à qui tuerait le Roi, et avait traité de lâche quiconque n'agréerait pas sa proposition. *Fieschi* a terminé cette révélation en disant qu'il avait tout dit et que désormais il n'avait plus rien à déclarer.

Il paraît qu'il en coûtait beaucoup à *Fieschi* d'incriminer *Boireau*. C'est le dernier des trois hommes qu'il désigne comme ses complices qu'il ait voulu charger. Il s'en excusait en quelque sorte, vis-à-vis de lui, lors de leur confrontation. Ce jeune homme lui tient au cœur, il semble n'avoir pas contre lui ce même ressentiment qu'on dirait qu'il éprouve contre *Morey* et *Pépin*, qu'il accuse de l'avoir entraîné dans le crime et de lui avoir fourni les moyens de le commettre.

Il est établi, par diverses dépositions, que *Boireau* a en effet emporté du magasin du sieur *Vernert*, le 26 au matin, un foret, sous un prétexte qui a été reconnu faux. La mèche de ce foret, qu'il a rapporté plus tard, s'est trouvée émoussée. *Fieschi* a cru reconnaître cet outil pour celui qui lui a servi à percer ses canons de fusil. Cependant il lui a paru que la mèche du foret qu'il avait employé était plus courte et plus cassée vers le bout. *Boireau* ne s'est pas souvenu si c'était là le foret qu'il avait pris avec lui quand il était sorti le dimanche 26 juillet; il sait seulement qu'il y a des forets pareils chez le sieur *Vernert*.

Un mot remarquable est échappé à *Boireau* lors de sa confrontation avec *Pepin*. M. le Président lui ayant rappelé qu'il semblait résulter de l'instruction que *Pepin*, qu'il soutenait ne pas connaître, l'avait envoyé, le lundi 27 juillet au soir, passer avec son cheval sous la fenêtre de *Fieschi*, *Boireau* a répondu : *Je n'ai qu'une chose à dire, c'est que je suis innocent; s'il y a d'autres complices, c'est à vous de les chercher ; ce n'est jamais moi qui livrerai un père de famille ; j'ai trop d'humanité pour cela.*

Toutefois jusque-là rien ne prouvait que *Boireau* connût l'emploi qui avait été fait de son foret par *Fieschi*, le lundi 27 juillet au matin ; il paraîtrait même, d'après la déclaration de *Fieschi*, que *Boireau* n'aurait été instruit par *Pepin* que le soir de ce même jour de l'existence de la machine ; ce n'est, en effet, que dans l'après-midi qu'il en aurait révélé l'existence à *Suireau*. Tout le reste de la déclaration de *Fieschi* roule sur des entretiens qui auraient eu lieu entre *Boireau* et lui, et que *Boireau* nie. L'appréciation de ces circonstances est toute morale, elle dépend de l'appréciation du caractère de ces deux hommes, et du degré de confiance que leurs paroles vous auront inspiré.

Dans sa confrontation avec *Fieschi*, *Boireau* a reconnu qu'il avait rencontré celui-ci sur le boulevart du Temple, le 28 juillet au matin ; mais il a soutenu que ce n'était pas lui qui avait dit à *Fieschi* : *Nous serons tous là, et nous attendrons l'affaire.*

M. le Président lui ayant demandé quel était celui qui pouvait avoir tenu ce propos, *Boireau* a répondu qu'il ne le savait pas. — *Est-ce la personne qui était avec vous?* a repris M. le Président. — *Je n'en sais rien*, a répliqué *Boireau*. — *Votre réponse donne à penser que quelqu'un a tenu ce propos, que vous le savez et que vous ne voulez pas le dire?* — *Il ne faut pas attacher trop d'importance aux paroles qui peuvent échapper à un ouvrier aussi peu instruit que moi. J'étais seul. Si j'ai été vu ce jour-là par Suireau avec Martinault, c'était sur le boulevart des Italiens.*

Fieschi a assuré depuis qu'il avait su de *Boireau* que

c'était un avocat de ses amis, chef de section de la société des Droits de l'homme, qui l'accompagnait ce jour-là sur le boulevart.

Il a déclaré, de plus, être allé une fois chez *Pepin* avec *Boireau;* il ne doute pas que *Boireau* n'y soit allé plus souvent. Cependant *Boireau* a déclaré ne point reconnaître *Pepin*, et *Pepin* a déclaré qu'il ne croyait point reconnaître *Boireau*, et que s'il l'avait vu une fois, il ne le reconnaissait pas. Plus tard, il a dit qu'il croyait bien l'avoir vu venir boire la goutte dans sa boutique.

Dans un tel état de choses, il ne restait plus qu'à rechercher soigneusement tout ce qui pouvait confirmer ou atténuer les révélations de *Fieschi*, fortifier ou infirmer les dénégations de ceux qu'il accusait d'être ses complices. Mais tout en y procédant, il était impossible de n'être pas frappé de la lenteur et de l'espèce d'hésitation que *Fieschi* avait apportée à faire ses aveux, et des constantes et énergiques dénégations de *Morey*, de *Pepin* et de *Boireau*. On ne pouvait s'empêcher de remarquer tout ce qu'il y avait d'invraisemblable à supposer qu'un homme tel que *Fieschi* se crût indissolublement lié jusqu'au crime, et au crime le plus détestable; jusqu'à la mort, et à une mort ignominieuse, par une promesse faite à des hommes tels que *Morey* et *Pepin*. Ne pouvait-on pas en conclure, ou que *Fieschi* était engagé envers d'autres hommes dont il avait lieu de priser plus haut l'estime ou le mépris, ou que, dans l'intention évidente d'améliorer son sort en faisant profession d'une sincérité mensongère, il aggravait à plaisir les charges qu'il faisait peser sur *Pepin* et sur *Morey?* Il était du devoir des magistrats instructeurs de lui présenter ces objections dans toute leur force; c'est ce qui a été fait.

Dans un de ses derniers interrogatoires, on lui a fait observer qu'en comparant la disproportion qui paraissait exister entre l'énergie de son caractère et ce qui apparaissait du caractère de *Pepin* et de celui de *Morey*, et en considérant les immenses et funestes conséquences de son attentat, on s'expliquait difficilement comment l'influence de ces deux hommes avait pu suffire, soit à lui en faire concevoir le projet, soit à le lui faire accomplir.

Nous allons transcrire la réponse de *Fieschi*; elle doit être pesée. Ce n'est qu'en se familiarisant avec ses idées, avec sa manière d'être et d'envisager les hommes et les choses, que l'on peut apprécier la vraisemblance ou la vérité de ses paroles. En pareille matière, il n'y a point de mesure commune entre les hommes : ce que dit chacun d'eux doit être examiné d'après son caractère, ses idées, ses croyances, sa situation sociale, ses actes antérieurs; en un mot, sa personnalité tout entière.

C'est pourquoi nous nous sommes efforcé le plus possible, dans le cours de ce rapport, de les faire penser, agir et parler devant vous; écoutez *Fieschi*:

« J'avais donné ma parole à *Pepin* et à *Morey*: je « leur avais des obligations depuis que j'étais pour« suivi, et le rang d'un homme n'est pour moi d'au« cune considération quand il s'agit de tenir une pa« role donnée. Si je n'avais été leur débiteur que d'une « somme d'argent, j'aurais pu m'acquitter; mais il s'a« gissait d'une dette de cœur. Toutefois, ayant mieux « connu *Pepin*, qui faisait le républicain et qui était aris« tocrate, qui n'avait pas eu le courage de mettre le feu « à la traînée de poudre que nous avions faite pour l'ex« périence de notre machine, qui était dominé par son « intérêt, et qui avait livré notre secret à un jeune «homme tel que *Boireau*, venu à cheval à sa place sur «le boulevart, le 27 juillet au soir, en face de ma «croisée, pour l'ajustement des canons; si j'avais eu «ce qui m'était dû par Isidore *Janot* et *Salis*, je me «serais libéré envers *Pepin*, et j'aurais été heureux de «renoncer à mon projet[1].»

C'est ici le lieu de relever une circonstance révélée par les sieurs *Suireau* père et fils, dans leurs dépositions. Quelques jours avant l'attentat, *Fieschi* paraissait se tourmenter beaucoup de ce que *Janot* n'arrivait pas; on l'entendait répéter avec impatience: « *Janot* n'arrive pas! *Janot* n'arrive pas! » Ne serait-ce pas que si *Janot* était arrivé, *Fieschi* aurait eu l'espérance de pouvoir payer ses dettes et de dégager sa parole?

On ne s'en est pas tenu là; il ne fallait pas lui laisser croire qu'on admettait sans examen, et sans un examen scrupuleux, les déclarations qu'il avait faites. Il était important de l'avertir que la justice ne demandait pas des coupables, mais la vérité avant tout; qu'elle ne voulait savoir que ce qui était en réalité, et que ce serait l'offenser, et non la satisfaire, que de désigner à ses poursuites des hommes qui ne seraient pas véritablement les complices du crime qu'elle était chargée de punir. Dans cette intention, on a représenté à *Fieschi* que *Pepin* avait nié tous les faits qui avaient été articulés à sa charge; qu'il avait opposé, à toutes les déclarations de son accusateur, les dénégations les plus formelles, et qu'il lui reprochait avec amertume de vouloir perdre gratuitement un père de famille, après l'avoir exploité. On l'a invité à réfléchir consciencieusement au résultat des graves accusations qu'il avait portées contre *Pepin*, et à ne dire que l'exacte vérité.

[1] Interrogatoire de *Fieschi*, 13 octobre.

A ces sérieuses observations *Fieschi* a fait une réponse solennelle. Nous nous conformons à ses intentions en la répétant : « Je demande que l'on écrive ici ma réponse « textuelle, sans s'occuper des formes de mon langage, « afin que ce soit exactement consigné au procès-verbal. « Je jure devant la face de Dieu et des hommes, sur le « tombeau de mon père, que tout ce que j'ai dit à l'égard « de mes complices est la vérité, et je le proteste en pré- « sence de la nation entière. Ce n'est point en deman- « dant ma grâce à aucun magistrat, depuis le président « et les ministres jusqu'aux juges d'instruction; car du « commencement, je ne l'aurais pas fait au Roi lui- « même. Si toutes les couronnes du monde fussent venues « me parler pour avoir ces révélations, elles n'auraient « pas eu un plus heureux succès, puisque je préférais « mourir sous le nom de *Girard*, dans l'espoir de ne pas « être connu.

« Ce n'est point par faiblesse ni par défaut de forces « physiques ou morales, ni par promesses d'argent, ni, « je le répète, pour ma grâce que j'ai fait ces révé- « lations consciencieusement. C'est un homme venu « sur mon chemin, que je connaissais depuis long- « temps, et qui avait été mon bienfaiteur; c'est par la « reconnaissance que je devais à M. *Lavocat*, malgré « qu'il y avait onze mois que je ne l'avais pas vu, « que je me suis décidé à parler. M. *Lavocat* a rendu « encore un autre service à son pays, quelle que soit « l'étendue des malheurs qui aient pu arriver, et que « j'ignore. La présence de M. *Lavocat*, que j'ai reconnu « de loin, causant avec M. *Panis*, pendant que j'attendais « le cortége, fut cause que je me dis à moi-même : « *Te voilà, mon bienfaiteur ; ta vue me fera manquer* « *mon projet!* Aussitôt je mis ma main aux deux écrous, «l'un après l'autre; je baissai ma mécanique de quatre «ou cinq pouces environ, c'est-à-dire les culasses, ce «qui fit changer la direction des bouches, en les éle-«vant ou même en les obliquant. La vue de cette «12e légion, composée de gens au milieu desquels «j'avais vécu pendant quatre ans, me fit aussi sentir «ce qu'il y avait de criminel à faire feu sur des hommes «avec lesquels j'avais bu et mangé; mais je répète que «l'homme qui s'était emparé depuis longtemps de mon «caractère et de mes sentiments, c'est M. *Lavocat*, «dont la présence me troubla au point que je n'étais «plus capable de reconnaître une personne sur la chaus-«sée. J'eus la pensée alors d'aller me jeter à ses pieds, «de lui avouer mon projet criminel. En donnant au-«dience à mes réflexions, je me dis : *Quand je t'au-«rai avoué mon projet, que feras-tu? Me feras-tu «partir à l'étranger? Depuis onze mois que je ne t'ai «vu, l'absence c'est la mère de l'oubli!*....... Pas «moins, je me suis décidé à descendre et à me jeter «à ses pieds. J'ai traversé trois chambres; mais comme «j'avais barricadé mes portes, pendant que je m'occu-«pais à sortir les planches, j'entends un roulement: «je reviens sur mes pas. J'aperçois la 12e légion qui «changeait de position. Je perdis de vue mon bienfai-«teur, mais je n'en restai toujours pas moins troublé.

«Il me vint à l'esprit que *Pepin* et *Morey* savaient «que je devais exécuter mon projet; que je leur avais «donné ma parole, et je me dis : *Il vaut mieux mourir «que de survivre à la honte d'avoir promis, et puis de «faire le lâche ;* car j'aurais été traité de lâche et d'es-«croc, malgré que je n'eusse reçu que 40 francs en-«viron en dehors des frais, pour tous les achats qu'il «avait fallu faire. Dans cet intervalle, j'aperçus le cor-

«tége en face de Franconi; je me dis alors : *Quel mal-«heur vas-tu faire?* Et moi-même je me sens bien cou-«pable d'avoir fait ces réflexions, et de n'en avoir pas «moins exécuté mon projet; d'avoir réfléchi que j'au-«rais pu tuer tant de généraux, qui n'ont point d'autre «fortune que leurs appointements, qui avaient gagné «leurs grades sur les champs de bataille, en combattant «pour leur pays, sous les ordres du grand Napoléon. «Ces généraux ont des enfants à élever, des filles à «marier, qu'ils auraient pu doter avec leurs appointe-«ments. Privés de leur père, ces enfants n'auraient pu «être élevés ni dotés. Pendant que je faisais ces ré-«flexions au pied de ma mécanique, le Roi continuait «sa marche, et il arriva près du grand arbre en face, «environ 30 ou 35 pas hors de la direction de mes «canons. J'aperçus même un général avec une écharpe «rouge qui avait, autant que je me le rappelle, franchi «la direction de mes canons; je ne songeai plus à ré-«tablir la direction de ma mécanique, je fis un pas «pour prendre un tison à la cheminée, la distance est «d'environ un mètre cinquante centimètres, et je mis le «feu. J'ignore ce qui en est résulté. Quand les ministres «sont venus me voir dans ma prison, je leur ai dit, en «présence de M. *Lavocat*, que si j'avais des révélations «à faire, je ne les ferais qu'à lui; que tout ce que je lui «dirais serait l'exacte vérité; je l'ai dite, même à mon «préjudice comme au préjudice de ceux qui m'avaient «fourni la farine pour faire le pain. J'ai un dernier vœu «à exprimer : ce que vous écrivez doit me survivre; il «faut que ces papiers soient lus et servent d'enseigne-«ment à ceux qui seraient tentés de faire comme moi; «qu'ils prennent des gants avant de m'imiter.»

«Ainsi, reprit le magistrat interrogateur, vous persis-

«tez à dire que vous n'avez fait que rendre hommage «à la vérité en faisant sur *Pepin* et *Morey* les déclara-«tions consignées dans vos précédents interrogatoires?» —«Oui, monsieur : j'ignore si *Pepin* ou *Morey* parlent, «mais moi je déclare de nouveau que je dis la vé-«rité. Les premières révélations que j'ai faites étaient «incomplètes; mais ce que je disais n'était pas moins «vrai..... J'ai été touché des visites de M. *Lavocat*, des «bontés qu'il m'a témoignées dans mon malheur; je sais «qu'il est attaché au Gouvernement, et j'ai cru faire à «la fois une chose agréable à mon bienfaiteur et utile à «la nation et au Roi, en lui révélant la série des cir-«constances qui m'avaient excité à réaliser mon crime.»

«Dire la vérité est le premier devoir d'un accusé, «reprit le juge d'instruction. La justice ne saurait croire «que, par complaisance pour une personne quelconque, «vous auriez fait de si graves déclarations; elle vous «invite de nouveau à dire si les aveux que vous avez «faits sont en tous points conformes à la vérité, ou s'ils «ne seraient que le résultat d'une combinaison quel-«conque de votre part.»—«Quels que soient les services «qu'ait pu me rendre M. *Lavocat*, quel que soit mon «dévouement pour lui, dévouement dont je lui ai donné «des preuves dans les événements de juin 1832 et d'a-«vril 1834, jamais ma complaisance n'aurait pu aller «jusqu'à trahir la vérité dans des circonstances aussi «graves, et quand mes déclarations peuvent avoir des «conséquences aussi extrêmes.»

Que pourrions-nous ajouter à ces paroles? *Fieschi* s'y manifeste tout entier. Jusqu'à quel point l'homme qui s'y peint mérite-t-il votre confiance lorsqu'il accuse ceux qu'il a évité si longtemps de compromettre par ses aveux? Dans quelle proportion les passions diverses qui le dominent peuvent-elles entrer dans ses premières et ses dernières déterminations? C'est ce qu'il ne nous appartient pas de préjuger.

Il nous reste à vous rendre compte de cette partie de l'information relative à *Morey*, à *Pepin* et à *Boireau*, destinée à servir de contrôle aux déclarations de *Fieschi*. Nous tâcherons d'éviter, autant que nous le pourrons, de vous fatiguer par d'inutiles répétitions, et nous ne redirons que ce qu'il sera indispensable de redire pour être clair, sans oublier que la clarté est notre principal devoir après une religieuse exactitude.

Vous connaissez déjà *Morey*. Né à Chassaigne, département de la Côte-d'Or, il a servi dix ans comme ouvrier dans le train d'artillerie de l'armée et dans un régiment de hussards. En 1816, il avait été arrêté comme prévenu de projets d'assassinats contre la famille royale. Il était, à la même époque, accusé d'un meurtre commis sur la personne d'un soldat autrichien pendant l'occupation étrangère; il fut acquitté par la cour d'assises du département de la Côte-d'Or, comme n'ayant donné la mort que pour sa légitime défense. On lui reproche d'avoir abandonné sa femme et ses enfants à Dijon, pour venir à Paris en 1817; depuis cette époque, il vit en concubinage avec une dame *Mouchet* qui passe pour sa femme; il exerce la profession de sellier et bourrelier.

Il n'a jamais dissimulé ses opinions républicaines : il en a fait profession ouverte dans ses interrogatoires. Il est habile au maniement des armes à feu, et connu dans les environs de Paris, pour ses succès, comme tireur de prix.

Le 11 avril 1826, un jugement du tribunal de commerce de Paris l'a déclaré en état de faillite. Les causes du dérangement de sa fortune furent attribuées, par le commissaire-rapporteur, à des dépenses frivoles, qu'entraînait principalement la présence de la femme *Mouchet* dans sa maison, où régnait, suivant le rapport, la plus grande dissipation.

La faillite de *Morey* fut suivie d'un contrat d'union entre ses créanciers, et enfin d'une transaction par laquelle ils consentirent à cesser toute poursuite, moyennant quinze pour cent de leur créance, payables dans quinze jours.

Plus tard, *Morey*, décoré de juillet, a fait partie de la société des *Droits de l'homme et du citoyen*. C'est vainement qu'il l'a nié; son nom est compris dans le dénombrement des membres de la section *Romme*, du 12e arrondissement; il paraîtrait même qu'il a rempli dans cette société les fonctions de commissaire de quartier. Lors de la perquisition faite à son domicile, on y trouva, entre autres ouvrages politiques, l'*Exposé des principes républicains de la société des Droits de l'homme et du citoyen;* le journal *le Populaire; les Chaînes de l'esclavage*, par *Marrast*, et le *Procès des accusés d'avril, publié de concert avec les accusés*[1]. Ces deux derniers écrits ne lui appartenaient pas.

Morey a reconnu qu'il avait caché *Fieschi* chez lui pendant trois mois, parce qu'il le croyait poursuivi pour délit politique; il a prétendu que *Fieschi* était entré chez lui au mois de novembre 1834, et qu'ils s'étaient séparés en janvier. La déposition de la femme *Mouchet* est conforme à cette déclaration. *Fieschi* était tout à fait sans argent quand il était chez *Morey*, et quand il en est sorti.

[1] Procès-verbal de perquisition chez *Nolland* et *Morey*, par M. *Gaschon*, 31 juillet.

Morey prétend n'avoir revu *Fieschi* qu'une fois depuis que celui-ci serait sorti de chez lui, et cela vers le milieu de juin. Après avoir parlé de cette entrevue sans rien ajouter, *Morey* s'est ravisé dans un de ses interrogatoires suivants. Il n'a point changé la date de l'entrevue, mais il a déclaré que c'était près de l'Arsenal que *Fieschi* lui avait parlé d'un ami qui devait le présenter à un grand personnage, et avait fini par lui dire que *les républicains étaient des lâches*, et *qu'il arrangerait cette affaire-là. Il fallait bien qu'il eût des vues*, a continué *Morey*, puisqu'il a dit à *Nina*, deux jours avant l'événement : *qu'après demain elle serait heureuse! c'est elle qui l'a dit.*

A une troisième reprise, et dans un troisième interrogatoire, *Morey*, qui a jugé apparemment n'avoir pas parlé assez explicitement jusqu'alors, a déclaré, tout à coup, que *Fieschi* lui avait annoncé *avoir changé de drapeau, et que le parti républicain n'était pour rien dans cette affaire-là.* M. le Président lui ayant demandé ce qu'il en savait, il a répondu positivement qu'il était *à sa connaissance qu'il n'y avait aucune personne du parti républicain compromise dans cette affaire.*

Il est difficile de n'être pas frappé de la tardiveté et du caractère récriminatoire de ces déclarations, et rien n'est plus évident que leur inconséquence; car, en dépit des dénégations de *Morey*, elles contiennent l'aveu implicite que *Fieschi* s'était ouvert à lui sur ses projets. On doit en conclure, en effet, qu'il savait que *Fieschi* avait entrepris une affaire fort grave, dans laquelle les républicains avaient dû le servir, puisqu'il les accusait d'être des lâches pour l'avoir abandonné. Il résultait d'ailleurs nécessairement de ces confidences qu'il avait existé des rapports fréquents et intimes entre *Morey* et *Fieschi:* c'est ce que M. le Président fit remarquer à *Morey,* qui ne put donner, de ces contradictions, aucune explication satisfaisante.

Morey a nié avoir accompagné *Fieschi* lorsque celui-ci est allé louer son appartement au boulevart du Temple; il a soutenu ne s'être jamais donné pour son oncle; il a nié qu'il connût *Fieschi* sous le nom de *Girard,* et il a soutenu ne lui avoir jamais donné d'argent. Sophie *Salmon,* fille du portier de la maison n° 50 du boulevart du Temple, confrontée avec *Morey,* a dit qu'elle *croyait bien que c'était lui* qui accompagnait *Fieschi* quand il est venu louer l'appartement où était placée la machine, et qui se donnait pour l'oncle de *Girard.* Elle a ajouté : *Surtout lorsque je l'examine par derrière, c'est bien cet homme-là; c'est sa taille, sa corpulence; mais il n'a pas l'accent gascon qu'avait l'oncle prétendu du faux* Girard[1]. La femme *Larcher*[2], qui habite la maison dont la fille *Salmon* est portière, confrontée avec *Morey,* a reconnu qu'il avait la *tournure de l'individu qui se disait l'oncle de* Girard ; *mais que cet homme lui avait semblé un peu plus grand et un peu plus fort que celui qui était actuellement devant ses yeux.*

Élisabeth *Andrener*[3] a également trouvé que *Morey avait de la ressemblance avec l'individu qui passait pour l'oncle de* Girard ; *mais que cet homme ne portait pas de favoris, et qu'il lui avait paru* un peu plus grand que l'homme avec lequel elle était confrontée, *et avoir les épaules plus larges.*

Selon Nina *Lassave,* c'était *Morey* qui, d'après ce qu'elle tenait de *Fieschi* lui-même, était enfermé avec

[1] Interrogatoire de Sophie *Salmon,* et sa confrontation avec *Morey,* 1er août.
[2] Déposition de la femme *Larcher,* et sa confrontation avec *Morey,* 3 août.
[3] Déposition d'Élisabeth *Andrener,* et sa confrontation avec *Morey,* 3 août.

celui-ci dans sa chambre lorsque la portière du n° 50 avait empêché *Nina* de monter chez *Girard*, parce que, disait-elle, *il est enfermé avec son oncle*. *Fieschi* a déclaré lui-même, en termes exprès, que *Morey* était celui dont il se disait le neveu, et qui l'avait accompagné lors de la location de son appartement.

Morey a nié s'être trouvé chez *Fieschi* le dimanche 26 juillet. Il a soutenu que, le lundi 27, à l'heure où Nina *Lassave* assure l'avoir vu buvant de la bière avec *Fieschi* sur le boulevart du Temple, il était, avec les autres décorés de juillet, rue du Faubourg-Saint-Martin, à l'église française où l'abbé Châtel officiait. Quelques personnes qui se trouvaient avec *Morey* dans cette église, où *Pepin* se trouvait aussi, ont fait connaître qu'il en était sorti de bonne heure et avant la fin de la cérémonie.

Il a soutenu que le jour de l'attentat, après être parti à six heures du matin, pour aller à la Maison-Blanche faire un recouvrement, il était rentré chez lui avant dix heures, et n'était plus ressorti qu'après son second déjeuner et pour aller chez *Nolland*.

Nolland était, comme *Morey*, de la société des Droits de l'homme et membre de la même section. On a saisi chez lui divers numéros des différents journaux du parti, tel que *le Réformateur*, *le Populaire*, *le Bon Sens*, et un exemplaire de *la Révolution de 1830, par M. Cabet*.

Cependant la présence de *Morey* dans la rue des Fossés-du-Temple, entre dix heures et demie et onze heures et demie, le jour de l'attentat, a été constatée par la déposition d'un domestique de M. *Panis*, membre de la Chambre des Députés. Ce témoin[1] a vu *Morey* venant

[1] Déposition de *Burdet*, et sa confrontation avec *Morey*, 8 août.

du côté de la Bastille et allant *tout doucement;* il passait devant la *porte du Jeu de boule.*

Morey a nié le fait. *Burdet*, c'est le nom du témoin, a persisté à le soutenir en la présence de *Morey*, quand ils ont été confrontés. *Morey* connaît *Burdet* pour un honnête homme, qui n'a aucun motif de haine contre lui; il soutient seulement qu'*il s'est trompé*. Pour le prouver, il dit que s'il avait passé près de *Burdet*, qu'il connaissait, il l'aurait salué ou lui aurait parlé. L'observation de *Morey* aurait quelque force si le motif probable de sa présence en ce lieu ne faisait comprendre qu'il était peu curieux d'y être remarqué en un pareil moment.

Il résulte d'une déposition de la femme *Mouchet*, la même qui vit *maritalement* avec *Morey*, selon leur langage, qu'après être sorti de chez lui, à sept heures du matin le 28 juillet, il est rentré, entre neuf et dix heures; ensuite il est sorti de nouveau, et n'est revenu pour le dîner qu'*après que les enfants avaient mangé.* Selon *Lutz*, apprenti de *Morey*, et la fille *Mony*, repasseuse, qui demeure dans la même maison, il ne serait rentré chez lui, ce jour-là, pour la seconde fois, qu'entre une heure et une heure et demie; il est donc probable que *Morey* ne rend pas un compte exact de l'emploi de son temps, et le témoignage de *Burdet* subsiste dans toute sa force.

Nous avons dit que *Morey* soutenait n'avoir su qu'après l'attentat que *Girard* et *Fieschi* ne faisaient qu'une seule et même personne; il prétend ne l'avoir appris que de la bouche de *Nina* quand il lui a fait porter la malle de *Fieschi*. Il avait d'abord nié ce dernier fait, sur lequel la déposition des témoins qui l'ont reconnu[1], le témoignage de *Nolland* et les déclarations de Nina *Lassave* ne laissaient aucun doute. Il a fini par convenir lui-même de ce qu'il n'avait pas avoué plus tôt, et il a reconnu qu'il avait *menti pour la malle*[2]; ce sont ses propres expressions.

Il prétend que son intérêt pour *Nina* a été excité par le récit qu'elle lui a fait de la manière dont *Fieschi* s'y était pris pour la faire sortir de la Salpétrière. *L'homme le plus barbare*, dit-il, *aurait fait ce que j'ai fait.*

Toutes les circonstances concourent pour démentir le récit de *Morey*. Vous avez vu que la fille *Nina* est sortie spontanément de la Salpétrière; qu'elle n'en est sortie qu'après l'attentat, et que *Fieschi* lui avait même expressément recommandé de l'y attendre. Ces faits ne résultent pas seulement des déclarations de *Fieschi* et de *Nina*, mais ils sont confirmés par les dépositions des femmes *Roux*, *Sornet* et *Beauvillers*, qui habitaient la Salpétrière comme *Nina*, et par celle d'Annette *Bocquin*, chez laquelle *Nina* s'est réfugiée dans la nuit du 28 au 29 juillet.

Morey accuse *Nina* et *Fieschi* de s'entendre pour perdre leur bienfaiteur; il soutient que *Nina* ne lui a rien dit de ce qu'elle savait, qu'après avoir reçu la malle, le 30 juillet. Cependant il convient que *Nina* est venue le chercher la veille, après midi, dans sa maison; *qu'il n'a pas voulu l'entendre là;* qu'il lui a dit *qu'elle lui conterait cela plus tard*, et qu'il l'avait envoyée *l'attendre à la barrière du Trône*. Il a reconnu qu'il était allé l'y joindre, et qu'il l'avait menée chez un traiteur

[1] Confrontation de *Morey* et de *Dubromet*, 2 août.
[2] Interrogatoire de *Morey*, 6 août.

hors de la barrière, où elle s'était fait apporter une soupe et un demi-setier de vin[1].

Vous savez l'importance de ce rendez-vous, et vous vous rappelez ce que la fille *Lassave* en a raconté. *Morey* a été reconnu par le garçon de service du restaurateur *Bertrand*, demeurant près la barrière de Montreuil; il l'a vu venir, le mercredi 29 juillet, vers trois ou quatre heures de l'après-midi, prendre un repas, en compagnie d'une jeune fille *qui avait un œil de moins.* On leur a servi un potage, un pain, deux côtelettes de veau cuites dans leur jus, et une bouteille de vin blanc. Ils sont restés une heure et demie à table; pendant ce temps, ils ont causé tout bas, de manière à n'être pas entendus, et à être remarqués par des officiers de la garde nationale de la banlieue, qui étaient à une autre table, et qui n'ont pu s'empêcher de faire quelques plaisanteries sur le long entretien de ce vieillard et de cette jeune fille. La servante du restaurateur *Bertrand* a reconnu la fille *Lassave* pour l'avoir vue, le 29 juillet, dans l'établissement de son maître, en compagnie de *Morey*[2], qu'elle avait déjà reconnu. Nina *Lassave* reconnaît les deux témoins, ainsi que le restaurateur *Bertrand*, quoique celui-ci ne la reconnaisse pas[3].

Morey convient qu'il a recommandé *Fieschi* à son neveu *Renaudin;* mais il prétend ne pas connaître le sieur *Lesage*. Il ne sait pas si *Fieschi* avait pris le nom de *Bescher* en allant travailler à la manufacture de papiers peints; il ne se souvient pas d'y être allé voir *Fieschi*. Cependant il ne nie pas que *Fieschi* ne lui ait fait vendre pour 30 fr. de colle au sieur *Lesage*.

[1] Déposition de *Dambreville* et sa confrontation avec *Morey*, 22 et 30 septembre.
[2] Déposition d'*Annette Bargeot*, 30 septembre.
[3] Déposition d'*Ajalbert Bertrand*, 30 septembre.

Si Fieschi *avait pris le nom de* Bescher, ajoute-t-il, il est possible que *Lesage* m'ait dit : *J'ai Bescher ici; il l'aura fait venir, et je l'aurai vu; c'est comme cela que les choses se seront passées.*

Il est à craindre que ces aveux et ces dénégations ne pèchent également par défaut de franchise. Il est difficile d'admettre que *Morey* ait donné rendez-vous à la fille *Lassave* hors de la barrière de Montreuil, le 29 juillet, et qu'ils aient causé ensemble pendant une heure et demie, sans que celle-ci ait entretenu *Morey* de ce qui l'intéressait. Il est peu probable que si *Morey* ne connaissait pas le sieur *Lesage*, et si le sieur *Lesage* n'était pas informé de l'intérêt que *Morey* prenait au faux *Bescher*, il eût fait venir ce dernier pour voir *Morey*, lorsque celui-ci venait à la manufacture de papiers peints. D'ailleurs il résulte d'une déclaration du sieur *Lesage*, que *Morey* est venu voir *Bescher* plusieurs fois à la manufacture pendant que ce dernier y travaillait. Or *Morey* connaissait le véritable *Bescher*: quand il venait chercher celui qui se cachait sous ce nom, c'était donc évidemment *Fieschi* qu'il venait voir.

Morey et Nina *Lassave* ont été confrontés[1]. *Nina* a répété, avec la plus ferme assurance et dans le plus grand détail, devant *Morey*, tout ce qu'elle avait dit à sa charge; il a persisté à tout nier, sauf cependant la partie du récit de la jeune fille relative aux soins qu'il s'est donnés pour lui trouver un logement, et à la remise de la malle de *Fieschi*. Il a ajouté que c'était là *sa plus grande faute*, et que *pour tout le reste il ne craignait rien;* il a reproché à *Nina* de débiter une longue suite de mensonges, et il s'est écrié : *Y aurait-il eu du bon sens qu'après une chose comme celle-là, je fusse allé chercher une enfant pour la lui conter?* Il reconnaît lui avoir

[1] Interrogatoire de *Morey* et sa confrontation avec Nina *Lassave*, 26 août.

donné quelque argent; il est également convenu qu'il peut avoir parlé à *Nina* de la manière dont les canons de la machine étaient chargés, et, à cette occasion, il a développé une théorie sur l'art de charger les armes à feu, qui ne laisse pas, dans une pareille circonstance, d'avoir quelque importance dans sa bouche.

Vous vous souvenez que, selon *Nina*, *Morey* aurait dit, en s'emparant du carnet de *Fieschi*, qu'il fallait le brûler ou le détruire, en un mot, le faire disparaître. Le carnet de *Fieschi* a été trouvé dans les latrines de la maison n° 23, rue Saint-Victor, habitée par *Morey*[1]. Il est constant que la fille *Lassave* est retournée chez *Morey* après l'ouverture de la malle, le dimanche 2 août, mais elle affirme que les ouvriers de M. *Morey* lui ayant dit qu'il n'y était pas, elle n'est pas entrée dans la maison, et personne ne dit l'y avoir vue. *Morey* cependant prétend n'avoir eu aucune connaissance du carnet de *Fieschi*; il ne l'a point emporté, il ne l'a point jeté dans les latrines où on l'a trouvé; il attribue à *Nina* cette action déloyale.

Morey avait d'abord déclaré qu'il ignorait complétement si *Pepin* connaissait *Fieschi*; plus tard il est convenu qu'au mois de mars dernier il avait dîné chez *Pepin* avec plusieurs personnes, et qu'il y avait vu venir *Fieschi* pendant qu'on était au dessert et avant qu'on eût pris le café. Il a fini par avouer que c'était lui qui avait fait connaître *Fieschi* à *Pepin*[2], et qu'il le lui avait présenté sous son véritable nom, depuis que *Fieschi* ne logeait plus chez *Morey*, c'est-à-dire depuis le mois de janvier.

Itérativement interrogé sur toutes les circonstances à sa charge, déclarées par *Fieschi* ou par *Nina*, *Morey*

[1] Procès-verbal de perquisition, 25 août.
[2] Interrogatoire de *Morey*, 29 août.

a persisté à tout nier. Il a soutenu que *Fieschi* était un imposteur; que c'était lui qui, pour débarrasser sa chambre, avait remis des balles à la fille *Lassave*, qui les avait portées hors de la barrière et avait, contre toute vraisemblance, accusé *Morey* de les y avoir déposées. Car, en admettant, a-t-il dit, qu'il eût des balles en sa possession et qu'il voulût s'en débarrasser, il aurait été bien plus naturel qu'il les jetât dans la rivière, en passant sur le pont d'Austerlitz, que de les porter péniblement hors de la barrière du Trône, d'autant plus qu'il ne pouvait avoir aucun intérêt à les retrouver, puisque *pour quatre sous* il aurait pu fondre plus de balles qu'il n'y en avait dans le sac qu'on lui a représenté, tandis que *pour quatre sous* il ne voudrait pas faire une course aussi longue. Il a affirmé, contradictoirement avec son premier interrogatoire et conformément à la vérité, qu'il avait d'ailleurs des balles à la maison [1], et qu'il n'avait nul besoin de s'en procurer d'autres.

Les balles saisies chez *Morey*, les balles trouvées dans un sac de toile, hors de la barrière du Trône, et que Nina *Lassave* a déclaré y avoir été jetées par *Morey*, et diverses balles extraites des corps des diverses personnes tuées ou blessées, sur le boulevart du Temple, au moment de l'explosion, d'autres balles enfin ramassées sur les boulevarts, aussitôt après l'événement, ont dû être comparées entre elles par un expert. Il résulte de son rapport [2] que les soixante-six balles, trouvées hors de la barrière de Montreuil, sont toutes égales entre elles, et par conséquent sorties, à la même époque, du même moule; enfin, qu'elles étaient toutes aptes à charger les canons de la machine de *Fieschi*, puisqu'elles entrent librement dans sept de ces canons; et qu'à l'aide d'une baguette

[1] Interrogatoire de *Morey*, 14 septembre.
[2] Rapport du sieur *Lepage*, armurier, 18 septembre.

de fer ou de bois, on peut les introduire, dans les autres, en se servant d'un maillet, et il a été saisi chez *Fieschi*, une tringle qui paraît avoir servi à cet usage. Il est constant que ces balles sont, généralement de quelques grains, plus lourdes que celles qui ont été extraites des corps de M. le lieutenant-colonel *Rieussec*, et de MM. les grenadiers de la garde nationale, *Léger* et *Ricard*; que cependant, il s'en est trouvé une du même poids, et une autre plus légère de quelques grains; enfin, qu'elles sont exactement d'un poids égal à celles qui ont été recueillies sur le boulevart, et qu'elles n'en diffèrent que par leur forme, qui a dû nécessairement s'altérer dans les canons de fusil, et par le choc des corps, plus ou moins durs, qu'elles ont rencontrés lors de leur projection. Mais ces balles n'ont aucun rapport avec celles qui ont été trouvées au domicile de *Morey*, et ne peuvent entrer dans aucun des moules qui ont été saisis chez lui, tandis que les deux sortes de balles, renfermées dans sa boîte, se rapportent parfaitement à ces deux moules.

Morey est inébranlable dans ses dénégations. Quand M. le Président lui a parlé du petit modèle de la machine que *Fieschi* aurait présenté à *Pepin*, il s'est écrié : *M.* Pepin *est un honnête homme, et il aurait bien remué* Fieschi, *si celui-ci lui avait présenté un projet pareil.* Quand M. le Président lui a demandé s'il avait quelque souvenir des conversations qui auraient eu lieu entre *Pepin*, *Fieschi* et lui, sur les conséquences de l'attentat de *Fieschi*, et sur le parti qu'il faudrait en tirer pour organiser un gouvernement provisoire, il a répondu : *Il faut avoir des capacités pour faire des choses pareilles, et je vous demande si ce serait un homme de mon âge et de mon état qui entreprendrait des choses semblables*[1].

[1] Interrogatoire de *Morey*, 21 septembre.

Dans le cours de l'instruction, celui que l'on conjecture être le même que *Morey* a été désigné plusieurs fois comme vêtu d'une redingote bleue et d'un pantalon blanc, ou d'un habit noir, et coiffé d'un chapeau noir ou d'un chapeau gris. On a saisi chez Morey, selon un procès-verbal de perquisition[1], une redingote verdâtre ou bleuâtre qu'il porte habituellement, un habit de drap noir, un pantalon de croisé de coton blanc, un chapeau de soie noir et un autre de feutre gris.

On avait signalé *Morey* comme ayant travaillé dans les écuries de M. le duc *d'Angoulême*, et comme portant une fleur de lis tatouée sur le bras. *Morey* a déclaré que ces faits étaient faux; il n'a jamais travaillé pour la maison de ce prince, et la marque qu'il porte sur le bras est la figure d'un hussard, qui y a été tatouée pendant qu'il était au service. Les témoins entendus sur la première de ces circonstances ont confirmé la déclaration de *Morey*; il n'a jamais travaillé pour les écuries de M. le duc *d'Angoulême*.

Le 22 août *Morey* a déclaré qu'il cesserait de prendre de la nourriture si on ne changeait pas son régime. Ce régime a été amélioré selon l'avis et les prescriptions des médecins; néanmoins la santé de *Morey* n'a cessé de décliner depuis qu'il est arrêté. Il paraît atteint d'un profond chagrin. Le désordre de ses affaires, la gravité de l'inculpation qui pèse sur lui, les charges qui résultent de l'instruction, le vif ressentiment qu'il éprouve contre ceux dont les déclarations l'incriminent, aggravent le mauvais état d'une santé dès longtemps altérée par un empoisonnement accidentel, et font craindre pour sa vie.

[1] Procès-verbal de saisie, 3 août; perquisition chez *Morey*, 3 août.

Nous vous avons rendu compte de l'évasion de *Pepin* : elle eut lieu le jour même de son arrestation ; à peine eut-il le temps d'être interrogé par M. le Président. Pendant près d'un mois, il s'est soustrait aux recherches les plus exactes et les plus multipliées ; il a échappé à la surveillance la plus rigoureuse. Cependant, si l'on devait en croire une lettre adressée par lui à M. le Président et à M. le Procureur général près la Cour des Pairs, et qu'il fit insérer dans les journaux, il ne s'était point évadé pour se soustraire à la justice ni à la juridiction de la Cour, mais parce que la délicatesse de sa santé lui rendait impossible de supporter, sans succomber, une longue détention. Il prenait, dans cette lettre, l'engagement de ne pas quitter Paris, et promettait de se constituer prisonnier en temps utile, si on le lui ordonnait. Il s'indignait qu'on lui supposât le caractère assez barbare pour être, avec connaissance de cause, de complicité dans un crime, et reconnaissait cependant l'obligation de se disculper, même pour l'honneur de ses enfants, d'une accusation, selon lui, aussi *banale* que déplorable.

Cependant *Pepin* avait quitté Paris ; il était retourné dans l'asile que lui avait procuré, dans le courant du mois d'août, son ami et son associé commercial le sieur *Collet*. Tous les jours il était entouré de gens qui lui offraient des passe-ports, et qui le pressaient de partir. Il refusa un passe-port pour la Belgique, dans la crainte que son extradition ne fût demandée et accordée.

Le sieur *Collet* alla de sa part chez M. Armand *Carrel* et chez M. *Garnier-Pagès*, membre de la Chambre des Députés, pour leur demander des conseils sur le parti auquel *Pepin* devait s'arrêter. Le sieur *Collet* était chargé de les assurer que *Pepin* était fort de sa conscience et ne craignait rien; il ne les trouva pas dans leur domicile: ils étaient l'un et l'autre absents de Paris. *Pepin* n'a ni contesté, ni reconnu la vérité de ce récit; il connaissait M. *Garnier-Pagès* et M. Armand *Carrel* pour les avoir vus une ou deux fois; il ne se rappelle pas que personne lui ait donné *directement* le conseil de ne point aller en Belgique, de crainte d'extradition.

Le sieur *Collet* a déclaré qu'étant allé au bureau du journal *le National*, pour savoir où il pourrait trouver M. Armand *Carrel*, un des rédacteurs du journal lui demanda de quoi il s'agissait; le sieur *Collet* lui fit part de sa mission : alors le sieur *Estibal*, qui se trouvait là, après avoir causé avec une autre personne, invita le sieur *Collet* à laisser son adresse, et lui promit de s'occuper de l'affaire de *Pepin*. En effet, deux personnes vinrent peu de jours après chercher le sieur *Collet* à Lagny; il était absent. Le 17 ou le 18 août, le sieur *Estibal* revint seul; il dit au sieur *Collet* qu'il s'était procuré un passe-port à l'étranger pour son beau-frère *Bichat*, condamné à plusieurs années de prison comme gérant du journal *la Tribune*, et qu'au moyen de ce passe-port, qui était au nom d'une dame et de son neveu voyageant ensemble, *Pepin* pourrait partir pour la Belgique avec *Bichat*. Le sieur *Collet* répondit qu'il en parlerait à *Pepin*. Le dimanche suivant, les sieurs *Estibal* et *Bichat* vinrent à Lagny; le sieur *Collet* leur fit voir *Pepin*; celui-ci refusa de se déguiser en femme, et déclara que, s'il quittait la France, ce ne serait que pour aller en Angleterre.

Le sieur *Estibal* lui proposa, moyennant 100 fr., un passe-port pour l'Allemagne; il disait qu'il en avait autant qu'il en voulait; qu'il s'en était procuré neuf pour les évadés de Sainte-Pélagie, mais que dans le moment il était assez difficile d'en obtenir, surtout pour l'Angleterre, Pepin pria le sieur *Collet* de dire au sieur *Estibal* qu'il ne voulait point de passe-port. Le sieur *Barbieri* a confirmé cette déposition par la sienne[1].

Le sieur *Estibal* a été entendu; sa déposition n'a pas été en tout conforme à celle du sieur *Collet;* selon lui, la personne que *Collet* serait allé chercher au bureau du *National*, et avec laquelle il aurait conféré dans l'intérêt de *Pepin*, aurait été le sieur *Bergeron*. Le sieur *Bergeron* serait ensuite venu à Lagny avec le sieur *Estibal*.

Celui-ci a expliqué que ce n'était point lui qui avait eu à sa disposition les passe-ports donnés aux évadés de Sainte-Pélagie, mais bien la personne qui lui avait procuré un passe-port pour son beau-frère *Bichat*[2] et qu'il a refusé de nommer.

La déclaration du sieur *Bergeron* a confirmé celle du sieur *Estibal;* il a dit que *Pepin* avait fait, le 27 juillet, une collecte pour les détenus politiques, dans l'église de l'abbé Châtel, et en avait apporté le produit au bureau du *National*. Le sieur *Bergeron* l'avait vu plusieurs fois au bureau de ce journal pour affaires de rédaction, et notamment avec le père de *Jeanne*, le prisonnier de Clairvaux[3].

Cependant les journaux répétaient, de temps à autre, la nouvelle du passage de *Pepin* dans certaines villes hors des frontières, et de son arrivée en pays étranger. La police ne prit point le change, et le 21 septembre, pendant la nuit, *Pepin* fut découvert à

[1] Déposition de *Barbieri*, 2 octobre.
[2] Déposition d'*Estibal*, 6 octobre.
[3] Déposition de *Bergeron*, 7 octobre.

Magny, département de Seine-et-Marne[1], en chemise, caché dans une fausse armoire placée au fond d'une alcôve, au domicile du sieur *Rousseau* père, propriétaire.

Il fut arrêté; M. le préfet de police avait dirigé l'opération en personne. On trouva dans le paquet apporté[2] par *Pepin*, lors de son arrestation, 940 francs, dont 840 francs en or; un sac de nuit contenant diverses hardes et un volume broché des *Œuvres de Saint-Just*. Un autre paquet contenait, entre autres vêtements, deux *blouses de toile grise* et une *casquette de crin gris*, enfin quelques papiers, sur l'un desquels se trouvaient divers itinéraires, savoir : de Paris à Rouen, de Rouen à Dieppe, de Lagny à Boulogne, et une notice des visites domiciliaires infructueusement faites par la police pour la recherche des complices de *Fieschi*, extraite du *National* du 16 août 1835, et contenant les noms des personnes au domicile desquelles ces visites auraient eu lieu, selon ce journal. Il n'était pas impossible que cet article eût pour but d'indiquer ces habitations, comme autant d'étapes, où ils pouvaient espérer de trouver asile et bon accueil, à ceux qui fuyaient les recherches de la police, ou qui s'étaient soustraits aux mandats de justice. La réponse de *Pepin* autorise cette conjecture. Il a dit qu'en effet, dans les villes où ces recherches devaient avoir eu lieu, il se serait adressé aux personnes dont *le National* avait donné les noms, s'il n'en avait pas connu d'autres[3]. On a également trouvé dans son paquet divers extraits du journal *le National*, annonçant l'arrivée ou le passage

[1] Procès-verbal de l'arrestation de *Pepin*, 22 septembre.
[2] Procès-verbal de saisie d'effets de *Pepin*, 21 septembre.
[3] Interrogatoire de *Pepin*, du 25 septembre.

de *Pepin* en pays étranger; enfin une lettre de *Pepin*, datée du 20 septembre dernier, adressée au rédacteur du journal *le Messager des Chambres*, et dans laquelle il annonçait l'intention de se constituer prisonnier à Sainte-Pélagie le samedi suivant, 26, à sept heures du soir. *J'espèrt que cette fois*, disait-il dans cette lettre, *on me laissera dans ce lieu de détention, et que l'on remetras en fonction le commissaire de police sous les ordres duquelle je me suis évaddé.* Cet argent, ce bagage, ces papiers semblent indiquer suffisamment que *Pepin* était prêt à entreprendre un long voyage. Il se flattait probablement de pouvoir profiter de l'hésitation et de l'incertitude où le bruit de son départ si positivement répandu avait dû jeter l'administration, pour se mettre en route, et il espérait sortir de France pendant qu'abusée par la date de sa lettre et la promesse qu'il faisait de se constituer prisonnier, l'autorité publique le croyant encore à Paris, ou dans les environs, ne le poursuivrait plus au loin, ou le poursuivrait moins activement.

Pepin a demandé avec instance qu'on laissât en sa possession les *Œuvres de Saint-Just*[1].

Nous allons résumer l'instruction en ce qui le concerne.

Pierre-Théodore-Florentin *Pepin* est né à Remy, département de l'Aisne, en 1800; il est épicier et marchand de couleurs; il demeure à Paris, rue du Faubourg-Saint-Antoine, n° 1; ses opinions républicaines sont connues et avouées. Il a fait partie de la société des *Droits de l'homme et du citoyen;* il appartenait à la même section que *Morey* et *Nolland*. Il a été sous-chef ou chef de cette section. Un procès-verbal d'une séance qu'il pré-

[1] Procès-verbal de remise à *Pepin* de ses effets, 23 septembre.

sidait prouve qu'il y jouait un rôle actif; on y lit que le citoyen *Pepin* demande des imprimés pour former des sections à la Gare d'Ivry : ce procès-verbal manuscrit porte sa signature.

A l'époque des attentats des 5 et 6 juin 1832, il était capitaine de la garde nationale dans la 8e légion ; sa maison fut signalée comme une de celles d'où les rebelles dirigeaient le feu sur la troupe; on assure que plusieurs coups de canon furent tirés sur cette maison. *Pepin* a toujours soutenu le contraire, et il a avancé, dans une brochure imprimée qu'il se proposait de publier pour sa défense, que le canon n'avait point été tiré dans la rue du Faubourg-Saint-Antoine. On ne sait pas précisément pour quels motifs cet écrit ne fut point mis en vente ou distribué. Il résulterait de l'instruction que quelques-uns des amis de *Pepin* lui reprochèrent de démentir ses principes politiques par cette justification, et le menacèrent du mépris et des vengeances des républicains s'il désavouait la part qu'il avait prise à la rébellion. Berryer-Fontaine, entre autres, lui dit que cette brochure n'était pas analogue aux sentiments d'un bon patriote. Un peu plus tard, *Pepin* a prétendu qu'avant de donner cours à sa brochure, il avait voulu s'assurer qu'elle n'aggraverait pas sa position, et que le commissaire de police de son quartier lui avait fait donner le conseil de garder le silence et de ne rien publier.

Quoi qu'il en puisse être, sa maison avait été envahie de vive force pendant que l'action durait encore ; *Fieschi* a déclaré que *Pepin* lui avait montré les traces des balles qui avaient sillonné les murs des appartements, et même fracassé une pendule sur une cheminée. *Pepin* fut arrêté, sa vie menacée : on eut peine à le soustraire à la fureur des soldats et des gardes nationaux. Il fut traduit devant le 1er conseil de guerre permanent de la 1re division militaire; sept chefs d'accusation étaient formulés contre lui; entre autres il était accusé de *s'être mis à la tête de bandes armées, pour faire attaque et résistance envers la force publique agissant contre les auteurs des attentats des 5 et 6 juin; d'avoir, connaissant le caractère et le but de ces bandes, fourni un lieu de retraite, sans contrainte, à ceux qui en faisaient partie, et d'avoir, sciemment et volontairement, fourni et procuré des armes et instruments de crime à des bandes qui avaient pour but de faire attaque ou résistance envers la force publique, pour détruire et changer le Gouvernement, et pour exciter les citoyens ou habitants à s'armer contre l'autorité royale. Pepin* fut acquitté à l'unanimité du premier chef d'accusation, et de tous les autres à la majorité de six voix contre une. C'est alors qu'il quitta le 8e arrondissement, et transporta son domicile à la Gare, dans le 12e; il céda son établissement de la rue du Faubourg-Saint-Antoine à son cousin Constant *Pepin;* il n'est revenu dans ce faubourg qu'au commencement de cette année et après le décès de *Constant.*

Pepin a commencé à se cacher dès le 28 juillet. La veille du jour de l'attentat, il alla chez le commissaire de police de son quartier, et lui dit qu'il craignait d'être, le jour de la revue du Roi, exposé à quelques violences, à cause de son affaire de juin. Son absence a-t-elle été motivée par cette crainte? ou plutôt cette précaution ne devait-elle pas lui servir un jour à justifier son absence? Le commissaire de police, qui a déclaré le fait, adopte cette dernière conjecture.

On a su depuis que *Pepin* avait quitté Paris nuitamment, le jour de la cérémonie funèbre[1], pour se rendre à Lagny; il sortit de la ville dans une charrette de nourrisseur; un cabriolet, conduit par un de ses amis, l'attendait à quelque distance de la barrière de Montreuil[2]. Il attribue sa disparition à la connaissance qu'il aurait eue d'un mandat d'amener décerné contre lui.

M. le Président a recommencé à l'examiner.

Pepin paraît attacher une grande importance à n'avoir pas connu *Fieschi* sous son véritable nom. Il a commencé par le répéter : mais il est convenu que *Morey* lui avait amené un individu qui se sauvait parce qu'il était poursuivi, à ce qu'ils ont dit l'un et l'autre; si cet individu était *Fieschi*, il ne l'a jamais connu sous son véritable nom; il l'a juré par tout ce qu'un homme d'honneur a de plus sacré, et il a protesté que, si *Morey* dit le contraire, c'est une *erreur* ou un *mensonge* de sa part. Quant à *Fieschi*, il a ajouté qu'il ne pouvait l'empêcher de dire ce qu'il voulait ou ce *qu'on lui faisait dire*, mais il a affirmé que ce qu'il disait, lui *Pepin*, était la vérité.

Cependant deux des confidents de sa première fuite ont déposé que, déjeunant à Lagny, le 15 août, chez le sieur *Leblanc*, cafetier, avec quelques-uns de ses amis, *Pepin* leur avait dit qu'il connaissait *Fieschi*, qu'il l'avait vu plusieurs fois[3], et qu'il avait même indiqué son signalement. Selon le sieur *Collet*, interrogé sur le déjeuner de Lagny, *Pepin* ayant su par les journaux que l'assassin, auteur de l'attentat, avait eu des relations avec *Morey*, aurait dit : *C'est sans doute un nommé*

[1] Déposition de *Chaudey*, 29 septembre.
[2] Déposition de *Cassan*, 28 septembre.
[3] Même déposition; de *Chaudey*, le 29 septembre.

Bescher *que j'ai vu chez* Morey, *et que* Morey *a amené chez moi.* Il a ajouté que si, comme il le pensait, c'était celui-là, il ne ressemblait pas aux portraits qu'on faisait de lui.

Pepin avait déclaré que le sieur *Collet* et *Bescher* s'étant un jour rencontrés dans sa boutique, et *Bescher* ayant parlé de son habileté dans les opérations relatives au nivellement des eaux, le sieur *Collet* avait été tenté de l'employer dans un nivellement de ce genre. Selon *Pepin,* il aurait conseillé au sieur *Collet* de n'en rien faire, en lui disant que *Bescher* ne lui paraissait devoir inspirer aucune confiance. Le sieur *Collet* est convenu du fait; mais il a dit positivement que *Pepin* ne lui avait donné aucun avis de ce genre; il n'employa pas *Bescher* parce qu'il renonça au nivellement auquel il avait songé précédemment [1].

Pepin n'a contesté ni reconnu l'exactitude de ce qu'ont rapporté ses amis sur le déjeuner du 15 août; il ne peut pas l'affirmer, mais il croit bien qu'on a parlé de l'attentat pendant le *repas, dîner ou déjeuner;* il *ne se souvient pas* qu'on ait nommé *Fieschi;* il *ne se rappelle pas* d'avoir donné son signalement; dans tous les cas, il n'aurait pu le donner que comme le signalement de *Bescher,* et il ne peut pas dire seulement s'il a prononcé le nom de *Bescher.* Ces explications, comparées avec le langage positif et ferme de *Cassan* et de *Chaudey,* sont loin d'en diminuer l'autorité.

Pepin a répété de nouveau, et pour la centième fois, qu'il n'avait jamais connu *Fieschi* sous son véritable nom; que si on avait prononcé une fois ce nom devant lui dans la conversation, il n'y avait fait aucune at-

[1] Déposition de *Collet,* le 3 octobre.

tention; que d'ailleurs l'homme que ce nom désigne n'a jamais été connu dans sa maison sous le nom de *Fieschi.* Ce langage est d'autant plus remarquable que *Bescher,* dont *Fieschi* avait pris le nom et emprunté le livret, n'était point un être imaginaire : ce livret était celui de Tell *Bescher,* relieur de profession, et bien connu de vous, Messieurs.

Arrêté le 22 juin 1834, comme prévenu de complot contre la sûreté de l'État, il a été mis en liberté par ordonnance de votre Commission des douze. Nous serons obligé, à la fin de ce rapport, d'appeler sur lui votre attention d'une manière plus spéciale. *Bescher* était particulièrement connu de *Morey,* et très-probablement connu de *Pepin.*

M. le Président ayant demandé à *Pepin* s'il se souvenait de l'époque précise à laquelle *Fieschi* ou *Bescher* lui avait été présenté par *Morey,* il a répondu : *Si c'est de Bescher que vous voulez parler, je ne peux pas préciser l'époque ; je dirai seulement que c'était l'hiver.* Quand on lui a parlé de son entrevue avec *Bescher* et *Morey,* à l'occasion du dessin de la machine et pour arrêter le devis des dépenses qu'elle entraînerait, il a dit qu'il ne connaissait pas *Bescher,* et que s'il avait dit précédemment que cet homme avait couché quelquefois chez lui, sans pouvoir préciser le nombre de fois, cela ne s'était pas répété souvent, parce qu'il lui avait fait l'effet d'un *homme de police* quand il l'avait entendu causer. Il a pris à témoin l'Être suprême que tout ce qu'on disait de la connaissance qu'il aurait eue du projet de la machine et de son usage était de la plus insigne fausseté [1].

M. le Président ayant demandé à *Pepin* si, selon

[1] Interrogatoire de *Pepin,* du 25 septembre.

ce qui résultait de l'instruction, ce n'était pas lui qui aurait donné à *Fieschi* l'argent nécessaire pour payer le premier terme du logement qu'il avait loué dans l'intention de se servir de la machine, *Pepin* a déclaré que s'il avait donné de l'argent à *Fieschi*, en supposant que *Fieschi* et *Bescher* fussent une même personne, il ne lui avait jamais donné une somme aussi considérable. Il a de nouveau protesté, au nom de Dieu et du ciel, qu'il était faux qu'il eût donné une somme de 130 fr. pour garnir le logement de *Fieschi* de meubles. Il a nié être allé, avec *Fieschi* ou *Bescher*, sur le quai de la Râpée, acheter les pièces de bois nécessaires à la construction de la machine, mais il est convenu qu'ayant un atelier dans les environs, et achetant quelquefois du bois pour des réparations qu'il faisait à sa maison, il était possible qu'on l'eût vu vêtu d'une *blouse en toile grise, devenue blanche à force d'avoir été lavée*, et coiffé d'une casquette de crin gris, dans un chantier, et même que *ce malheureux fût allé avec lui*.

A l'appui de ses dénégations, *Pepin* a déclaré que des gens se disant patriotes lui avaient fait souvent des propositions *de cette nature*, et qu'il les avait repoussées hautement et sans hésiter. Cependant il n'a voulu décliner aucun nom, ni donner aucun détail ou aucune explication concernant ces propositions.

Il est convenu avoir vu *Guinard* à Sainte-Pélagie, mais, *comme tous les autres*, sans avoir jamais eu de relations avec lui : il allait à Sainte-Pélagie pour y voir Henri *Leconte*, le même qu'à une autre époque il était allé voir à la Force. L'instruction établit qu'au moins à deux différentes reprises, *Pepin* avait porté aux détenus de Sainte-Pélagie des paniers contenant du vin, des liqueurs et des vivres, et que *Fieschi* l'avait aidé, au moins une fois, à les transporter. *Pepin* avait une permission pour voir Henri *Leconte;* il est constant qu'il en a usé trois fois pendant que ce détenu était à Sainte-Pélagie, et une fois durant qu'il se trouvait dans la prison du Luxembourg. Quant à *Cavaignac,* il l'a vu *comme beaucoup d'autres;* on a lieu de croire qu'un des paniers de vin, dont nous venons de faire mention, lui était destiné. Plusieurs témoins ont été entendus sur ce fait.

Pepin a nié avoir demandé à *Cavaignac* les vingt-cinq fusils nécessaires pour la machine de *Fieschi,* en s'écriant que cette imputation était un *affreux mensonge.* Mais M. le Président lui ayant demandé s'il n'avait pas écrit à *Cavaignac* une lettre qui pouvait avoir trait à cette affaire, il a répondu qu'il n'avait jamais écrit *directement* à *Cavaignac;* on lui a expliqué qu'il s'agissait d'une lettre par laquelle il aurait demandé à *Cavaignac* de faire savoir quand il pourrait remettre les 20 ou 25 francs *que l'homme attendait pour partir,* et qu'il était permis de supposer qu'entre eux le mot *franc* pouvait signifier *fusil,* il est convenu qu'il n'était pas impossible qu'il eût demandé de l'argent à *Cavaignac,* parce que dans le temps il lui en avait prêté, et que *Cavaignac* lui devait encore environ 500 francs pour des secours; mais il a ajouté qu'il ne se souvenait pas de lui avoir écrit dans de pareils termes.

Il a nié avoir fait remettre à *Fieschi* le prix des canons de fusil. *Celui qui dit cela est un imposteur fini. Quand on a de la famille, on peut donner des secours en temps utile, quand on croit que la personne qui les demande peut en faire un bon emploi; mais il aurait fallu que je fusse millionnaire pour donner des sommes aussi fortes, et je n'ai de ramifications avec personne; je ne m'occupe que de mes intérêts.*

Il a soutenu n'avoir pas vu le prétendu *Bescher* depuis cinq mois; il a nié toutes les circonstances rapportées par *Fieschi* au sujet des entrevues qui auraient eu lieu entre *Morey, Pepin* et lui, à l'occasion de l'attentat, et notamment l'expérience de la traînée de poudre faite dans les vignes, du côté du cimetière du Père Lachaise; mais il s'est ressouvenu qu'une fois, dans le temps qu'il cherchait à placer *Bescher*, ou *Fieschi* (car il est utile d'avertir une fois pour toutes que lorsque *Pepin* nomme *Bescher*, ce qu'il dit se rapporte à *Fieschi*), il l'avait rencontré avec *Morey*, et qu'ils avaient bu une bouteille de vin ensemble de *ce côté-là*. Il croit être entré, ce même jour, en quittant *Morey*, dans une raffinerie, probablement celle de M. *Périer*; et il a été établi, en effet, qu'il était allé dans la manufacture de M. *Périer* du 15 au 20 juillet; car c'est du 13 juillet que date son dernier achat, dans cette raffinerie de sucre[1], d'après les vérifications qui ont été faites sur les livres de commerce de la maison.

Dans le courant du mois de juillet, on l'a vu également venir rue du Chemin-de-Lagny, place du Trône, à la fabrique de colle du sieur *Begis*, en *blouse grise* et en *casquette de crin*[2].

Il a déclaré qu'il ne connaissait *directement* aucun général; plus tard, il a complété cette déclaration en affirmant qu'il n'avait jamais eu aucune relation avec les légitimistes, ni avec *Guinard*, ni avec *Kersausie*, et que, dans ses conversations sur la liberté,

[1] Procès-verbal de vérification, 6 octobre.
[2] Déposition de *Bégis*, 10 octobre.

il n'avait jamais parlé de moyens *graves* pour l'obtenir. Il n'a pas nié que *Bescher* ne prît des marchandises à crédit chez lui, mais il a dit que ce devait être pour de très-petites sommes; ce qui est vrai.

Pepin a affirmé que, depuis la loi sur les associations, il avait renoncé à faire partie d'aucune société secrète. Avant la loi, il avait été membre, pendant peu de temps, de la société dite de l'*Union de Juillet*, ensuite *vice-président* de la société pour l'*Instruction du peuple*, enfin, pendant quinze jours, chef d'une section du 12e arrondissement, dans la société des *Droits de l'homme*. Il a déclaré avoir connu particulièrement le sieur *Raspail* : ils s'étaient rencontrés chez M. *de Lafayette* : ils se sont occupés ensemble de questions industrielles, d'usines et d'expériences sur la décortication des grains. Comme M. le Président lui demandait s'il ne comptait pas se servir du journal dirigé par le sieur *Raspail*, pour publier les proclamations et les actes qui auraient sans doute suivi l'attentat, dans le cas où il aurait réussi, il a répondu qu'il était bien certain que, s'il avait été dans le cas de prendre part à un attentat, il *aurait prévenu* Raspail, *comme il aurait prévenu beaucoup d'autres personnes*.

Cherchant à expliquer ce qu'il avait dit de certaines propositions de crime qui lui auraient été faites et qu'il aurait repoussées avec indignation, il a dit que ses paroles s'appliquaient dans sa pensée à *Bescher* et compagnie; car ce *Bescher* était venu plusieurs fois boire la goutte dans sa boutique avec *de mauvais gueux comme lui, gens en qui* Pepin *n'avait pas confiance*, mais qu'il ne connaît pas : il était d'ailleurs si troublé, lors de son précédent interrogatoire, qu'il avait pu parler fort *légèrement*; qu'il s'était fait dans son esprit une confusion entre *Bescher* et *Fieschi*; qu'il ne niait pas, au reste, que des *propos légers* ne lui eussent été tenus *bénévolement* par *Bescher*, mais sans y attacher aucune suite.

Après ces étranges paroles, on a besoin de s'arrêter un moment pour revenir du saisissement qu'elles occasionnent. Par quel singulier renversement d'idées et par quel effrayant abus du langage se fait-il que *Fieschi* appelle la pensée du crime le plus énorme *une idée folâtre*, et que *Pepin* traite de propos *légers bénévolement* tenus, des paroles qui auraient renfermé la confidence d'un pareil forfait?

Pepin a déclaré que s'il a connu *Boireau*, ce n'a pas été nominativement.

Pepin et *Fieschi* ont été confrontés; *Fieschi* a tout de suite reconnu *Pepin*. *Pepin* a dit, en voyant *Fieschi*, qu'il lui semblait avoir vu cet homme, mais qu'il ne *pourrait pas l'affirmer*. Après l'avoir entendu parler, il l'a reconnu, au son de sa voix, pour la personne qu'il a désignée sous le nom de *Bescher*, et qui lui a été présentée par *Morey* sous ce nom. *Fieschi*, imperturbable dans ses accusations, a répété froidement, en présence de *Pepin*, tout ce qu'il avait articulé à sa charge: préméditation du crime, participation à l'attentat, propos atroces contre la personne du Roi. Du reste, il a été calme dans son maintien, ferme et modéré dans son langage. *Pepin* lui ayant reproché de vouloir l'entraîner dans sa perte après l'avoir *exploité*, *Fieschi* lui a répondu : *Je n'ai jamais eu de vous pour mon compte que 20 francs de crédit en marchandises, et je vous les dois; quant au reste de l'argent que vous m'avez donné, je l'ai bien employé*[1].

Fieschi, revenant sur une de ses premières décla-

[1] Interrogatoire de *Pepin*, du 25 septembre.

rations, a dit que s'il avait exprimé l'opinion qu'on avait averti les sociétés secrètes de ce qui devait se passer le 28 juillet, au fond, cela était incertain pour lui : il ne croyait pas qu'on leur eût dit qu'il dût y avoir un attentat contre le Roi, mais seulement une affaire.

Il a répété, en présence de *Pepin,* que l'unique motif qui l'eût empêché de renoncer à son crime était l'engagement qui le liait à *Pepin* et à *Morey;* il s'est vanté d'avoir été *esclave de sa parole, qui vaut plus que de l'argent, puisqu'elle n'a pas de prix.* Vous gémirez avec nous sur cette déplorable profanation des choses les plus saintes qui soient parmi les hommes, les sentiments de l'honneur et du devoir!

Pepin, agité, troublé, irrité, a opposé toutes les formules de dénégations que le langage peut fournir aux affirmations de *Fieschi.*— *J'espère qu'il y aura un Être suprême qui me donnera assez de force et assez de vie pour repousser de pareilles infamies.—Je jure par tout ce qu'il y a de plus sacré, je prends Dieu et les hommes à témoin, que tout cela n'est qu'un tissu de mensonges abominables. — Il faut avoir la rage dans le cœur pour vouloir anéantir un homme comme moi par d'aussi insignes faussetés,* et bien d'autres protestations encore.

La confrontation s'est terminée par ces derniers mots de *Fieschi:* après avoir répété qu'il persistait dans toutes ses déclarations, il a dit : *J'ai longtemps hésité, j'avais un cauchemar qui m'étouffait, je voulais me purger; je me suis enfin décidé à tout dire, non pour faire des victimes, mais pour rendre hommage à la vérité. Je n'ai demandé ma grâce, ni à vous* (M. le Président) *ni à personne, et personne ne me l'a promise.*

Nous ne craignons pas de fatiguer votre attention en l'appelant plusieurs fois sur les mêmes choses ou sur les mêmes sentiments exprimés, en divers termes, par les inculpés; il est difficile de dire tout ce qui doit être su sans rien répéter : nous aimons mieux encourir le reproche d'avoir redit ce qu'il était nécessaire de vous faire connaître, que de mériter celui d'avoir négligé quelque chose d'utile.

Il était impossible que cette scène si dramatique, si terrible, si féconde en vives émotions, n'eût pas remué profondément l'âme de *Pepin*. M. le Président crut devoir, dans l'intérêt de la vérité et de la justice, profiter des premiers instants qui suivirent cette confrontation pour examiner de nouveau cet inculpé.

Il lui remit devant les yeux le tableau fidèle de sa situation et le résumé de l'instruction en ce qui le concernait. Il lui fit remarquer que les déclarations de *Fieschi* étaient *accablantes* et positives, et qu'il n'avait eu aucun intérêt à les faire, puisqu'on ne lui avait donné aucun espoir de grâce.

« Il a été évidemment dans votre intimité, continua M. le « Président, et à cet égard votre position est fort mauvaise « par suite des dénégations que vous avez opposées dès le « principe aux faits les plus avérés. Ainsi, vous avez pré- « tendu ne pas connaître un homme qui vous avait été « présenté par un ami fort intime, un homme qui « entrait chez vous tous les jours, qui y lisait les jour- « naux, à qui vous avez donné à coucher plusieurs « fois, que vous avez admis à votre table un jour que « vous donniez à dîner à des personnages importants; « qui a été tellement *dans votre intimité*, que vous lui « avez fait connaître vos rapports avec le prince *Charles* « *de Rohan*, et que vous aviez consenti à lui rendre le « service de proposer à ce prince de se charger de remet- « tre une lettre qu'il écrivait en Suisse à M. Gustave *de*

« *Damas.* Tous ces faits, qui résultent de vos interroga-
« toires et de vos aveux, démontrent votre intimité avec
« *Fieschi;* ce *Fieschi* est l'auteur de l'horrible attentat du
« 28 juillet; il était sans ressources; on ne lui connaît de
« relations avec aucun autre individu que vous et *Mo-*
« *rey,* qui ait pu lui fournir l'argent dont il avait besoin
« pour arriver à commettre cet attentat. Il déclare que
« vous, spécialement, lui avez fourni l'argent qui lui était
« nécessaire, et que vous avez été par conséquent dans
« la confidence de tous ses projets. En un tel état de
« choses, que pouvez-vous dire pour détourner de votre
« tête une accusation aussi puissante? Si vous avez été
« poussé à la conduite qui vous est imputée par d'o-
« dieux conseils; si vous connaissez des individus dont
« la complicité, plus réelle encore que la vôtre, puisse
« vous soulager du fardeau qui pèse sur vous dans ce
« moment, vous devez le dire; vous devez le déclarer à
« la justice, dans l'intérêt de la vérité, et vous le devez
« aussi dans votre propre intérêt. »

Pepin persista dans son système de défense. Nous conserverons, autant qu'il sera possible, les termes dont il s'est servi : les mots sont des choses en pareil cas, et les habitudes de l'homme se retracent dans son langage.

Il déclara que, parmi les personnes qui le connaissaient, soit *commercialement,* soit en politique, il n'en était pas une qui pût dire qu'il était capable de tremper dans des *affaires pareilles,* et que ce n'était pas un père de famille comme lui qui irait *bénévolement* se jeter dans de *telles entreprises;* que la *délation* ne *manquait jamais son effet;* que les *journalistes,* pas plus que les autres, ne *manquaient pas d'accuser tout le monde;* qu'ainsi on avait forcé *sa belle-mère, une femme de 70 ans*, à signer une *lettre pleine de mensonges*, et qu'on était allé chez une *autre dame* de sa connaissance, à qui on avait dit qu'il était *un carliste*. Il a protesté qu'on devait *croire ce qu'il disait*, car il défiait qu'on trouvât quelqu'un qui pût lui *reprocher d'avoir fait un mensonge pouvant causer du tort à qui que ce soit*. Il espérait que plus tard, lorsqu'il serait de nouveau confronté avec *Fieschi*, il parviendrait à le *faire se couper*. Il lui semblait que si les *propositions de crime*, auxquelles il avait précédemment fait allusion, *lui avaient été faites réellement*, elles *n'avaient pu l'être que par Fieschi*; il ne *disait pas pour cela que Fieschi lui en eût parlé*; *s'il lui en avait parlé*, *ce n'avait été qu'à mots couverts*; *à une époque déjà éloignée*, *il avait pu lui dire qu'il ferait quelque chose qui ferait parler de lui*, et *c'était alors que Pepin l'avait éliminé* de sa maison. *Fieschi aurait assassiné un homme pour cent sous*; enfin si, *dans un temps reculé, cet homme lui avait dit des choses* **BÉNÉVOLES** *comme cela, il ne savait pas alors que c'était Fieschi*.

Pepin a fini par accuser *Fieschi* d'avoir été en relation avec un *agent supérieur de la police*, et d'avoir un jour proposé à *Pepin* de vendre aux *journaux*, à son profit, tous les *secrets de la police*, par le moyen de cet agent.

Ces ambages, ces détours, ces excursions épisodiques, loin de détruire les charges qui résultaient des déclarations de *Fieschi*, ne contenaient-ils pas autant d'aveux véritables que de dénégations apparentes? C'est ce que M. le Président fit remarquer à *Pepin*. Il lui fit observer combien il pouvait paraître extraordinaire qu'après avoir soutenu longtemps ne pas connaître *Fieschi*, il convînt à présent que cet homme lui avait fait des confidences d'une nature si intime. *Pepin* s'est borné à redire une fois de plus qu'il ne le *connaissait pas sous le nom de* Fieschi ; *qu'il ne le connaissait pas intimement ;* qu'il *ne croyait voir en lui que* Bescher ; que *ce malheureux avait profité de son bon cœur et de sa bonne foi pour s'introduire chez lui ;* qu'*il avait sali sa maison au point qu'il n'oserait plus y rentrer. Croyez-vous,* s'est-il écrié, *que si je l'avais connu, il aurait mangé à la maison, le jour où M.* Levaillant *y était : encore personne ne l'avait invité ; il est monté sur la fin du dîner, sans être engagé ; il est effronté comme un page.*

Vous voyez, Messieurs, que *Fieschi* disait la vérité quand il se vantait d'avoir assisté chez *Pepin* au dîner que celui-ci avait donné à M. *Levaillant,* au Dr *Recurt,* à *Morey* et à quelques autres. Depuis, *Fieschi* a rappelé à *Pepin* un propos qui aurait été tenu ce jour-là. Il paraîtrait que *Pepin* aurait demandé à M. *Levaillant* ce qui arriverait si le Roi venait à mourir. M. *Levaillant* répondit, suivant les principes monarchiques constitutionnels, que le Prince royal lui succéderait. « Et si le Prince royal périssait en même « temps, reprit Pepin, qu'arriverait-il ? »

De même qu'on avait confronté *Morey* avec le restaurateur *Bertrand,* sa femme, le garçon, qui par extraordinaire desservait l'établissement ce jour-là, et la servante Annette *Bargeot,* pour vérifier et contrôler la partie des déclarations de *Fieschi* qui se rapportait au déjeuner qu'il aurait pris, avec *Morey* et *Pepin,* chez ce restaurateur, avant d'aller dans les vignes, près du cimetière du Père-Lachaise, pour faire l'expérience de la traînée de poudre, on a dû leur confronter *Pepin.* La servante et le garçon de service ont déclaré positivement n'avoir jamais vu *Pepin* dans l'établissement de leur maître. Le restaurateur a dit ne pas le reconnaître, et n'avoir d'ailleurs fait aucune attention à la circonstance sur laquelle il était interrogé. La dame *Bertrand* a déclaré que le plus grand des trois individus qui avaient déjeuné chez elle au jour indiqué, et qui portait une blouse grise, était de *la même taille et de la même corpulence que Pepin*, mais qu'elle ne pouvait affirmer que ce fût lui.

Fieschi a déclaré que *Pepin* lui avait prêté la brochure qu'il a composée pour sa justification, à l'occasion des événements de juin 1832, et plusieurs témoins ont déposé avoir vu en effet cet écrit entre les mains de *Fieschi;* en échange, *Fieschi* avait prêté à *Pepin* un volume in-12 des œuvres de *Cicéron latin-français.* Ce volume a été retrouvé chez *Pepin;* il contenait le *Traité des Devoirs (De Officiis)*. La fille *Lassave* a déclaré qu'elle avait vu chez *Fieschi* un volume intitulé *Biographie des Prêtres,* par *Semidéi,* prêtre interdit, ami et compatriote de *Fieschi,* les *Œuvres de Saint-Just* et des volumes de *Cicéron.* Elle croit que ces derniers ne lui appartenaient pas, mais que le sieur *Querini* les lui avait prêtés. Elle a vu les volumes de *Cicéron* chez *Fieschi*, quinze jours avant le 28 juillet; elle a reconnu le volume saisi chez *Pepin* pour être un de ceux-là : elle s'est même ressouvenue d'avoir lu dans ce volume la vie de *Cicéron* [1].

Le 1er octobre, le charretier *Lebeau* déclara qu'il avait trouvé vingt-trois cartouches, un tire-bourre et un moule à balles, cachés sous une pile de bois dans un chantier situé rue de Bercy, n° 25, précisément en face du hangar loué à *Pepin* et dépendant de cette maison.

[1] Déposition de Nina *Lassave*, 6 octobre.

Cette circonstance avait de l'analogie avec diverses imputations qui avaient déjà été faites à *Pepin* à d'autres époques. Il avait été prévenu de recéler des armes de guerre; vérification faite, on ne trouva chez lui que celles qui sont indispensables à l'armement d'un garde national. On avait, plus anciennement, répandu le bruit qu'après les attentats des 5 et 6 juin 1832, il avait fait transporter à Lagny, chez le sieur *Collet,* qui les avait fait jeter dans la rivière, cinq cents cartouches et d'autres munitions. Ces faits n'ont jamais été légalement prouvés, et le sieur *Collet* les a démentis, en ce qui le concernait, durant le cours de la présente instruction.

Pepin a donné lui-même une explication à ce sujet. Il se rappelle que vers le mois de juillet 1832 il avait été déposé chez lui, par ordre du sieur *Collet*, un fusil à bascule de la fabrique du sieur *Robert*, et des cartouches toutes faites pour la chasse. Le paquet était volumineux, cependant il n'est pas probable qu'il contînt cinq cents cartouches; au reste, le sieur *Collet* les enleva le jour même et les transporta à Lagny.

Une information et des perquisitions dans les magasins de *Pepin*, écuries, remises et puits en dépendant, situés rue de Bercy, ont eu lieu; elles n'ont produit aucun résultat.

Fieschi avait rapporté qu'ayant rencontré *Pepin* sur le boulevart, au mois de juillet, celui-ci lui aurait dit qu'il était ruiné; qu'il venait de perdre au tribunal de commerce un procès contre un Hollandais, qui lui coûtait au moins 1,500 francs; et qu'il avait ajouté : *Peut-être il arrivera une révolution qui nous débarrassera de ces canailles.* Il a été constaté qu'en effet le 8 juillet, par un jugement du tribunal de commerce du département de la Seine, *Pepin* avait été condamné à payer 1,116 francs 75 centimes, plus les intérêts et dépens, à un sieur *Lambert*, demeurant au chemin d'Oudendik, près Rotterdam, pour expédition de fromages qui avaient subi de fortes avaries en route, laissées à la charge de l'acheteur.

Confronté avec *Boireau*, *Pepin* a dit ne pas le connaître. *Boireau* a soutenu pareillement qu'il ne connaissait pas *Pepin*. Cependant le garçon de boutique de *Pepin* a reconnu *Boireau* pour l'avoir vu venir trois ou quatre fois dans le magasin, et, pour la dernière fois, quatre mois avant le mois d'octobre qui vient de finir. *Pepin*, averti de cette déclaration, a répondu que *Boireau* pouvait être venu boire la goutte avec *Fieschi*, mais qu'il ne l'avait ni remarqué, ni reconnu.

Pepin[1] a répété que *Fieschi* lui avait dit qu'il ferait parler de lui en faisant un coup *grave* en politique, un coup contre le Gouvernement. Mais il a soutenu que *Fieschi* ne lui avait fait que des confidences *bénévoles*; que s'il lui avait parlé de choses *graves*, il ne lui en avait parlé que très-vaguement et ne lui avait pas dit le *fin mot*.

Plusieurs fois il lui a montré le poignard qu'il portait; il lui a même confié qu'il avait eu l'idée de le plonger dans le sein de M. *Caunes*, parce qu'il croyait que c'étaient ses dénonciations qui avaient motivé les poursuites dont il était l'objet; enfin *Pepin* a déclaré que *Fieschi* lui avait toujours inspiré une véritable frayeur.

Depuis, dans son dernier interrogatoire, *Pepin* est revenu sur cette confidence que *Bescher* ou *Fieschi* lui aurait faite des *projets graves* qu'il méditait. Il a assuré en avoir parlé dans le temps à une dame, mais il n'a

[1] Interrogatoire de *Pepin*, 7 octobre.

point voulu indiquer le nom de cette dame, *pour ne la point déranger ;* il n'a *dérangé que trop de personnes.* Au reste, s'il avait pu connaître exactement ce que *Fieschi* avait en tête, *il en aurait prévenu l'autorité, trop heureux de racheter par là les malheurs qui l'avaient frappé antérieurement.* Il a répété de nouveau que la présence de *Fieschi* l'épouvantait.

Il est difficile de démêler exactement la vérité au milieu de ces aveux et de ces dénégations contradictoires; mais ne pourrait-on pas en induire que *Fieschi*, s'emparant de *Pepin* par ses sinistres confidences, et les lui faisant envisager comme des engagements dont la violation pouvait entraîner des conséquences terribles; devenu son mauvais génie, l'aurait fasciné par la féconde vivacité de son imagination et subjugué par la terreur?

On a cherché avec soin tout ce qui pouvait établir ou détruire le récit fait par *Fieschi* de la promenade à cheval qu'aurait faite *Boireau* sur le boulevart du Temple, en l'acquit de *Pepin,* le lundi 27 juillet au soir, pour l'ajustement de la machine. Il a été constaté que *Pepin* avait en effet un cheval de cabriolet qui pouvait être monté; que ce cheval était, le 27 juillet, dans l'écurie de la rue de Bercy; qu'il n'y était sous la garde de personne; que la clef de son écurie était suspendue à un clou dans l'arrière-salle de la boutique de Pepin, et qu'il était facile au premier venu, qui connaissait les habitudes de la maison, de la prendre, et d'aller s'emparer du cheval. Mais rien n'a établi positivement qu'on se fût servi de la clef ni du cheval au jour indiqué.

Cependant *Pepin* a demandé à être confronté de nouveau avec *Fieschi;* il avait, disait-il, des questions importantes à lui adresser. Cette confrontation n'a rien produit d'intéressant. *Pepin* a prétendu que *Fieschi* avait imputé à M. *Lavocat* des actes contre la probité et la délicatesse; *Fieschi* l'a démenti: il avait commencé par déclarer d'abord que, dans ses précédentes révélations, il n'avait dit que la vérité, et qu'il la soutenait quoique à son préjudice.

Les commissionnaires qui se tiennent à l'entrée de la rue du Faubourg-Saint-Antoine, à la porte de *Pepin*, ont vu *Fieschi* chez *Pepin* dans le commencement de l'été, environ pendant quatre semaines. Il y couchait quelquefois, dit l'un d'eux, car il sortait le matin avant l'ouverture de la boutique; un de ces commissionnaires cirait ses souliers, le matin; il a dit que *Fieschi* mangeait à la table de *Pepin;* et qu'il avait amené, dans un char-à-bancs, la machine à broyer les couleurs de *Pepin;* il était présent quand on a placé cette mécanique; *il organisait cela.* Après, quand il eut cessé de coucher dans la maison, il y venait et y mangeait encore, mais moins souvent; il y est venu ainsi et il y a mangé jusqu'à l'événement du 28 juillet [1]. Un autre commissionnaire a confirmé le témoignage de son camarade, dans une déposition moins explicite [2].

Confrontés avec *Fieschi*, ils l'ont parfaitement reconnu. Pour confirmer leur témoignage, et prouver de plus en plus sa familiarité avec *Pepin*, *Fieschi* a dicté une description circonstanciée de la maison de *Pepin*, depuis le rez-de-chaussée jusqu'à l'étage supérieur, sans omettre une seule pièce, et en décrivant minutieusement les meubles qui y sont placés [3]. L'exactitude de cette description a été vérifiée par un juge d'ins-

[1] Déposition de *Ginet*, 8 octobre.
[2] Déposition de *Gizard*, 8 octobre.
[3] Interrogatoire de *Fieschi*, 8 octobre.

truction qui a dressé un procès-verbal de l'état des lieux.

Pepin ayant demandé à être mis une troisième fois en présence de *Fieschi*, a commencé par dire que celui-ci, qu'il *n'avait jamais connu sous ce nom*, n'était pas venu chez lui aussi souvent qu'on veut bien le dire, et notamment qu'il n'y était pas venu dans les deux mois qui ont précédé l'attentat; il a affirmé qu'il ne lui avait donné que 5 ou 10 francs à la fois, tout au plus, à deux différentes reprises, et encore sous promesse de les rendre, et jamais d'autre argent.

Pepin a soutenu avoir dit à *Fieschi* de s'abstenir de venir chez lui s'il craignait la police, et lorsque *Fieschi* s'y présentait, de lui avoir souvent fait dire par *ses jeunes gens* qu'il n'était pas à la maison. Il lui a demandé combien de fois il lui avait dit que *Guinard* et lui *Pepin*, devaient faire partie d'un gouvernement provisoire; s'il n'avait pas confié à *Pepin* qu'il connaissait beaucoup un ingénieur en chef carliste, chez lequel il allait souvent, et qui avait promis de le faire réintégrer dans son emploi; si lui *Pepin* ne l'avait pas toujours engagé à pardonner les injures qu'il pouvait avoir reçues, plutôt que de chercher à s'en venger; en présence de qui *Pepin* aurait remis à *Fieschi* les sommes que celui-ci prétend avoir reçues de lui; s'il a vu quelques généraux chez *Pepin*; si *Fieschi* ne connaissait pas lui-même des généraux ou des colonels d'état-major; par quelle entremise il lui avait fait remettre l'argent destiné à l'achat des fusils; s'il était vrai que lui, *Pepin*, se fût vanté de faire partie de quarante sociétés politiques; quelle somme il avait promise à *Fieschi* pour le porter à commettre son attentat; si *Fieschi* ne lui avait pas fait entendre qu'il avait rendu de grands services à M. *Lavocat*, relativement à la duchesse de Berry, et s'il ne lui avait pas raconté d'autres particularités concernant cette princesse; si *Morey* n'a pas plusieurs fois défendu à *Fieschi* de venir chez *Pepin;* enfin quand, par qui et comment *Pepin* a pu connaître *Boireau?*

Fieschi a répondu qu'un mois avant l'attentat *Pepin* prétendant qu'il était lui-même surveillé par la police, le priait, en effet, de venir moins souvent chez lui, de crainte qu'on ne l'arrêtât; c'était dans le même sens que *Morey* conseillait à *Fieschi* de ne pas aller trop souvent chez *Pepin;* aussi *Fieschi* n'y allait-il que pour prendre quelques comestibles, ou lorsqu'il avait besoin de quelque chose pour sa machine, ou pour demander si on avait enfin une réponse de *Cavaignac,* touchant les fusils. Il pensait que *Pepin* n'était pas chez lui quand on disait dans son magasin qu'il était sorti. *Pepin* lui a dit une seule fois que, lors des événements d'avril 1834, il avait dû être formé une municipalité provisoire dont *Guinard* devait être le chef comme maire, et dont *Pepin* devait faire partie. S'il a parlé à *Pepin* de l'intérêt que M. *Emmery,* ingénieur en chef du service municipal de la ville de Paris, prenait à lui, il n'a pu lui dire qu'il le voyait souvent, puisqu'il n'est point allé chez cet ingénieur une seule fois depuis qu'il est poursuivi; et M. *Emmery* ne lui ayant jamais parlé de ses opinions politiques, il n'a pu dire qu'il était carliste : il nie l'avoir dit. Il ajoute : « Chez moi, il n'y a pas de « juste milieu; j'ai commencé à dire toute la vérité, je « continue, tant pis pour vous; j'ai gardé la négative « quarante jours, ensuite je me suis déboutonné. »

Fieschi a continué à répondre qu'il ne savait ce que voulait dire *Pepin,* en faisant allusion aux griefs prétendus dont il lui aurait fait confidence; qu'il ne s'est jamais plaint à *Pepin* que de *Maurice* qui, de concert avec Laurence *Petit*, l'avait chassé de chez elle, et il n'avait même pas dit à *Pepin* qu'il devait avoir une rencontre avec ce *Maurice;* il est vrai toutefois que *Pepin* lui avait conseillé de laisser cet homme en paix.

Lorsque *Pepin* a donné de l'argent à *Fieschi*, il ne l'a jamais fait devant témoins. *Fieschi* a toujours cru que l'argent qui lui était remis venait de *Pepin* seul; cependant, quand il a vu venir le prince *de Rohan* chez celui-ci, et quand il a entendu répéter par *Pepin*, ce qu'aurait dit un général, en parlant du Roi: «Il n'y «aura donc personne qui fasse tomber ce gredin-là!» il a réfléchi que *Pepin* pouvait bien agir dans l'intérêt des carlistes; car le prince *de Rohan* était sans doute *républicain comme Charles X*, et les *généraux sont tous, ou carlistes depuis que Napoléon n'est plus, ou amis du Gouvernement*, car les *anciens généraux ne sont pas républicains*. Il n'a point vu de généraux chez *Pepin*, mais après avoir réfléchi à *tout cela*, à ce *général*, au *baron de Rohan*, à *la traînée de poudre*, à *Boireau*, que *Pepin* avait *mis dans la confidence*, il s'est dit que *Pepin* était un *homme lâche et sans cœur*. Quant à lui, il n'a connu de généraux que le général *Franceschetti*, qui est mort, et le général Gustave *de Damas*, qui est en Suisse, et de colonel d'état-major que M. *Chatry-Lafosse*, colonel d'état-major de la place de Paris.

L'argent destiné à payer les canons de fusil lui a été remis par *Morey*, de la part de *Pepin*, ainsi qu'une quarantaine de francs qui lui ont été donnés en d'autres temps, soit pour acheter la malle, soit pour d'autres menues dépenses.

Pepin ne disait pas qu'il fût membre de quarante sociétés politiques, mais qu'il en connaissait quarante, et qu'il avait été membre de la société des Droits de l'homme et visiteur des sections du 11ᵉ arrondissement.

Lors du procès d'avril il colportait des modèles de protestations, rédigés au nom des gardes nationaux, contre le service qu'on leur faisait faire à la Chambre des Pairs.

Pepin n'avait jamais fait de promesses à *Fieschi* : il lui avait laissé entrevoir vaguement qu'il serait récompensé, mais lui, *Fieschi*, ne lui avait rien demandé.

Fieschi a refusé de s'expliquer sur ce qui concernait M. *Lavocat*; quant à *Boireau*, il a répondu qu'environ deux mois avant l'attentat, il l'avait mené chez *Pepin* *boire la goutte*; que *Pepin* était présent et qu'ils avaient causé tous les trois ensemble, sans parler *trop politique*.

Pepin a protesté contre les allégations de *Fieschi*. Il a demandé qu'un mémoire justificatif qu'il avait rédigé fût joint au procès-verbal de confrontation.

Il commence, dans ce mémoire, par repousser de toute la force de son âme les fausses allégations de *Fieschi*, qui *ne sont fondées*, dit-il, *sur aucun fait, aucune preuve*, et dont plusieurs *sont des mensonges avérés*. Il est dans sa destinée d'être en butte à de *mensongères accusations*. En 1832, les faits les plus graves lui furent imputés, ils furent reconnus faux : ceux qui les avaient avancés ne voulurent pas se rétracter, et cependant contradictoirement aux rapports de deux généraux, appuyés par cinq ou six colonels et autres officiers, il fut prouvé que *Pepin* était l'officier de sa légion qui s'était le mieux montré pour le maintien de l'ordre; que pas un homme n'avait été blessé devant son domicile; que pas un boulet n'avait été tiré dans la rue qu'il habitait; que les fusils qui avaient été saisis chez lui et qu'il était chargé de délivrer aux gardes nationaux de sa compagnie étaient neufs et n'avaient jamais servi, et qu'il n'avait pu mettre le pistolet sur la poitrine d'un grenadier du 16e régiment de ligne, puisqu'il était sans armes. Plus tard, un ouvrier qu'il avait occupé pendant huit à dix mois et qu'il avait renvoyé pour cause d'infidélité, le dénonça comme détenteur d'armes et de munitions de guerre; deux fois il fut traduit en police correctionnelle, et deux fois il fut renvoyé de la plainte : le délateur qui l'avait si calomnieusement dénoncé subit en ce moment la peine de deux années d'emprisonnement, à laquelle il a été condamné pour vol domestique. *Garrot m'accusa*, dit Pepin, *parce que je l'avais renvoyé pour cause d'infidélité;* Fieschi *me désigne comme son complice, parce que je le renvoyai pour d'autres motifs. Il y a longtemps que des hommes à qui je n'ai jamais fait aucun mal, que je n'ai jamais connu, ont déclaré, en lieu public, qu'ils sauraient m'envelopper dans une mauvaise affaire et me perdre. Plus tard, un portefeuille rouge fut jeté sous un de mes comptoirs, contenant des papiers séditieux; il a été remis à l'autorité en temps utile.*

Pepin donne ici un aperçu de sa situation financière : il en résulte qu'il a des dettes. *Ainsi,* continue-t-il, *je suis sans argent à pouvoir disposer; je suis sans connaissances qui puissent m'en procurer, sans ramifications au dehors ni en France.* Bescher *dit* Fieschi *n'a pas dû mettre à exécution son fatal projet sans espoir d'une forte récompense, et je n'étais pas en position de fortune pour pouvoir la lui offrir. Père d'une nombreuse famille, je n'aurais d'ailleurs aucun intérêt à un changement de gouvernement; mes capacités sont restreintes aux affaires commerciales et industrielles. Quels motifs m'auraient donc porté à me rendre complice d'un acte aussi cruel? On n'a jamais fait d'un mouton un tigre, l'un homme de bien un misérable. Quatorze années d'un 'ommerce honorable et laborieux répondraient à dix caomniateurs comme* Bescher *ou* Fieschi. *Au surplus, où ontmes conseils, mes adhérents? il n'y en a point. Je suis ans ramification avec aucune société politique; on rouva mes armes de la garde nationale.... et on veut ne faire passer pour un chef de conspiration..... Je prouverai, par l'attestation de commerçants ou industriels honorables, que mes antécédents sont ceux d'un homme d'honneur, de moralité et de vertu; que j'ai oujours fait le bien et jamais le mal; que j'ai secouru nes concitoyens dans le malheur, tant que je l'ai pu... Dans ma conviction, on profite de ma faiblesse, du malheur de mes injustes persécutions antérieures, pour me faire servir de plastron pour dénigrer une* conviction généreuse.

On ne peut lire ces lignes sans éprouver un sentiment douloureux, sans ressentir une pénible inquiétude. Un père de famille industrieux, d'un tel caractère et dans une telle position, aurait-il été entraîné, en effet, par l'égarement des passions politiques, qu'il qualifie de *conviction généreuse,* jusqu'à préméditer longuement, jusqu'à combiner froidement le massacre et l'assassinat, pour faire triompher ses principes et renverser le gouvernement de son pays? Ou bien l'homme qui, après avoir prémédité et exécuté ce forfait, a d'abord mis tant d'énergie et de constance à éloigner de ses amis les soupçons que des circonstances accusatrices faisaient planer sur eux, saisi encore une fois du vertige du crime, vient-il tout à coup, en les chargeant, s'entourer, à plaisir, de nouvelles victimes et commettre un autre attentat, non moins horrible que le premier, comme il l'a reconnu lui-même? C'est le problème qu'il s'agit de résoudre.

Pepin est revenu sur la proposition de vendre les secrets de la police aux journaux, par le moyen des accointances qu'avait *Fieschi* avec des agents de police, qu'il prétend lui avoir été faite par ce dernier; il a insisté sur les rapports habituels de *Fieschi* avec ces agents. *Fieschi* est convenu qu'il avait fait des mensonges de cette nature pour se rendre agréable à *Pepin;* et il a présenté l'avidité de celui-ci à saisir toutes les occasions de servir les journaux de son parti, *le Réformateur* surtout, car il parlait peu du *National,* et son empressement à se mettre incessamment en hostilité avec la police, comme une *nouvelle charge* contre *Pepin.*

Pepin a demandé à n'être plus confronté avec *Fieschi.* Il a terminé son dernier interrogatoire en disant: «Je plains *Fieschi,* par cela même qu'il m'a accablé «d'injustices. Si je l'ai interpellé, ç'a été pour ma justification; par cela même qu'il est injuste à mon égard, «je ne veux point agir de même avec lui, et jouer tout à la «fois les rôles de prévenu et d'accusateur. Quant à présent, je n'ai pas d'interpellations à lui faire..... Je ne «connais pas la portée des mots quand il s'agit d'accusation, et si dans mes réponses quelque chose peut «me nuire, c'est par défaut de connaissance, et dans «l'hypothèse où je me trouve, on parviendrait peut-être «à faire d'un innocent un coupable.»

Il résulte de l'instruction que *Pepin* accordait des secours à tous les ennemis du Gouvernement qui lui en demandaient et se présentaient à lui comme victimes de leurs convictions politiques : il prêtait même de l'argent aux écrivains hostiles qui en manquaient pour acheter du papier, et ces circonstances rendent plus probables les secours qu'il aurait accordés à *Fieschi,* quoiqu'elles ne soient pas suffisantes pour établir sa participation à l'attentat.

On a saisi chez lui un dessin fort grossier, mais qui semble indiquer les principaux linéaments de la machine infernale. Ce dessin lui a été représenté, il n'en avait conservé aucun souvenir; il l'a attribué à la fantaisie ou au caprice de ses enfants.

Vous voyez, Messieurs, quelle est la position respective des deux inculpés. *Fieschi*, toujours positif, affirme sans cesse. *Pepin*, toujours indécis, nie sans précision et avec la mollesse d'un caractère craintif et irrésolu.

Selon *Fieschi*, *Pepin* a connu dès l'origine le projet coupable de l'auteur de l'attentat; il l'a encouragé à le commettre, il lui en a fourni les moyens; il en aurait facilité l'exécution : c'est la seule crainte de passer pour un lâche aux yeux de *Pepin* et de *Morey*, et de violer l'engagement qu'il aurait pris avec eux, qui l'aurait empêché de déserter son infernale entreprise.

Selon *Pepin*, tout est faux dans ces imputations. Il n'a connu *Fieschi* que comme un infortuné, persécuté pour ses opinions et poursuivi pour délits politiques, et ce genre de malheur a éveillé toutes ses sympathies; il l'a secouru *comme tant d'autres*, sans le connaître, et les services qu'il lui a rendus sont le seul crime dont il puisse s'avouer coupable.

Les circonstances matérielles alléguées par *Fieschi* à l'appui de ses accusations sont presque toutes confirmées par l'instruction; mais les charges les plus graves ne reposent que sur ses propres assertions. Vous aurez, à juger si, corroborées comme elles le sont par la vérité démontrée de cette partie importante de ses déclarations, elles suffisent pour rendre probable la complicité de *Pepin* et pour faire présumer qu'il se soit constitué le bailleur de fonds d'une entreprise si audacieuse. Mais si ce n'est pas lui, qui donc aurait fourni à *Fieschi* les moyens d'y subvenir? Comment la fable de *Fieschi* se lierait-elle si bien à ces faits avérés? Comment expliquerait-elle si exactement ce qui était inexplicable avant qu'il eût parlé?

Nous allons maintenant vous rendre compte de cette partie de l'instruction qui se rapporte à *Boireau.*

Victor *Boireau,* ouvrier ferblantier, est né à La Flèche, département de la Sarthe, le 5 novembre 1810. Il a été ouvrier à Lyon, chez un ferblantier nommé *Carle.* On dit qu'il a été chassé de Lyon par les compagnons du Devoir, avec lesquels il était associé, parce qu'il avait détourné des fonds appartenant à la société, dont on lui avait confié la gestion. Il a repoussé cette inculpation, et par quelques explications plausibles il a rendu compte du fait, innocent en soi, qui pouvait y avoir donné lieu. Divers renseignements l'avaient signalé comme ayant appartenu à la société des Droits de l'homme; on a assuré qu'il faisait partie de la section *Louvel;* il a dit qu'il avait voulu entrer dans cette société, mais qu'il n'en avait jamais fait partie. Il fréquentait le café Périnet; ses opinions républicaines sont constantes.

Nous vous avons déjà fait connaître comment il fut arrêté, le 28 juillet. Il fut interrogé le jour même et répondit d'une manière très-résolue et tout à fait négative. Il avait d'abord avoué qu'il avait vu Édouard *Suireau* la veille; il a dit plus tard qu'il ne l'avait pas vu et que si *Suireau* était venu au magasin du sieur *Vernert,* il n'y était resté qu'un instant; il a également soutenu qu'il n'avait pas vu *Suireau* le 28 au matin; il n'a voulu donner aucun renseignement sur ses liaisons. Il s'est contenté de répondre qu'il était lié *avec tout le monde* [1]. Cependant le sieur *Suireau* père a confirmé la déposition de son fils [2].

Dans son second interrogatoire, *Boireau* a reconnu qu'il s'était trompé quand il avait dit n'avoir pas vu Édouard *Suireau* le 28 au matin : il savait qu'il le trouverait chez son père, et il a voulu lui souhaiter le bonjour en passant, mais il ne l'a point chargé d'acheter pour lui un quarteron de poudre et de le déposer chez le portier : il en donne en preuve qu'il est allé le soir chez le concierge réclamer son parapluie, et qu'il n'a point demandé de poudre. Cette preuve serait peu concluante. Le 28 au soir, tout était consommé; il n'y avait plus de combat à livrer : la poudre était probablement devenue inutile.

Boireau n'était pas seul quand il a vu *Suireau*, le 28 au matin; mais il ne se rappelle pas quelle était la personne qui l'accompagnait; *il y a des souvenirs*, dit-il, *qui peuvent s'effacer.*

Il a entendu dire, le 27 au matin, au café de France, boulevart des Italiens, que *les carlistes préparaient un coup* pour le lendemain; c'est une demi-heure après qu'il s'est trouvé seul avec Édouard *Suireau*, dans le magasin, et celui-ci peut lui avoir entendu répéter ce qu'on disait depuis fort longtemps, que les *carlistes devaient faire un coup.* Du reste, il n'a rien su; *ce n'est pas à un ouvrier comme lui que l'on confie une chose si importante.*

Il est convenu qu'il avait fait raser ses moustaches et ses favoris, le dimanche 26, mais d'après le conseil d'Édouard *Suireau*, lui-même, qui disait que cela lui

[1] Interrogatoire de *Boireau*, 28 juillet.
[2] Déposition de *Suireau* père, 29 juillet.

siérait mieux. Il a d'ailleurs protesté que la déclaration de ce jeune homme était fausse, et il a affirmé qu'il lui connaissait des sentiments de haine et de vengeance contre sa personne, *car*, a-t-il ajouté, *plusieurs fois, dans l'atelier, nous avons eu des raisons tous les deux, et il m'a dit que nous aurions à faire tôt ou tard ensemble*[1].

Nous observerons, en passant, que cette allégation n'est en harmonie, ni avec l'empressement qu'aurait mis *Boireau*, selon son propre témoignage, à aller souhaiter le bonjour à *Suireau*, le 28 juillet au matin, ni avec l'intime familiarité qui semblait régner entre eux l'avant-veille, lorsque *Suireau* lui conseillait de couper sa barbe, afin qu'il fût plus *beau garçon*.

On ne savait encore qui était *Fieschi*, ni quel rôle il allait jouer dans le drame judiciaire qui s'entamait, et comme on demandait à *Boireau* quelle était la personne qui, peu de jours auparavant, était venue demander à coucher chez lui à minuit passé, et que la principale locataire[2] de la maison ne voulut pas laisser entrer, il a répondu que c'était *Fieschi*, dont il ne connaissait ni l'état ni la demeure; il savait qu'il était mécanicien, mais il ne savait pas s'il travaillait. *Ajoutez que ça m'a toujours étonné beaucoup*, a-t-il continué, *de ne pas savoir ce qu'il faisait*. Cette réflexion, faite au début de l'instruction, vous semblera, comme à nous, dictée ou par une bien heureuse inspiration, ou par une assez grande habileté.

Le 1er août, *Boireau*, confronté avec le prétendu *Girard*, l'a reconnu et l'a nommé *Fieschi*; c'était le jour

[1] Interrogatoire de *Boireau*, et sa confrontation avec *Suireau*, 29 juillet.
[2] Déposition de la dame veuve *Delaselve*, 29 juillet.

même où l'on recueillait les dépositions des femmes *Branville* et *Barangé*, qui ont révélé l'identité de *Fieschi* et de *Girard*, et où l'inspecteur général des prisons *Dufresne* achevait de dissiper le mystère qui avait jusqu'alors environné *Fieschi*. *Boireau* le connaissait depuis cinq ou six mois; *Fieschi* venait souvent le voir à son atelier, et il y entrait toujours; il l'a vu pour la dernière fois le jeudi ou le vendredi de la semaine avant l'attentat [1].

Dans son quatrième interrogatoire, *Boireau* a persisté à soutenir que *Suireau* était *un menteur qui avait une vengeance contre lui;* mais il lui est échappé de dire que s'il avait indiqué l'*Ambigu* comme le lieu où il devait y avoir un coup, *c'est que toutes les fois qu'il y a eu quelque émeute, c'est de ce côté-là; j'ai pu dire à Suireau de détourner son père d'aller de ce côté-là, parce que c'est de ce côté-là que les émeutes éclatent ordinairement. C'est ce misérable qui est détenu, et que je ne connaissais que sous le nom de* Fieschi, *qui m'a dit que les carlistes voulaient faire un coup et que les patriotes devaient se tenir prêts. J'avais de l'estime pour lui, parce qu'il était souvent avec* Salis, Janot *et* Auffray, *tous amis que j'estime beaucoup.* Ce propos de *Fieschi* accusant les carlistes, selon *Boireau*, de l'événement qui se préparait pour l'anniversaire des journées de juillet, ne coïnciderait-t-il pas avec la précaution qu'il avait prise de se procurer l'image du duc de Bordeaux? N'était-il pas la suite d'un système tendant à faire prendre le change à l'autorité sur le but que se proposait l'auteur ou les auteurs de l'attentat; et à l'imputer à un parti, tandis qu'un autre parti, après l'avoir préparé, en profiterait?

[1] Interrogatoire de *Boireau* et sa confrontation avec *Fieschi*, 1er août.

Boireau reconnaît qu'il est allé, le dimanche 26 juillet, vers une heure, dans l'estaminet de la maison qu'habitait *Fieschi*, mais il ne l'a pas vu. Il est convenu être sorti, le lundi 27 au matin, pendant un quart d'heure, pour aller chercher une jeune personne qui lui avait donné, la veille au soir, un rendez-vous auquel elle avait manqué; il est sorti muni d'un *archet*, d'un *foret* et d'une *conscience*, pour faire croire qu'il allait travailler au dehors, et pour qu'on ne dît pas qu'il perdait *le temps de son maître;* il a dit en sortant qu'il allait rue de Richelieu, hôtel d'Espagne. On connaissait déjà cette fable pour ce qu'elle était.

Le premier commis du sieur *Vernert* ayant parlé de la sortie de *Boireau*, avec ses outils, et de la cause pour laquelle il prétendait être sorti; on avait entendu la personne qui tient l'hôtel d'Espagne et son concierge, et l'on avait eu la preuve que *Boireau* n'était pas venu dans cet hôtel le lundi au matin; on avait en même temps acquis la certitude que *Boireau* avait été absent de l'atelier pendant une heure[1].

Boireau est convenu que, le mardi matin 28 juillet, il n'était point allé à l'atelier, quoiqu'il eût été décidé qu'on y travaillerait ce jour-là jusqu'à deux heures; il voulait voir la revue, *attendu*, avait-il dit dans son premier interrogatoire, *que cela était très-essentiel.* Il a suivi le boulevart jusqu'à la rue du Temple. Il paraît qu'en ce lieu-là il aurait rencontré l'ouvrier lampiste *Joulain*, qui lui aurait demandé s'il ne voulait pas venir voir avec lui le passage du Roi : *Boireau* lui aurait répondu : *Je me f... bien du Roi!* ou *d'autres paroles offensantes pour le Roi!* Alors *Joulain* aurait répliqué :

[1] Déposition de *Massé*, 29 juillet; déposition de *Jonin*, 31 juillet; déposition de *Cagniac*, 31 juillet.

Vous avez donc de mauvaises intentions? et *Boireau* de s'écrier : *Vous! vous êtes juste-milieu parce que vous ne connaissez pas vos droits!* Il a entendu l'explosion au moment où il s'en allait; *il était déjà dans la première rue à droite quand on descend du boulevart pour aller au Temple.*

Il a déclaré que l'individu qui l'accompagnait, lorsqu'il était allé, le mardi matin, chez *Suireau*, se nommait *Martinault*, et que c'était un homme de lettres qu'il avait connu à la Force, pendant qu'ils y étaient détenus tous deux; il a reconnu que, s'il avait fait couper ses moustaches et ses favoris, ce n'était pas seulement pour ne pas avoir l'air d'un singe, comme le prétendaient ses camarades, mais aussi parce qu'il *avait peur d'être arrêté dans le cas où il arriverait quelque chose, parce qu'on arrêtait alors beaucoup de monde.* Toutefois, avant de signer l'interrogatoire, craignant, sans doute, que cet aveu eût quelque gravité, il a ajouté que c'était *par inconséquence* qu'il avait dit avoir coupé ses moustaches dans la crainte d'être arrêté.

Lors de son quatrième interrogatoire, M. le Président crut devoir faire remarquer à *Boireau* que ses diverses réponses contenaient des contradictions. Il répondit, *que d'abord il n'avait pas tout dit,* mais que ses dernières déclarations, pour être plus explicites, n'impliquaient pas contradiction avec les premières. S'il n'avait pas voulu, au premier moment, avouer qu'il avait passé toute la journée du 28 avec *Martinault*, c'était parce qu'il savait que *Martinault* était suspect.

Il devenait nécessaire d'interroger le sieur *Martinault*, qui, ayant passé la journée du 28 avec *Boireau*, et se trouvant avec lui sur le boulevart du Temple peu d'instants avant l'attentat, pouvait être instruit de ce qui allait se passer et de la part que *Boireau* pouvait y avoir prise. Cet acte d'instruction était encore recommandé par ce qu'on savait déjà du sieur *Martinault,* ancien membre de la société des Droits de l'homme, et originairement impliqué dans le complot et les attentats d'avril 1834. On n'a rien négligé pour découvrir le sieur *Martinault;* mais toutes les recherches ont été inutiles.

Boireau a reconnu qu'il voyait habituellement *Fieschi* à l'atelier du sieur *Vernert,* et quelquefois rue St-Jacques, dans un hôtel garni où demeurait *Salis :* il savait très-bien que Laurence *Petit* était la maîtresse de *Fieschi.* Mais il prétend n'avoir point dit qu'il était instruit d'un projet qui aurait existé d'assassiner le Roi sur la route de Neuilly; il a affirmé n'en avoir jamais su que ce qu'en avaient dit les journaux; c'est d'après le récit qu'ils en avaient fait qu'il en a causé avec ses camarades. Il pense que lorsque *Fieschi* lui a dit qu'il fallait que les patriotes se tinssent prêts parce que *les carlistes voulaient faire un coup, ce n'était pas pour proclamer la république,* mais, si le Gouvernement était renversé, pour empêcher qu'on ne *détruisît* la révolution de juillet. *Je suis un républicain,* a-t-il ajouté, *mais je ne suis pas un assassin; je suis un républicain honnête.*

Il a persisté à nier qu'il eût chargé *Suireau* d'acheter de la poudre; qu'aurait-il fait de cette poudre, puisqu'il n'avait point d'armes et qu'on n'en a point saisi chez lui?

En effet, on n'a pas trouvé chez *Boireau* le pistolet que *Fieschi* prétend lui avoir donné; mais *Suireau* a affirmé que *Boireau* avait, à l'atelier où il travaillait, une paire de pistolets, ou un seul pistolet à piston, dont le canon était en cuivre: c'était un pistolet pareil que *Fieschi* avait pris chez *Bury.* Ces pistolets étaient habituellement renfermés dans une armoire pratiquée dans la cloison qui séparait l'atelier de la boutique. Toutefois, ils n'ont pas été retrouvés, et le sieur *Vernert* a déclaré ne les avoir jamais vus.

Boireau avoue qu'il boit souvent plus qu'il ne faudrait, et qu'il est une *excellente pratique* pour un certain marchand de vin de la rue Richelieu. Il nie toute intimité avec *Fieschi*; il soutient d'ailleurs qu'une telle intimité serait loin d'entraîner nécessairement la complicité de son crime. *Je suis très-lié avec ma sœur,* dit-il; *si elle commettait un crime, je ne serais pas pour cela complice de son crime.* Il a toujours persisté à soutenir qu'il ne connaissait pas *Fieschi* sous le nom de *Girard*. Il a nié avoir procuré un foret à *Fieschi*.

Le foret qu'il avait emporté le 27 juillet a été saisi dans l'état où il se trouvait lorsque *Boireau* l'a rapporté; on ne s'en est pas servi depuis. Il était destiné à percer du cuivre; *Boireau* a reconnu l'archet et la conscience, mais il a dit qu'il croyait que le foret qu'il avait emporté était plus gros que celui qui lui était représenté.

Depuis le commencement de l'instruction, le sieur *Vernert* a renvoyé Édouard *Suireau* : *Boireau* soutient que c'est à cause de ses mensonges.

Travault n'a pas reconnu *Boireau* : il pense que ce n'est pas lui qui est venu demander *Fieschi* le 27 juillet. Sophie *Salmon* ne l'avait pas reconnu, à la première confrontation; elle ne croyait pas alors qu'il fût le même jeune homme qui avait dit se nommer *Victor*, et qui était venu voir deux fois *Girard*, et notamment le 27 juillet : elle l'a depuis parfaitement reconnu le 8 octobre.

Le 1er septembre, Édouard *Suireau* a fait une nouvelle déclaration; en voici la substance : Il connaissait très-bien *Fieschi*, et l'intimité de sa liaison avec *Boireau*. *Fieschi* venait voir presque tous les jours *Boireau* à son atelier. *Boireau*, de son côté, avait été intimement lié avec Laurence *Petit;* il savait depuis longtemps que *Fieschi* portait toujours sur lui un poignard et un fléau armé de balles de plomb.

Le 27 juillet, dans l'après-midi, *Suireau* sut de *Boireau* qu'il n'était point allé, ainsi qu'il l'avait dit d'abord, percer des trous à l'hôtel d'Espagne avec son foret, mais bien *à leur affaire* ou *à leur machine:* il s'est certainement servi de l'une ou de l'autre expression. *Suireau* auquel il venait de faire connaître que l'*affaire* devait se passer sur le boulevart du Temple, ayant remarqué qu'il avait fait une bien longue course en peu de temps, il répondit qu'il avait pris un cabriolet, et il ajouta que s'il voulait aller déclarer à M. *Gisquet* tout ce qu'il savait, il *aurait tout ce qu'il voudrait.* Le premier commis du sieur *Vernert*, *Massé* étant entré dans l'atelier et trouvant les deux jeunes gens occupés à causer, leur dit: *Travaillez donc.* «Qu'ai-je à faire de travailler? «reprit *Boireau*, quand *Massé* fut parti: *j'aurai peut-«être demain plus de 100,000 francs.*» Il quitta l'atelier à sept heures du soir et dit à *Suireau* qu'il allait monter à cheval, sur le boulevart, pour la répétition de la machine; qu'il serait avec un autre; qu'il irait au pas, au trot, au galop; qu'il devait prendre des chevaux dans une écurie dont le maître avait laissé la clef *pour le cas où il ne s'y trouverait pas.* D'après ce que disait *Boireau*, l'homme qui devait prêter les chevaux était un *épicier.* Le lendemain matin *Boireau* dit à *Suireau : Nous sommes sûrs de notre affaire.*

Cette déclaration a été confirmée par le sieur *Suireau* père, qui, à ce qu'il paraît, a déterminé son fils à la faire et a exigé qu'il minutât ses souvenirs, par écrit, avant de déposer de nouveau. Cette minute a été mise sous les yeux du juge d'instruction qui a reçu la déposition, mais ce magistrat n'a tenu note au procès-verbal que des déclarations verbales d'Édouard *Suireau*. Elles ont été renouvelées par Édouard *Suireau* devant M. le Président[1].

La gravité de ces charges et le délai qu'avait mis *Suireau* à les articuler, au lieu d'en déposer sur-le-champ comme des premières, devait exciter de la défiance. Le caractère de *Suireau* et son âge n'offraient peut-être pas des garanties pleinement rassurantes. D'un autre côté, il était certain que son père avait été instruit par lui, avant l'événement, de circonstances que celui qui les révélait n'avait pu tenir que d'une personne dans la confidence de l'auteur, ou des auteurs de l'attentat. Émilie *Bertrand*, domestique de confiance de la maison, avait transmis elle-même les révélations de son jeune maître au père de celui-ci. *Suireau* père[2], dès le lundi au soir, avait averti l'autorité; et le mardi matin, avant l'événement, il avait communiqué ce qu'il savait à deux gardes nationaux, *Jorel* et *Maneille*. S'il peut paraître singulier qu'Édouard *Suireau* n'ait fait d'abord qu'une demi-révélation, il est évident qu'il n'a point inventé cette circonstance importante de la promenade à cheval pour le pointage de la machine, puisque *Fieschi* a fini par déclarer qu'il avait été résolu, entre *Pepin*, *Morey* et lui, que *Pepin* monterait à cheval et viendrait passer plusieurs fois, dans la soirée du 27, devant la fenêtre de *Fieschi*; qu'il n'y était pas venu, et que *Boireau* s'était vanté à lui, *Fieschi*, d'y être venu à sa place. Il n'est pas moins important d'observer que *Suireau*,

[1] Déposition d'Édouard *Suireau*, 7 septembre.
[2] Déposition de *Suireau* père, 7 septembre.

qui n'était pas dans la confidence de *Pepin*, de *Morey*, ni de *Fieschi*, a dit que c'était un *épicier* qui devait prêter les chevaux, et que leur propriétaire devait laisser la clef de l'écurie pour qu'on pût les prendre sans lui, dans le cas où il ne se trouverait pas à la maison, quand il est constaté que la clef de l'écurie de *Pepin* était à la disposition du premier venu, dans une arrière-salle de la boutique, et que personne ne veillait sur cette écurie, ni sur le cheval qu'elle renfermait.

Lorsque nous vous rendions compte de cette partie de l'instruction qui a eu pour objet de rechercher si *Fieschi* était seul dans sa chambre au moment où le crime a été commis, nous avons parlé de la déclaration d'un témoin qui disait avoir vu, au moment qui avait suivi l'explosion de la machine, plusieurs jeunes gens effarés se sauver au travers d'un chantier de bois à brûler qui donne dans la rue des Fossés-du-Temple, en face de la maison qui est juxta-posée à la maison qui porte le n° 50 sur le boulevart du Temple. Ce témoin, entendu une seconde fois, avait confirmé sa première déposition; confronté avec *Boireau*, dont il avait à peu près donné le signalement, il avait soutenu le reconnaître. Il a été prouvé, d'abord, qu'il était presque impossible qu'on eût traversé à l'heure indiquée le chantier dont avait parlé le témoin. Il a été constaté plus tard qu'il s'était évidemment trompé quand il a cru reconnaître *Boireau*, puisqu'il est constant qu'au moment qui a suivi l'attentat, *Boireau* se trouvait de l'autre côté du boulevart, et que loin de porter une veste et le costume d'un ouvrier avec une casquette plate, il portait ce jour-là une redingote noire et un chapeau gris.

Boireau a été confronté avec Édouard *Suireau*.

Celui-ci a confirmé devant lui la vérité de toutes ses déclarations. *Boireau* a soutenu imperturbablement qu'elles étaient mensongères; il a également protesté que c'était faussement qu'on lui imputait des propos inconvenants contre la personne du Roi : *J'ai mes idées, cela est vrai*, a-t-il dit, *mais personne ne pourra jamais dire qu'on m'ait entendu mépriser le Roi ou blasphémer contre lui, et M.* Vernert *qui partage les idées du Gouvernement et qui estime le Roi comme personne, ne m'aurait pas accordé la confiance qu'il m'avait accordée si j'avais été un exalté* [1].

M. *de Pontcharra*, lieutenant-colonel d'artillerie, a été chargé de faire l'examen, en qualité d'expert, du foret que *Boireau* avait emporté du magasin du sieur *Vernert*, et des canons de fusil de la machine infernale, afin de reconnaître s'il a été possible de percer des lumières à ces canons avec cet outil, et pour combien de canons il peut avoir servi, à cet usage, avant d'être hors de service. Il a déclaré sous la foi du serment, après avoir soumis le foret et les canons de fusil à une expérience fort ingénieuse, que, sans pouvoir assurer que le foret, qui lui a été représenté, a percé les lumières d'un certain nombre de canons de la machine infernale, il est possible que ce foret en ait percé plusieurs, et qu'après avoir visité les culasses des canons de ladite machine, il pense que cet outil a, au moins, servi à percer la lumière du canon n° 16, et que c'est en terminant cette opération que le foret a été mis hors de service [2].

[1] Interrogatoire de *Boireau* et sa confrontation avec *Suireau* et *Godu*, 7 septembre.

[2] Rapport de M. *de Pontcharra*, 14 octobre.

Fieschi, auquel le foret a été représenté, a reconnu l'archet, la corde, la conscience; il a eu des doutes sur la mèche, croyant que celle dont il s'était servi était plus courte, mais il a persisté à soutenir que le foret dont il avait usé lui avait été remis par *Boireau*. *Boireau* a cherché à s'emparer des doutes de *Fieschi* pour persister dans ses dénégations, en arguant de ce que *Fieschi* lui-même ne reconnaissait pas le foret. Plus tard *Fieschi*, examinant le canon de fusil sur lequel il paraît que s'est émoussé le foret et la trace qu'y a laissée cet outil en s'émoussant, et comparant sa cassure avec la brèche qui se trouve sur la culasse, a déclaré qu'il s'assurait très-positivement, par le rapprochement de ces différentes pièces, que le foret actuellement représenté était le même que *Boireau* lui avait prêté; il a déclaré, en outre, qu'il était allé chercher le foret rue Quincampoix, chez *Boireau*, avant dix heures du matin; il lui avait été promis la veille au soir. A cette époque, *Fieschi* n'avait point parlé de sa machine à *Boireau*, et si *Boireau* a laissé entendre à d'autres qu'il savait à quel usage devait servir son foret, il fallait que ce fût *Pepin* qui l'en eût informé, et cela paraît d'autant plus probable à *Fieschi*, qu'il assure avoir dit à *Pepin* que quatre de ses canons n'étaient pas percés et qu'il lui avait demandé, ainsi qu'à *Morey*, de lui procurer un foret. Il croit se souvenir d'avoir rendu le foret à *Boireau*, rue Quincampoix, vers midi ou une heure.

Enfin, il résulte d'un des derniers interrogatoires de *Fieschi* et de la déposition de divers témoins, une dernière charge contre *Boireau*. *Fieschi* a déclaré que c'était chez un entrepreneur en serrurerie, nommé *Pierre*, demeurant rue du Faubourg-Saint-Antoine, n° 65, qu'il avait fait exécuter la barre de fer, ou de forte tôle, au moyen de laquelle il se proposait d'assujettir les culasses des canons de fusil de sa machine. Il n'est pas allé seul chez ce serrurier; il était avec le sieur Michel *Dècle* ou avec *Boireau*. Il croit plutôt que c'était avec *Boireau*.

On a entendu le sieur *Pierre*, la dame *Pierre*, les sieurs *Ramé* et *Boursaint*, ouvriers du sieur *Pierre*, et le sieur *Brasch*, son apprenti. Il résulte de leurs dépositions que, le dimanche 26 juillet, deux hommes sont venus dans la boutique de ce serrurier pour commander une plaque de tôle; ils ont d'abord parlé à la *bourgeoise*; ils ont marqué avec de la craie, sur une pièce de tôle, la longueur et la largeur de la plaque; ils se sont passé la craie l'un à l'autre; l'un d'eux, celui qui était le plus âgé, disait à l'autre: *Tu vois bien que ça ne sera pas bien comme ça.* Il semblerait que ces deux hommes présents dans la boutique auraient pris une part égale à la commande dont il s'agit, et que *Boireau*, qui a été parfaitement reconnu par *Ramé* et la dame *Pierre*, aurait su à quel usage était destinée la barre de fer que *Fieschi* commandait. Celui-ci a persisté à nier qu'il eût parlé de sa machine à *Boireau*, et s'est efforcé de tout concilier en disant que *Boireau* était causeur de sa nature, qu'il aimait à se donner de l'importance, et qu'en voyant le papier sur lequel *Fieschi* avait tracé le dessin de la barre de fer, il avait bien pu concourir à expliquer avec lui comment elle devait être faite, quoiqu'il en ignorât la destination. *Fieschi* pense que *Boireau* n'a su l'existence de la machine que le lundi 27 juillet au soir: au moins est-ce la première fois qu'il en a parlé à *Fieschi*, et *Fieschi* assure ne lui en avoir jamais rien dit. C'est alors que *Boireau*, quand ils sortirent ensemble du café des Mille-Colonnes [1], lui demanda à la voir ; *Fieschi* n'y consentit pas. Nous devons ajouter ici que *Fieschi* a été reconnu par tous les témoins, qui ont également reconnu la barre de fer de la machine.

Dans sa confrontation avec le serrurier *Pierre*, sa femme et ses ouvriers, *Boireau* est convenu qu'il était allé avec *Fieschi* dans cette boutique, le dimanche 26 juillet, et il a même rappelé diverses circonstances qui se seraient passées en sa présence, et différentes paroles qu'il aurait dites; il est ensuite revenu sur ces aveux, qui lui étaient échappés; il ne s'est pas contenté de dire, comme il l'avait fait d'abord, qu'il ne savait pas à quel usage la plaque de tôle était destinée, et de soutenir qu'il avait dit chez le serrurier *que c'était pour une croisée :* il a nié complétement avoir accompagné *Fieschi* dans la boutique du sieur *Pierre*. Vous apprécierez le mérite de cette dénégation.

La liaison intime de *Boireau* avec *Fieschi* paraît démontrée. *Boireau* s'est interposé entre Laurence *Petit* et *Fieschi* pour les réconcilier. *Fieschi* venait trouver habituellement *Boireau* à son atelier. Il allait coucher chez lui sans le prévenir. *Boireau* a-t-il reçu de *Fieschi* un pistolet peu de jours avant l'attentat? a-t-il demandé à *Suireau* de lui procurer de la poudre à tirer pour ce jour-là? était-il dans la confidence de *Fieschi* ou de ses complices, si *Fieschi* avait des complices? a-t-il accompagné *Fieschi* chez le serrurier *Pierre* pour commander la barre en fer qui devait assujettir les canons

[1] Déposition de *Pierre*, 6 et 7 octobre; déposition de la dame *Pierre*, 6 et 7 octobre; déposition de *Brasch*, 6 et 7 octobre; déposition de *Ramé*, 6 et 7 octobre; déposition de *Boursaint*, 6 et 7 octobre. Confrontation avec *Boireau* et *Fieschi*, 6 et 7 octobre. Interrogatoire de *Boireau*, 20 octobre; déposition de *Fieschi*, 1er novembre.

de fusil sur la machine infernale? y est-il allé avec connaissance de cause, sachant quelle devait être la destination de cette barre de fer? a-t-il prêté à *Fieschi* le foret qui a été employé à percer les lumières de trois de canons de fusil qui ont fait partie de la machine infernale? a-t-il prêté ce foret à *Fieschi* sachant l'usage que *Fieschi* devait en faire? est-il venu se promener à cheval, le lundi 27 juillet au soir, devant la fenêtre de *Fieschi*, dans l'intention de lui servir de point de mire pour le pointage de la machine? Telles sont les questions que vous aurez à résoudre en appréciant les charges qui s'élèvent contre *Boireau*. Nous nous sommes efforcé de vous en faciliter la solution par une analyse exacte de cette partie de l'instruction.

Pour terminer ce qui concerne les inculpés maintenus sous mandat de dépôt, nous devons résumer, en quelques mots, les charges qui pèsent sur *Bescher*.

Vous avez vu, dans l'exposé des faits généraux de l'attentat, avec quelle astucieuse sagacité l'auteur de la machine infernale avait, en méditant son crime, préparé ses moyens d'évasion. Vous n'avez oublié, ni ce nom de *Girard*, sous lequel l'habitant de la maison n° 50, boulevart du Temple, avait voulu cacher l'ami de *Pepin* et de *Boireau*, ni cette issue qu'il s'était ménagée sur une rue éloignée des lieux qui s'offraient d'abord aux recherches, ni cette corde suspendue à la fenêtre le long de laquelle l'assassin devait se glisser, ni ces portes barricadées pour lui donner le temps d'arriver en lieu sûr, ni ce *fléau* homicide à l'aide duquel il espérait parer aux dangers que la prudence n'aurait pu prévenir, ni cette lithographie du *duc de Bordeaux*, destinée à donner le change sur ses opinions politiques. Après des précautions aussi habilement prises, pouvait-on croire que *Fieschi* eût omis celle qui devait assurer le succès de toutes les autres, qu'il eût oublié de se munir d'un passe-port? Non sans doute: il l'a déclaré lui-même dans sa confrontation du 3 octobre, avec Nina *Lassave; Morey* lui avait dit: *En tout cas, nous avons un passe-port.* Sous quel nom ce passe-port avait-il été délivré? Une déclaration de *Nina* va vous l'apprendre. Cette déclaration contient en même temps l'abrégé de l'inculpation dont *Bescher* est l'objet: vous avez entendu tout à l'heure ce que *Morey* disait à *Fieschi*, avant le crime: après l'attentat consommé, au moment où l'arrestation de l'assassin était connue, et lorsque le bruit de sa mort se répandait, le même *Morey* disait à Nina *Lassave*, en causant avec elle à cette barrière de Montreuil, où en cas de fuite il avait donné rendez-vous la veille à *Fieschi: Je vais rendre à ce pauvre* Bescher *son livret et son passe-port qu'il avait prêtés à* Fieschi.

Avant que cette circonstance eût été indiquée par *Nina*, des poursuites étaient déjà dirigées à raison de l'attentat du 28 juillet, contre le sieur Tell *Bescher*, âgé de 41 ans, relieur, né à Laval, département de la Mayenne, en 1794, demeurant à Paris, rue de Bièvre, n° 8.

En 1834, cet homme se trouvait au nombre des inculpés dans l'affaire d'avril: une perquisition faite alors, à son domicile, avait amené la saisie d'un assez grand nombre de circulaires de la société des Droits de l'homme, de cette société dont *Bescher* reconnaît avoir fait partie pendant quatre à cinq mois, comme membre de la section *Marat*. D'autres faits, relatifs aux antécédents de *Fieschi*, avaient signalé la conduite de *Bescher* comme suspecte.

On savait, d'une part, que du 16 février au 22 mai 1835 *Fieschi* avait travaillé, comme ouvrier, chez le sieur *Lesage*, fabricant de papiers peints, rue des Ormes, n° 1; qu'il avait été présenté à ce fabricant par le sieur *Renaudin*, à qui *Morey* l'avait directement recommandé; qu'enfin, pendant tout le temps que *Fieschi* était resté dans cette maison, il y avait été connu sous le nom de *Bescher*, et qu'il se trouvait en effet porteur d'un livret en tête duquel ce nom était inscrit. L'instruction avait fait connaître, d'autre part, que le sieur Tell *Bescher* avait des relations avec *Morey*; qu'il allait dans la boutique de ce dernier pour y voir un ouvrier de sa connaissance, dont il recueillait la souscription pour la société libre de *l'Instruction du Peuple*. *Bescher* ajoutait qu'il avait perdu son livret d'ouvrier; et, sur l'observation du magistrat instructeur, il convenait qu'il se pouvait faire que ce fût chez *Morey* qu'il l'eût perdu, attendu que c'était *Morey* qui lui avait servi de témoin pour l'obtenir.

Ces circonstances ayant acquis beaucoup plus de gravité par la déclaration de la fille *Lassave* relative au passe-port, on s'est occupé d'abord de vérifier si, en effet, un passe-port avait été délivré au sieur *Bescher* pendant le cours de cette année. On a trouvé sur les registres de la préfecture de police de Paris les indications suivantes : à la date du 5 janvier 1835, il a été expédié un passe-port, pour Auxerre, au sieur *Bescher* (Tell), âgé de 41 ans, taille d'un mètre 59 centimètres, cheveux châtains, front haut, sourcils châtains, yeux *idem*, nez moyen, menton rond, teint ordinaire; signalement dont les principaux traits, la taille, l'âge et la couleur des cheveux se rapportent également à *Fieschi*. Le départ de Paris était motivé sur *des affaires de famille*. Les témoins étaient M. *Morey*, bourrelier, rue Saint-Victor, n° 123, et M. *Vayron*, imprimeur, rue Galande, n° 51.

Ce nom de *Morey*, figurant comme témoin sur un passe-port qui, suivant une déclaration importante, aurait été destiné à *Fieschi*, éveilla davantage encore les soupçons; on découvrit que le sieur *Vayron* avait été lui-même membre de la société des *Droits de l'homme*, et qu'il avait été impliqué dans les affaires du mois d'avril. On sut aussi que *Bescher* n'avait jamais fait usage du passe-port qu'il avait obtenu le 5 janvier. Interrogé sur ces circonstances, *Bescher* a répondu qu'il avait projeté un voyage à Auxerre, ne trouvant pas d'ouvrage ici, et dans l'intention de se placer chez un sieur *Bottier*, relieur dans cette ville; mais que sa femme, n'étant pas d'avis de ce voyage, avait brûlé le passe-port pour qu'il n'eût pas lieu.

Le sieur *Bottier* a été entendu comme témoin : il a déclaré qu'ayant eu autrefois en apprentissage la demoiselle Victorine *Benier*, devenue maintenant femme *Bescher*, il avait fait à Paris la connaissance de ce dernier, sans avoir de fréquentes relations avec lui; mais que du reste, depuis qu'il avait quitté Paris, il n'avait nullement entendu parler de *Bescher*, et que jamais celui-ci n'avait dû venir demeurer chez lui ou y travailler. Le commissaire de police d'Auxerre a fait connaître, de plus, une circonstance sur laquelle on n'avait pas fait expliquer le sieur *Bottier*; c'est que ce relieur n'a pas habituellement d'ouvrier, mais seulement un ou deux apprentis.

Bescher a soutenu ses premières assertions, en faisant observer qu'il n'avait pas donné connaissance de son projet au sieur *Bottier*; mais que leurs anciennes relations l'autorisaient à penser que, s'il se présentait chez lui, il y trouverait de l'ouvrage.

Le sieur *Vayron* et la femme *Bescher* ont confirmé

par leurs déclarations, le récit de *Bescher*, touchant son projet de voyage et les motifs qui l'auraient empêché de quitter Paris.

Il est une dernière circonstance qui mérite l'attention de la Cour : c'est qu'il a été constaté que le livret dont *Fieschi* paraît avoir fait usage, chez le sieur *Lesage*, avait été délivré à *Bescher* le même jour que son passe-port, c'est-à-dire, le 5 janvier dernier.

L'enregistrement de ce livret à la préfecture de police porte, qu'il a été délivré sur un certificat du sieur *Bradel*, relieur, à Paris; certificat qui est en effet joint au dossier. L'extrait des registres de la préfecture ne mentionne le nom d'aucun témoin : il ne reste donc, à cet égard, que la déclaration faite par *Bescher*, qu'il croit bien que ce sont les mêmes témoins qui lui ont servi pour le livret et pour le passe-port.

Ni le livret, ni le passe-port de *Bescher* n'ont pu être retrouvés, car un livret saisi à son domicile et délivré le 11 mai 1808, à Pierre-Théophile-René *Bescher*, n'a été reconnu, ni par *Fieschi*, ni par *Lesage*. Il a été établi, par l'instruction, que c'était le livret du frère de l'inculpé, qui exerçait la profession d'imprimeur, tandis que l'inculpé exerce celle de relieur.

L'existence de ces deux pièces n'en est pas moins un fait établi, puisqu'il résulte de la vérification des souches conservées à la préfecture. Quant à l'usage qui en aurait été fait, il n'est pas douteux que le livret n'ait été en la possession de *Fieschi* tant qu'il est resté comme ouvrier chez le sieur *Lesage*. Les déclarations de *Fieschi* et de *Lesage* sont concordantes sur ce fait, et les dénégations de *Morey*, qui soutient n'avoir jamais connu *Fieschi* sous le nom de *Bescher*, n'avoir même jamais su que

Fieschi ait été employé chez *Lesage*, ne font que donner plus de gravité à cet incident, en montrant toute l'importance que pouvaient mettre les inculpés à dissimuler ces faits à la justice.

Il règne plus d'obscurité sur le point de savoir ce qu'est devenu le livret au moment où *Fieschi* a quitté les ateliers du sieur *Lesage*. Ce dernier prétend qu'il a remis alors à *Fieschi* son livret *en règle*. *Fieschi* soutient, au contraire, que le livret ne lui a pas été rendu par *Lesage*, et qu'il ne le lui a même jamais redemandé.

Depuis ce moment la trace du livret se trouve perdue; il n'en est plus question qu'au moment où la fille *Nina* soutient que *Morey* l'a quittée pour aller rendre à *Lesage* le livret de *Bescher*.

Quant au passe-port, *Fieschi* a déclaré constamment, non-seulement qu'il ne l'avait pas eu entre les mains, mais même qu'il ne l'avait jamais vu. Cependant, suivant une réponse faite par *Pepin* dans son interrogatoire du 21 octobre, le passe-port délivré au nom de *Bescher* aurait été vu par lui entre les mains de *Fieschi*, et cette déclaration paraît d'autant plus grave, que le fait cité par *Pepin* remonte à une époque plus voisine de la délivrance du passe-port. Il s'agissait de savoir par quels motifs *Pepin* s'était déterminé à accorder l'hospitalité à *Fieschi*. *Pepin* a expliqué que *Fieschi* lui avait présenté de nombreux papiers, et entre autres un passe-port qui semblait établir qu'il se nommait *Bescher*. *Fieschi* a contesté l'exactitude de cette explication. Il a soutenu qu'il n'avait pu faire voir ce passe-port à *Pepin*, puisque cette pièce n'était jamais sortie des mains de *Morey*. Mais cette dernière allégation n'a-t-elle pas pour effet de rendre suspecte la destination d'un passe-port qui, obtenu par *Bescher*, reste toujours entre les mains d'un autre?

La Cour appréciera la gravité de ces faits, elle ne perdra pas de vue les dénégations réfléchies de *Morey*, la révélation fortuite de *Pepin*, la coïncidence des dates d'un livret et d'un passe-port, dont l'un a été certainement en la possession de *Fieschi*, et dont l'autre lui était destiné; elle se demandera si l'on n'est pas fondé à en conclure que le passe-port était un expédient inventé pour cacher la fuite du faux *Bescher*, comme le livret avait été employé à l'accréditer sous ce nom.

Nous n'aurions pas rempli tous nos devoirs si nous ne rappellions en peu de mots les principes de votre compétence.

Il est constant aux yeux de tous que c'est surtout lorsqu'il s'agit des attentats qui menacent le Roi et les Princes de sa famille que cette compétence est incontestable. C'est alors qu'il importe, en effet, que cette Cour, placée au cœur de l'empire et dont la juridiction ne connaît point de limites territoriales, soit saisie, parce que se trouvant au centre de tous les renseignements elle peut facilement tout connaître, et qu'à raison de sa haute situation politique, elle peut tout atteindre.

Nous croyons inutile de rappeler que le complot est un crime distinct de l'attentat; qu'il peut y avoir complot sans attentat, et attentat sans complot; et que si le complot est, en quelque sorte, la préméditation de l'attentat lorsqu'il le précède et s'y lie, c'est, aux termes de la Charte, l'attentat seul qui constitue votre compétence; en effet, depuis la révision du Code pénal, le complot, n'étant plus assimilé à l'attentat pour la peine lorsqu'il n'est point suivi d'effet, ne peut rentrer à l'avenir dans votre compétence que comme circonstance accessoire de l'attentat.

Ces notions élémentaires sont familières à chacun de vous. Ici, l'attentat contre la personne du Roi et celle des Princes ses fils, est flagrant, qu'il y ait complot ou non. Il constitue au plus haut degré un attentat contre la sûreté de l'État; car, dans une monarchie, quelle plus grande atteinte peut être portée à la sûreté de l'État que celle qui menace la vie du Roi, représentant et protecteur de l'ordre public?

La nature des faits entraîne donc nécessairement votre compétence.

Il nous reste à vous rendre compte des renseignements généraux recueillis par l'instruction sur un certain nombre de faits, qu'au premier coup d'œil un rapport de simultanéité semblait rattacher à l'attentat du 28 juillet. On a souvent remarqué que les événements de cette nature sont toujours accompagnés de quelques-uns de ces signes précurseurs dont l'explication ne saurait être complétement donnée, et qui s'échappent en quelque sorte, l'expérience de tous les temps le démontre, de l'atmosphère ténébreuse au milieu de laquelle se trament ces complots funestes, ces odieux et sinistres attentats dont le monde est parfois épouvanté. Mais ces faits, plus ou moins fugitifs, sont peu susceptibles de cette démonstration exacte vers laquelle doivent toujours tendre les investigations de la justice; ils sont presque toujours enveloppés d'une sorte de vague qui sert quelquefois à les grossir dans l'opinion, mais qui commande aussi au magistrat une rigoureuse circonspection dans les conséquences qu'il lui est permis d'en tirer. Cependant ces faits ne doivent point être complétement dédaignés, surtout par vous, Messieurs, qui êtes placés si haut dans la sphère des pouvoirs publics. S'ils ne sont pas de nature à être incriminés, s'ils ne servent point de preuves à d'autres faits mieux établis, ils peuvent du moins être considérés comme des symptômes remarquables de l'époque et de la situation.

Que si nous portons nos regards hors de la France, tout semblait annoncer, aux approches des journées de juillet, que l'on redoutait pour cette époque une grande commotion politique. A Francfort-sur-le-Mein, les autorités municipales ont, le 28 juillet, appelé l'attention de l'autorité militaire sur certaines rumeurs qui pouvaient plus tard rendre leur concours nécessaire. En Suisse, dans le grand duché de Bade, en Belgique et même à Munich, on s'attendait, pour la même époque, à une vaste conflagration, dont le crime du 28 juillet aurait été le signal et l'évasion des prisonniers de Sainte-Pélagie le prélude. A Gênes, les bruits les plus sinistres avaient cours depuis le commencement de juillet; le 24 juillet, on disait ouvertement à la Bourse de cette ville que le Roi des Français avait été attaqué. A Malaga, le bruit de la mort du Roi, qui aurait péri victime d'un assassinat, fut répandu dès le 17 juillet; et il est remarquable qu'au mois de novembre 1832, la nouvelle d'un attentat contre la personne du Roi y avait été donnée bien avant que l'on eût pu apprendre par les voies ordinaires l'attentat du pont Royal. A Rome, un ordre du jour de la société de propagande de la *Jeune Italie*, intercepté par l'autorité publique, annonçait que les journées de juillet verraient tomber le tyran de la France et commencer la régénération de l'Europe; l'incendie devait s'allumer en Italie pendant les fêtes héréditaires que l'on célèbre à Florence. Tel est le résultat de la correspondance des agents diplomatiques et commerciaux de la couronne de France dans les pays étrangers.

Au dedans, les journaux des deux partis hostiles au Gouvernement contenaient des articles dont le ton, en quelque sorte prophétique, avait dû exciter au plus haut degré l'attention publique et la sollicitude de l'administration.

Dans les départements, la *Gazette de Metz*, dans son nº 661, en date du 27 juillet, commençait un de ses articles par ces mots : « Pour la cinquième, et probablement dernière fois, les ex-glorieuses et mémorables « vont être célébrées à Paris. » On lisait dans le nº 59 de *l'Industriel de la Meuse*, en date du 28 juillet, les lignes suivantes : « On continue à dire que Louis-Philippe « sera assassiné, ou plutôt qu'on tentera de l'assassiner à la revue du 28 juillet. Ce bruit a sans doute « pour but de déterminer sa bonne garde nationale à « venir, nombreuse, le protéger de ses baïonnettes. » Cet article venait du bureau de la correspondance politique des journaux, établi à Paris place de la Bourse, et dirigé par M. *de Gouve de Nuncques*. Il convient de dire, toutefois, que la *Gazette de Metz*, qui a rapporté, dans son numéro du 31 juillet, l'article de *l'Industriel de la Meuse* que nous venons de citer, en annonçant dans son nº du 29 le crime du 28 juillet, le flétrit comme l'acte d'un *odieux fanatisme*.

La correspondance des commandants militaires et des procureurs généraux faisait connaître que les ennemis du Gouvernement semblaient avoir été prévenus à l'avance du crime du 28 juillet; que dans une des grandes villes du midi, par exemple, plusieurs personnes dont les opinions hostiles étaient bien connues, et qui habituellement ne quittaient pas leurs maisons de campagne pendant la célébration des fêtes de juillet, étaient venues en ville à l'occasion de cette solennité. Dans les arrondissements de Beaupréau et de Laval, le bruit de la mort du Roi circulait sourdement, dès le 27 juillet, parmi les gens de la campagne.

De toutes parts, au reste, beaucoup de propos émanés de toutes les nuances des divers partis opposés au Gouvernement ont été rapportés comme ayant annoncé d'avance, en divers lieux, ce qui est arrivé le 28 juillet. Mais selon la judicieuse remarque d'un procureur général, comme presque tous les journaux de Paris donnaient chaque jour des indications, plus ou moins formelles, sur divers complots ourdis et découverts contre la vie du Roi, et spécialement sur des attaques qui auraient été projetées, à l'aide d'une machine infernale, sur la route de Neuilly ; comme les allusions au danger qui menaçait sa personne durant les fêtes de juillet étaient fréquemment répétées dans plusieurs des petits journaux, il est à présumer que les discours que l'on a signalés n'étaient que le retentissement de ces élucubrations quotidiennes, et que les factions ennemies, toujours alertes et toujours malveillantes, sans être de connivence avec les auteurs du crime, se tenaient en mesure d'en recueillir l'héritage et d'en exploiter les désastreux résultats.

A Paris, le journal intitulé *la France*, dans son n° 209, en date du 28 juillet, terminait ainsi qu'il suit un assez long récit de ce qui s'était passé durant la journée du 27 : « Voilà l'aspect fidèle qu'a offert toute la journée la fête que, par une amère parodie, le programme « appelle la *fête des Morts*. Peut-être est-ce la *fête des* « *Vivants*, à qui, par compensation, il est réservé de

« nous offrir le spectacle d'un enterrement : nous verrons « bien cela demain et après-demain. » L'auteur de l'article a soutenu, en l'expliquant, qu'il avait voulu seulement dire que les réjouissances des 28 et 29 juillet, quelque brillantes qu'on les eût préparées, ne répondraient pas à ce qu'on en attendait; que ce seraient de tristes fêtes, qui seraient *gaies comme un enterrement.*

Le journal *le Corsaire*, dans son numéro du 28 juillet, imprimé et distribué avant l'attentat, avait parlé, à propos de la revue qui devait avoir lieu ce même jour, de la conjonction sur la place Vendôme du Napoléon de la paix et du Napoléon de la guerre, et de l'éclipse du premier. Le directeur du journal a protesté qu'il n'y avait là qu'une allusion, dans le sens de l'opposition de son journal, à la présence du Roi au pied de la statue de Napoléon, et que nulle pensée coupable n'avait pu entrer dans l'esprit de l'auteur.

Le *National de 1834* avait aussi son article prophétique le 28 juillet; il était conçu dans les termes suivants : « Il y a donc à se réjouir pour tout le monde « dans l'anniversaire du 28 juillet. Que ceux qui ne se« raient jamais parvenus au gouvernement de leur pays « sans le renversement de la branche aînée se réjouis« sent, c'est fort naturel; mais que d'autres, en bien « plus grand nombre, trouvent dans les magnifiques « souvenirs du grand jour de la grande semaine la « certitude que l'avenir leur appartient, c'est aussi très« naturel. Remercions donc le Gouvernement de ce « qu'il a bien voulu dépenser 200,000 francs pour « témoigner sa joie d'être au monde. Le peuple, ap« pelé à jouir du spectacle des revues, des illuminations « et des feux d'artifice, sera heureux d'avoir procuré « aux ordonnateurs de la fête une joie sincère, et il lui «sera permis peut-être, en se séparant demain soir, de «leur rappeler le 28 juillet comme une grande leçon.»

Le rédacteur en chef de ce journal, expliquant ce passage, a déclaré que, dans la politique du *National,* il n'y avait jamais eu un mot dont aient pu s'autoriser les passions fanatiques qui auraient pu chercher à résoudre par l'assassinat les difficultés de notre situation politique; qu'au surplus, il ne s'est rien passé, en juillet 1830, qui ressemblât à l'acte épouvantable du 28 juillet 1835; qu'on n'avait point dirigé de machine infernale sur Charles X, et que conséquemment, dire que juillet 1830 avait été un enseignement pour les ordonnateurs de la fête de 1835, ce n'était nullement les menacer de l'horrible guet-apens qui est survenu. Il a ajouté que, s'il avait *eu le plus petit soupçon de pareille chose, il se serait cru obligé d'en avertir l'autorité.*

Ce qui vient d'être exposé sur le langage des journaux, dans un moment où toutes les investigations, où toutes les précautions étaient commandées par la grandeur du péril que le monarque venait de courir, explique suffisamment les mesures que l'administration a cru devoir prendre à leur égard; mais il n'a pas semblé à votre Président qu'il fût possible d'induire des différents articles qui viennent d'être rappelés une participation quelconque au crime contre lequel l'instruction était dirigée; il n'a dû être donné aucune suite aux mandats décernés à cette occasion: il appartenait à la juridiction ordinaire de poursuivre ces articles, si elle les jugeait répréhensibles. C'est ainsi que l'un des journaux qui avaient été, dans les premiers moments, l'objet des mesures préventives ordonnées par l'administration, est retombé depuis sous le coup de cette juridiction, qui a dû statuer à son égard.

Des réunions républicaines ont été signalées dans

les environs de Paris le 27 juillet et jours précédents, mais les recherches auxquelles ces avertissements ont donné lieu n'ont rien produit d'assez positif pour qu'il fût nécessaire de s'en occuper davantage.

L'instruction avait à la fois pour but d'arriver, s'il était possible, à la connaissance des auteurs du crime et des motifs qui avaient pu porter ceux-ci à commettre une si abominable action ; les recherches ont dû s'arrêter là où, judiciairement parlant, il n'y avait plus de motifs suffisants pour les prolonger.

Nous n'avons rien omis, dans le cours de ce rapport, de ce qui pouvait vous mettre à portée d'apprécier les intentions de celui ou de ceux qui avaient commis l'attentat. Le but en était certain, c'était le meurtre du Roi, et, en quelque sorte, l'extinction de sa race par l'assassinat simultané de l'auguste chef de la famille royale et de ses trois fils aînés, tous également dévoués aux régicides atteintes de la machine infernale.

Mais, si l'on demande quelle faction devait, selon les apparences, exploiter l'anarchie dont un tel massacre devenait le signal, au profit de quel parti on aurait allumé la guerre civile au sein de la capitale et ébranlé jusque dans ses fondements l'ordre social et le sol de la patrie, l'instruction répondra en faisant connaître la profession de foi de ceux des inculpés qui ont une foi politique, en rappelant leurs attenances, leurs liaisons, leur affiliation à la société des Droits de l'homme.

Ici les faits viennent révéler au grand jour les conséquences de certaines doctrines ; ils disent hautement jusqu'à quel point l'habitude des associations secrètes peut familiariser avec les complots; quel esprit d'hostilité flagrante entretiennent, contre les institutions qui nous protégent, ces organisations occultes, sortes de conspirations ou au moins de protestations permanentes contre la société elle-même ; ils révèlent la dangereuse action de ces contre-gouvernements mystérieux, qui minent sourdement le respect dû aux pouvoirs publics et aux lois de l'État par une contre-législation ; ils mettent au grand jour les funestes effets de ces déclamations journalières qui attisent les mauvaises passions, ou au moins les sentiments jaloux et envieux de ceux qui sont destinés, par les conditions inséparables de toute civilisation, à ne trouver que dans un travail assidu leurs moyens d'existence et ceux de leur famille.

Sans doute, tous les hommes qui se vantaient naguère de leurs opinions républicaines désavouent unanimement l'attentat du 28 juillet et ses auteurs ; ils ont toujours protesté qu'ils tendaient à leurs fins par des voies d'une nature bien différente, et qu'ils n'avaient en vue que ces révolutions pacifiques qui s'opèrent par la persuasion et le progrès de l'opinion. Mais peuvent-ils donc oublier qu'il est impossible de propager des doctrines éversives de l'ordre établi sans provoquer de vives résistances, que des discussions on passe bientôt aux combats, qu'à l'esprit de propagande ne tarde pas de succéder l'esprit d'intolérance et de persécution, qui dicte des crimes pour assurer le triomphe des convictions qu'il impose, et qui transforme bientôt en crimes les convictions opposées aux siennes? Alors fondent sur les nations ces réactions sanglantes qui les déchirent tour à tour en sens contraire.

Il serait sans doute possible de dire sur un premier aperçu que le résultat de l'instruction que vous avez ordonnée ne satisfait pas pleinement la raison. Pour expliquer complétement une si atroce violation de toutes les lois divines et humaines, on serait naturellement porté à transformer en certitude des hypothèses plus ou moins plausibles, à vouloir que le résultat de la procédure instruite fût de démontrer d'une manière absolue l'existence de l'une ou de l'autre de ces hypothèses : que si elle ne prouve pas que l'attentat du 28 juillet soit l'œuvre individuelle du fanatisme politique, exalté jusqu'au dernier degré du délire dans un esprit perverti, ou d'un profond sentiment de haine ou de vengeance, transformé en passion furieuse dans un cœur dépravé, il semble qu'elle devrait alors établir qu'il est l'œuvre combinée de toutes les forces réunies d'une faction ou d'un parti portant l'esprit d'association dans le crime, et conspirant de concert le renversement de l'ordre établi!

On comprend difficilement, en effet, qu'un tel forfait ait pu être comploté entre trois ou quatre hommes obscurs, dont deux ou trois seulement, connus par l'ardeur de leurs opinions, auraient appartenu à une société fameuse, tandis que, de tous, le plus puissant en intelligence, le plus énergique en volonté, à peu près dénué de passions politiques, n'était mû que par un désir insensé de bouleverser l'ordre établi, et de se faire un grand nom et une petite place sur les ruines de la monarchie. On a peine à s'expliquer que tout parte de ce cercle étroit et y aboutisse, qu'aucune ligne de communication ne puisse être légalement tirée entre ceux qui se sont faits les ennemis de nos institutions et de nos lois, qui s'en déclarent hautement les adversaires, et ceux qui en préméditaient le renversement par le feu et le sang.

Toutefois, quand on jette un coup d'œil autour de soi, l'étonnement se dissipe; ce qui n'aurait pas été admissible, à une autre époque, s'explique par la situation de la société telle que nous l'ont faite de si grandes commotions politiques. L'audace des doctrines, le désordre des esprits, éclairent sur la possibilité d'un semblable phénomène.

Tout frénétique qui complote un grand attentat n'a-t-il pas, en effet, des motifs assez plausibles pour se croire sûr, même sans aucun concert préalable, d'avoir derrière lui de nombreux auxiliaires? Comment ne compterait-il pas, en cas de succès, sur le concours de tous ceux qui, se constituant systématiquement les défenseurs de la rébellion et de la révolte, prétendent que les opinions politiques ont le droit de se produire dans les rues et sur la place publique, les armes à la main, et qu'en déchirant ainsi le sein de la patrie, en violant outrageusement les lois et en se baignant dans le sang des citoyens, les champions de ces opinions combattent cependant sous la protection d'une sorte de droit des gens; qu'ils peuvent être vaincus par la force publique, mais qu'ils ne sont pas justiciables des tribunaux du pays, qu'ils doivent être considérés comme des prisonniers de guerre et traités comme tels et non comme des perturbateurs du repos public! Comment supposerait-il que ceux-là désavoueraient tel ou tel mode d'assassinat ou de massacre, qui ont applaudi au meurtre des soldats et des citoyens armés pour le maintien de l'ordre public, du trône constitutionnel et de la Charte!

C'est ainsi que, même à leur insu, l'aveuglement de l'esprit de parti, et l'entraînement des doctrines politiques, provoquent les plus grands désordres et attirent sur la société les plus grands malheurs.

Ce qu'on appelle l'enseignement politique de certaines sectes nous aurait-il donc conduits à ce point que quelques hommes peuvent méditer une révolution pour recouvrer une place de piqueur dans les travaux publics!

En mettant en oubli cette maxime tutélaire de la tranquillité publique dans la monarchie, que le Roi ne meurt jamais, en considérant comme viagère cette institution immortelle de la royauté, on compromet le repos et la sûreté de chaque citoyen, autant que les jours mêmes du monarque. Il est temps de revenir à d'autres principes, et tout nous donne lieu d'espérer que les leçons de l'expérience ne seront point perdues.

On apprendra aussi, nous avons lieu de l'espérer, à concilier ce qu'on appelle la *religion du progrès* avec le respect et l'obéissance qui sont dus aux lois existantes. On comprendra que le perfectionnement de ces lois, que le développement des institutions est l'œuvre successive du temps et de la progression lente des idées; il faut que les changements désirables naissent, en quelque sorte, du consentement général de tous les esprits, soient appelés par les mœurs et consommés dans l'opinion avant de passer dans les lois. On se convaincra que la constitution de l'État ne peut être remise en question tous les jours, sans que l'intérêt même de l'État ne soit compromis, et que c'est seulement sous l'égide de cette constitution, et grâce aux libertés qu'elle nous garantit, à la sûreté qu'elle nous procure, que le bien peut naître du bien et un ordre meilleur de l'ordre actuellement existant; que l'exercice, fréquemment répété par le peuple, du pouvoir politique que l'on réclame en son nom, incompatible avec la prospérité nationale, finirait par être destructif de l'usage légal des droits politiques des citoyens; que la liberté véritable ne peut exister que sous la tutelle des lois; que la violence appelle la violence, et qu'il n'y a pas de pire oppression que celle qui se produit au nom de la liberté.

Mais une pensée consolante s'offre à nous; déjà l'attentat du 28 juillet a réuni toutes les âmes honnêtes dans une horreur commune pour un crime si odieux. La noble attitude du Roi, son courage et sa modération dans un si grand péril, envisagé d'un œil à la fois si calme et si ferme, ont commandé le respect à tous et victorieusement répondu à de méprisables offenses. Tous les hommes sensés, ralliés à la monarchie constitutionnelle que les factions perturbatrices ne cessaient d'attaquer avec tant de ruse et de violence, viennent en aide à la Providence, qui a si miraculeusement préservé les têtes précieuses auxquelles sont attachées les destinées présentes et futures d'un grand peuple; ils savent ce qu'impose de sacrifices et ce que commande de précautions l'état des esprits et des choses. Sur tous les points du royaume une voix unanime s'est fait entendre pour bénir le Ciel qui a protégé la France encore cette fois. On a pu juger par la crainte qui a saisi chacun au moment où s'est répandue la fatale nouvelle, que tous étaient désormais éclairés sur leurs véritables intérêts, et sur les bienfaits inestimables dont le sceptre protecteur du Roi les maintient en possession. Le souvenir d'un tel danger sera pour nous, à la fois, soyons en certains, une leçon et une garantie.

Nous vous avons exposé, Messieurs, les faits généraux mis en lumière par cette longue et laborieuse procédure; nous vous avons présenté le tableau des charges qui s'élèvent contre chacun des cinq inculpés sur lesquels votre délibération devra porter. A l'égard de tous les autres, le conseil de douze membres, institué par votre arrêt du 29 juillet dernier, a déclaré, sur le rapport de M. le Président, n'y avoir lieu à poursuites ultérieures.

Mais dans une affaire qui a éveillé à un si haut point la sollicitude de la France et de l'Europe, c'était pour nous un devoir d'approfondir les moindres incidents qui ont paru se rattacher au déplorable attentat dont l'instruction devait rechercher les auteurs et les complices. Quelque étendus que soient les développements donnés à ce rapport, vous n'auriez qu'une indication incomplète du soin avec lequel a été instruite cette procédure, si vous n'aviez sous les yeux que les résultats positifs obtenus par elle : un immense travail a eu pour objet non-seulement d'éclaircir tous les faits dénoncés au ministère public, mais aussi de vérifier tous les avertissements qui ont été donnés, de remonter à la source de tous les bruits qui ont paru se rattacher au crime du 28 juillet.

Nous ne croirions point nous être acquitté de tous nos devoirs, si une analyse sommaire de ce grand travail ne venait compléter le compte que nous nous sommes efforcé de vous rendre, avec exactitude et fidélité, de cette immense procédure.

NOTICES.

1.

Des renseignements transmis à M. le Président de la Cour des Pairs, et qui coïncidaient avec des bruits répandus par les journaux, donnaient à penser que, vers le mois de juillet dernier, cinq individus avaient quitté le Piémont avec l'intention de venir à Paris pour assassiner le Roi.

Une commission rogatoire fut adressée aux magistrats de Turin, et le Gouvernement sarde fit procéder à toutes les enquêtes judiciaires et de police qui pouvaient servir à vérifier le fait énoncé.

Il résulte d'un rapport de M. le commandant supérieur de la province de Turin, que l'on n'a pas recueilli le moindre indice qui pût signaler un individu capable de commettre le crime énoncé dans la commission rogatoire.

Le relevé des passe-ports délivrés à Turin, pour la France, pendant les mois de juin et juillet 1835, a fait connaître que sept individus seulement avaient obtenu, pendant cet intervalle, l'autorisation de se rendre en France.

Une enquête spéciale a eu lieu sur les antécédents et les démarches de chacun de ces individus.

Elle a prouvé que l'un d'eux était resté à Turin, que les autres avaient, pour se rendre en France, des motifs de santé ou d'affaires qui excluaient tout soupçon.

Enfin, les autorités de Turin ayant signalé un nommé *Liprandi*, garçon perruquier, comme s'étant fait remarquer par des propos suspects sur le Gouvernement de la France, cet homme a été recherché à Gênes, où il se trouvait momentanément employé, et a subi un long interrogatoire sur sa conduite.

Suivant la déposition d'un témoin, *Liprandi* s'était vanté d'avoir fait partie, à Paris, d'une société de gens ennemis du Gouvernement, qui recevaient 8 à 10 francs par jour.

Il a soutenu que ses paroles avaient été mal comprises, et qu'il ne s'était fait passer pour républicain que pour expliquer plus honorablement pour lui son expulsion du territoire français, motivée, en réalité, sur une condamnation pour vol.

Du reste, cet homme n'avait fait aucune démarche pour se rendre à Paris à l'époque des fêtes de juillet.

2.

Suivant un renseignement transmis par l'un des commissaires de police de Paris, le sieur *Hubert*, avocat, aurait eu connaissance d'une lettre adressée de Gênes, en date du 24 juillet 1835, à une personne de sa connaissance, et dans laquelle se seraient trouvés ces mots :

« Vous êtes donc en pleine république ? On dit que votre Roi a été assassiné « à l'aide d'une machine infernale. »

Le sieur *Hubert*, entendu le 4 août, cita, à peu près dans les mêmes termes, la phrase que lui avait rapportée la personne dont il avait parlé, en déclarant que, sans connaître l'auteur de la lettre, il le croyait plutôt en position de connaître les espérances du parti carliste que celles du parti républicain.

Trois jours après, la dame *Lecomte*, dame de compagnie, âgée de 56 ans, se présenta d'elle-même devant l'un des juges d'instruction délégués par M. le Président, en déclarant que c'était elle qui avait reçu la lettre en question, et elle mit cette lettre à la disposition de la justice.

La phrase qui avait donné lieu à la déclaration du sieur *Hubert* est ainsi conçue :

« On dit qu'on a fait sauter votre Roi, au moyen d'une machine infernale, « sur la route de Neuilly. »

L'auteur de la lettre ajoutait qu'il ignorait la source de ces bruits.

On ne pouvait donner aucune suite à une indication aussi vague.

3.

Le 20 août dernier, M. *Julien*, conseiller à la cour royale de Lyon, revenant d'un voyage en Suisse, écrivait à M. le ministre de l'intérieur qu'il avait appris à Genève un fait dont il rendait compte en ces termes :

« Les voyageurs qui visitent les glaciers de Chamouny s'arrêtent ordinaire- « ment à la grotte de la Balme, où les étrangers inscrivent presque tous leurs « noms et quelques réflexions sur un registre présenté par les personnes char- « gées de la garde de cette grotte.... Le 28 juillet, à deux heures de

« l'après-midi, un étranger inscrivit ces paroles : Ce matin, à sept heures, « *Louis-Philippe* a cessé de vivre et de régner. La France est en feu... « Une signature indéchiffrable... Le lendemain, plusieurs personnes de Ge- « nève ont lu ces paroles. »

Avant que ce renseignement fût parvenu à la connaissance de la Cour des Pairs, elle avait été informée que dans le numéro du 22 août du *Mercure Ségusien*, journal qui s'imprime à Saint-Étienne, se trouvait un article ainsi conçu :

« Le 28 juillet dernier, deux voyageurs se rendant en poste à Chamouny « se sont arrêtés, avant d'arriver à Sallanches, à la grotte de la Balme : ils « s'y sont fait servir du champagne et ont porté un toast à la mort de *Louis-* « *Philippe*, qui doit avoir lieu aujourd'hui; puis, sur le registre de l'auberge, « ils ont écrit ces mots : *Requiescat in pace* pour *Louis-Philippe*, etc. etc. « Cette anecdote est racontée par des personnes qui ont lu cette inscrip- « tion. »

Dès le 27 août, M. le Président de la Cour des Pairs adressait à Saint-Étienne une commission rogatoire pour faire entendre les rédacteurs de ce journal; et le 30 août le sieur *Saint-Eve*, l'un de ces rédacteurs, déclarait devant le juge d'instruction de Saint-Étienne que cet article lui avait été adressé de Paris par le sieur *Labot*, correspondant politique du *Mercure Ségusien*. Il déposait, à l'appui de cette assertion, le manuscrit sur lequel cette nouvelle se trouvait annoncée dans les termes rapportés ci-dessus.

Le sieur *Labot*, interrogé à son tour, fit connaître qu'il était en relation avec des employés du ministère de l'intérieur, qui lui communiquaient quelquefois des nouvelles, et que telle était sans doute l'origine de l'article inséré dans le *Mercure Ségusien* du 22 août. Il cita comme exemple des bruits qui couraient à cet égard, que dans un des numéros du *Mémorial de la Dordogne*, des premiers jours d'août, on rapportait le propos d'un commis marchand, qui, passant à Périgueux le 28 juillet, aurait dit qu'il était sûr qu'il se passerait quelque chose dans la journée à Paris, ajoutant : « Le Roi sera peut- « être assassiné. »

Pendant que cette enquête avait lieu à Saint-Étienne et à Paris, un sieur *Pressec*, receveur de l'enregistrement à Mer (Loir-et-Cher), arrivant de Savoie, se présentait, le 29 août, devant M. le sous-secrétaire d'état de l'intérieur pour lui rendre compte du même fait dont M. *Julien* avait été informé par ouï-dire, mais dont M. *Pressec* avait reconnu l'exactitude par ses propres yeux, ayant visité lui-même la grotte de la Balme le 9 août dernier, et ayant lu sur le registre des voyageurs une inscription, à la date du 28 juillet, qui, suivant ses souvenirs, aurait été conçue en ces termes :

« Aujourd'hui, 28 juillet 1835, *Louis-Philippe requiescat in pace*.... « *Amen*. »

D'après ce dernier renseignement, une nouvelle commission rogatoire fut adressée par M. le Président de la Cour des Pairs aux autorités judiciaires de la Savoie, pour provoquer une information.

Cette information a été faite par ces autorités avec autant de soin qu'elle aurait pu l'être en France.

Le premier acte d'instruction a été de vérifier et de saisir le registre sur lequel se trouve l'inscription dont il s'agit.

Ce registre a été envoyé au greffe de la Cour des Pairs : on y lit, en écriture d'un gros caractère, mais évidemment contrefaite à dessein, ces mots :

« Le 29 juillet 1835.

« Cy gy le bon, Excellent Monarque, le Roy citoyen Louis Philippe 1er, Roi des « Français, Syrabuse, Poulot, Adélaide M. Athalin.

« *Requiescat in pace.* »

Et d'une autre écriture, ces mots :

« Que la terre leur soit légère. »

Les déclarations des sieur et dame *Milliet*, qui montrent habituellement aux voyageurs la grotte de la Balme, et de la demoiselle *Favre*, qui demeure chez eux, ont fait connaître ce qui suit :

Le 29 juillet dernier, trois jeunes gens bien mis et voyageant en poste, se rendant à Chamouny, arrivèrent à la grotte de la Balme, entre neuf et dix heures du matin. Ils s'adressèrent à la dame *Milliet* pour visiter la grotte. La demoiselle *Favre* fut chargée de les accompagner; elle demeura toujours seule avec eux.

Lorsqu'ils furent arrivés à la grotte, et avant de pénétrer dans l'intérieur, ils burent du rhum et trois bouteilles de vin blanc. La demoiselle *Favre* ne s'aperçut pas qu'ils eussent porté de toast à la mort du Roi des Français, ni qu'ils eussent dit qu'elle devait avoir lieu ce jour-là; étant occupée à les servir, elle faisait peu d'attention à ce qu'ils disaient; elle a seulement vu qu'ils choquaient les verres entre eux et qu'ils étaient gais.

La demoiselle *Favre* ajoute que ces trois voyageurs ont écrit sur le livre déposé dans la grotte; mais elle n'ose pas affirmer, sur la foi du serment, que ce soit l'inscription relative au Roi des Français qui ait été apposée par eux; cependant elle a tout lieu de le croire, parce que, dit-elle, quelques jours après, le lendemain ou le surlendemain, d'autres voyageurs lui ont fait remarquer cette inscription, qui était dès lors dans l'état où elle est aujourd'hui.

Mais la preuve que cette inscription est le fait des trois voyageurs dont il s'agit, résulte formellement de la déposition de la dame *Milliet*, qui, étant montée à la grotte le même jour 29 juillet, avec d'autres voyageurs français, une heure et demie au plus après le départ des premiers, vit elle-même l'inscription, qui se trouvait à ce moment la dernière sur le livre, et en remarqua le contenu, dont ces seconds voyageurs avaient éprouvé quelque surprise.

Personne, avant les trois inconnus, n'avait visité la grotte ce jour-là.

Les époux *Milliet* et la demoiselle *Favre* ont donné leur signalement; mais ils ne les ont pas entendus articuler leurs noms ni leur pays.

Ils sont repassés par la même route le surlendemain du jour où ils avaient visité la grotte; mais alors ils ne s'y sont pas arrêtés.

Tous les registres de police contenant les noms des voyageurs ont été visités dans les auberges de Bonneville, de Saint-Martin, de Sallanches et de Chamouny.

La gendarmerie sarde a été chargée de recueillir, dans les mêmes lieux, tous les renseignements qui pouvaient mettre sur la voie des auteurs de l'inscription du 29 juillet.

Ces recherches ont fait découvrir un autre fait analogue à celui qui les avait motivées, quoiqu'il n'ait pas la même importance.

Sur le registre présenté aux voyageurs qui visitent le Mont-Anvert, dans la vallée de Chamouny, on a trouvé en regard des noms de trois voyageurs français et de la date du 28 juillet, mais en caractères d'une écriture différente des noms et de la date, ces mots :

« *Girard Fieschi* est un grand coupable. . . à cause de sa maladresse. »

On a pensé d'abord que les noms inscrits à côté de ces mots pourraient mettre la justice sur la trace des auteurs de l'autre inscription.

Il s'est trouvé que ces noms étaient ceux de trois voyageurs français qui faisaient route ensemble, et qui étaient arrivés à l'auberge de l'Union, à Chamouny, précisément le 28 juillet, savoir :

MM.

Gensoul, docteur en médecine, demeurant à Lyon;

Malmazet, négociant de la même ville, beau-frère du sieur *Gensoul;*

Et *Lentillon*, négociant aux États-Unis.

Un propos rapporté par le maréchal des logis des carabiniers de Bonneville semblait donner quelque consistance à cet indice.

Ce maréchal des logis déclarait qu'ayant nommé MM. *Gensoul* et *Malmazet* au banquier des sels et tabacs de Bonneville, celui-ci lui avait dit qu'il connaissait M. *Gensoul*, qui avait soigné un de ses frères, et que son beau-frère, M. *Malmazet*, devait être un de ceux qui avaient coopéré à l'inscription de la grotte de la Balme.

Le banquier des sels et tabacs de Bonneville, M. *Bellemin*, a nié formellement qu'il eût tenu aucun propos semblable au brigadier, en déclarant qu'il n'a vait connu l'inscription de la grotte de la Balme que par les journaux.

MM. *Gensoul* et *Malmazet* ont été néanmoins interrogés à Lyon, sur les circonstances résultant de l'instruction faite en Savoie.

Ils ont déclaré qu'ils étaient passés devant la grotte de la Balme, en allant et revenant de Chamouny; mais qu'ils ne s'étaient pas arrêtés pour visiter la grotte, et que par conséquent ils n'avaient apposé aucune inscription en cet endroit sur le registre des voyageurs.

Un corps d'écriture retraçant les mots inscrits sur le registre a été fait par chacun d'eux devant le juge d'instruction.

Bien que ces lignes n'aient pas été soumises à une vérification d'experts, il est évident que l'écriture n'a aucune sorte d'analogie avec celle de l'inscription de la grotte de la Balme.

Aucun soupçon, d'ailleurs, ne pouvait s'élever contre MM. *Gensoul*, *Malmazet* et *Lentillon*. Ils ont de plus déclaré, qu'après avoir le 28 juillet passé à Chamouny et écrit leurs noms sur le registre qui leur fut présenté, ils arrivèrent à Genève le 30 juillet, jour où ils apprirent l'attentat du 28.

L'inutilité des recherches qui ont été faites pour découvrir les auteurs de l'inscription rapportée plus haut n'a pas permis de donner plus de développement à cette partie de l'instruction.

4.

Le 24 août 1835, le préfet de l'Isère rendit compte en ces termes, au ministre de l'intérieur, d'un rapport fait à sa préfecture par M. *Terrier*, avocat, habitant la commune frontière de Chapareillan.

« M. *Terrier* a appris le 29 juillet, d'un négociant de Chambéry, très-« digne de foi, et avant qu'aucun avis de Paris fût parvenu à Chapareillan sur « le crime de *Fieschi*, que l'on disait la veille, à Chambéry, que *Louis-Phi-« lippe* devait avoir été assassiné dans la journée, par le moyen d'une machine « infernale. A l'évêché de cette ville, on annonçait aussi, dès le 28, le même « événement, et l'on y ajoutait *que, si ce moyen manquait, il* (le Roi) *périrait « par le feu.* »

Entendu le 5 septembre, en vertu d'une commission rogatoire, le sieur *Terrier* a déclaré que la dépêche télégraphique annonçant l'attentat du 28 juillet ne fut connue à Chapareillan que, le 30, et que dès le 29 il avait appris de deux habitants de Chambéry que c'était le bruit public dans cette ville que *Louis-Philippe* avait péri; mais ces deux personnes n'avaient précisé aucune date ni aucun genre de mort; il n'avait pas été question, par conséquent, de machine infernale.

Deux ou trois jours après, continue le sieur *Terrier*, je rencontrai le sieur *Le Boiteux*, commissaire aux marchés de Savoie. Il me dit qu'il avait appris d'un de ses amis qu'il ne nomma pas, qu'un carabinier en retraite, attaché à l'évêché de Chambéry, lui avait dit que le 28 au matin on disait à l'évêché que *Louis-Philippe* devait périr ce même jour, au moyen d'une machine infernale, et que, si la machine manquait son coup, on y reviendrait par le feu.

Le sieur *Terrier* citait enfin l'article d'un journal intitulé *l'Univers* (sans autre désignation), qui aurait annoncé, à une date qu'il n'a pu indiquer, que, le 28 juillet, deux voyageurs avaient dit à Sallanches, dans une auberge, que le Roi des Français avait été tué ce même jour. Le bruit courait aussi que le 15 juillet la duchesse de *Berry* se trouvait à Chambéry, sous le nom de *comtesse Floria*.

En transmettant cette déclaration, le juge d'instruction de Grenoble fait observer que le sieur *Terrier* est connu pour un homme à cerveau malade, et que son témoignage aurait besoin d'être fortifié par d'autres. Il ajoute que cependant des bruits semblables à ceux qu'a rapportés le témoin ont circulé à Grenoble dès le 29 juillet.

Voulant en connaître la source, le juge d'instruction de Grenoble interrogea séparément deux négociants qui avaient parlé de ce fait, les sieurs *Jouvin* et *Chabert*. Le premier répondit que le sieur *Chabert*, qui fait de fréquents voyages à Chambéry, lui avait dit qu'on annonçait publiquement dans cette ville, d'où il arrivait depuis peu de jours, que le 28 juillet on devait tuer le Roi, à Paris; mais *Chabert* affirma, au contraire, que ce n'était pas à Chambéry, mais à Grenoble, qu'il avait ouï dire qu'on avait parlé de l'attentat avant l'événement, et que c'était à Aix-les-Bains qu'on en aurait parlé. C'est en ce sens qu'il explique sa conversation avec *Jouvin*, disant qu'il avait quitté Chambéry, le 26 juillet, sans rien savoir.

Un dernier fait résulte de la correspondance du juge d'instruction de Grenoble.

C'est que, d'après les rapports faits au préfet de l'Isère par le maire de la commune frontière d'Entre-deux-Guiers, et par le commissaire de police de Pont-de-Beauvoisin, on aurait dit également sur cette partie de la frontière que le crime du 28 était connu à Chambéry avant qu'il le fût à Grenoble.

Ce renseignement a été transmis directement au ministre de l'intérieur par le préfet de l'Isère; le préfet précise même davantage les faits, en annonçant que ce serait à Aix, en Savoie, dans une société de légitimistes, que l'on se serait entretenu de l'attentat qui devait être dirigé contre le Roi et sa famille.

Tous ces bruits, tous ces propos étant incertains dans leur date, rapportés de diverses manières, contredits, affaiblis ou augmentés par ceux qui les ont entendus, et se rapportant surtout aux tentatives d'assassinat qui, quelque temps avant, auraient été prévenues sur la route de Neuilly, ils n'ont pas dû motiver une plus ample instruction.

5.

M. le préfet du Doubs et M. le procureur général de Besançon avaient transmis à la Commission des documents qui portaient que les frères *Rosselet*, tenant maison de commission à Pontarlier, auraient fait à Fribourg, le 27 juillet, une commande de cinq à six quintaux de poudre; que lesdits frères *Rosselet* auraient dit que cette commande avait été faite par eux pour le compte d'un sieur *Vuez* qui les en avait chargés, ce que niaient *Vuez* et *Lepeude*, agent de ce dernier. Les mêmes documents annonçaient que les frères *Rosselet* avaient adressé à la maison *Bovet* frères et *Lerck*, des Verrières suisses, leur lettre de commande cachetée, avec l'adresse en blanc, en les priant de l'adresser à un négociant de Fribourg, ajoutant: « Comme nous n'y « connaissons personne, nous vous accompagnons inclus une lettre à laquelle veuil- « lez mettre l'adresse de la maison que vous jugerez la plus capable de nous satis- « faire. » Ce mystère dans la commande, la coïncidence de la date de la lettre du 27 juillet avec l'attentat du 28, durent motiver des recherches. Une commission rogatoire a été envoyée en Suisse pour informer sur les causes et l'objet de ladite commande; mais le résultat de l'enquête a été d'établir qu'il ne s'agissait que d'une opération de contrebande, et un réquisitoire du procureur du Roi de Pontarlier a demandé le renvoi de ses auteurs devant le tribunal de police correctionnelle.

6.

Une lettre écrite de Coblentz le 2 août, par M. *Simon*, notaire de cette ville, et communiquée par M. le maréchal *Maison* à M. le Procureur général près la Cour des Pairs, contenait ce qui suit :

« Un de mes amis vient de me dire que M. . . . ., qui était ou qui est ancien « gouverneur du duc *de Bordeaux*, a passé ici la semaine dernière, et que par- « lant politique avec un Français qui demeure ici, et qu'il paraît connaître « depuis longtemps, il lui est échappé de dire : *Louis-Philippe ne nous gêne « plus, car encore quelques jours et il aura cessé d'exister.* »

Une commission rogatoire a été immédiatement adressée aux autorités judiciaires de Coblentz pour instruire sur ce fait.

Voici le résumé de l'enquête qui a eu lieu.

Le propos rapporté par le sieur *Simon* aurait été tenu quelques jours avant l'attentat, au sieur *Ruinard*, par la personne désignée comme ancien précepteur du duc *de Bordeaux*, et que l'on a su depuis être M. l'abbé *Martin de Noirlieu*, qui avait cessé d'être attaché à l'éducation de ce prince plusieurs mois avant la révolution de juillet.

Le sieur *Ruinard* n'aurait parlé de sa conversation avec M. *de Noirlieu* que deux jours après la réception à Coblentz de la nouvelle de l'attentat, c'est-à-dire, suivant toute apparence, le 2 août au matin.

Ce jour-là le sieur *Ruinard* étant au Casino, assis à côté de M. *Gayer*, et s'entretenant avec celui-ci à demi-voix au sujet de l'attentat, lui aurait fait part de ce que lui avait dit M. *de Noirlieu*.

A ce moment le sieur *Linz* et le sieur *Hasslacher* se trouvaient aussi au Casino; ils étaient placés de telle manière que le sieur *Linz* pouvait entendre la plus grande partie de la conversation qui avait lieu entre MM. *Ruinard* et *Gayer*, et en saisir, sinon les termes, du moins le sens, tandis que M. *Hasslacher*, plus éloigné, ne pouvait rien entendre, mais voyait seulement, par la physionomie des interlocuteurs, qu'il s'agissait de chose intéressante et se rapportant à la nouvelle du jour.

Ce ne fut qu'après la sortie de M. *Ruinard* que le sieur *Gayer* raconta à haute voix ce qu'il venait d'apprendre par ce dernier, et que M. *Linz* eut une connaissance plus précise des paroles de M. *Ruinard*.

Au moment où M. *Gayer* prit la parole au Casino, le major *Kauffmann* s'y trouvait aussi.

Enfin dans la soirée du même jour, ce qui s'était passé au Casino fut rapporté par M. *Linz* à M. *Simon*.

M. *Simon* a déclaré que le propos qui lui fut répété par le sieur *Linz* était celui-ci :

« Louis-Philippe ne nous gênera plus, car dans quelques jours il n'existera « plus. »

M. *Linz* a rendu le même propos, comme le tenant de M. *Gayer*, en ces termes ;

« Dans deux jours, il (*Louis-Philippe*) ne nous gênera plus. »

M. *Hasslacher* a déclaré avoir entendu M. *Ruinard* qui parlait à demi-voix à M. *Gayer*, et lui racontait qu'ayant dit à l'étranger, à propos des fêtes de juillet à Paris, que « *Louis-Philippe* n'y courrait pas de risques, puisqu'il est « généralement aimé », l'étranger avait répondu « que l'on eût patience encore « quelques jours, et qu'alors *Louis-Philippe* n'existerait plus. »

Le témoin *Hasslacher* n'a pu se rappeler si, après ces mots, on aurait ajouté : *s'il existe encore*.

Ce témoin et le sieur *Linz* ont tous deux rapporté que le sieur *Ruinard* avait dit avoir fait à l'étranger des observations sur ce qu'étant ecclésiastique, il devait mettre plus de réserve dans ses propos, pour ne pas compromettre sa sûreté.

Le major *Kauffmann* déclare que, suivant ses souvenirs, les mots prononcés par *Gayer* auraient été ceux-ci : *que Louis-Philippe n'existerait pas longtemps*.

Le sieur *Gayer*, qui avait recueilli le propos de la bouche du sieur *Ruinard*, annonce qu'il ne peut se souvenir des expressions précises, mais que le sens général était celui-ci : *Louis-Philippe ne nous gênera pas longtemps, si ce n'est pas déjà fait de lui à présent*.

Quant au sieur *Ruinard*, voici de quelle manière il a exposé le fait qui avait donné lieu à cette information.

Huit ou quatorze jours avant le 28 juillet, M. *Martin de Noirlieu*, ancien sous-précepteur du duc *de Bordeaux*, est venu le voir à Coblentz pour affaire. La conversation s'engagea sur l'état politique actuel de la France : M. *de Noirlieu* se serait borné à dire, *que les esprits étaient très-irrités en France, et qu'on craignait pour la vie du Roi;* sur quoi le sieur *Ruinard* n'aurait témoigné la peine qu'il en éprouvait, attendu que le Roi *Louis-Philippe* jouissait d'une haute estime de la part de tous ceux qui aimaient le repos et la paix.

Les craintes exprimées par M. *de Noirlieu* n'auraient été fondées que sur l'état d'irritation du peuple, et sur d'autres bruits qui, à ce moment-là, étaient répétés par tous les journaux.

Le sieur *Ruinard* affirma qu'il n'avait parlé à personne de cette conversation, si ce n'est dans ce sens; il parut fort surpris de la teneur du propos rapporté par M. *Gayer*, déclarant qu'il ne pouvait en aucune manière se rappeler que M. *de Noirlieu* lui eût dit pareille chose, ni qu'il en eût parlé à qui que ce fût.

Après cette déclaration du sieur *Ruinard*, le sieur *Linz* a été entendu de nouveau.

Il a expliqué qu'il n'avait entendu qu'en partie la conversation entre MM. *Ruinard* et *Gayer* au Casino, mais qu'il avait compris que l'ecclésiastique français, dont le nom n'avait pas été prononcé, devait avoir eu connaissance de l'attentat, et que le propos rapporté tout haut par le sieur *Gayer* était conforme à ce qu'il avait entendu dans la conversation à demi-voix de M. *Ruinard*.

Un dernier témoin entendu à Coblentz, le sieur *Hayn*, négociant en cette ville, a déclaré qu'il avait eu occasion de voir plusieurs fois M. *Martin de Noirlieu* pendant son séjour à Coblentz; qu'il l'avait connu pour un des hommes les plus calmes et les plus estimables; qu'il lui avait notamment entendu dire que *tout homme de bien devait souhaiter que tout restât en France dans l'état actuel; car si malheureusement*, ajoutait-il, *il arrivait quelque chose au Roi actuel des Français, cela ne pouvait être que préjudiciable à la France.*

La version rapportée par M. *Gayer* serait, suivant le sieur *Hayn*, en contradiction absolue avec tout ce que celui-ci sait au sujet de M. *de Noirlieu*, qui, en apprenant l'attentat par les journaux, fut très-saisi et s'écria : *Est-il possible qu'il y ait quelqu'un au monde qui puisse commettre une pareille atrocité?*

M. *Martin de Noirlieu*, chanoine du chapitre de Saint-Denis, a été entendu à Paris; il a reconnu avoir été à Coblentz vers le 12 ou le 15 juillet, et y avoir vu le sieur *Ruinard;* il se rappelle avoir causé avec lui bien plus du passé et de la restauration que des circonstances actuelles et du Roi des Français, et surtout n'avoir rien dit qui pût se rapporter à une connaissance anticipée de l'attentat du 28 juillet.

« Je nie avec énergie, a-t-il dit, le propos qui a été l'objet de l'instruction. « J'étais à Ems lorsqu'on y apprit l'attentat commis à Paris; j'ai dit plus de cin- « quante fois, avec tous les Français, que c'était un crime atroce; et que, s'il « avait réussi, Paris aurait été à feu et à sang. M. le général *Valazé*, membre « de la Chambre des Députés, et M. *de Latapie*, banquier à Paris, ont été « plusieurs fois témoins de l'indignation que ce crime m'a fait éprouver. »

M. le général *Valazé* et M. *Latapie* ont été entendus.

M. le général *Valazé* a déposé qu'il était avec M l'abbé *Martin de Noirlieu* le jour où l'on apprit à Ems l'attentat du 28 juillet; il en fut indigné et témoigna hautement l'horreur que ce crime lui inspirait. Avant la nouvelle du crime, M. le général *Valazé* n'a jamais rien entendu dire à M. *de Noirlieu* qui pût le faire regarder comme opposé à l'ordre de choses établi en France.

M. *Latapie*, qui, comme M. le général *Valazé*, connaît M. *Martin de Noirlieu* depuis plusieurs années, a déclaré qu'il était avec lui au moment où l'on apprit à Ems la nouvelle de l'attentat du 28 juillet. « J'ai été témoin, « dit-il, de l'indignation profonde qu'un pareil crime excita chez M. l'abbé « *Martin*; je me rappelle qu'il manifesta sa satisfaction de voir éviter, par la « non-réussite de ce crime, les malheurs que la mort du Roi aurait attirés sur « la France et sur l'Europe entière. » Il a ajouté qu'il connaissait assez M. *de Noirlieu* pour être convaincu que, s'il avait pu savoir d'une manière quelconque qu'un crime se préparait contre la vie du Roi, il aurait été le premier à le signaler à l'autorité.

Tel a été le résultat de l'instruction qui a eu lieu sur ce fait, qui ne reposait que sur un propos fugitif, diversement compris, et que celui qui l'aurait entendu le premier ne reconnaît pas dans les versions qui en ont été données. Votre Commission a cru qu'il ne lui restait plus rien à faire, le caractère personnel de M. *de Noirlieu* repoussant entièrement l'idée qu'il eût pu avoir quelques rapports avec les auteurs de l'attentat du 28 juillet.

7.

CAUNES (Antoine-Auguste-Élisabeth), *âgé de 50 ans, né à Ginestas, rentier, demeurant à Paris, rue Pierre-Sarrasin, nº 11;*

QUETIN (Denis-Désiré-Amable), *âgé de 30 ans, né à Savignier-sur-Brenne (Loir-et-Cher), cambreur, demeurant à Paris;*

GUYDAMOUR (Michel-Émile), *âgé de 18 ans, émailleur, né à Paris, y demeurant, rue des Petits-Champs, nº 5.*

Le sieur *Quetin* a été arrêté le 28 juillet, dans le café *Périnet*.

Il a déclaré qu'il n'était entré dans ce café qu'un instant, pour jouer au billard; qu'il n'y allait que depuis peu de temps, et encore très-rarement; qu'il ne connaît *Périnet* que pour l'avoir vu dans son café.

Quetin a été présenté comme ayant été chef d'une des sections de la société des Droits de l'homme. Il a nié avoir été chef de section, mais il a dit avoir été membre de la section *Cincinnatus*.

Une perquisition a été faite chez lui; plusieurs papiers ont été saisis, parmi lesquels on remarque une note ainsi conçue : « A l'anniversaire du 21 jan-« vier 1793, qui semblait devoir être indestructible de la république. Ci-« toyens, qui eût dit alors que tant de nos frères gémiraient aujourd'hui dans « les cachots du Mont-Michel, de la Force, Pélagie, etc.? Personne assuré-« ment. Mais ce qui doit nous rassurer, citoyens, c'est que les soldats de « Château-Vieux, qui avaient été envoyés aux galères par le tyran Louis XVI, « se trouvèrent sur la place de la Révolution, au 21 janvier 93. Espérons « que nos frères de la Force, de Pélagie, du Mont Michel et autres geôles royales, « se trouveront au même lieu, à pareille fête!»

Quetin avoue que cette note est de son écriture; il dit l'avoir copiée sur une note semblable, il y a longtemps; mais il ne sait pas où il l'a prise, ni de qui il la tient.

D'autres documents annonçaient que, le 28 juillet, un nommé *Guydamour*, membre de la société des Droits de l'homme, était au café Périnet; qu'il s'était sauvé au moment de l'explosion, et qu'il avait dit que *Quetin* était monté sur une table, en dehors du café; qu'après l'explosion, il était rentré, en s'écriant : *Il n'est pas tué;* ce serait à cet avertissement que *Guydamour* se serait sauvé.

Guydamour s'était soustrait à toutes les recherches jusqu'au 7 novembre; il a été arrêté ce jour-là dans la salle d'audience de la cour d'assises.

Interrogé le même jour, il a nié s'être trouvé dans le café Périnet au moment de l'attentat; il a prétendu que, le 28 juillet, il était resté auprès de son père depuis dix heures du matin jusqu'à deux heures de relevée; qu'il était allé ensuite se promener seul sur le boulevart des Italiens, *où il avait appris l'événement, en entendant crier les gardes nationaux;* que de là il s'était rendu chez un sieur *Monginot*, avec lequel il avait passé le reste de la journée, et chez lequel il logeait depuis deux mois.

Le père de *Guydamour*, entendu comme témoin, a déclaré que, le 28 juillet, il n'avait pas vu son fils dans la matinée, mais qu'il l'avait trouvé chez lui en rentrant vers cinq heures.

Mis en demeure de s'expliquer sur ces contradictions, *Guydamour* a persisté à soutenir qu'il n'était pas allé dans le café Périnet; mais il a reconnu qu'il s'était trompé dans le compte qu'il avait rendu de l'emploi de son temps pendant la journée du 28 juillet, parce qu'il avait confondu cette journée avec celle du 5 août, et la revue du Roi avec la cérémonie funèbre qui a eu lieu en l'honneur des victimes de l'attentat; que le 28 juillet, au moment de l'explosion, il se trouvait chez le sieur *Bastide*, homme de lettres, demeurant alors rue Bourbon-Villeneuve, n° 36, chez lequel il était monté après avoir vu passer le Roi à la porte Saint-Denis.

Le sieur *Bastide* s'est rappelé qu'effectivement *Guydamour* était venu chez lui le 28 juillet, une première fois, vers onze heures du matin, et une seconde fois, une demi-heure environ après l'attentat, qu'il lui annonça, et dont il paraissait étonné.

Le portier de la maison de *Guydamour* a déclaré l'avoir vu rentrer le 28 juillet au soir.

Dans ces circonstances, *Guydamour,* contre lequel aucune charge ne s'est élevée dans le cours de l'instruction, si ce n'est celle qui aurait pu résulter de sa présence dans le café Périnet au moment de l'explosion, a été mis en liberté.

Le nom de *Gérard* s'étant trouvé sur un des papiers de *Quetin,* avec une adresse portant rue Saint-Jacques, n° 177, on a dû rechercher si ce *Gérard* n'était pas *Fieschi ;* mais il a été constaté par l'instruction qu'un étudiant du nom *G deérard* demeure à l'adresse indiquée.

Sur le même papier s'est trouvé le nom du sieur *Caunes,* rue Pierre-Sarrasin, n° 11 (ce nom et cette adresse sont écrits au crayon). Le sieur *Caunes,* frère de l'ingénieur de ce nom, était signalé par d'autres documents comme étant connu de *Fieschi,* avec lequel, disait-on, il avait eu des relations fréquentes. Il fut arrêté, ainsi qu'un sieur *Peyrecave,* chez lequel on avait saisi une paire de pistolets vendus par la dame *Petit,* qui aurait dit qu'ils provenaient du sieur *Caunes,* frère de l'ingénieur, qui l'avait chargée de les vendre.

Une perquisition a été faite au domicile du sieur *Caunes :* elle n'a produit aucun résultat. Le sieur *Caunes* était absent; ayant appris qu'une perquisition avait été faite à son domicile, et qu'un mandat d'amener avait été décerné contre lui, il revint à Paris. Interrogé, il a déclaré ne pas connaître *Quetin ;* et n'avoir pas donné de pistolets à vendre à la femme *Petit.* Cette femme a été interrogée sur ce fait; elle a aussi déclaré que *Caunes* ne lui avait jamais donné de pistolets à vendre, et qu'elle ne se rappellait pas en avoir vendu au sieur *Peyrecave.*

Quetin a dit qu'il avait l'adresse du sieur *Caunes,* parce qu'il avait été chez lui au sujet d'une collecte qu'il faisait pour une femme infirme ; et que le sieur *Caunes* lui avait donné un franc, à cause des noms qu'il avait vus inscrits avant le sien.

Dans les papiers de *Quetin,* sur la même feuille où est inscrit le nom de *Caunes,* au crayon, existait une note aussi au crayon, qui annoncerait que *Quetin* aurait pris une part active dans les affaires d'avril. Cette note a été représentée à *Quetin,* qui a reconnu qu'elle était de son écriture, et a dit qu'il l'avait copiée dans un journal.

On a trouvé aussi chez *Quetin* des lettres à lui adressées de Sainte-Pélagie par des détenus impliqués dans les événements d'avril 1834.

Caunes n'a pas été retenu.

La note trouvée chez *Quetin* et qui exprimait un vœu régicide, jointe à cette circonstance qu'il avait été arrêté dans le café Périnet, avait déterminé les magistrats instructeurs à le maintenir en état de détention; mais aucun fait nouveau n'étant venu confirmer les soupçons que l'on avait d'abord conçus, il a été remis en liberté.

8.

PERRÈVE (Pierre-Édouard-Ulysse-Victor), *âgé de 32 ans, né à la Charité (Nièvre), médecin, demeurant à Paris, rue d'Angoulême-du-Temple, n° 14.*

Fieschi, dans un de ses interrogatoires, fit connaître qu'il avait été employé par un sieur *Perrève* à faire un plan de Paris destiné à faire connaître l'itinéraire complet des voitures dites Omnibus.

Le sieur *Perrève* fut aussitôt assigné. Entendu d'abord comme témoin, il déposa des rapports qui avaient existé entre lui et l'auteur du crime; il annonça l'avoir connu chez un réfugié italien nommé *Querini;* il convint l'avoir employé à la confection du plan dont il vient d'être parlé.

Mais dans le cours de sa déposition, certains faits, sur lesquels il eut à s'expliquer, certaines réponses qui parurent peu satisfaisantes, firent concevoir au magistrat qui l'interrogeait des doutes sur une absence complète de culpabilité de sa part.

En effet, le sieur *Perrève* est docteur en médecine: il fait de sa profession son occupation habituelle; il n'a, quant à présent du moins, d'autres moyens d'existence que les bénéfices qu'elle lui procure; or, quoi de commun entre cette position et le travail qu'il demandait et payait à *Fieschi?* ce travail n'était-il pas un prétexte pour couvrir des remises de fonds à ce dernier? Sur ce point, *Perrève* ne présentait, dans le principe, aucune justification plausible.

En second lieu, lorsque *Fieschi* avait quitté le quartier Popincourt pour venir habiter le n° 50 du boulevart du Temple, le sieur *Perrève*, qui jusque-là avait demeuré rue Saint-Germain-l'Auxerrois, était venu s'établir dans un hôtel garni, rue d'Angoulême, c'est-à-dire à une très-petite distance de ce boulevart et du nouveau domicile de *Fieschi*. A cette époque, et depuis, il voyait beaucoup cet individu; il le voyait presque tous les jours, et cependant il prétendit qu'il ignorait sa demeure, qu'il ne savait pas qu'il fût logé à deux pas de chez lui ; il ne le voyait, disait-il, que dans un autre domicile, chez un sieur *Sabattier,* également médecin, avec lequel le sieur *Perrève* est associé pour des consultations ; c'était là, et uniquement là, suivant lui, qu'il avait vu et reçu *Fieschi,* chez lequel il n'était jamais allé. D'après ces réponses même, il était établi que le sieur *Perrève* avait deux domiciles, circonstance bizarre que rien ne justifiait et qui devait, elle seule, éveiller l'attention de la justice. On crut donc devoir convertir en mandat d'amener l'assignation donnée au sieur *Perrève :* dès ce moment il dut être considéré comme inculpé.

En conséquence, le jour même (3 août), une perquisition fut faite chez le sieur *Perrève,* rue d'Angoulême, et chez le sieur *Sabattier,* rue des Tournelles. Cette double opération n'amena aucun résultat à la charge de *Perrève ;* elle fournit seulement à la justice la preuve qu'il s'était occupé d'un travail sur les voitures dites Omnibus, et qu'il avait réuni divers matériaux sur ce sujet.

Plusieurs témoins furent entendus ; c'étaient notamment un tailleur et un cordonnier auxquels *Perrève* avait fait des commandes pour le compte de *Fieschi.* L'un de ces témoins, le sieur *Fournier,* tailleur, déposa qu'un pantalon commandé pour *Fieschi* avait été déposé chez un sieur *Pepin,* épicier, rue du Faubourg Saint-Antoine, adresse qui avait été donnée par *Fieschi ;* que là on avait paru connaître cet individu sous le nom d'*Alexis,* et que la femme *Pepin,* en recevant cet objet, avait semblé très-bien savoir à qui il était destiné : c'était dans l'instruction la première fois qu'on prononçait le nom de *Pepin,* et c'est à la suite de cet incident qu'un mandat d'amener fut décerné contre cet homme, dont les antécédents étaient déjà connus de la justice.

Mais les présomptions graves qui d'abord avaient paru peser sur *Perrève* s'évanouirent par suite des explications qu'il a données dans le cours de l'instruction.

Interrogé deux fois par M. le Président de la Cour, il s'est disculpé de ces charges, qu'un concours de circonstances fâcheuses avait accumulées contre lui.

D'abord les pièces saisies à son domicile n'ont laissé aucun doute sur la sincérité de l'opération qu'il avait voulu faire d'un tracé, sur un plan de Paris, de la direction des voitures *Omnibus :* c'était une spéculation que la modicité de ses ressources le portait à tenter. Déjà il avait précédemment fait un essai infructueux sur une invention de bandages.

Quant à son changement de domicile et de quartier, il s'explique par la circonstance qu'à peu près à la même époque il s'était associé avec le sieur *Sabattier,* médecin, logé rue des Tournelles : c'était donc un besoin pour lui de se rapprocher de ce dernier, chez lequel il devait se rendre chaque jour pour consulter. Ne voyant *Fieschi* que chez le sieur *Sabattier,* il a pu ignorer son domicile ; et rien n'établit qu'il ait jamais été chez l'auteur du crime ; le signalement des deux individus qui seuls fréquentaient la maison boulevart du Temple, n° 50, n'ayant aucune espèce d'analogie avec celui du sieur *Perrève*.

En terminant, l'on doit dire que les habitudes studieuses de ce jeune médecin, que ses rapports de famille, que l'estime dont il jouit auprès de plusieurs personnes connues éloignent toute idée qu'il ait pu tremper dans le crime reproché à *Fieschi*.

Il a été mis en liberté.

9.

QUERINI (Joseph), *âgé de 37 ans, né à Gionotone, canton de Porta, arrondissement de Bastia (Corse), médecin, demeurant à Paris, rue Charlot, n° 25.*

MOROSINI (Napoléon), *âgé de 29 ans, né à Gênes, commis bandagiste, chez M.* Querini, *demeurant à Paris, rue Charlot, n° 25.*

CONSEIL (Auguste), *âgé de 25 ans, né à Ancône (Italie), sergent à la 1re compagnie du 2e bataillon du régiment de volontaires pour la reine d'Espagne, ayant demeuré à Paris, rue Charlot, n° 25, et en dernier lieu, rue Jeanisson, n° 4, en garni.*

MAURICE (François-Auguste), *âgé de 31 ans, né à Brest (Finistère), ex-sous-lieutenant, demeurant à Paris, rue du Pont-aux-Choux, n° 23.*

Les nommés *Querini, Morosini, Conseil,* Italiens, et *Maurice,* Français, avaient été signalés comme ayant de fréquents rapports avec *Fieschi*.

Conseil et *Morosini* demeuraient chez les sieurs *Querini* et *Delvincourt,* médecins, qui employaient le premier comme aide, et le second comme domestique.

Le sieur *Querini* possède, en commun avec le sieur *Cérisio,* mécanicien, passage Bourg-l'Abbé, n° 15, une boutique de bandages herniaires à ressorts; *Morosini* était commis à la garde de cette boutique.

Deux personnes qui demeurent dans la même maison que la nommée Marie *Duprez,* maîtresse de *Conseil,* rue de la Sonnerie, n° 9, ont déclaré qu'elle leur avait fait part d'une confidence qu'elle aurait reçue de *Conseil,* et d'après laquelle celui-ci devait être le complice de *Fieschi*.

Marie *Duprez* a nié d'abord qu'elle eût reçu et communiqué une telle confidence; mais confrontée avec l'une des personnes qui en avaient déposé, elle est convenue leur avoir dit qu'elle savait de *Conseil* qu'il était dans le complot.

Elle a d'ailleurs fait une longue déposition où elle a rendu compte de ce que lui aurait dit *Conseil* étant ivre, dans la nuit du jeudi 30 juillet au vendredi 31. Dans ce récit on remarque le passage suivant;

« Je demandai à *Conseil* où il était au moment de l'explosion; il m'a répondu « qu'il était sur le boulevart. Je l'ai encore questionné, il m'a dit qu'il était « chez *Fieschi* lorsque le coup était parti; qu'il était dans la seconde pièce. « Je lui ai dit : il y a donc plusieurs pièces; il m'a répondu qu'il y en avait « trois. Je lui ai dit : mais vous me disiez tout à l'heure que vous étiez sur le « boulevart; il m'a répondu : je me suis sauvé; je suis allé changer de vête- « ments, et je suis *revenu sur le boulevart panser les blessés.* Il était dans « le lit et j'étais sur une chaise; notre conversation a duré toute la nuit. Il m'a « dit cinq ou six fois qu'il était un homme perdu. »

Marie Duprez a ajouté :

« Il est revenu coucher chez moi le samedi; il était en ribotte, il n'a pas « dormi du tout. Dans cette nuit-là, il n'a rien voulu m'avouer; il démentait « au contraire ce qu'il m'avait dit. »

De cette déposition résultait à la fois une charge importante contre *Conseil* et de graves soupçons contre ses maîtres, chez lesquels allait souvent *Fieschi*. Ces soupçons se fortifiaient par la circonstance qu'ils habitaient dans le voisinage du lieu de l'attentat.

Le juge d'instruction s'est transporté, le 14 août, au domicile commun de *Delvincourt* et de *Querini*, avec le commissaire de police du quartier, pour y faire l'examen de leurs papiers et la perquisition des objets qui pourraient être utiles à la manifestation de la vérité.

Il a commencé par les interroger séparément; ils avaient déjà été entendus comme témoins.

L'un et l'autre sont convenus qu'ils connaissaient *Fieschi;* c'était surtout *Querini,* son compatriote, qu'il venait voir.

La visite domiciliaire a été sans résultat; mais il a paru convenable, dans l'état des choses, de s'assurer de la personne de *Querini*.

L'instruction n'a rien établi contre lui personnellement. On peut même croire qu'il avait été confondu avec un réfugié de la Romagne portant le même nom que lui.

Un mandat d'amener a été décerné contre *Conseil* le 13 août.

Il était parti de Paris comme sergent dans l'une des compagnies du régiment des volontaires enrôlés pour la reine d'Espagne.

Il a été arrêté à Châteauroux.

Il a nié formellement avoir fait à la fille *Duprez* les aveux qu'elle a rapportés.

Dans leur confrontation, la fille *Duprez* a déclaré qu'elle a pu mal comprendre *Conseil;* il parle difficilement le français.

Parmi les rapports de police relatifs à ce prévenu, il s'en trouvait un du

7 août, suivant lequel, *Conseil*, parti le matin même, s'occupait, depuis plus de quinze jours, d'après les renseignements donnés par le colonel *Swarce* et un officier sous ses ordres, du recrutement de volontaires pour l'armée de la reine d'Espagne. Il était ajouté que le jour de l'attentat *Conseil* n'aurait pas quitté son poste; l'instruction est assez conforme à ce rapport.

Elle a éclairci d'autres faits sans importance; mais un serrurier, dont la boutique est dans la maison où demeure *Marie Duprez*, a déclaré qu'un soir, *Conseil* étant à attendre cette fille, assis sur une borne, après avoir exprimé par des exclamations l'impatience qu'il éprouvait de ce qu'elle n'arrivait pas, s'était mis à dire : *Bon Diou! bon Diou! je donnerais dix mille francs, dix mille francs pour que le Roi fût mort!*

Conseil a nié qu'il eût tenu ce propos, et a ajouté : « J'aime le Roi et sa « famille; et lorsque je me parle à moi-même, je me parle en italien et « non en français. »

Napoléon *Morosini* est commis chez le sieur *Querini*.

Il avait été trouvé dans le logement de *Fieschi* un petit morceau de papier portant le chiffre n° 30,554 et le nom de *Morosini*.

Dans la malle de *Fieschi*, saisie le 3 août rue du Long-Pont, n° 11, s'est trouvé le récépissé d'un commissionnaire au mont-de-piété, du 22 juin 1835; l'article d'engagement porte le n° 30,554; l'objet engagé est une couverture de laine; la somme prêtée est de 10 francs.

Morosini, entendu comme témoin, le 13 août, a déclaré que c'était lui qui avait engagé la couverture, qu'elle lui avait été remise, au magasin de bandages de son maître, par un homme dont il ne savait pas le nom, et il disait l'y avoir vu auparavant venir parler à M. *Querini*. Cet homme était *Fieschi*, que *Morosini* devait parfaitement connaître pour l'avoir vu, non-seulement au magasin du passage Bourg-l'Abbé, mais encore rue Charlot, chez les sieurs *Querini* et *Delvincourt*.

Dans un interrogatoire qu'a subi *Morosini* le jour de son arrestation, il a également nié connaître *Fieschi*, vraisemblablement dans la crainte de se compromettre.

La couverture a été retirée du mont-de-piété et déposée au greffe.

Aucune charge ne s'est élevée contre *Morosini*.

François-Auguste *Maurice*, poursuivi par suite des événements d'avril, est sorti de Sainte-Pélagie le 28 janvier dernier, un arrêt de non-lieu ayant été rendu à son sujet par la Cour des Pairs; il s'était mis en pension chez la veuve *Petit*; il avait dû y voir *Fieschi*.

L'arrestation de *Maurice* a été jugée une mesure nécessaire, d'après ses antécédents, ses relations présumées avec *Fieschi*, et les rapports qui le concernaient.

Comme *Conseil*, il avait pris du service dans la légion du colonel *Swarce*. Il a été arrêté à Chatellerault.

Il a dit qu'il avait vu *Fieschi* une seule fois chez la veuve *Petit*, qui ne voulait pas le recevoir; que *Fieschi* ayant fait du bruit, il avait été obligé de prendre son sabre, et l'avait renvoyé; que *Fieschi* l'avait menacé de l'assassiner, et l'avait provoqué en duel; qu'il avait, en conséquence, quitté la maison de la veuve *Petit*, et n'avait pas continué de la voir.

Le sieur *Maurice* a ajouté que, le 28 juillet, au moment de l'explosion de la machine infernale, il était rue Traversière, où il était resté ce jour-là, depuis sept heures du matin jusqu'à cinq du soir, occupé du recrutement de volontaires pour la reine d'Espagne.

Quérini, Morosini, Conseil et *Maurice* ont été mis en liberté.

10.

RENAUDIN (Jean-Baptiste), *âgé de 26 ans, né à Dijon (Côte-d'Or), fabricant de couleurs, demeurant à Paris, rue de Reuilly, n° 20.*

LESAGE (Michel-François), *âgé de 47 ans, né à Orléans (Loiret), fabricant de papiers peints, demeurant à Paris, avenue des Ormes, n° 1.*

Des renseignements firent connaître que *Fieschi* avait fréquenté la maison du sieur *Renaudin*, marchand de couleurs, petite rue de Reuilly, n° 20, et celle du sieur *Lesage*, fabricant de papiers peints, avenue des Ormes, n° 1, barrière du Trône.

Une perquisition fut ordonnée aux domiciles de ces deux individus; elle amena la saisie, chez le sieur *Lesage*, d'une carabine, de deux sabres, et d'une lettre signée femme *Lesage*, par laquelle elle annonce à son mari que le 35e régiment a commis à Paris des assassinats comme à Grenoble; elle s'exprime aussi dans cette lettre avec dérision et mépris en parlant du Roi.

Il résulte de l'instruction que, vers le mois de février dernier, *Morey* pria *Renaudin*, qui est son neveu, de procurer de l'ouvrage à un individu, qu'il lui dit se nommer *Bescher*, et qui était porteur d'un livret délivré sous ce nom. *Renaudin* était en relation d'affaires avec le nommé *Lesage*, qui, ayant besoin d'un ouvrier, consentit à prendre cet individu dans sa manufacture et l'employa depuis le mois de février jusqu'au mois de mai suivant.

Lesage a dit qu'il avait été satisfait de la conduite, du travail et de l'activité de cet ouvrier, qui était *Fieschi*; qu'il ne l'avait renvoyé que parce que l'ouvrage avait manqué; il ajouta que cet individu ne fréquentait aucun ouvrier de l'établissement; qu'il ne lui avait jamais dit où il demeurait, et qu'il n'était visité que par *Morey*, qui était venu le voir trois ou quatre fois, le nommait toujours *Bescher*, et paraissait lui porter beaucoup d'intérêt.

Confrontés avec *Fieschi*, *Renaudin* et *Lesage* ont déclaré le reconnaître pour celui qu'ils avaient connu sous le nom de *Bescher*.

Le livret dont *Fieschi* s'était servi appartenait au nommé *Bescher*, aujourd'hui inculpé, et qui a déclaré l'avoir perdu depuis quelque temps. Il résulte cependant de l'instruction que *Bescher* connaissait *Morey*, le fréquentait assez habituellement, et il y a même lieu de supposer que le livret en question avait été remis de complaisance à *Morey*, pour l'usage qui en a été fait par *Fieschi*.

Ce fait serait d'autant plus admissible, que *Morey* fut l'un des témoins de *Bescher* pour la délivrance de son livret, et que ce dernier, sans l'assurer toutefois, dit qu'il ne serait pas impossible qu'il eût oublié ce livret chez le nommé *Morey*.

Renaudin et *Lesage*, qui avaient été d'abord déposés dans la maison d'arrêt de la préfecture de police, ont été ensuite mis en liberté.

11.

DÈCLE (René), *âgé de 37 ans, né à Rouen (Seine-Inférieure), tisserand, demeurant à Paris, rue Moreau, n° 11.*

RICAUX (Étienne-Barthélemi), *âgé de 21 ans, né à Paris, tisserand, y demeurant, rue de Charonne, n° 92.*

Ces deux individus étaient signalés comme ayant cherché à dissuader plusieurs personnes d'aller à la revue du 28 juillet, en leur disant que le Roi serait tué dans les *trois jours*.

Ce propos ayant donné à croire que ces individus étaient complices de l'attentat du 28 juillet, ils furent arrêtés.

Une perquisition faite à leur domicile ne produisit aucun résultat; on saisit seulement dans le logement de la mère de *Dècle* une chanson dont les expression font assez connaître l'hostilité des sentiments de ces individus.

Il est résulté de l'instruction que *Dècle* avait bien eu quelques rapports avec *Fieschi*, mais rien n'a donné à penser qu'il ait eu connaissance de son projet.

De son côté, *Dècle* a prétendu qu'il n'avait jamais connu *Fieschi* que sous le nom de Joseph *Petit*; qu'il n'était jamais allé chez lui; qu'il n'avait jamais eu occassion de parler politique avec lui, et que les seules relations qu'ils eussent eues avaient eu pour but de rapprocher *Fieschi* de la femme *Petit*, qui à cette époque était brouillée avec lui.

Ces explications ont paru suffire pour motiver la mise en liberté du sieur *Dècle*.

L'interrogatoire subi par la veuve *Micoulot*, dite femme *Dècle*, devant M. le Président de la Cour, par suite d'un mandat d'amener, n'a pas fourni d'autres renseignements; elle a seulement parlé des relations qui existaient entre *Dècle* et *Fieschi*.

Quant à *Ricaux*, interrogé sur mandat d'amener, par un juge d'instruction, il a dit qu'il n'avait dissuadé personne d'aller à la revue, et un témoin a déclaré que ce n'était pas *Ricaux*, mais *Dècle* qui avait dit qu'il arriverait quelque chose à la revue, pariant que le Roi serait mort dans les trois jours.

12.

SORBA (Jean-Baptiste), *âgé de 30 ans, né à Bastia (Corse), ouvrier tailleur, demeurant à Paris, rue Meslay, n° 22.*

Fille MICHEL (Élisabeth), *dite femme* SORBA, *âgée de 28 ans, née à Metz (Moselle), marchande de modes, demeurant à Paris, rue Meslay, n° 22.*

Le 6 août, le nommé *Sorba*, ouvrier tailleur, Corse de naissance, fut signalé comme ayant eu avec *Fieschi* des rapports fréquents et qui paraissaient supposer de l'intimité.

Sorba avait été déjà impliqué dans deux procès : en 1833, il fit partie des coalitions des tailleurs; il fut arrêté et poursuivi pour ce délit, mais non condamné, et en mai 1835 il fut de nouveau recherché pour délit politique.

L'instruction révélait que c'était à cet individu ou à la fille *Michel*, qui vit avec lui, que *Fieschi* s'était adressé quelques jours avant le 28 juillet, pour procurer un logement à la demoiselle Marguerite *Daurat;* elle apprenait qu'à la même époque, *Sorba* avait été vu causant chez lui en particulier avec *Fieschi*, qui le traitait avec familiarité; elle établissait enfin que, depuis l'attentat, *Sorba* et la fille *Michel* avaient tout fait pour dissimuler à Marguerite *Daurat* leurs rapports avec l'auteur du crime et pour paraître ne pas le connaître sous son véritable nom.

Des mandats d'amener furent lancés contre *Sorba* et la fille *Michel :* ces mandats furent accompagnés de perquisitions qui, sans produire de charges contre les inculpés, confirmèrent, par la saisie de quelques pièces de peu d'importance, l'hostilité des principes politiques du nommé *Sorba*.

Lors de l'interrogatoire que lui fit subir le juge d'instruction, il commença par déclarer n'avoir vu que quatre fois *Fieschi*, et l'avoir vu, pour la dernière fois, deux mois avant l'attentat.

Mais, pressé de questions, il avoua que, le jour même de l'attentat, *Fieschi* était venu chez lui, vers six heures du matin; qu'il lui avait demandé d'être témoin d'un duel; que, sur son refus, *Fieschi* l'avait traité de peureux, et l'avait ensuite quitté rue de Vendôme. Il est également convenu que, quelques jours après le 28, la fille *Daurat* était revenue chez lui, et qu'il l'avait engagée à ne pas parler de ses rapports avec *Fieschi*, sur le motif qu'il pourrait y avoir du danger pour elle.

Quant à la fille *Michel*, elle a également avoué connaître *Fieschi*, et l'avoir vu plusieurs fois; ajoutant que cet individu l'avait engagée à lui procurer un logement pour une jeune personne, ce qu'elle avait fait, en se contentant d'indiquer un local vacant au n° 65 de la même rue Meslay, chez une dame *Robert*.

L'instruction n'a pu rigoureusement établir quel avait précisément été l'emploi du temps de *Sorba* dans la journée du 28; le tailleur chez lequel il travaille a déposé qu'il n'avait paru chez lui que de huit heures du matin à onze heures et demie, mais rien ne donne à penser qu'il se soit trouvé sur le lieu du crime au moment où l'attentat a été commis; en outre, confronté avec les portiers de la maison habitée par *Fieschi*, il n'a point été reconnu pour être jamais venu dans cette maison.

Interrogé par M. le Président de la Cour, *Sorba* a donné des explications qui paraissent satisfaisantes : il a toujours avoué que *Fieschi* était venu chez lui le 28 juillet, ce que ce dernier a reconnu; il a persisté à décliner toute complicité dans l'attentat, comme aussi toute connaissance des projets de *Fieschi*, et celui-ci, de son côté, a confessé qu'il était bien allé chez *Sorba* avec la pensée de lui communiquer son criminel projet, mais il a dit que, le voyant hésiter à accueillir la proposition d'assister à un duel, il avait dû peu compter sur son courage et renoncer à l'informer de sa résolution.

Rien n'est venu contredire cette déclaration de *Fieschi*, qui justifiait et appuyait celle de *Sorba*, et, dans cet état, les poursuites ont discontinué contre ce dernier; car on ne pouvait lui faire un grief sérieux d'avoir procuré un logement momentané à Marguerite *Daurat* avant l'événement, ni d'avoir, après l'attentat, conseillé à cette fille de ne point parler de *Fieschi* : cette recommandation n'était qu'un acte de prudence, mal entendu sans doute, puisqu'il pouvait priver la justice de renseignements précieux; mais il s'explique suffisamment par l'inquiétude que devaient faire naître chez *Sorba* ses relations avec *Fieschi*, rapprochées surtout d'antécédents de nature à provoquer la sollicitude de la justice.

Sorba et la fille *Michel* ont été mis en liberté.

13.

Brocard (Antoine-Napoléon), *âgé de 30 ans, né à Nangis (Seine-et-Marne), débitant de liqueurs, demeurant à Paris, rue Saint-Jacques, n° 86.*

Le nommé *Brocard* fut signalé comme recevant habituellement chez lui plusieurs républicains exaltés, entre autres *Fieschi, Boireau, Auffray, Bravard, Salis* et *Janot*. Une perquisition fut faite, le 10 août dernier, à son domicile, en vertu d'une ordonnance judiciaire; mais elle ne produisit aucun résultat.

Brocard a été interrogé, sur mandat de comparution, le 12 août dernier, et une seconde fois le 14 du même mois : il a prétendu n'avoir eu avec *Fieschi* d'autres relations que celles de son commerce; il a paru étonné que, depuis son arrestation, *Fieschi*, qui ne lui avait jamais écrit, lui eût adressé une lettre pour demander des secours. Il dit que *Fieschi* était d'un caractère sombre et peu communicatif.

Il n'y avait pas à donner d'autre suite à la procédure commencée contre *Brocard*.

14.

Salis (Pierre-Marie), *âgé de 24 ans, étudiant en médecine, né à Ambert (Puy-de-Dôme), demeurant à Paris, rue Saint-Jacques, n° 106, dans un hôtel garni tenu par le sieur* Leroy.

Un mandat d'amener a été décerné contre lui le 3 août.

Salis connaît *Fieschi* et *Boireau*.

Il a demeuré, avec les sieurs *Janot* et *Auffray*, chez la veuve *Abot*, dite veuve *Petit*, rue du Battoir-Saint-Victor.

Il avait demeuré auparavant dans la maison garnie du sieur *Leroy*; il est revenu l'habiter le 22 mars dernier.

Il a passé la soirée du 27 juillet chez le sieur *Brocard*, débitant de liqueurs, demeurant rue Saint-Jacques, n° 86, dont il vient d'être question tout à l'heure.

Salis a découché la nuit du 27 au 28 juillet; il a dit être allé coucher avec le sieur *Lelons*, employé à la commission des contributions directes de la ville de Paris, demeurant rue de la Harpe, n° 42. Il n'y a pas de portier dans cette maison. *Lelons* a été entendu comme témoin; sa déclaration a confirmé celle de *Salis*. Tous les deux étaient ensemble chez *Brocard* le 27 juillet au soir et ont déclaré en être sortis très-tard. C'est par cette raison, d'après la déposition de *Lelons*, que *Salis* est allé coucher avec lui.

Salis a dit être allé voir *Boireau* à son atelier, quelques jours avant l'attentat; mais a assuré qu'il ne lui avait été fait aucune communication à ce sujet.

Aucune charge ne subsistant contre *Salis*, il a été mis en liberté.

15.

JANOT (Isidore), *âgé de 22 ans, étudiant en droit, né à Ginestas, près Narbonne (Aude), y demeurant.*

Des renseignements recueillis dans l'information générale font connaître que *Janot* (Isidore) avait eu des relations avec *Fieschi*, qu'il connaissait depuis longtemps, et avec lequel il avait fréquenté la boutique du sieur *Brocard*.

Janot n'était pas à Paris le 28 juillet dernier; il était à Ginestas, sa ville natale; mais on avait cru savoir que, deux jours avant l'attentat, *Fieschi* lui aurait écrit une lettre en caractères hiéroglyphiques.

En conséquence, commission rogatoire et mandat d'amener furent adressés à M. le Procureur du Roi près le tribunal de Narbonne. Une perquisition fut faite au domicile de *Janot*: elle ne produisit aucun résultat; on ne trouva point la lettre dont il vient d'être parlé. Néanmoins, comme il importait de connaître les relations de *Janot* avec *Fieschi*, il fut amené à Paris et interrogé d'abord le 24 août, et en dernier lieu le 1er septembre.

Il est établi aujourd'hui que *Janot*, qui est neveu du sieur *Caunes*, ingénieur des ponts et chaussées, a connu *Fieschi* lorsque celui-ci était employé par ledit sieur *Caunes*; qu'il a vécu chez la femme *Petit*, lorsqu'elle tenait une table d'hôte, rue du Battoir; qu'il y a vu *Morey*, qui venait de temps à autre pour voir *Fieschi*; que *Fieschi*, à cette époque, était sans place, obligé de se cacher, poursuivi judiciairement pour faux et escroqueries; qu'enfin *Janot* remit à *Fieschi* 100 francs qu'il devait à la dame *Petit*, et souscrivit à cette dernière une lette de change dont il ne se rappelle plus le montant, pour solde du prix de sa pension chez elle.

Il affirme que jamais il n'a eu de rapports politiques avec *Fieschi*, et n'avait jamais reçu de lui aucune lettre, et notamment celle écrite en caractères hiéroglyphiques.

Janot avait été arrêté; mais depuis son interrogatoire il a été mis en liberté.

16.

PEYRECAVE (Gérard), *âgé de 67 ans, officier pensionnaire de l'Université, demeurant à Paris, rue du Colombier, n° 4.*

Le sieur *Peyrecave* fut signalé comme ayant fourni de l'argent à la femme *Petit* et à *Fieschi.*

Une perquisition fut faite chez lui, et ne produisit que la saisie d'une paire de pistolets de poche, de deux carnets et de quelques lettres insignifiantes.

Peyrecave a été arrêté; il a déclaré avoir connu la femme *Petit* chez le sieur *Caunes*, ingénieur de la ville de Paris, pendant que le sieur *Caunes*, malade au moulin de Croullebarbe, y recevait les soins de cette femme.

Il a dit n'avoir remis d'argent à la femme *Petit* qu'une seule fois, où il lui donna 9 francs pour payer son loyer. Il a déclaré aussi avoir connu *Fieschi* chez M. *Caunes*, et lui avoir donné 5 francs, un jour que cet homme parlait devant lui de l'embarras où il se trouvait.

Il a déclaré que les pistolets qui ont été trouvés chez lui lui ont été vendus il y a longtemps par la femme *Petit*, qui lui avait dit que c'était le frère du sieur *Caunes* qui l'avait chargée de les vendre. Cette femme a dit ne pas se rappeler cette circonstance. Le sieur *Caunes* frère a soutenu n'avoir jamais donné de pistolets à vendre à la femme *Petit.*

Le sieur *Peyrecave* s'étant ainsi complétement justifié, a été mis en liberté.

17.

MATHIEU (Pierre), *âgé de 44 ans, né à Longwy (Moselle), ébéniste, demeurant à Paris, rue Moreau, n° 11.*

DE LAGUEPIERRE (Louis-Amédée), *âgé de 53 ans, né à Cassel (Nord), garde d'artillerie, demeurant à Vincennes.*

Dans un interrogatoire subi par *Fieschi*, il avait signalé le nommé *Mathieu*, ébéniste, demeurant rue Moreau, n° 11, et ancien garde municipal, comme étant très-hostile au Gouvernement, et comme ayant, à diverses reprises, fait entrer dans Paris des munitions de guerre qu'il s'était procurées au château de Vincennes. Il avait ajouté que *Mathieu* était lié avec un garde d'artillerie de Vincennes, et que probablement c'était ce garde qui avait remis à *Mathieu* la poudre dont il s'agit.

Une perquisition a été faite au domicile de *Mathieu;* elle n'a produit aucun résultat.

Interrogé, il a nié le fait à lui imputé; mis en présence de *Fieschi*, il a persisté dans ses dénégations : il a avoué cependant qu'il connaissait un garde d'artillerie du fort de Vincennes, nommé *de Laguepierre*, avec lequel il avait quelques relations, et mais il a soutenu qu'il n'avait jamais reçu de lui ni poudre ni autres munitions de guerre.

Une perquisition fut également faite sans résultat chez *de Laguepierre*, qui, dans son interrogatoire, a dit que tous les faits rapportés par *Fieschi* étaient faux.

Des certificats joints au dossier sont tout à fait favorables à ces inculpés. Ils ont été mis en liberté.

18.

GUENEAU (Marie-Cyprien), *âgé de 42 ans, né à Paris, brocanteur, demeurant à Paris, rue de l'Oursine, n° 60.*

Gueneau avait été signalé comme ayant autrefois fabriqué de la poudre et ayant eu chez lui les ustensiles nécessaires à cette fabrication. Le même document annonçait qu'il avait eu de fréquentes relations avec *Fieschi* et était intimement lié avec lui.

Une perquisition fut faite chez *Gueneau*, mais elle ne produisit que la saisie de deux sabres-briquets et de cinq mauvais pistolets.

Gueneau, appelé par mandat de comparution, a soutenu qu'il n'avait eu avec *Fieschi* d'autres relations que celles résultant du voisinage, lorsque *Fieschi* habitait le faubourg Saint-Marcel : il a déclaré qu'il lui avait prêté deux volumes d'un ouvrage intitulé : *la Police dévoilée.*

Au moment de la perquisition faite chez *Gueneau*, sa femme seule était présente, et elle dit au commissaire de police que, quatre mois environ auparavant, *Fieschi* était venu lui demander si elle avait des canons de fusil à vendre. *Gueneau* a déclaré que jamais *Fieschi* ne lui avait demandé à acheter des canons de fusil; et depuis la femme *Gueneau* a rétracté sa déclaration.

Pendant l'interrogatoire de *Gueneau*, il survint un document duquel il résultait que *Gueneau* avait un magasin caché, où se trouvaient des munitions de guerre. Le mandat de comparution de *Gueneau* fut alors transformé en mandat d'amener, et aussitôt une perquisition fut ordonnée et faite en présence de *Gueneau :* l'on trouva, cachés partie dans une malle et partie sous un lit, six paquets de cartouches. *Gueneau* a dit qu'il avait ces cartouches depuis très-longtemps et qu'il les avait oubliées. Il a été renvoyé, pour ce fait, devant le tribunal de police correctionnelle et condamné à quelques jours de prison.

Sur ces entrefaites, le sieur *Burgh*, marchand de bois, quai de la Rapée, entendu comme témoin dans l'instruction, a déclaré que, depuis l'attentat du 28 juillet, *Gueneau* lui avait dit que *Fieschi*, sachant qu'il avait fabriqué de la poudre, vers le mois d'avril 1834, lui avait proposé d'en faire avec lui; mais qu'il avait refusé de s'en mêler, parce qu'il avait été précédemment arrêté pour ce fait; qu'alors *Fieschi* lui avait demandé s'il pouvait lui vendre de la poudre; qu'il avait aussi refusé cette proposition; mais que, sur ce refus, *Fieschi* l'ayant intimidé, il lui avait promis de lui en vendre cinquante livres; que *Fieschi* était venu plusieurs fois réclamer la réalisation de cette promesse, mais que *Gueneau* s'était débarrassé de ses importunités en lui disant qu'il ne voulait pas vendre de poudre en présence de sa femme; qu'un jour il avait vu des agents qui cherchaient *Fieschi*, et leur aurait indiqué sa demeure; que ces agents avaient été chez la femme *Petit*, s'annonçant sans doute comme envoyés par *Gueneau;* car *Fieschi*, quelque temps après, en avait fait des reproches à ce dernier, et lui avait montré un poignard, en lui disant que, s'il le dénonçait, ce poignard le servirait.

Gueneau a soutenu que jamais *Fieschi* ne lui avait demandé de poudre; qu'il était vrai qu'il avait indiqué sa demeure aux agents qui le cherchaient; qu'il avait même offert de les faire prévenir, quand *Fieschi* viendrait chez lui, pour rapporter les livres qu'il lui avait empruntés, et que c'était pour cela que *Fieschi* l'avait menacé de son poignard.

Gueneau a dit ne pas connaître *Morey*.

Deux témoins ont déclaré que le 28 juillet *Gueneau* était resté dans sa boutique, occupé de son commerce.

19.

AUBERT (André-Hipolyte), *âgé de 32 ans, né à Paris, marchand de grains, demeurant à Paris, rue du Marché-aux-Chevaux, n° 14.*

BUDIN (Rus-Apollon), *âgé de 37 ans, né à Bury (Meuse), corroyeur, demeurant à Paris, rue du Jardin-du-Roi, n° 12.*

Un document de l'instruction signalait le nommé *Budin*, membre de l'association de l'Union de juillet, comme ayant eu de fréquents rapports avec *Morey* et *Pepin*. Ce même document indiquait que ces trois individus quittaient souvent ensemble les réunions de l'association et s'en allaient dans la même voiture de place; qu'ils avaient enfin plusieurs fois dîné chez le sieur *Aubert*.

Des perquisitions furent faites chez *Aubert* et *Budin*, et ne produisirent aucun résultat.

Aubert a déclaré qu'il n'avait eu avec *Morey* et *Pepin* que des relations de commerce; qu'il fournissait à *Pepin* du son et de l'avoine pour son cheval, et achetait les résidus de sa fabrique d'orge perlé, lesquels résidus lui étaient expédiés de Lagny par un sieur *Collet;* enfin, qu'il prenait chez *Morey* les harnais dont il avait besoin pour ses chevaux.

Budin n'a pas nié qu'il eût fait partie de l'Union de juillet. Il a dit que c'était dans les assemblées de cette association qu'il avait connu *Pepin* et *Morey;* qu'il ne les avait vus ensemble que là; qu'il les avait bien rencontrés au dehors, mais séparément; et qu'il ne les voyait d'ailleurs qu'en passant.

Aubert et *Budin* n'ont pas été arrêtés.

20.

Une dame *de Chevreuse,* veuve *Martineau,* fut indiquée comme pouvant donner des renseignements sur l'attentat du 28 juillet.

Entendue comme témoin, elle a dit que le 27 juillet, vers sept heures du soir, elle passait sur la place Royale, lorsqu'elle vit trois individus qui causaient près d'un arbre; qu'elle les avait remarqués parce qu'un d'eux était un sieur *Piet de Saint-Hubert,* qu'elle avait connu autrefois; qu'elle entendit ces individus parler de serments qui auraient été faits entre plusieurs personnes, d'un tirage au sort qui aurait désigné l'une d'elles; le plus petit des trois aurait dit : *J'ai la mauvaise chance.*

Confrontée avec *Fieschi,* la veuve *Martineau* a dit le reconnaître pour celui qui disait : *J'ai la mauvaise chance.* Il a été rendu compte en détail, dans le rapport, des actes d'instruction qui ont eu lieu à ce sujet.

Un mandat d'amener a été décerné contre le sieur *Piet de Saint-Hubert,* mais il n'a pu être exécuté, le sieur *Piet de Saint-Hubert* étant en fuite.

21.

Royer (Victor), *âgé de 19 ans, né à la Ferté-sous-Jouarre (Seine-et-Marne), fabricant d'instruments de mathématiques, demeurant à Paris, rue Saint-Sébastien, n° 34.*

Cortilliot (Jean-Baptiste-Joseph), *âgé de 20 ans, né à Rosny (Seine-et-Oise), ouvrier en instruments de mathématiques, demeurant à Paris, rue d'Amboise, n° 4.*

Le sieur *Lefevre,* sergent de ville, a prétendu que *Fieschi* avait été précédé dans sa fuite d'un jeune homme, à l'exemple duquel il se serait aidé de la fenêtre et de la corde qui lui ont servi au moment de l'attentat pour s'évader. Ce jeune homme, sur le signalement donné par *Lefevre*, a été recherché, et quelques renseignements particuliers ayant signalé un nommé Victor *Royer* comme ayant eu des rapports avec *Fieschi*, Victor *Royer* a été arrêté, et son arrestation a motivé celle d'un nommé Jean-Baptiste-Joseph *Cortilliot*, avec lequel il était en relations habituelles. Une perquisition faite instantanément au domicile de *Royer* a procuré la saisie d'une lame de couteau-poignard, de trois platines de fusil, d'une balle, d'un bois de canne à épée, d'une blouse de toile noire, d'un pistolet à piston, d'un poignard et d'un couteau à manche de cuivre.

Victor *Royer* a été représenté à plusieurs habitants de la maison habitée par *Fieschi*; il n'a point été reconnu comme l'un de ceux qui auraient eu des rapports avec cet homme. Il a de plus été représenté au sieur *Lefevre*, ainsi que *Cortilliot*; mais *Lefevre* ayant déclaré ne point les connaître, ils ont été successivement remis en liberté.

22.

VERBECKE (Ferdinand-Bernard), *âgé de 37 ans, né à Zuydpéene, près Cassel (Nord), journalier, domicilé à Warmhout, près Bergues (Nord).*

Le 7 septembre 1835, le garde-champêtre de l'une des communes voisines de Dunkerque remit entre les mains de la gendarmerie un homme qu'il avait arrêté, et qui fut reconnu pour être le nommé *Verbecke*, condamné aux travaux forcés, évadé le 17 ou le 18 juillet 1835 de la maison de force d'Armentières, où il était détenu.

Verbecke prétendit qu'il avait eu connaissance de l'attentat du 28 juillet 1835, et qu'il savait où était réfugié *Pepin*; qu'il le connaissait particulièrement; qu'il l'avait rencontré à Senlis une huitaine de jours auparavant, et avait fait route à pied avec lui de Senlis à Roye, par Pont-Sainte-Maxence et Gournay; que *Pepin* était porteur d'un passeport sous le nom de *Bray*. Il donnait beaucoup de détails sur l'attentat du 28 juillet, et disait avoir été sur les lieux au moment de l'explosion.

Verbecke fut conduit à Paris, où il a été interrogé. Là, il a renoncé à dire qu'il eût été dans la chambre de *Fieschi*, et qu'il fût sur les lieux au moment de l'explosion. Il a prétendu que, s'il avait fait une pareille déclaration, c'e ait afin d'être conduit à Paris et d'échapper aux mauvais traitements qu'on ui faisait subir dans la maison où il était détenu; mais il a continué à dire qu'il avait voyagé avec *Pepin*. Dans un second interrogatoire, il a dit que, pour le moment, il ne se rappelait pas tout ce que *Pepin* lui avait dit, parce qu'il était trop souffrant. Les interrogatoires ont été suspendus : sur ces entrefaites, la retraite de *Pepin* a été découverte, et il a été constant que les déclarations de *Verbecke* étaient mensongères. Ce condamné a été renvoyé dans la prison d'Armentières.

23.

BOUSSEMARD (Louis-Auguste-Joseph), *âgé de 50 ans, né à Lille (Nord), ancien militaire, demeurant à Paris, rue Albouy, n° 14.*

Le sieur *Hendenlang*, capitaine d'état-major de la garde nationale, a trouvé le 28 juillet, dans l'allée de la maison habitée par *Fieschi*, une pétition signée *Boussemard*. Le sieur *Boussemard* fut arrêté, perquisition fut faite à son domicile.

Il est résulté des renseignements recueillis et de l'information que *Boussemard*, ancien militaire, déjà secouru par les bienfaits du Roi, avait présenté une pétition à Sa Majesté, entre la porte Saint-Denis et la porte Saint-Martin, et qu'un hasard avait fait tomber ce papier des mains d'un officier de la suite du Roi, qui était entré dans la maison de *Fieschi*, au moment du crime, pour aider à en saisir les auteurs.

Boussemard, interrogé le 2 août sur le fait qui avait motivé son arrestation, a protesté de son attachement à la personne du Roi : il a révélé la source des bienfaits qui le soutiennent.

Aucune autre circonstance ne le rattachant à l'attentat du 28 juillet, il a été mis en liberté.

24.

TROUDE (Magloire-Alexandre), *âgé de 31 ans, né à Gouet (Manche), marchand d'estampes, demeurant à Paris, rue du Petit-Reposoir, n° 6.*

Une lettre ouverte et dépliée, adressée au nommé *Troude*, marchand d'estampes, rue du Petit-Reposoir, n° 6, fut trouvée dans l'appartement de *Fieschi*.

On décerna contre *Troude* un mandat d'amener. Une perquisition fut en outre prescrite et effectuée à son domicile : on y saisit un certain nombre d'adresses indiquant certaines relations de *Troude*.

Dans son interrogatoire, *Troude* a déclaré ne pouvoir expliquer la présence d'une lettre à son adresse dans la demeure de *Fieschi* : il a toutefois reconnu la lettre.

Les différentes personnes dénommées aux renseignements précités ont été citées ou entendues ; elles ont donné de bons témoignages sur le compte de *Troude* ; elles ont attesté que cet homme était sans opinion politique. Il a été d'ailleurs démontré par l'instruction qu'au momen de l'attentat *Troude* était éloigné du lieu où il a été commis.

D'un autre côté, *Fieschi* a déclaré que c'était chez ce marchand d'estampes qu'il avait acheté, deux ou trois jours avant l'attentat, la gravure trouvée près de la machine infernale, et représentant le duc de Bordeaux, dans le but de donner le change aux recherches de la justice, s'il parvenait à s'échapper. Il y a donc tout lieu de croire que la lettre adressée au sieur *Troude* se sera trouvée en la possession de *Fieschi* comme ayant servi d'enveloppe à cette gravure.

Troude a été mis en liberté.

25.

PROTAT (Auguste), *âgé de 35 ans, né à Sens (Yonne), ouvrier corroyeur, demeurant à Paris, rue de Cotte, au coin de celle du faubourg Saint-Antoine.*

Le nom du sieur *Protat* s'étant trouvé parmi les papiers du nommé *Troude*, marchand d'estampes, mis en état d'arrestation à l'occasion de l'attentat du 28 juillet, il fut arrêté et interrogé.

Auguste *Protat* est père de cinq enfants. Son maître, chez lequel il travaille depuis douze ans, a répondu de lui, et lui a délivré un certificat de bonne conduite revêtu de beaucoup de signatures. Aucun fait ne le rattachant à l'attentat, il a été mis en liberté.

26.

SALMON (Pierre), *âgé de 81 ans, portier, demeurant à Paris, boulevart du Temple, n° 50.*

Femme SALMON (Julie SAILLANT), *âgée de 70 ans, portière, demeurant à Paris, boulevart du Temple, n° 50.*

SALMON (Sophie), *âgée de 36 ans, ouvrière en linge, demeurant à Paris, boulevart du Temple, n° 50.*

Les sieur et dame *Salmon*, portiers de la maison habitée par *Fieschi*, et la demoiselle Sophie *Salmon*, leur fille, avaient été arrêtés dans les premiers moments de l'attentat. L'instruction a démontré qu'ils n'avaient eu aucune connaissance des projets criminels de *Fieschi*, et leurs dépositions, citées dans le cours de ce rapport, ont concouru à éclairer plusieurs points relatifs aux démarches de *Fieschi*. On s'est assuré que les hésitations du sieur *Salmon*, qui d'abord avaient fait paraître ses déclarations suspectes, devaient être attribuées à son grand âge.

Tous trois ont été mis en liberté.

27.

Femme PÉRINET (Arsène LEDENT), *âgée de 24 ans, limonadière, boulevart du Temple, n° 50.*

Les époux *Périnet* tiennent un café dans la maison portant, sur le boulevard du Temple, le n° 50. Ce café est signalé depuis longtemps comme le rendez-vous d'individus hostiles au gouvernement du Roi; et *Fieschi* a déclaré que c'était un lieu de réunion des membres de la société des Droits de l'homme.

Voisin de *Fieschi*, *Périnet* le connaissait sous le nom d'*Auguste*; la porte de la maison de *Fieschi* se trouvait-elle fermée, celle du café de *Périnet* s'ouvrait pour lui et les gens qui le fréquentaient.

Toutes les apparences annonçaient que ces deux individus avaient ensemble de fréquentes relations.

Périnet et sa femme ont donc été arrêtés.

L'instruction ayant dégagé la femme *Périnet* des soupçons qui pesaient sur elle, elle a été rendue à la liberté.

Divers propos séditieux tenus publiquement par *Périnet* ont motivé son renvoi devant la juridiction ordinaire.

28.

LEBÈGUE (Achille-Napoléon), *âgé de 25 ans, né au May (Oise), garçon limonadier, demeurant boulevart du Temple, n° 50, chez le sieur Périnet.*

Achille *Lebègue* a été arrêté, le 28 juillet, au café de Périnet et dans la demeure de celui-ci, au service duquel il se trouvait alors. Après un interrogatoire que lui a fait subir l'un de MM. les juges d'instruction et l'obtention de quelques renseignements, *Lebègue* a été mis en liberté.

Le 27 juillet au soir, un individu du nom de *Victor* s'était présenté à la demeure de *Fieschi* pour le visiter : cet homme, que la portière de la maison déclarait alors ne pouvoir reconnaître, paraissait avoir été de la connaissance de *Lebègue,* car celui-ci, s'entretenant à ce sujet avec la portière, avait assuré qu'il reconnaîtrait bien l'individu portant le nom de *Victor,* s'il se trouvait en sa présence. *Lebègue,* sommé de s'expliquer sur ce fait, a nié le propos articulé par la dame *Salmon.*

La procédure a depuis établi que l'individu nommé *Victor* n'était autre que *Boireau,* et la fille *Salmon* a déclaré, le 8 octobre, qu'elle reconnaissait *Boireau* pour l'individu qui venait visiter *Fieschi.*

Confronté lui-même avec *Boireau, Lebègue* a persisté à nier le propos qui lui était attribué, et a déclaré ne pas reconnaître cet inculpé.

Quelque doute que puisse laisser cette déclaration, aucun indice ne rattachant *Lebègue* à *Boireau,* il a été mis en liberté.

29.

BARFETY (Jean-Pierre), *âgé de 35 ans, né en Savoie, limonadier, demeurant à Paris, boulevart du Temple, n° 52.*

Arrêté le 28 juillet, dans son café.

Barfety est propriétaire d'un café situé boulevart du Temple, n° 52, dans la maison contiguë à celle où demeurait *Fieschi. Fieschi* venait presque tous les soirs au café *Barfety,* pour prendre un petit verre d'eau-de-vie; il restait à causer avec le nommé Charles *Larcher,* garçon de billard, qui demeurait, comme *Fieschi,* au n° 50. *Larcher* étant obligé de rester jusqu'après la fermeture du café, avait reçu un passe-partout de la porte d'entrée de sa maison. *Fieschi* profitait de ce passe-partout, et rentrait avec lui.

Barfety a déclaré que, le 28 juillet 1835, il avait vu *Fieschi* vers neuf heures du matin; que cet homme était entré un instant dans son café, et qu'un moment après, il l'avait aperçu sur la terrasse de *Périnet.*

On fut informé, d'autre part, pendant le cours de l'instruction, que, le 28 juillet au matin, *Barfety* avait été acheter des viandes froides chez une dame *Brun,* marchande de comestibles, et que ces viandes avaient été portées par la domestique de la dame *Brun* au café *Barfety.* Le document disait que là cette domestique avait été rencontrée par deux individus, par lesquels elle avait été conduite au troisième étage, dans la maison n° 50 (c'était l'étage habité par *Fieschi* dans cette maison), qu'on avait refusé d'ouvrir, qu'alors elle était descendue et avait remis les viandes à *Barfety.* Cette circonstance paraissait être à charge contre *Barfety.* La domestique de la dame *Brun* a été appelée comme témoin : elle a déclaré qu'en effet, en arrivant à la demeure de *Barfety*, elle ne l'avait pas trouvé et avait été rencontrée à la porte du café par deux individus; que l'un d'eux l'avait fait monter au troisième étage, mais que c'était dans la maison n° 52 que l'on avait frappé, et non dans la maison n° 50; que personne n'ayant répondu, elle était descendue; qu'alors elle avait trouvé *Barfety*, auquel elle avait remis ce qu'elle apportait.

Barfety a déclaré qu'il n'avait pas donné ordre de porter les viandes ailleurs que chez lui, et qu'il les avait achetées pour les revendre aux gardes nationaux, pendant la revue.

Barfety a été mis en liberté.

30.

LARCHER (Pierre-Charles-Julien), *âgé de 37 ans, né à Paris, garçon de billard chez le sieur* Barfety, *demeurant à Paris, boulevart du Temple, n° 50.*

Arrêté le 29 juillet.

Après l'explosion de la machine de *Fieschi*, et lorsque la maison n° 50 et les maisons voisines furent cernées, on s'étonna de ne pas trouver le garçon de billard du café *Barfety*, le nommé *Larcher;* cette absence fit naître des soupçons.

Le lendemain il fut arrêté. Il a déclaré que le 28 juillet, lorsque l'explosion eut lieu, il était sur le boulevart pour voir passer le Roi, et tenait son enfant sur ses bras; qu'après l'événement, ayant entendu qu'on demandait de l'eau, il rentra au café pour en prendre une carafe, et qu'ensuite on l'empêcha de passer; que le lendemain, ayant appris qu'on le cherchait, il s'était rendu de lui-même à la préfecture de police.

Larcher demeure depuis huit ans dans la maison boulevart du Temple, n° 50. Il dit avoir fait connaissance avec *Fieschi*, qui entrait quelquefois au café; que le soir, quand *Fieschi* se retirait tard, il venait causer au billard, et priait *Larcher* de le faire rentrer avec lui (celui-ci, comme on l'a vu, avait un passe-partout de la maison); il n'avait pas cru devoir refuser ce service à un voisin.

Larcher a déclaré qu'il n'était entré qu'une seule fois dans la chambre de *Fieschi*, et que, dans les trois ou quatre soirées qui ont précédé l'attentat, il ne croyait pas être rentré en même temps que lui.

La fille *Salmon*, portière de la maison n° 50, entendue comme témoin, a déclaré que pendant les huit ou dix jours qui ont précédé le 28 juillet, *Fieschi* n'était pas rentré avec *Larcher*, mais bien par le café Périnet.

Un sieur *Galliat*, pâtissier, entendu aussi comme témoin, a déclaré que le

28 juillet, au moment du passage du Roi sur le boulevart du Temple, il avait vu *Larcher*, en face du café *Barfety*, tenant sa petite fille sur les bras, et qu'il n'avait pu rentrer parce que les maisons avaient été cernées.

Larcher a été mis en liberté.

31.

MARILLIÉ (Pierre), *âgé de 18 ans, né en Savoie, garçon limonadier, demeurant à Paris, rue de Vendôme, n° 15.*

Arrêté, le 28 juillet, dans le café *Barfety*.

Marillié avait été autrefois garçon de café chez *Barfety*, mais il en était sorti depuis six mois. Il y était ce jour-là employé accidentellement, à cause de la revue.

Il a déclaré ne pas connaître *Fieschi*. Il ne servait plus dans le café *Barfety* lorsque *Fieschi* est venu demeurer dans la maison voisine.

Marillié, interpellé de dire si, en plaçant la toile établie devant le café, quelqu'un ne lui a pas donné le conseil d'élever un peu cette toile près des arbres, disposition qui pouvait empêcher ceux qui étaient de ce côté du boulevart de reconnaître au premier moment la fenêtre d'où partait la fumée, a dit que personne ne lui avait donné ce conseil, mais qu'un homme étranger au café était en effet venu l'aider à placer cette tente. *Fieschi* lui a été présenté : *Marillié* a déclaré qu'il ne le connaissait pas, que ce n'était pas l'homme qui l'avait aidé dans le placement de la toile.

Aucune charge ne s'élevant contre *Marillié*, il a été mis en liberté.

32.

VERDIN (Thomas-Ambroise), *âgé de 20 ans, né à Paris, cordonnier, demeurant à Paris, rue Saint-Sébastien, n° 42.*

A été arrêté, le 28 juillet dernier, dans le café *Barfety*, lorsque ce café fut envahi par la troupe aussitôt après l'explosion de la machine. *Verdin*, interrogé sur la question de savoir comment il se trouvait dans ce café au moment du crime, a répondu qu'il y était venu pour se rafraîchir et faire une partie de billard. Il a nié connaître l'auteur de l'attentat, et rien dans l'instruction n'établit qu'il ait eu des rapports avec lui.

Il a été mis en liberté.

33.

Besuchet (Charles), *âgé de 32 ans, né à Balaigue, en Suisse, commis voyageur, demeurant à Paris, rue Saint-Sébastien, n° 34.*

Arrêté, le 28 juillet, dans le café *Barfety.*

Il a déclaré qu'il connaissait *Barfety* et que, voyant qu'il était arrêté et que sa femme pleurait, il le suivit et fut arrêté avec lui. Des soupçons s'étaient élevés contre *Barfety* parce que *Fieschi* fréquentait son café; ces soupçons réagirent sur *Besuchet;* cependant des papiers avaient été saisis sur *Besuchet,* ces papiers vinrent à l'appui de ce qu'il déclarait, et constatèrent qu'il était en effet commis voyageur; il expliqua l'emploi de son temps; il a été mis en liberté.

34.

Canteloup (Louis-Nicolas-Victor), *âgé de 17 ans, né à Paris, doreur sur métaux, demeurant à Paris, rue Portefoin, n° 12.*

Se trouvait dans le café *Barfety,* boulevart du Temple, n° 52, au moment de l'explosion de la machine infernale. Il prit aussitôt la fuite, abandonnant dans ce café et son habit et son chapeau qu'on y retrouva plus tard.

Canteloup fut arrêté le 30 juillet, et donna sur sa conduite dans la matinée du 28 des explications satisfaisantes. Il se trouvait, a-t-il dit, dans ce café par hasard. Il avait ôté son habit et son chapeau par suite de la grande chaleur, et n'avait pris la fuite après l'explosion que par crainte de se voir arrêté quoique innocent.

Il n'a été donné aucune suite aux renseignements pris à son égard.

35.

Pajot (Joseph), *âgé de 19 ans, né en Savoie, demeurant à Paris, boulevart du Temple, n° 52, chez* Barfety.

Arrêté le 28 juillet, dans le café *Barfety.*

Il est employé comme garçon dans ce café; sa présence y est donc expliquée. Il a déclaré qu'il avait vu plusieurs fois *Fieschi* venir au café de *Barfety,* le soir, au moment d'aller se coucher. Cet homme parlait avec le nommé *Charles,* garçon de billard du café.

Pajot a dit que dans la matinée du 28 juillet il avait été occupé à placer des tables devant le café, sur le boulevart; qu'en plaçant la toile devant le café, il n'avait pas fait attention à la croisée de *Fieschi;* qu'il n'avait jamais été chez ce dernier.

Le maire de Garches, près Saint-Cloud, écrivit au procureur du Roi de Versailles une lettre par laquelle il le prévenait qu'un neveu d'un sieur *Pajot,* ancien blanchisseur retiré à Garches, avait dit devant les sieurs *Bernardon* et *Bessades,* le 27 juillet, que l'on devait assassiner le Roi le lendemain. On pensa que ce pouvait être le nommé *Pajot,* du café *Barfety;* et ce propos n'eût pas été sans importance dans la bouche d'un individu si voisin de *Fieschi.*

Les témoins confrontés avec Joseph *Pajot* ont déclaré ne pas le connaître, et qu'il n'était pas le *Pajot* neveu dont ils avaient parlé.

Bernardon a dit que, le 27 juillet, le jeune *Pajot* neveu était venu à Garches pour tourner les chevaux de bois pendant les fêtes; qu'il lui avait demandé si la fête serait belle à Paris; que ce jeune homme avait répondu que *oui; mais qu'on disait que le Roi serait assassiné. Bessades* n'a point entendu le jeune *Pajot* tenir ce propos, mais seulement *Bernardon* le rapporter au maire.

On n'a pas pensé qu'il y eût lieu de diriger des poursuites contre *Pajot* neveu, et Joseph *Pajot* a été mis en liberté.

36.

FRAISIER (Jean-Marie-Adolphe), *âgé de 22 ans, né à Paris, relieur, demeurant à Paris, rue Saint-Sébastien, n° 42, en garni.*

A été arrêté le 28 juillet dernier, pâle et tremblant, dans le café *Barfety,* où il jouait au billard.

Interpellé sur les motifs de sa présence au café *Barfety,* lors de l'événement du 28 juillet, *Fraisier* a dit que, étant employé au théâtre des Funambules, il avait été, après la répétition, dans ce café, pour y jouer au billard.

Aucun fait ne le rattachant à l'attentat, *Fraisier* a été mis en liberté.

37.

GAUCHEREAU (Jean-Baptiste-Marie), *âgé de 54 ans, ne à Paris, peintre, demeurant à Paris, rue Phelipeaux, au coin de la rue de la Croix.*

Arrêté, le 28 juillet, dans le café *Périnet.*

Il a déclaré qu'il était au café, où il servait ce jour-là par extraordinaire, à cause de la revue; qu'il y était arrivé dès sept heures du matin; qu'au moment du passage du Roi il était sorti pour le voir; qu'alors il entendit la détonation, et rentra au café, où il fut arrêté comme toutes les personnes qui s'y trouvaient.

Aucun fait à la charge de *Gauchereau* n'ayant d'ailleurs été indiqué, il a été mis en liberté.

38.

VIEL (François-Narcisse), *âgé de 34 ans, né à Paris, imprimeur sur étoffes, demeurant à Paris, rue des Deux-Ponts (île Saint-Louis), n° 28.*

A été arrêté le 28 juillet dernier dans le café *Périnet*, boulevart du Temple, n° 50, où il s'était réfugié avec sa femme et sa sœur, aussitôt après l'explosion.

Viel, interrogé sur l'attentat, a déclaré y être étranger. Cet individu a été arrêté, en juillet 1833, pour coalition d'ouvriers; rien, dans l'instruction, ne le rattache au crime du 28 juillet.

Il a été mis en liberté.

39.

FOURNIER (Jules), *âgé de 21 ans, né à Bercy, ouvrier en fauteuils, demeurant à Paris, rue du Faubourg-Saint-Antoine, n° 231.*

Arrêté, le 28 juillet, dans le café *Périnet*.

Il a déclaré qu'étant au nombre des personnes qui faisaient la haie pour voir passer le Roi, il avait entendu la détonation, et qu'alors voyant la troupe se porter vers la maison d'où le coup était parti, il s'était réfugié dans le café, où il fut consigné, comme tous ceux qui s'y trouvaient.

Aucune charge n'est venue d'ailleurs peser sur *Fournier*. Un certificat de bonne conduite, signé d'un assez grand nombre de personnes établies, a été joint aux pièces.

Fournier a été mis en liberté.

40.

SIGNY (Louis-Anna-Nicolas), *âgé de 33 ans, né à Paris, cordonnier, demeurant à Paris, rue Neuve-des-Petits-Champs, n° 15.*

A été arrêté le 28 juillet, dans le café *Périnet*, boulevart du Temple, n° 50, lorsque ce café fut cerné par la troupe, aussitôt après l'explosion.

Interrogé sur la question de savoir comment il se trouvait dans ce café au moment du crime, *Signy* a répondu qu'il s'y était réfugié comme beaucoup d'autres personnes, et que c'était la première fois qu'il y entrait.

Il a été mis en liberté.

41.

DUCHEMIN (Pierre-Félix-Jacques), *âgé de 32 ans, né à Paris, émailleur en bijoux, demeurant à Paris, rue Saint-Eloi, impasse Saint-Martial, n° 7.*

Arrêté le 28 juillet, dans le café *Périnet.*

Il a déclaré qu'il était entré dans ce café, avec le nommé *Chobillon*, environ dix minutes avant l'attentat; qu'ils interrompirent leur partie de billard pour aller voir passer le Roi, et qu'après l'explosion, ils rentrèrent dans le café, où ils furent consignés, comme toutes les personnes qui s'y trouvaient.

Une liste de noms fut trouvée sur *Duchemin;* il a déclaré que cette liste contenait des noms d'émailleurs avec leurs adresses; qu'il l'avait dans le but d'aller demander de l'ouvrage, lorsqu'il en manquait.

Un sieur *Nocus*, émailleur, pour lequel *Duchemin* travaille, a rendu de lui un bon témoignage, et comme d'ailleurs aucune charge n'a été produite contre lui, il a été mis en liberté.

42.

CHOBILLON (Jean-Pierre), *âgé de 26 ans, né à Paris, maître maçon, demeurant à Paris, rue Saint-Éloy, n° 23.*

Arrêté le 28 juillet, dans le café *Périnet.*

Il a déclaré qu'il était entré dans ce café avec le nommé *Duchemin*, environ dix minutes avant l'attentat, pour y faire une partie de billard; qu'ils étaient sortis tous deux un peu avant l'explosion, pour voir le cortége du Roi, et que bientôt ils étaient rentrés, parce que les cavaliers de l'escorte se portèrent vers la maison; qu'ils ne purent sortir ensuite, parce que toutes les personnes qui se trouvaient dans ce café avaient été consignées.

Chobillon est un maître maçon qui occupe un certain nombre d'ouvriers;

aucune charge n'ayant d'ailleurs été produite contre lui, il a été mis en liberté.

43.

CAMUS (Jean-Baptiste), *âgé de 55 ans, né à Nil-sur-Tourne (Marne), homme de peine, demeurant à Paris, rue de Montreuil, n° 83, faubourg Saint-Antoine.*

A été arrêté dans le café *Périnet*, boulevart du Temple, n° 50, lorsque ce café fut envahi par la troupe, aussitôt après l'explosion. *Camus*, interrogé sur le motif de sa présence dans ce lieu au moment du crime, a répondu qu'il y était entré pour s'y rafraîchir, que c'était la première fois qu'il y venait; il a été mis en liberté.

44.

BESSIN (Jacques), *âgé de 52 ans, né à la Chapelle-Moche (Mayenne), ouvrier raffineur de sucre, demeurant à Paris, rue de la Roquette, n° 52.*

LAVERNE (Nicolas), *âgé de 33 ans, né à Marcheville (Meuse), ouvrier raffineur de sucre, demeurant à Paris, rue de la Roquette, n° 72.*

Arrêtés le 28 juillet, dans le café *Périnet.*

Tous deux ont déclaré être entrés dans ce café, après l'explosion, parce que la troupe venait alors vers les maisons, et qu'ils craignirent d'être blessés; ils furent ensuite consignés, puis arrêtés comme toutes les personnes qui se trouvaient là.

Le sieur *Bayvet*, adjoint au maire du 8e arrondissement, et propriétaire d'une raffinerie de sucre, a envoyé, pour être joint aux pièces, un certificat constatant que *Bessin* et *Laverne* travaillent chez lui, *Bessin* depuis plus de quinze ans et *Laverne* depuis plus de six; que tous deux sont des ouvriers tranquilles, qui ne s'occupent en aucune façon de politique, et qu'ils travaillaient encore à la fabrique une heure avant leur arrestation.

Une perquisition fut faite tant chez *Bessin* que chez *Laverne*, mais ces perquisitions furent sans résultat.

Aucune charge n'ayant d'ailleurs été indiquée contre eux, ils furent mis en liberté.

45.

BELLINGHEN (Auguste), *âgé de 17 ans, né à Paris, corroyeur, demeurant à Paris, rue Mouffetard, n° 211.*

Arrêté, le 28 juillet, dans le café *Périnet.*

Il a déclaré s'être rendu sur le boulevart pour voir la revue, et après l'explosion s'être réfugié dans le café, pour n'être pas blessé par les chevaux des cavaliers qui se portaient vers les maisons.

Le sieur *Vautier*, marchand de laines et mégissier, pour lequel *Bellinghen* travaillait, a été entendu et a donné de bons renseignements sur sa conduite.

Aucune charge n'a été produite contre *Bellinghen*, autre que sa présence dans le café Périnet; il a été mis en liberté.

46.

BEAUDOUIN (Jules-Vincent), *âgé de 16 ans, né à Paris, demeurant à Paris, rue Mouffetard, n° 223.*

Arrêté, le 28 juillet, dans le café *Périnet.*

A déclaré qu'il était sur le boulevart avec le nommé *Bellinghen*, pour voir la revue, au moment où ils entendirent l'explosion; qu'alors les cavaliers vinrent sur eux, et que, pour éviter d'être écrasés, ils se réfugièrent dans le café, où ils furent consignés et arrêtés comme tous ceux qui s'y trouvaient.

Aucune charge n'a été indiquée contre *Beaudoin;* il a été mis en liberté.

47.

ASSEZAT (Louis-Marie-Théodore), *âgé de 28 ans, né à Paris, compositeur, demeurant à Paris, rue Saint-Victor, n° 76.*

Arrêté, le 28 juillet, dans le café *Périnet.*

Il a expliqué sa présence dans ce café, en déclarant qu'il s'était arrêté sur le boulevart pour voir passer le Roi; qu'après l'explosion, les cavaliers s'étant immédiatement portés vers la maison d'où le coup était parti, il s'était réfugié dans le café pour n'être pas blessé par les chevaux.

Assezat a rendu compte de l'emploi de son temps d'une manière satisfaisante;

il a été signalé comme un honnête ouvrier. Le témoin *Frossart*, garde national, déclare qu'*Assezat* lui avait dit qu'il irait le voir à la revue. Aucune charge n'ayant d'ailleurs été produite contre cet homme, il a été mis en liberté.

48.

ADOR (François), *âgé de 23 ans, né à Saint-Martin-de-Bellevue, en Savoie, commissionnaire, demeurant à Paris, rue des Tournelles, n° 10.*

Arrêté, le 28 juillet, dans le café *Périnet*.

A déclaré qu'il était monté sur un banc pour voir le Roi; qu'il avait entendu une décharge; que bientôt ayant été pressé par les cavaliers, il s'était réfugié dans le café, où il avait été consigné et ensuite arrêté.

Aucune charge n'a été produite contre lui; il a été mis en liberté.

49.

CALBOT (Jean-François), *âgé de 44 ans, né à Doulens (Somme), chapelier, demeurant à Paris, rue de Montreuil, n° 83, faubourg Saint-Antoine.*

A été arrêté, le 28 juillet dernier, dans le café des Mille-Colonnes, aussitôt après l'explosion. Interrogé sur le motif de sa présence dans ce café au moment du crime, a répondu qu'il y était entré pour s'y rafraîchir. Il a été mis en liberté.

50.

RENAUD (Joseph), *âgé de 26 ans, né à Mortirolle (Haute-Vienne), menuisier, demeurant rue Charenton, n° 66, à Paris.*

A été arrêté dans le café *Périnet*. Interrogé sur le motif de sa présence dans ce lieu, il a répondu que sa femme s'étant trouvée mal, il l'y avait fait entrer. Il a été mis en liberté.

51.

PRÉVOST (Frédéric), *âgé de 26 ans, né à Sainte-Menehould (Marne), chapelier, demeurant à Paris, rue du Faubourg Saint-Antoine, en face de la rue Charonne.*

A été arrêté, le 28 juillet dernier, dans le café *Périnet*, lorsque ce café a été cerné par la troupe. *Prévost,* interrogé sur le motif de sa présence dans ce café au moment du crime, a répondu qu'il y était entré pour s'y rafraîchir.

Il a été mis en liberté.

52.

CÉLARIÉ (Louis), *âgé de 27 ans, né à Saint-Seré (Lot), professeur de littérature française, demeurant à Paris, rue du Faubourg Saint-Antoine, n° 5.*

A déjà été l'objet de poursuites judiciaires; il avait été mis en liberté depuis peu de temps, lorsqu'il fut de nouveau arrêté, le 28 juillet dernier, dans le café *Périnet.*

Célarié, tout en déclarant qu'il est républicain, a prétendu qu'il ne s'était trouvé dans ce café que par hasard, qu'il ignorait les projets formés contre la vie du Roi, et qu'il y était tout à fait étranger.

Cét individu a fait partie de la société des Droits de l'homme, dans laquelle il était chef de section; il a été arrêté lors des émeutes de la Porte Saint-Martin.

Rien ne le rattachant à l'attentat, il a été mis en liberté.

53.

WACHEZ (Ernest), *âgé de 13 ans, né à Paris, sans profession, demeurant à Paris, rue des Filles-du-Calvaire, n° 4.*

Arrêté, le 28 juillet, dans le café *Périnet.*

A déclaré qu'il prenait de la bière sur une table devant le café, lorsqu'il a entendu la détonation, et que la cavalerie étant venue sur le boulevart, il était rentré dans le café.

Aucun témoin n'a été indiqué, aucun fait de participation n'a été articulé contre *Wachez.*

Il a été mis en liberté.

54.

VIGOUREUX (Antoine), *âgé de 71 ans, né à Paris, tabletier, demeurant à Paris, rue de Ménilmontant, n° 49.*

Arrêté le 28 juillet, il a dit qu'il était sur le boulevart pour voir passer le Roi, et qu'après l'explosion il s'était réfugié dans le café *Périnet*, où il a été arrêté; qu'on avait aussitôt cerné la maison, et qu'on l'avait empêché de sortir.

Aucun fait à sa charge n'a été allégué.

Il a été mis en liberté.

55.

GAUCHOT (André-Edouard), *âgé de 25 ans, né à Paris, brossier, demeurant à Paris, rue Mauconseil, n° 7.*

Il a été arrêté, le 28 juillet, dans le café *Périnet*, et conduit pour ce seul fait à la préfecture de police, où il devait être examiné.

Gauchot a déclaré être entré en ce lieu avec la nourrice de son enfant, pour y boire une bouteille de bière.

Il ne paraît faire partie d'aucune société politique.

Il a été, après interrogatoire, remis en liberté.

56.

TASSIN (Amaury), *âgé de 21 ans, né à Lizieux (Calvados), bijoutier en cuivre, demeurant à Paris, cloître Saint-Méry, n° 14.*

Au nombre des individus arrêtés dans le café des Mille-Colonnes, se trouvait le nommé Amaury *Tassin*, ouvrier bijoutier, demeurant cloître Saint-Méry, n° 24. Cet individu fut fouillé aussitôt après son arrivée à la préfecture de police, et on trouva sur lui une chanson intitulée : *Ronde de la Conspiration*, et un fragment d'une chanson républicaine adressée à l'armée; mais rien dans l'instruction n'établissant que *Tassin* aurait eu des rapports avec *Fieschi*, il a été mis en liberté.

57.

François (Victor), *âgé de 22 ans, né à Melun (Seine-et-Marne), emballeur de verres, demeurant à la verrerie de Choisy-le-Roi.*

Arrêté le 28 juillet dans un des cafés voisins de la maison du boulevart du Temple, n° 50.

Il a dit qu'il était venu de Choisy-le-Roi, pour voir la revue; qu'il s'est réfugié dans le café où il a été arrêté après l'explosion, parce que la troupe s'avançait de ce côté.

Aucune charge d'ailleurs ne s'élevant contre *François*, il a été mis en liberté.

58.

Lefèvre (Jacques-Alexandre), *âgé de 30 ans, né à Paris, garçon de bureau au ministère de l'intérieur, demeurant à Paris, rue Fontaine-au-Roi, n° 2.*

Arrêté le 28 juillet, dans l'un des cafés voisins de la maison boulevart du Temple, n° 50.

Il a déclaré qu'il était allé pour voir la revue; qu'il était entré au café pour prendre une bouteille de bière; qu'étant sorti pour voir passer le Roi, il entendit l'explosion et rentra au café.

Il a été consigné et ensuite arrêté comme toutes les personnes qui étaient là. Aucun fait à sa charge n'a été d'ailleurs indiqué; il a été mis en liberté.

59.

Gastinel (Louis), *âgé de 38 ans, né à Rouen (Seine-Inférieure), perruquier, employé à l'hôpital Saint-Louis, demeurant à Paris, rue du Faubourg-du-Temple, n° 45.*

Arrêté le 28 juillet, à midi et demi, dans la maison boulevart du Temple, n° 52.

Les faits qui le concernent ont été énoncés d'une manière contradictoire.

Suivant le procès-verbal de trois gardes municipaux qui l'ont arrêté, il leur a paru suspect, parce qu'il les suivait pas à pas dans la maison.

Il résulte du rapport d'un commissaire de police que *Gastinel* était dans une chambre au troisième étage. Il avait prétendu qu'il y était venu voir une personne dont il n'avait pas pu dire le nom.

D'après l'instruction, c'était au premier étage, dans une chambre sur le devant, où se trouvaient une femme et deux enfants qui pleuraient, qu'il aurait été vu par un garde national, témoin entendu, qui du reste n'est pas d'accord avec un autre témoin, garde national comme lui, et qui dit que *Gastinel* aurait été rencontré par eux au même étage, mais sur l'escalier, comme il montait dans la maison, entouré de gardes nationaux.

Suivant ce dernier témoin, *Gastinel* aurait dit en montrant un jeune homme qui était sur l'escalier et demeure dans la maison : « Je vais chez Monsieur. » Mais ce jeune homme ne le connaissait pas.

Gastinel a subi deux interrogatoires. Selon les explications qu'il a données, il s'était réfugié dans la maison *Barfety*, où se précipitait la foule. Il entendait des cris, il était troublé et *avait l'air d'un imbécille,* a dit un témoin. Il serait, dit-il, monté tout en haut, dans la crainte qu'on ne fît main basse sur lui.

Il a été confronté avec les deux gardes nationaux, qui ne l'ont pas reconnu. Aucun fait ne le rattachant à l'attentat, il a été mis en liberté.

60.

RAULET (Jean-Baptiste), *âgé de 20 ans, né à Paris, ébéniste, demeurant à Paris, rue de Reuilly, n° 14.*

Arrêté le 28 juillet, dans une chambre au deuxième étage de la maison boulevart du Temple, n° 50.

Raulet a déclaré qu'il était sorti de chez lui vers huit heures du matin; qu'il avait bu avec son frère, un de ses amis et la femme de ce dernier, chez un marchand de vin rue de Ménilmontant; qu'ensuite ils étaient venus sur le boulevart, et étaient entrés pour boire chez un marchand de vin dans la maison où il a été arrêté. Ils s'y trouvaient à peine, qu'on annonça l'arrivée du Roi; *Raulet* revint sur le boulevart, mais arrivé aux premiers arbres, il entendit une fusillade; alors la troupe s'étant portée du côté des maisons, il se sauva de peur d'être blessé, rentra dans la maison, et monta au second étage : là, il fut arrêté comme toutes les personnes qui étaient dans la maison.

Raulet avait dit qu'il travaillait pour un sieur *Juhé;* celui-ci fut appelé : il a déclaré que *Raulet* était chez lui depuis plus de deux ans, et qu'il était très-content de sa conduite; que, le 28 juillet, le sieur *Prudhomme*, sergent à la 8ᵉ légion, l'une des victimes de l'attentat, lui avait dit le matin, ainsi qu'à *Raulet*, de venir le rejoindre à la revue; qu'ils y étaient en effet venus, et que *Raulet* n'avait jamais fait partie de réunions politiques.

Il a été mis en liberté.

61.

BEDOT (Louis-Honoré), *âgé de 24 ans, né à Laneuville-Sire-Bernard (Somme), bonnetier, demeurant à Paris, rue Sainte-Marguerite-Saint-Antoine, nº 9.*

Arrêté, le 28 juillet, sur le boulevart du Temple.

Il a déclaré qu'il avait travaillé ce jour-là chez le sieur *Bouly* pendant toute la matinée, jusqu'à onze heures, et qu'il était sorti alors pour aller voir passer le Roi; qu'ayant appris la nouvelle de l'attentat, il avait eu la curiosité d'aller voir si cela était vrai, et avait été arrêté par un garde national, au moment où il s'approchait du lieu où étaient déposées les victimes.

Le sieur *Bouly* a été entendu comme témoin, et il a déclaré, qu'en effet *Bedot* avait travaillé chez lui pendant toute la matinée du 28 juillet.

Aucune charge n'ayant été produite contre *Bedot*, il a été mis en liberté.

62.

HILAIRE (Jean-Claude), *âgé de 35 ans, né à Nancy (Meurthe), marchand d'estampes, demeurant à Paris, rue Saint-Étienne, nº 7.*

Femme HILAIRE (Rosalie LANCEAU), *âgée de 29 ans, née à Mirecourt (Vosges), modiste, demeurant à Mirecourt, avec son mari, frère de* Jean-Claude HILAIRE.

Arrêtés tous deux, le 28 juillet, dans la maison boulevart du Temple, nº 50.

Hilaire a déclaré que sa belle-sœur venait d'arriver à Paris; qu'il était allé avec elle et son frère pour voir la revue; qu'ils passaient sur le boulevart du Temple au moment où l'explosion eut lieu; qu'ils étaient en face de la maison où ils furent arrêtés; que la femme *Hilaire*, effrayée, se précipita dans une allée; qu'il la suivit pour ne pas la laisser seule, et que bientôt, la maison ayant été cernée, ils ne purent sortir.

La femme *Hilaire* a fait une déclaration semblable; elle a dit qu'elle s'était réfugiée dans l'allée de cette maison, croyant que c'était de la rue qu'on avait tiré.

Aucun autre fait n'étant à la charge du sieur *Hilaire* et de sa belle-sœur, ils ont été mis en liberté.

63.

DUVALLET (François-Louis), *âgé de 25 ans, né à Paris, ciseleur, demeurant à Paris, rue de Berry, n° 18, au Marais.*

Arrêté le 28 juillet.

Suivant la déclaration de *Duvallet*, son arrestation a eu lieu près du Jardin Turc, quelque temps après l'attentat; il a ajouté qu'ayant entendu dire qu'on avait tiré sur le Roi, il avait craint qu'il ne fût arrivé quelque accident, et était sorti de chez lui pour aller trouver son père, qui fait partie de la 1re légion de la garde nationale de Paris; que s'y rendant, il se trouva au milieu de gardes nationaux qui emportaient un homme blessé, et fut arrêté.

Des certificats constatant la bonne conduite du nommé *Duvallet*, et attestant que son père fait, comme il l'a dit, le service dans la garde nationale, ont été joints aux pièces.

Aucun procès-verbal ne constate les causes et le lieu de l'arrestation de *Duvallet;* aucune charge n'a été produite contre lui : il a été mis en liberté.

64.

ZOTT (Guillaume), *âgé de 32 ans, né à Schlaest (Saxe), cordonnier, demeurant à Paris, rue de la Cordonnerie, n° 6.*

Arrêté rue de Bondy, derrière l'Ambigu.

Il résulte d'un rapport de chef de ronde, que *Zott* était pâle et déconcerté au moment de son arrestation.

Zott, qui parle à peine français, a dit qu'après l'explosion il retournait chez lui, lorsqu'il fut arrêté.

Une perquisition a été faite à son domicile; elle n'a rien produit.

Confronté avec l'agent de police *Lefèvre*, qui le premier était entré dans la maison de *Fieschi*, *Zott* n'a point été reconnu pour s'être trouvé dans cette maison.

Il a été mis en liberté.

65.

DEDIANE DUPOUJET (Jean-Baptiste-Théodore), *âgé de 37 ans, né à Clermont (Puy-de-Dôme), demeurant à Paris, rue du Faubourg-Saint-Denis, n° 123.*

Arrêté le 28 juillet, il a déclaré avoir été, peu de temps après l'attentat, sur le boulevart près du Château-d'Eau; comme il insistait pour traverser le boulevart, les gardes nationaux le mirent au poste, d'où il fut conduit à la préfecture de police.

Aucune charge n'ayant été indiquée contre lui, il a été mis en liberté.

66.

CALMÉNIL (Napoléon), *âgé de 28 ans, né à Bourneville (Seine-Inférieure), imprimeur, demeurant à Paris, rue Grenétat, n° 50 bis.*

LANGER (Adrien), *âgé de 41 ans, né à Manneville (Eure), lithographe, demeurant à Paris, rue de l'Échiquier, n° 31.*

Ces deux ouvriers ont été arrêtés le 28 juillet, sur le boulevart du Temple, au moment de l'attentat et près de la maison où il a été commis.

L'instruction n'ayant indiqué aucune charge contre eux, ils ont été mis en liberté immédiatement.

67.

BILLET (Victor), *âgé de 30 ans, né à Fontenon (Jura), distillateur, demeurant à Paris, rue Mouffetard, n° 214.*

Billet a déclaré qu'il avait été arrêté le 28 juillet, à trois heures après midi, sur le boulevart, en face du poste du Château-d'Eau, parce que les gardes nationaux lui ayant dit de se retirer, il ne le fit pas assez vite à leur gré. Aucun procès-verbal, aucune déposition ne constate les motifs de son arrestation; il n'existe à cet égard que sa déclaration.

Aucun fait à la charge de *Billet* n'ayant été produit, il a été mis en liberté.

68.

MORIN (Adolphe-Fleuris-Louis-Benoît), *âgé de 34 ans, né à Précis (Oise), passementier, demeurant à Paris, rue du Vieux-Marché-Saint-Martin, n° 1er.*

Le 28 juillet, Adolphe *Morin* se trouvait sur le boulevart du Temple au moment de l'explosion de la machine dirigée sur la personne du Roi.

Il avait cherché un refuge au café *Barfety*, où il a été arrêté.

Aucune charge ne s'étant élevée contre lui, il a été mis en liberté.

69.

FAURE (Isidore), *âgé de 37 ans, né à Sens (Yonne), serrurier, demeurant à Paris, rue de Charenton, n° 41.*

Il a déclaré avoir été arrêté sur le boulevart après l'attentat. Le matin, il était allé déjeuner à la Courtille avec un sieur *Protat*. Ayant entendu dire qu'on avait tiré sur le Roi, il voulut voir si cela était vrai; *Protat* et lui vinrent sur le boulevart: s'étant approchés d'un groupe de monde, ils virent qu'on portait sur un brancard un homme blessé; *Protat* ayant été arrêté, *Faure* voulut le réclamer et fut arrêté lui-même.

Le sieur *Gillet*, coutelier et capitaine d'une compagnie de la garde nationale de Paris, a déclaré, dans un certificat joint aux pièces, que *Faure* travaille pour lui depuis huit ans, qu'il fait le service de la garde nationale, et s'est trouvé dans les rangs toutes les fois qu'il y a eu nécessité de défendre l'ordre.

Aucune charge n'ayant d'ailleurs été indiquée contre *Faure*, il a été mis en liberté.

70.

LEMARIÉ (André), *âgé de 40 ans, fabricant d'étuis de lunettes, né à Paris, y demeurant, rue du Faubourg-Saint-Martin, n° 188.*

A été arrêté le 28 juillet dernier, sur le boulevart du Temple, par plusieurs gardes nationaux. Interrogé par le juge d'instruction sur les faits motivant sa présence sur ces lieux, il a répondu qu'il y était venu pour voir le cortége. Ce fait paraissant vraisemblable, il a été mis sur-le-champ en liberté.

71.

CANTEAU (Jean-Baptiste-Alfred), *âgé de 30 ans, né à Paris, émailleur en bijoux, demeurant à Paris, rue Saint-Sauveur, n° 12.*

Il a été arrêté le 29 juillet dernier, boulevart du Temple, n° 50, au moment où il venait y demander un nommé *Robert,* arrêté la veille.

Conduit à la préfecture de police, il a été interrogé le même jour.

Il a été depuis remis en liberté, aucune charge ne s'étant élevée contre lui.

72.

VANCAMPENHOUD (Jean-Baptiste), *âgé de 24 ans, né en Belgique, ébéniste, demeurant à Paris, rue de Charonne, n° 23.*

Il a été arrêté sur le boulevart du Temple, le 28 juillet, à midi, près le café *Périnet,* un instant après l'explosion.

Il est résulté de l'instruction que, le jour de son arrestation, *Vancampenhoud* était de garde à la mairie du 8ᵉ arrondissement; qu'il obtint, vers onze heures, la permission d'aller sur le boulevart pour y voir la revue; qu'à cet effet il avait laissé au poste le fourniment ordinaire confié aux gardes nationaux non habillés, et que le hasard l'amena dans l'endroit où il a été arrêté.

Il a été mis en liberté.

73.

MULLOT (Jean-Baptiste), *âgé de 26 ans, né à Lans (Pas-de-Calais), garçon boulanger, demeurant à Paris, rue du Faubourg-Montmartre, chez M. Vandrevel.*

A été arrêté le 28 juillet dernier, boulevart du Temple, au-dessus du Château-d'Eau, comme prévenu d'avoir insulté un garde municipal. Interrogé sur ce fait, il a répondu qu'étant sur le boulevart, deux bourgeois, sans le vouloir, lui ont donné un coup de pied; qu'aussitôt il leur a dit : *Font-ils leur embarras!* Sur ce propos, il fut arrêté. Il n'existe au dossier aucun rapport, aucun procès-verbal constatant les insultes dont il s'agit; en conséquence *Mullot* a été mis en liberté.

74.

PARIS (André), *âgé de 19 ans, né à Landrecies (Nord), demeurant chez M. Frison, maître-tailleur, rue Saint-Honoré, n° 364.*

Il a déclaré avoir été arrêté, entre midi et une heure, sur le boulevart Saint-Martin, en face le corps de garde du Château-d'Eau.

On ne retrouve dans le dossier concernant cet individu aucune pièce qui constate son arrestation et en fasse connaître le motif.

Réclamé par le maître-ouvrier chez qui il travaillait, il a été mis en liberté.

75.

DORST (Philippe), *âgé de 28 ans, né à Paris, cordonnier, demeurant à Paris, rue des Fossés-du-Temple, n° 36.*

Il a été arrêté un quart-d'heure après l'événement, dans la rue même où il a son domicile, comme se trouvant rapproché de *Fieschi*, qui cherchait à fuir par cette rue; mais il a été mis en liberté sur une lettre signée de plusieurs de ses voisins, qui attestaient qu'il était entièrement étranger à l'attentat qui venait de se commettre.

76.

MITELLE (Charles-Louis-François), *âgé de 25 ans, né à Issigny-le-Grand (Aisne), marchand chapelier, demeurant à Flavy-le-Martel, même département, demeurant à Paris, hôtel de Normandie, près le Temple, au coin de la rue du Puits.*

Arrivé à Paris le 24 juillet pour y faire des achats de chapellerie, a été arrêté le 28. Il se trouvait sur le boulevart du Temple, près le n° 50, au moment de l'événement.

Des renseignements semblaient annoncer que cet individu était allé à la revue ayant dans ses poches deux paquets de cartouches; mais cette circonstance n'a pas été établie : on n'a rien trouvé en la possession de *Mitelle* au moment de son arrestation, et personne n'a vu sur lui ou chez lui les cartouches dont il s'agit.

Mitelle passe pour ne s'occuper que de son commerce. Des certificats honorables joints aux pièces éloignent de lui toute présomption de complicité dans l'attentat du 28 juillet.

Il a été mis en liberté.

77.

DONVAL (Adolphe-Eugène), *âgé de 19 ans, né à Sarreguemines, brossier, demeurant à Paris, rue Vieille-du-Temple, n° 79.*

Arrêté le 28 juillet, il a déclaré qu'il avait été arrêté à l'entrée d'une rue adjacente au boulevart du Temple, près la maison du *Cadran-Bleu*. Aucun procès-verbal n'indique le lieu ni le motif de son arrestation. Il a dit que le cheval d'un garde municipal l'avait heurté plusieurs fois en faisant ranger les curieux; que, sans le vouloir, il avait touché de sa canne le cheval de ce militaire; que celui-ci, croyant que *Donval* l'avait frappé à dessein, s'avança sur lui en le menaçant; qu'au même moment des gardes nationaux l'arrêtèrent.

Un certificat attestant que *Donval* est un jeune homme tranquille et rangé a été joint au dossier. Aucune charge n'étant d'ailleurs indiquée contre lui, il a été mis en liberté.

78.

ROBERT (Anselme-Joseph-Isidore), *âgé de 29 ans, né à Paris, musicien, demeurant à Paris, rue du Faubourg-Saint-Martin, n° 90;*

ROBERT (Jean-Charlemagne), *son frère, âgé de 23 ans, aussi né à Paris, répétiteur, demeurant à Paris, rue des Deux-Portes-Saint-Sauveur, n° 32.*

Leur mère demeure dans la maison boulevart du Temple, n° 50, au premier, sur le devant : ils vont dîner chez elle tous les jours.

Jean *Robert* a été arrêté le premier, dans l'après-midi du 28 juillet, en vertu d'un mandat d'amener.

Une paire de pistolets, qu'il a dit provenir de son père, a été saisie dans sa chambre. Ces pistolets n'étaient pas chargés.

Le sieur Jean *Robert* a été réclamé par le sieur *Chalamet*, chez lequel il est employé.

Un mandat d'amener, en date du 29 juillet, fut décerné contre Anselme *Robert*.

Ayant à rendre compte de l'emploi de son temps dans la journée du 28 juillet, Anselme *Robert* a dit qu'il faisait partie d'une compagnie de la 5e légion de la garde nationale et qu'il était à la revue, ce qu'a certifié le capitaine commandant de sa compagnie, en ajoutant qu'il s'était toujours fait remarquer par sa régularité dans le service de la garde nationale et son zèle dans toutes les prises d'armes.

Les deux frères *Robert* ont été mis en liberté.

79.

ROUSSEL (François), *âgé de 44 ans, cardeur de matelas, demeurant à Paris, rue Jean-Pain-Mollet, n° 2.*

Le sieur *Roussel* a été atteint, au moment de l'explosion, par une balle qui ricocha et le blessa à la tête. Il était alors placé sur le boulevart du Temple, au-dessous de la maison n° 50. Il avait paru d'abord difficile à croire que cet homme eût été blessé sur le boulevart à l'endroit qu'il indiquait: des soupçons de même nature que ceux qui s'étaient élevés contre *Baraton* avaient donc motivé un commencement de poursuites.

Roussel, conduit à l'Hôtel-de-Ville, a été réclamé par des habitans de son quartier.

L'instruction n'a produit aucune charge contre lui, ou plutôt, elle a établi qu'il n'avait été que victime de l'attentat du 28 juillet.

80.

Vicomte de BAUNY (Thibault-Marie-Eugène), *âgé de 32 ans, ancien officier de la maison civile de Charles X, demeurant à Paris, place Vendôme, n° 19.*

Sur des renseignements parvenus à l'autorité, un commissaire de police se transporta, le 1er août dernier, pour faire une perquisition, au domicile du vicomte de *Bauny*, ancien officier de la maison civile du roi Charles X. Le vicomte de *Bauny* déclara qu'il était prêt à obtempérer à la mesure dont il était l'objet, disant, quant au crime qui occupait si vivement l'opinion publique, qu'il n'était aucun honnête homme qui eût pu y prendre part, et que, s'il en avait eu connaissance, il aurait été le premier à en prévenir l'autorité.

On saisit parmi ses papiers diverses lettres ayant trait à la politique, et notamment une lettre datée de Prague, le 27 mai 1835, signée Léopold *Lœmel,* qui lui ouvrait un crédit de 50,000 francs chez MM. *d'Eicthal,* banquiers à

Paris, et un état des sommes payées par lui au journal *la France*, et montant à 44,065 fr.

Interrogé deux fois par le juge d'instruction, le vicomte de *Bauny* a déclaré qu'il avait fait plusieurs voyages à Prague, mais tous étrangers à la politique. Il a dit que le crédit dont il a été parlé n'avait d'autre emploi que de soutenir le journal *la France*, et qu'il ne croyait pas pouvoir ni devoir nommer les personnes qui le lui avaient ouvert. Il a renouvelé ce qu'il avait dit au commissaire de police relativement à l'attentat du 28 juillet.

Aucune charge ne s'élevant contre lui, il n'y avait pas d'autre suite à donner à l'information.

81.

Baronne de GERDY (Cornélie-Antonine de GRANET), *âgée de 29 ans, demeurant à Paris, rue Saint-Lazare, n° 40.*

Madame la baronne de *Gerdy* avait été signalée comme s'occupant habituellement d'intrigues politiques et dans l'intérêt de l'ancienne dynastie. On a prétendu que, le 28 juillet dernier, elle avait, à diverses reprises, envoyé sur le boulevart un domestique, afin de savoir ce qui s'y passait. On a pensé dès-lors qu'elle avait pu, d'une manière indirecte, avoir quelque connaissance de ce qui devait arriver.

L'instruction a fait connaître que la dame de *Gerdy* était en correspondance avec les personnes qui approchent Charles X et avec madame la duchesse de Berry; toutefois elle n'établit contre elle aucune charge.

Quant à l'envoi sur le boulevart d'un domestique pour avoir connaissance des événements, il a été constaté que madame de *Gerdy* a un oncle capitaine dans la garde nationale (2ᵉ légion); qu'apprenant l'assassinat de plusieurs gardes nationaux, cette dame avait, par un sentiment fort naturel, envoyé sur les lieux pour s'enquérir du nom et des qualités des victimes.

Un pareil fait n'était pas de nature à provoquer des poursuites judiciaires.

82.

BERNIER (Pierre-François), *âgé de 37 ans, né à Ossouville (Eure-et-Loir), prêtre, demeurant à Paris, rue de Varennes, n° 33.*

Une lettre anonyme a été adressée à M. *Crignon de Montigny*, député du Loiret, qui l'a transmise à M. le préfet de police. Cette lettre faisait connaître que M. l'abbé *Bernier*, précepteur des enfants de M. *Sosthènes de la Rochefoucault*, avait écrit, le 25 juillet dernier, à madame *Du Cayla*, qui voyage en

Allemagne, que tout était disposé pour l'intronisation de Henri V, et que cette dame avait écrit à M. *Bernier* que tout allait bien, que tout était préparé. Une instruction a été requise par M. le procureur-général. Une perquisition a été faite au domicile du sieur *Bernier* et n'a produit aucun résultat.

L'abbé *Bernier,* interrogé par M. le Président de la Cour, a déclaré qu'il ignorait entièrement ce dont il s'agissait; qu'il n'avait pas écrit depuis longtemps à Mme *Du Cayla;* qu'il ne lui écrivait que deux ou trois fois dans l'année, à l'occasion de sa fête et du jour de l'an, et qu'il lui adressait toujours ses lettres par la poste, à son véritable nom, et non sous ceux de *Baron, Berton, Bourdon,* ainsi qu'on le prétendait; qu'enfin il n'avait jamais exprimé dans ses lettres l'espoir d'un changement quelconque qui eût rapport à la politique.

Il ne résulte pas en effet de l'instruction que l'abbé *Bernier* connût, en aucune façon, l'attentat qui se préparait pour le 28 juillet, ni qu'il ait exprimé le désir d'une révolution en faveur du duc de Bordeaux.

L'abbé *Bernier* n'a pas été arrêté.

83.

On avait annoncé que, pendant les jours qui ont précédé l'attentat du 28 juillet, les habitants de Sillé-le-Guillaume, département de la Sarthe, avaient remarqué un mouvement inaccoutumé parmi les personnes connues par leurs sentiments en faveur de l'ancienne dynastie, et que les anciens chouans se montraient plus fréquemment dans les rues; qu'on avait aussi remarqué qu'un sieur *Dubard,* intendant de madame la duchesse d'*Uzès*, était venu le 28 juillet à Sillé, voyage extraordinaire dans cette saison, et qu'en arrivant il avait écrit un billet au vicomte *de Brézé* et l'aurait envoyé par un exprès.

L'instruction faite à Sillé n'a pas constaté qu'il y eût eu, vers le 28 juillet, de mouvements extraordinaires parmi les habitants de ce pays et des environs. Il en est résulté que M. *Dubard* était en effet venu à Sillé-le-Guillaume, mais que c'était pour voir les propriétés de la duchesse d'*Uzès*, des affaires de laquelle il était chargé; qu'il avait écrit à M. *de Brézé* pour le prévenir de son arrivée et lui demander un rendez-vous, mais qu'ils ne s'étaient pas vus; que d'ailleurs M. *Dubard* n'avait vu que la famille d'un sieur *Martineau,* homme d'affaires de la duchesse d'Uzès, et qu'il avait visité les propriétés avec lui.

Un seul témoin, le sieur *Bachelier,* notaire à Sillé, a déclaré qu'un individu étranger au pays, sur l'observation faite par un habitant que les fêtes de juillet seraient brillantes à Paris, dit, en passant près du groupe d'où partaient ces paroles : « Elles ne seront pas aussi belles que vous le pensez. »

Le motif du voyage de M. *Dubard* ayant été parfaitement éclairci, il n'y avait lieu à aucune poursuite.

Une commission rogatoire avait été adressée au juge d'instruction du Mans pour faire une perquisition au château de Sillé, mais l'instruction n'ayant justifié aucun des documents transmis, il a cru devoir s'abstenir de faire cette perquisition.

84.

SCHURR (Auguste), *âgé de 21 ans, né à Dambach (Bas-Rhin), commis raffineur, demeurant à Paris, rue de la Roquette, n° 72.*

Schurr avait été signalé comme ayant tenu des propos sur le nommé *Gérard*, présumé l'auteur de l'attentat du 28. Cet individu avait annoncé connaître *Gérard*, mais ne vouloir pas en convenir, de peur d'attirer sur lui l'attention de l'autorité.

Frappé d'un mandat d'amener, le nommé Auguste *Schurr* a nié les propos qui lui étaient attribués. D'ailleurs, la découverte du véritable nom de l'inculpé principal a fait tomber le peu d'importance que méritaient ces propos.

Schurr a été mis en liberté.

85.

Le carnet de *Fieschi* portait les noms et les adresses de la nommée *Adèle* et du sieur *Ney*. Un commissaire de police fut délégué pour prendre des renseignements sur ces individus; ces recherches n'ont rien produit, et n'ont donné lieu à aucune arrestation.

86.

PEYEN (Auguste), *âgé de 38 ans, né à Gonesse (Seine-et-Oise), serrurier en bâtiments, demeurant, à Paris, rue de Bondy, n° 76.*

Peyen avait été signalé au moment de l'attentat comme l'un de ceux sur lesquels les soupçons pouvaient se porter, et comme faisant partie d'une bande de fanatiques qui, disait-on, devaient tirer sur le Roi le jour de la revue. Les antécédents et les opinions connues de *Peyen* étaient de nature à fortifier les soupçons élevés à son égard; il avait été commissaire de la société des Droits de l'homme, et l'un des chefs de la société des Communautistes. En juillet 1833, il avait été arrêté comme prévenu de complot contre la sûreté de l'État.

A la date du 28 juillet dernier, un mandat fut décerné contre *Peyen*, par M. le préfet de police, à l'effet de se transporter chez lui et d'y faire exacte perquisition. Cette perquisition n'a produit aucun résultat.

Peyen a été interrogé le 29 juillet. Aucun fait ne le rattachant au crime du 28, il a été mis en liberté.

87.

VIVINIS (Louis-Théodore), *âgé de 28 ans, né à Paris (Seine), armurier, demeurant à Paris, rue des Vinaigriers, n° 29.*

Vivinis a été signalé comme ayant facilité la vente faite à *Fieschi* des canons de fusil de la machine infernale, et comme ayant eu connaissance de l'usage qui devait être fait de ces canons.

En conséquence, cet individu a été arrêté; une perquisition a été faite à son domicile, mais sans résultat.

Vivinis s'est entièrement disculpé; il a dit que s'il avait indiqué le sieur *Bury* comme étant celui qui devait avoir vendu les canons de fusil de la machine, c'était parce que ce marchand était connu pour acheter et revendre de vieux fusils et de vieilles armes.

En conséquence il n'a pas été donné d'autre suite à l'instruction commencée contre lui.

88.

BRAVARD (Toussaint-Jean-Jacques), *âgé de 25 ans et demi, né à Crislone, (Puy-de-Dôme), étudiant en médecine, demeurant à Paris, rue des Boucheries-Saint-Germain, n° 40.*

Bravard avait été signalé comme s'occupant habituellement d'intrigues politiques. Déjà il avait été inculpé à raison de l'attentat du 19 novembre 1832, et ses liaisons habituelles donnaient à penser qu'il pouvait bien n'être pas étranger à l'attentat du 28 juillet.

Bravard fut arrêté le 1er août; une perquisition fut faite à son domicile, elle n'a produit aucun résultat, et l'interrogatoire subi par cet individu l'a complétement disculpé.

Il a été mis en liberté le 2 août.

89.

TARD (Honoré-Victor-Marcelin), *directeur privilégié du Théâtre du Panthéon, demeurant à Paris, rue de Harlay, n° 2.*

Tard avait été signalé comme ayant des rapports avec les auteurs du crime commis le 28 juillet.

Une perquisition a été immédiatement effectuée à son domicile.

Elle a été sans résultat.

Aucune charge ne s'élevant, *Tard* n'a point été arrêté.

90.

Femme ALLARD (Catherine-Michel), *âgée de 40 ans, née à Lenoncourt (Meurthe), garde de femmes en couches, demeurant rue du Faubourg-Saint-Denis, n° 18.*

Arrêtée à son domicile le 29 juillet, en vertu d'un mandat d'amener, comme pouvant avoir connaissance du complot tramé contre la personne du Roi.

Une perquisition fut faite chez elle au moment même de son arrestation. On y a trouvé différents papiers ayant rapport à la politique, mais étrangers à l'attentat du 28 juillet.

Cette femme a déclaré être restée près d'une femme en couches pendant la journée du 28 juillet, et n'être rentrée chez elle que le soir. Cette déclaration est appuyée d'un certificat de médecin, qui atteste que la femme *Allard* a gardé la dame *Barbédienne*, en couches depuis le 15 juillet.

La femme *Allard* a été mise en liberté.

91.

DUGROSPRÉ (Pierre-Eugène), *âgé de 25 ans, né à Beauvais (Oise), ciseleur, demeurant à Paris, rue Sainte-Avoie, n° 40.*

Dugrospré a été arrêté le 29 juillet. Cette arrestation fut accompagnée d'une visite domiciliaire sans résultat. Cet homme était signalé comme chef de la section de l'Abolition de la propriété, dans la société des Droits de l'homme, et de plus comme un des partisans les plus dangereux des opinions démagogiques. Il avait, dit-on, cherché à réorganiser les associations secrètes, et se serait, au mois de novembre 1834, exercé au tir du pistolet, dans le but de mettre à exécution l'exécrable projet d'attenter aux jours du Roi.

Dugrospré avait été condamné à trois mois de prison pour cris séditieux, le 30 mai 1824; on assurait qu'il s'était donné beaucoup de mouvement, afin d'embaucher des témoins à décharge pour le procès d'avril; qu'il devait lui-même dans ce sens servir les intérêts de l'accusé *Granger*, et qu'il aurait conçu le projet d'incendier, lorsqu'ils étaient en construction, les bâtiments édifiés au Luxembourg pour le jugement de ce procès.

Il est établi par les renseignements recueillis que *Dugrospré* était, le 28 juillet, au moment de l'explosion, sur le boulevart Saint-Martin, au-devant de la mairie du 5ᵉ arrondissement, en la compagnie de *Chenalle* et de *Lagrange*, qui paraissent avoir appartenu à la société des Droits de l'homme.

Mais *Dugrospré* n'étant rattaché par aucun indice à l'attentat imputé à *Fieschi*, il a été remis en liberté.

92.

LACOMBE (Pierre-Joseph-Daniel), *âgé de 28 ans, né à Niort (Deux-Sèvres), relieur, demeurant à Paris, cloître Saint-Méry, nº 12.*

Lacombe, membre de la société de Droits de l'homme, avait été arrêté trois fois.

D'abord le 28 juillet 1833, pour complot; puis à quelque temps de là, pour la même cause : cette fois il avait été traduit aux assises et acquitté.

Arrêté de nouveau, le 18 avril 1834, comme prévenu d'avoir pris part aux événements d'avril, il fut renvoyé des poursuites, par ordonnance du conseil des mises en liberté de la Cour des Pairs, le 25 octobre 1834.

C'est par ces antécédents que *Lacombe* a été signalé à la justice. Le 29 juillet, il a été arrêté. Une perquisition a été faite à son domicile; mais cette opération n'a été suivie d'aucun résultat.

Lacombe a rendu compte, dans son interrogatoire, de l'emploi de son temps pendant la journée du 28 juillet dernier. Il avoue s'être trouvé ce jour-là sur le boulevart du Temple; mais il prétend qu'il n'y a été qu'après l'événement.

Aucune circonstance ne le rattachant à l'attentat de ce jour, il a été remis en liberté.

93.

LECŒUR (Pierre-Louis-Alphonse), *âgé de 25 ans, né à Saint-Denis (Seine), ébéniste, demeurant à Paris, rue Beaubourg, n° 12.*

Lecœur, signalé comme ayant fait partie de la société des Droits de l'homme, fut aperçu, le 28 juillet dernier, par des inspecteurs de la police municipale, sur les boulevarts de Paris, où il se promenait avec des soldats de la garnison

Lecœur a été, dès ce jour même, recherché et arrêté; une perquisition a été faite à son domicile; mais cette opération a été sans résultat. Dans son interrogatoire, *Lecœur* est convenu de sa présence, au moment de l'attentat, sur le boulevart, à la hauteur de la porte Saint-Martin.

Aucune charge ne s'élevant contre cet homme, il a été remis en liberté.

94.

MARTINAULT (Étienne), *âgé de 37 ans, homme de lettres, demeurant à Paris.*

Déjà plusieurs fois arrêté, comme prévenu de complots et d'intrigues politiques, le sieur *Martinault* avait été arrêté le 29 juillet, sur mandat de M. le préfet de police. Aucune charge ne s'élevant contre lui à raison de l'attentat, il fut mis en liberté quelques jours après; mais bientôt on apprit qu'il avait passé une partie de la journée du 28 juillet avec *Boireau*, et *Boireau* lui-même en est convenu. Un nouveau mandat fut alors délivré contre lui; de nouvelles recherches ont été faites pour le remettre sous la main de la justice, mais aussitôt après sa mise en liberté, *Martinault* avait quitté son domicile, et depuis il a été impossible de le retrouver.

95.

MORIENCOURT (Joseph-Placide), *âgé de 22 ans, né à Saint-Omer (Pas-de-Calais), menuisier en bâtiments, demeurant à Paris, rue de Bondy, n° 70.*

Moriencourt a été arrêté, le 30 juillet dernier, en vertu d'un mandat d'amener d'un de MM. les juges d'instruction, mandat dont l'exécution a été accompagnée d'une perquisition faite à son domicile. *Moriencourt* a fait partie de la société des Droits de l'homme; il avait été déjà arrêté cinq fois pour voies de fait, rébellion ou complot.

Moriencourt a justifié de son éloignement du lieu du crime pendant la journée du 28 juillet dernier. Aucun fait ne le rattachant aux auteurs de l'attentat de ce jour, il a été remis en liberté.

96.

ROGER (Alexis-Auguste), *âgé de 30 ans, commis marchand sans emploi, demeurant à Paris, quai de la Tournelle, n° 13.*

Roger se présenta, le 30 juillet dernier, boulevart du Temple, n° 50, devant M. *Zangiacomi*, juge d'instruction, pour lui donner, disait-il, des renseignements sur l'attentat du 28 juillet. Il offrit de mettre la justice sur les traces de l'auteur du crime, et déclara que le sieur *Ferton*, ex-rédacteur du journal *la Glaneuse*, de Lyon, était le chef d'une société secrète qui tenait ses séances en plein vent dans le clos Saint-Lazare, deux fois par semaine; il ajouta que cet individu pourrait bien n'être pas étranger à l'événement; mais il ne donna pas d'autres détails. Il promit seulement de prendre des renseignements, ce qu'il n'a pas fait.

Roger a été suivi par un agent de police pendant la journée du 30 juillet. Il fit ce jour-là de nombreuses démarches, accosta divers individus, entra dans différents cafés et restaurants; mais l'instruction n'a point fait connaître le but qu'il se proposait en faisant ces démarches.

97.

DUCLOS (Charles), *âgé de 33 ans, né à Paris, marbrier, demeurant rue Beautreillis, n° 20.*

TREMPLIER (Bernard-Léon), *âgé de 23 ans, né à Mâcon (Saône-et-Loire), commis voyageur, demeurant à Paris, boulevart du Temple, n° 9.*

MAGNAN (Hubert), *âgé de 19 ans, né à Paris, ouvrier horloger, demeurant à Paris, boulevart du Temple, n° 9.*

Une lettre anonyme, en date du 30 juillet dernier, a signalé un jeune homme, habitant une maison du boulevart du Temple, portant le n° 9, comme ayant une connaissance complète de l'accusé et de sa machine infernale. Cette note n'a point fait connaître le nom de ce jeune homme, et n'a donné aucune indication pour le découvrir.

Quelques renseignements obtenus sur la localité ont fait penser que cet avis concernait un nommé Charles *Duclos*, marbrier, travaillant dans la susdite maison.

Les réponses de cet homme, les bons renseignements obtenus sur son compte, les perquisitions faites à son domicile, ont démontré bientôt l'erreur dont il venait d'être l'objet.

De nouvelles recherches ont dû être faites dans cette maison; la tenue d'un nommé Hubert *Magnan*, l'identité de son signalement avec le signalement d'un homme qu'un sieur *Lefèvre*, sergent de ville, prétend avoir vu sortir, quelques instants avant *Fieschi*, du logement où était établie la machine infernale, ont provoqué quelques recherches dans la chambre de *Magnan*. Ces perquisitions ont amené la saisie d'un pistolet de poche, arme prohibée. *Magnan* a été bientôt après représenté au témoin *Lefèvre;* celui-ci ne l'a point reconnu.

Magnan a déclaré n'avoir aucune relation avec *Fieschi*, et n'avoir eu aucune connaissance anticipée de l'événement du 28 juillet.

Un sieur *Tremplier* a été appelé aussi à s'expliquer sur la note anonyme dont il a été parlé, et il a été reconnu qu'il n'y avait pas lieu de donner plus de suite à cette information.

98.

LAZARIGE (Jean-Baptiste), *âgé de 35 ans, né à Saint-Étienne-en-Forêt (Loire), serrurier, demeurant à Paris, rue du Figuier-Saint-Paul, n° 15.*

Un document qui semblait devoir mériter quelque confiance annonçait qu'un nommé *Lafrance*, membre de la société des Droits de l'homme, et capitaine des légions révolutionnaires, mais dont la demeure n'a pu être indiquée, avait convoqué le nommé *Lazarige* pour se trouver, le 28 juillet 1835, sur les boulevarts, et y soutenir au besoin la cause de la république. La même note annonçait que *Lazarige*, à son tour, avait convoqué, pour la même cause, le nommé *Tipriant*, demeurant rue du Roi-de-Sicile, n° 17, et que ces deux hommes avaient eu une rixe avec des gardes nationaux chez le marchand de vin, rue Saint-Antoine, n° 147, par suite de discussions politiques.

Le marchand de vin a été entendu; il a déclaré qu'il ne connaissait personne du nom de *Lazarige* ou *Tipriant*, et qu'il ne se rappellait pas qu'il y eût eu chez lui de querelle pour opinions politiques.

On a dû s'occuper de faire des perquisitions chez *Lazarige* et *Tipriant*, afin de s'assurer si l'on y trouverait des lettres de convocation invitant à se rendre sur les boulevarts.

Il en a été fait une chez *Lazarige;* elle n'a produit aucun résultat.

Il n'a pu être fait perquisition chez *Tipriant,* qui est inconnu à l'adresse indiquée, et qui n'a point été découvert.

Lazarige a été interrogé; il a nié avoir reçu aucune convocation. Il a été constaté qu'il était allé plusieurs fois, dans la matinée du 28 juillet, avec son tablier de travail, chez le marchand de vin de la rue des Nonandières, où il était resté toute l'après-midi avec sa femme et d'autres ouvriers.

Lazarige a dit ne connaître personne du nom de *Tipriant.*

Lazarige entendu, sous mandat de comparution, a été laissé en liberté.

99.

FAVRE (Louis-Ferdinand-Maurice), *dit* BEAUVAIS, *âgé de 38 ans, né à Beauvais, ancien militaire, demeurant à Paris, rue du Faubourg-Montmartre, n° 66.*

Le maire de la commune de Montmartre écrivit le 1er août 1835, à M. le préfet, une lettre par laquelle il lui annonçait qu'une dame *Manteau,* marchande de vin, chaussée de Clignancourt, lui avait déclaré qu'un individu qu'elle n'avait pas nommé avait dit chez elle, postérieurement au 28 juillet, qu'il connaissait *Gérard,* qu'il avait tiré au sort avec lui pour faire partir la machine, et s'était accusé d'être son complice. Une instruction a été faite pour connaître cet individu : on a découvert que c'était un nommé *Favre.*

L'instruction a appris que ce *Favre* passait dans son quartier pour un homme d'une fort mauvaise conduite; que depuis trois ou quatre ans il fréquentait le cabaret de la dame *Manteau,* et qu'à l'époque des événements de juin 1832 et avril 1834, il disait dans le cabaret de cette femme qu'il y avait des réunions dans une chambre, à Saint-Ouen, pour conspirer, et qu'il faisait partie de ces réunions; qu'il parlait habituellement du Roi d'une manière inconvenante, et lui donnait des épithètes injurieuses, au point qu'il se fit renvoyer de plusieurs maisons où il était reçu, et se fit plusieurs querelles à ce sujet; qu'il était ordinairement porteur d'un poignard.

Le 29 juillet, *Favre* alla comme de coutume chez la dame *Manteau :* il paraissait plus triste qu'à l'ordinaire; il fit une partie de cartes, et après l'avoir finie, il se retira près d'un jeu de boules, en disant qu'il avait assez joué, qu'il n'avait pas la tête au jeu, et se mit à pleurer. Il dit ensuite devant la dame *Manteau* et plusieurs autres personnes, qu'il était un homme perdu, qu'avant trois jours il serait arrêté, qu'il connaissait *Girard,* ajoutant : « On « a tiré au sort, et c'est ce malheureux *Gérard* qui est tombé. » Il s'écriait, en s'arrachant les cheveux : « Faut-il que je me sois mêlé d'une pareille affaire! » et ajoutait ensuite, en s'adressant à la dame *Manteau:* « Si je suis arrêté, il faut « que vous empêchiez un malheur. On a miné des caves rues de Rivoli et Saint-« Honoré; on y a mis des barils de poudre pour faire sauter tout ce quartier-là. »

Le lendemain 30 juillet, il répéta les mêmes propos, et se disait à lui-même : « Ce malheureux *Girard* n'est pas mort; je pourrais bien être com-« promis. »

Sandret, garçon de la dame *Manteau*, a déclaré avoir entendu *Favre* dire, le 29 ou le 30 juillet, qu'il était compromis dans l'attentat du 28 juillet, et s'exprimer à peu près en ces termes : « C'est bien malheureux que ce gueux-là ne « soit pas mort! Dans son délire il m'a nommé, il m'a compromis. Je suis bien « malheureux de m'être mêlé de cela! » En s'en allant, *Favre* prit la main de *Sandret* et lui dit : « Adieu, nous ne nous verrons plus, car je serai arrêté ce « soir ou demain. »

Favre fut arrêté, et en même temps on fit une perquisition chez lui; on y saisit :

1° Un testament par lequel il lègue au Roi un poignard, en ajoutant : « car, depuis deux ans je n'ai pu le lui enfoncer dans le cœur; c'est pourquoi je « me donne la mort, par rage de n'avoir pas réussi?.. » Il annonce ensuite dans la même pièce, qu'il avait le projet de poignarder les Princes; qu'il avait communiqué ce projet à *sa société*, qui, d'une voix unanime l'avait adopté.

Sur ce même testament on lit ces mots écrits après coup au crayon : « J'étais prêt « à la mort, quand j'ai appris que mes amis carlistes-républicains m'ont dit que le « 28 juillet, que l'infâme *Vrey* ou *Virey*, cocher de la reine, soit exécuté. » Et sur la marge du même testament est écrit : « Un gouvernement où les magistrats sont « des sots de laisser des êtres exaltés comme j'étais, sans le sou, de la rage et « vengeance, quand on se moque de la vie.....; oui, les affaires de juin sont à « moi et les suites. *Favre.* »

2° Une note de ce qu'il doit.

A la suite de cette note sont écrits au crayon les termes suivants : « Papa « *Raillard*, si je plaisante sur la vie, comme vous le voyez, c'est que je serai « vengé sous peu, la suite vous prouvera que, si l'on manque une fois, on manque « rarement deux; j'ai donné de trop bons détails pour l'exécution. »

3° Une lettre préparée pour M. le comte Jules *de la Rochefoucault*, signée *L. Favre*, sans date, et dans laquelle il est dit : Que, sans les bontés de son « père, il l'aurait descendu à Neuilly, il y a peu de jours : que des malheurs vont « bientôt arriver à la famille de l'infâme *Philippe*; que s'il avait été reçu par le « comte *de la Rochefoucault*, il ne lui aurait pas nommé les conjurés, mais au-« rait pu lui parler des plans. »

4° Une autre lettre à son frère, dans laquelle *Favre* annonce : « Qu'il se « donne la mort de rage de n'avoir pas exécuté un plan qu'il désire que son frère

« ne connaisse pas; qu'il vaut mieux mourir par le charbon que sur l'échafaud;
« il l'engage à ne jamais se mêler de politique; »

5° Enfin, une malle pleine de charbon.

Tous ces écrits coïncidant avec les déclarations des témoins, il a été nécessaire de faire des recherches plus exactes sur la conduite du sieur *Favre.*

Dans le premier moment, *Favre* a nié les propos qui lui sont imputés par les témoins; il a déclaré qu'il était possible qu'il eût dit que *Girard* n'était pas mort, mais qu'il n'avait pas dit qu'il était personnellement compromis; que, s'il avait dit qu'il était un homme perdu, c'était parce qu'il parlait d'une femme qu'il avait aimée, et disait que, s'il la rencontrait, il était un homme perdu, parce qu'elle périrait de sa main.

Un témoin, le sieur *Delamotte*, marchand d'eau-de-vie, rue du Faubourg-Montmartre, a déclaré que, quelque temps après la tentative commise contre la vie du Roi sur la route de Neuilly, il avait entendu *Favre* dire que celui de la société à qui le sort était tombé était un lâche; que si le sort l'eût désigné, il ne l'aurait certainement pas manqué. Mais il a ajouté que *Favre* n'avait pas dit positivement qu'il fût de cette société. Un autre témoin, le sieur *Lefèvre*, portier, rue du Faubourg-Montmartre, n° 76, a déclaré que *Favre* avait dit, après l'événement de la route de Neuilly, que l'on avait manqué le Roi; mais que, si c'eût été lui, il ne l'aurait pas manqué avec son poignard.

D'autres témoins du quartier qu'habitait *Favre* ont fait des dépositions desquelles il résulte que cet homme est querelleur et d'une assez mauvaise conduite; mais rien dans ces dépositions ne conduisait à la découverte de relations avec *Fieschi* ou avec ses complices.

Cependant *Favre*, dans un second interrogatoire qu'il subit le 25 août dit que, dans les premiers jours de juillet, il était allé chez M. le duc *de Frias*, à l'ambassade d'Espagne, pour des enrôlements, et qu'en sortant il avait été accosté par un jeune homme de 27 ou 28 ans, qui l'avait appelé par son nom et était entré en conversation avec lui; qu'il l'avait conduit du côté du bois de Boulogne, et qu'ayant appris qu'il voulait s'engager pour l'Espagne, il lui avait dit qu'il avait tort, parce qu'avant un mois il se passerait des événements dans lesquels on aurait besoin de lui; que ce jeune homme lui demanda son adresse, parut satisfait qu'il n'y eût pas de portier dans la maison que *Favre* habitait, et lui donna 7 francs; que, le 8 juillet, ce même jeune homme vint le voir et lui dit que quelque chose allait se passer le jour de la revue, sans entrer dans aucun détail; qu'il était fâché de ne l'avoir pas connu plus tôt, qu'on aurait pensé à lui; que, le 10 du même mois, ce même jeune homme revint, qu'il lui donna un rendez-vous et l'aboucha avec deux autres personnes; *Favre* ajouta que le jour de la revue il y avait conduit une dame *Gaillet*, et qu'étant sur le boulevart Montmartre avec elle, il avait été rencontré par le même jeune homme, qui lui avait serré la main d'un air de satisfaction, et que dix minutes après il avait entendu dire qu'on avait tiré sur le Roi. Que le lendemain le jeune homme était venu chez lui, et lui avait dit qu'on allait voir s'il avait du cœur; qu'il fallait louer une boutique dans une rue où la voiture du Roi passait souvent; qu'ils étaient allés à cet effet dans la rue du Faubourg-du-Roule; que, plus tard, il avait vu ce même jeune homme avec ceux auxquels il avait donné rendez-vous précédemment; qu'ils avaient parlé de quintaux de poudre, et qu'il avait pensé qu'il s'agissait de faire sauter le Roi; que, chaque fois qu'il le voyait, ce jeune homme lui donnait de l'argent.

Favre a déclaré que la lettre adressée au comte *de la Rochefoucault* avait été préparée pour lui être envoyée le 11 juillet, si le jeune homme dont il parlait, et qui lui avait promis de venir le 10, ne tenait pas sa promesse, parce qu'alors il *se* serait asphixié; il a dit qu'il avait eu en effet l'idée de tirer sur le comte *de la Rochefoucault*, parce qu'il lui avait fait refuser sa porte en le traitant de canaille.

Un témoin, le sieur *Perrier*, marchand de vin, a fait connaître que *Favre* avait eu des relations avec un sieur de *Boully*, en 1832, époque à laquelle il se disait chargé d'embauchages pour la Hollande.

Deux détenus de la Conciergerie, les nommés *Sauger* et *Guérin*, maintenant condamnés tous deux, ont déclaré que *Favre* leur avait dit que quarante-deux personnes, du nombre desquelles il était, avaient formé un complot contre la vie du Roi, et que ces personnes venaient chez lui pour prendre le mot d'ordre, parce qu'il était leur chef; mais *Favre* a nié avoir tenu ces propos.

On n'a pu découvrir ni le jeune homme, ni les autres individus désignés par *Favre*; rien d'ailleurs n'est venu confirmer les récits fort peu vraisemblables qui viennent d'être rapportés.

Fieschi, confronté avec *Favre*, a déclaré ne pas le connaître.

Différents renseignements font connaître qu'il existe un grand affaiblissement dans l'intelligence de *Favre*.

En conséquence, il n'a été donné aucune autre suite à cette information, et *Favre* a été mis en liberté.

100.

MARIDORT (Marcel), *âgé de 24 ans et demi, né à Rouen (Seine-Inférieure), horloger, demeurant à Paris, rue Saint-Germain-l'Auxerrois, n° 22.*

Le sieur *Maridort* a été signalé comme faisant partie d'une société ayant pour but l'assassinat du Roi.

Interrogé sur mandat d'amener, *Maridort* a nié les faits qui lui étaient imputés. Les renseignements obtenus sur cet individu ne lui sont pas défavorables; il n'habite Paris que depuis le mois d'octobre 1834, et gagne, dit-il, comme ouvrier lampiste, de 4 à 6 francs par jour.

Maridort a été laissé en liberté.

101.

RUINET (Fançois-Casimir), *âgé de 41 ans, né à Troyes (Aube), inspecteur de police au ministère de l'intérieur, demeurant à Paris, rue de Grenelle, n° 162.*

Ruinet fut signalé, par un renseignement particulier, comme ayant eu connaissance du projet d'attentat exécuté le 28 juillet dernier sur la personne du Roi.

Une perquisition a été faite en sa demeure : elle n'a rien produit.

Un mandat d'amener avait été décerné contre sa personne.

Ruinet a été interpellé sur ses relations avec *Périnet.* Il avait tenu un estaminet boulevart du Temple, près le café des Mille-Colonnes.

Périnet était alors connu de lui comme un bon voisin, mais il passait dans le quartier pour républicain.

Ruinet a été mis en liberté dans les vingt-quatre heures de son arrestation.

102.

Un comte *de Chamelk,* Suisse d'origine, fut signalé comme ayant dans sa chambre la caisse des carlistes, et comme étant président d'un comité carliste, dont le siége aurait été chez une dame *Charles* et son fils, demeurant à Vaugirard. Le même document signalait en même temps le comte *de Chamelk* comme s'étant trouvé sur le boulevart du Temple au moment de l'explosion, et ayant disparu le soir même.

Des recherches ont été faites pour trouver, tant le comte de *Chamelk,* que le domicile de la dame *Charles* et de son fils, mais elles sont demeurées infructueuses, et tout porte à croire que ces individus sont des êtres imaginaires.

103.

MANQUART (François-Joseph), *âgé de 28 ans, né à Paris, mécanicien, demeurant à Belleville, impasse Saint-Laurent, n° 2.*

Une lettre anonyme sans date, adressée à un juge d'instruction par la poste, et portant le timbre du 4 août, avait pour objet, d'après son contenu, des révélations qui auraient été fort importantes si elles eussent été vraies.

A la place de la signature de la lettre est la lettre M, supposée sans doute l'initiale de son auteur, qui s'y déclare complice et victime de l'attentat du 28 juillet.

Il annonce avoir été trompé, ainsi que son frère, sur le but auquel on devait viser avec la machine infernale, qu'on leur avait dit devoir être seulement dirigée contre les ministres et les sergents de ville, après le passage du Roi.

Il ajoute qu'il en a été fabriqué une autre, qui mettrait encore la vie du Roi en danger.

Au nombre des individus désignés comme complices, était *Manquart,* chez lequel a été faite une perquisition qui n'a eu d'autre résultat que la saisie, 1° d'un pistolet avec des balles, un moule pour en faire, et de la poudre; 2° d'une caricature qui représente la liberté mise en jugement et déclarée coupable.

Manquart, interrogé le même jour, a été mis de suite en liberté.

Il a déclaré que c'était pour s'exercer au tir qu'il avait les balles trouvées chez lui.

Avec lui étaient dénoncés les nommés:

Baraton;

Beraud, marchand papetier, rue Saint-Victor, n° 114;

Rimlin, colporteur de livres, rue Saint-Jacques, n° 25;

Et la demoiselle Émilie *Bourgeois,* dont le domicile était indiqué rue de Tournon, n° 25. *Girard* aurait eu des relations avec elle.

La demoiselle *Bourgeois* est inconnue dans la maison où son domicile était indiqué. Les recherches faites pour la trouver ont été infructueuses, ainsi que les perquisitions auxquelles il a été procédé chez les sieurs *Beraud* et *Rimlin.*

Quant au sieur *Baraton,* la Cour sait que, pris d'abord pour complice de l'attentat, il en a été au contraire la victime.

104.

LEVAILLANT (Victor-Édouard), *âgé de 35 ans, fabricant de produits chimiques, demeurant à Paris, rue des Gravilliers, n° 23.*

MANGIN, *demeurant à Paris, rue du Cimetière-Saint-Nicolas, n° 26.*

Une lettre, adressée à M. le Préfet de police, signalait l'auteur de l'attentat du 28 juillet comme se rendant souvent chez le sieur *Mangin,* et allant avec lui le soir chez un sieur *Levaillant,* rue des Gravilliers, n° 23 ou 25, qui lui donnait de l'argent.

Des perquisitions ont été faites tant chez *Mangin* que chez *Levaillant;* elles ont été sans résultat.

Ni *Levaillant* ni *Mangin* n'ont été arrêtés.

105.

BONFILS (Jean-Baptiste-Théodore), *âgé de 26 ans, né à la Queue-en-Brie (Seine-et-Oise), négociant en vins, demeurant à Paris, rue des Vinaigriers, n° 19* ter.

Le nommé *Bonfils* avait, par ses démarches, éveillé les soupçons de l'autorité. Il a été établi qu'il était parti de Paris, le 28 juillet au matin, pour se rendre à la Queue-en-Brie, chez son père. *Bonfils* a été interrogé, et des renseignements ont été pris sur les lieux. Il en résulte que, s'il s'est rendu chez son père le jour de l'attentat, il n'avait d'autre but que de se livrer, avec ses amis, au plaisir de la chasse, et qu'il n'a appris l'événement que le soir, entre dix et onze heures, lorsqu'il revint à Paris. Une perquisition a été faite au domicile du père de *Bonfils;* elle n'a produit aucun résultat.

Bonfils, interrogé sur mandat de comparution, n'a pas été arrêté.

106.

BOUSQUET (Émile), *âgé de 38 ans, né à Rhodez, ancien professeur, marchand de vins, demeurant à Paris, rue de la Harpe, n° 91.*

Un document, signé seulement d'initiales, signalait le sieur *Bousquet* comme devant être fort lié avec *Fieschi,* dit *Gérard,* et comme son complice dans l'attentat du 28 juillet.

Bousquet, entendu sur mandat de comparution, a déclaré n'avoir jamais vu *Fieschi.* Il a dit avoir été, le 28 juillet, après l'attentat, voir le sieur *Renard,* employé à la préfecture de police, et lui avoir dit qu'il connaissait des *Gérard,* de Lodève, qui avaient été compromis dans les affaires de 1815, et que, s'il avait su quelque chose avant l'attentat, il se serait empressé d'en prévenir l'autorité, et aurait évité de grands malheurs.

Le sieur *Renard,* entendu comme témoin, a confirmé cette déclaration.

Aucun témoin à charge n'ayant été indiqué contre lui, *Bousquet* n'a point été arrêté.

107.

Une note du 11 août dernier, adressée au procureur-général, a motivé un ordre de perquisition et un mandat d'amener contre un individu du nom de *Renard*, signalé comme demeurant boulevart du Temple, n° 50.

Ce nom étant inconnu au domicile indiqué, il n'a pas été donné suite à cette affaire.

108.

FOURNIER (Louis), *âgé de 34 ans, né à Toulon, bijoutier, demeurant à Paris, rue Mauconseil, n° 9.*

Une lettre, adressée à M. le Préfet de police, signala *Fournier* comme ayant eu des relations avec *Fieschi*, et comme ayant, à son domicile ou à celui de sa maîtresse, des pièces établissant ces relations.

Une perquisition a été faite dans le domicile de ces deux personnes; elle n'a produit aucune pièce à charge contre *Fournier*, qui a été mis en liberté.

109.

SILVA (Daniel), *âgé de 46 ans, né à Bordeaux, bijoutier, demeurant à Paris.*

Silva fut dénoncé comme ayant reçu chez lui, pendant environ un mois, le nommé *Fieschi*, et comme ayant travaillé mystérieusement avec lui.

Une perquisition fut faite chez *Silva*, elle ne produisit aucun résultat.

Arrêté en vertu de mandat d'amener, *Silva* fut interrogé immédiatement. Il nia avoir jamais connu *Fieschi*; il expliqua sa conduite d'une manière satisfaisante.

Aucun témoin n'ayant d'ailleurs été indiqué, *Silva* a été mis en liberté.

110.

CAMBIER (Pierre-François), *âgé de 40 ans, né à Paris, ébéniste, demeurant à Paris, rue Moreau, n° 12.*

Cambier avait été signalé comme ayant dit, le 27 juillet, à sa femme: Je n'irai pas demain à la revue, parce qu'il doit y avoir un fameux trem-

« blement de terre sur le boulevart du Temple, et je ne veux pas m'y faire casser « la tête. » Il aurait, le lendemain, dit encore à sa femme : « Tu ne te rappelles « donc pas ce que je t'ai dit hier? » et aurait, au même instant, jeté son habit de garde national par la fenêtre.

Cambier a été arrêté le 17 août et mis en liberté le lendemain, la perquisition faite à son domicile n'ayant produit aucun résultat, et les propos qu'on lui attribuait n'ayant pas été confirmés. Il existe au dossier un certificat signé par les gardes nationaux de la compagnie dont il fait partie, et une lettre de l'agent de surveillance de l'hospice des Orphelins, qui donnent sur *Cambier* les renseignements les plus honorables.

111.

CLÉMENT (Marie-Victoire LONGPRÉ), *âgée de 52 ans, née à Corbeil (Seine-et-Marne), rentière, demeurant à Paris, rue des Filles-du-Calvaire, n° 6.*

HAREL (Charles-Louis), *âgé de 64 ans, né à Moncontour (Côtes-du-Nord), négociant, demeurant à Paris, rue des Filles-du-Calvaire, n° 6.*

BALAND.

Un commissaire de police ayant été requis de prêter son assistance à des employés des contributions indirectes pour faire une perquisition chez la dame *Clément,* à l'effet d'y rechercher des marchandises prohibées, découvrit, dans un placard, une forte quantité de balles et deux petits paquets de poudre.

La dame *Clément,* qui avait déjà éveillé l'attention de la justice, fut interrogée : les balles et la poudre appartenaient, suivant elle, au sieur *Harel,* avec lequel elle demeure; elle en ignorait la destination. Néanmoins, tout en repoussant l'inculpation d'avoir, d'une manière plus ou moins directe, pris part à l'attentat du 28 juillet, elle convint avoir fait partie de sociétés politiques, et notamment d'une commission de secours pour les détenus politiques; ajoutant que, depuis deux ans, elle avait donné sa démission, motivée sur les fatigues et les ennuis d'une pareille mission, qui a été nombre de fois payée d'ingratitude.

Il ne s'est élevé du reste contre la dame *Clément* aucune charge relative à l'attentat.

Le sieur *Harel* a expliqué la possession des balles et de la poudre, en disant que les balles devaient lui servir pour faire le poids d'un nouveau tourne-broche dont il est l'inventeur. En effet, le sieur *Harel,* qui est membre de plusieurs sociétés savantes, est connu pour de nombreuses inventions d'économie domestique. Quant à la poudre, il a prétendu non-seulement qu'il en avait fait usage à l'époque du choléra, mais encore qu'il avait été obligé de la conserver pour sa propre défense, ayant été en butte à la jalousie des habitants de Vaugirard, où il avait établi une blanchisserie à la vapeur.

Il n'a point été donné suite à son arrestation, aucune espèce de charges ne s'élevant contre lui.

Une lettre signée d'un sieur *Bourdel* annonçait que des témoins, dont il donnait les adresses, avaient dit qu'une dame veuve *Clément* recevait depuis quelque temps beaucoup d'hommes, qui étaient souvent accompagnés par son fils, et qui entraient mystérieusement; et qu'enfin, le 29 juillet, cette dame avait quitté Paris précipitamment.

Les témoins indiqués ont été entendus, et aucun des renseignements donnés par *Bourdel* n'ont été confirmés. La dame veuve *Clément* a en effet quitté Paris le 29 juillet, mais pour aller à la campagne, et elle est revenue quelques jours après.

La même lettre signée *Bourdel* présentait comme suspecte la conduite du nommé *Baland;* mais la présence de cet individu à Paris pendant les fêtes de juillet a été expliquée par la déposition du frère de *Bourdel,* qui a dit que *Baland* voulait retourner dans son pays, et qu'il l'avait retenu dans l'espoir qu'il avait de lui procurer une place dans un établissement qui était sur le point de se former; que, le 28 juillet, pendant toute la matinée, *Baland* était resté avec la légion de la garde nationale de la banlieue de Paris dont *Bourdel* frère, qui demeure à La Chapelle-Saint-Denis, fait partie, et qu'en apprenant l'attentat commis contre la personne du Roi, il avait dit que c'était une *abomination.*

Aucun mandat n'a été décerné, soit contre la dame veuve *Clément,* soit contre *Baland.*

112.

BARTHÉLEMY (Jean-Jacques), *âgé de 39 ans, né à Metz (Moselle), corroyeur, demeurant à Paris, place Cambrai, n° 6.*

LYON (Charles), *âgé de 38 ans, formier, né à Paris, y demeurant, rue Neuve Sainte-Geneviève, n° 17.*

LAINÉ (Jean-Joseph), *âgé de 50 ans, menuisier, né à Paris, y demeurant, rue Mouffetard, n° 79;*

Fieschi, dans un de ses interrogatoires, désigne, comme devant être surveillés, les nommés *Barthélemy,* corroyeur, place Cambrai; *Lyon*, formier, rue Neuve Sainte-Geneviève, n° 19; *Lainé*, rue Mouffetard, n° 79; qui, a-t-il dit, s'occupaient habituellement d'intrigues politiques.

Des perquisitions ont été faites sans résultat à leur domicile. Ces individus ont été interrogés, et l'instruction n'a établi contre eux aucun fait de nature à faire penser que réellement ils s'occupassent de politique dans des intentions criminelles; ils ont nié connaître *Fieschi*, avoir jamais eu de relations avec lui, et ont déclaré qu'ils ne s'occupaient absolument que de leurs affaires personnelles.

Néanmoins, des renseignements dignes de foi ayant fait connaître qu'effectivement le nommé *Lyon* s'était trouvé mêlé à des intrigues politiques, et qu'il avait éveillé plusieurs fois l'attention de l'autorité, on a dû prendre, en ce qui le concernait, des informations plus précises; mais il a été reconnu que, depuis quelque temps, cet individu ne se mêle d'aucune intrigue, rien n'établit qu'il fréquentât habituellement *Morey*, qu'il l'ait vu à l'époque du 28 juillet, ni qu'il ait eu aucune connaissance de l'attentat qui devait se commettre.

Il n'a pas été donné d'autre suite à cette partie de l'instruction.

113.

AUZIAS (Simon), *âgé de 33 ans, né à Tresq (Gard), tailleur d'habits, demeurant à Paris, rue d'Austerlitz, n° 13.*

RUDEL (Jacques), *âgé de 33 ans, né à Saint-Maurice (Puy-de-Dôme), marchand de vin, demeurant barrière de Fontainebleau, route de Choisy, n° 3, commune d'Ivry.*

VALET (Jacques-Louis), *âgé de 49 ans, chaudronnier, né à Paris, y demeurant, rue du Jardin-du-Roi, n° 16.*

Auzias fut signalé comme ayant eu des rapports d'intimité avec *Morey*.

Une perquisition faite chez lui n'a produit aucun résultat. Il a été interrogé sous mandat de comparution, et a déclaré ne connaître ni *Morey* ni *Fieschi*.

Aucune charge n'a d'ailleurs été indiquée contre lui, et aucun témoin n'a été produit.

Rudel fut signalé comme ayant été chargé de recruter pour une société dite *des Jacobins*, et comme ayant dit, le 28 juillet, *qu'ils étaient au nombre de 5,000 hommes, qui, tous, avaient reçu de l'argent, et étaient prêts à agir au premier signal.*

Une perquisition faite chez *Rudel* a produit seulement la saisie d'un paquet de cartouches, dont l'enveloppe sale et usée paraît très-ancienne; avec une bande cachetée, aussi ancienne que le reste de l'enveloppe, et sur laquelle est cette inscription : *échantillon de cartouches à fusil existantes dans les magasins de l'arsenal de Nantes, au nombre de 449,787 cartouches, au 25 prairial.*

Rudel, entendu sur mandat de comparution, a déclaré n'avoir jamais tenu les propos qu'on lui impute, et n'avoir jamais entendu parler d'une société de jacobins; aucun témoin n'a été indiqué au sujet des faits qui lui étaient imputés. Il a déclaré que, le 28 juillet, il était sous les armes, à la revue, avec le bataillon de la garde nationale dont il fait partie, et avec l'uniforme de sapeur, qu'il s'est fait faire depuis quelque temps, à la sollicitation de l'adjudant-major.

Quant aux cartouches, il a dit qu'elles avaient été données à son neveu, à la révolution de juillet, au moment où l'on s'empara de l'arsenal.

Valet avait été signalé, ainsi qu'*Auzias,* comme étant ami intime de *Morey.*

Une perquisition a été ordonnée et exécutée chez lui : elle n'a produit aucun résultat.

Valet a été interrogé sur mandat de comparution : il a déclaré ne connaître ni *Morey* ni *Fieschi.*

Aucun témoin n'ayant été indiqué, *Valet, Rudel* et *Auzias* n'ont point été retenus.

114.

BURRIER (Alcindor), *âgé de 36 ans, né à Cambrai (Nord), tailleur d'habits, demeurant à Paris, rue de la Calandre, n° 25.*

DE SAINT-CERAN.

Un nommé *Loire-Duchemin* écrivit le 20 août 1835 que l'attentat du 28 juillet n'était que le prélude d'une conspiration qui s'organisait à Blankengtenn, près d'Anvers, dont le chef était un sieur *de Saint-Ceran,* impatiemment attendu à Paris avec un autre complice nommé *Magnan.* Il déclarait avoir été sollicité d'entrer dans cette conspiration par un nommé Alcindor *Burrier,* ancien cuirassier, qui se trouvait, avec lui, malade à l'hospice de la Pitié. *Loire-Duchemin* a été cité en justice et a confirmé, dans sa déposition, les énonciations de sa lettre. Il a indiqué comme témoin un nommé *Cresson,* qui était aussi à la Pitié au moment où *Burrier* aurait fait à *Loire-Duchemin* la proposition dont ce dernier a parlé.

Des mandats d'amener ont été décernés contre les nommés *de Saint-Ceran* et *Burrier.*

Burrier, entendu le 6 ce mois, a nié tous les faits allégués par *Loire-Duchemin.*

Le sieur *Cresson,* cité comme témoin, a également démenti, sur tous les points, le récit qui avait motivé un commencement d'information.

Le domicile du sieur *de Saint-Ceran* étant inconnu, il n'a pas été donné d'autre suite à cette instruction sur une dénonciation dont l'invraisemblance est frappante.

115.

BAZIN (Napoléon), *garçon de cuisine, demeurant à Paris, place de l'Odéon, chez le sieur Risbec, restaurateur.*

Bazin avait été signalé comme faisant partie d'associations illicites.

Une perquisition fut ordonnée à son domicile.

Cette perquisition a été sans résultat, et le mandat d'amener décerné contre *Bazin* n'a pas été mis à exécution.

116.

TEISSÈDRE (Jean-Théobald), *âgé de 18 ans, doreur sur bois, né à Paris, y demeurant, rue de Bercy-Saint-Jean, n° 11.*

Un sieur *Charpentier,* logeur, se présenta chez le commissaire de police du quartier du marché Saint-Jean, et lui déclara qu'un nommé *Teissèdre,* qui avait manifesté l'intention de se tuer, avait disparu le 5 août 1835, et qu'après sa disparition, on avait trouvé entre les draps de son lit trois balles, dont deux mâchées.

Quelques temps après, *Teissèdre* rentra dans le même logement garni, disant qu'il venait de Rouen.

Il a été interrogé, sous mandat de comparution, sur la possession des trois balles trouvées dans son lit et sur l'objet de son voyage à Rouen.

Il a dit qu'il avait trouvé les balles près le pont Louis-Philippe, qu'elles étaient enveloppées dans un morceau de papier; et qu'il les avait ramassées, croyant que c'était de l'argent; que le 6 août, il était parti dans le dessein d'aller au Havre; qu'arrivé à Rouen, il avait cherché de l'ouvrage chez les maîtres doreurs, et que, n'en trouvant pas, il était revenu à Paris.

Il a dit qu'il avait travaillé, le 28 juillet, chez le sieur *Poirot,* et le 5 août, chez le sieur *Gagné,* avec le nommé *Demarquay.*

Le sieur *Poirot* a été entendu. Il a déclaré que *Teissèdre* était encore chez lui pendant les trois jours des fêtes de juillet; qu'il n'avait pas, dans cet espace de temps, quitté ses habits de travail; mais qu'il n'avait pas constamment travaillé, ne faisant qu'aller et venir.

Aucune charge ne s'élevant contre *Teissèdre,* il n'a point été donné de suite aux informations.

117.

LALUYÉ (Pierre-Prosper), *âgé de 31 ans, né à Versailles, artiste dramatique, demeurant à Paris, rue de la Victoire, n° 4.*

Une lettre anonyme, adressée à M. le préfet de police, signale *Laluyé* comme étant initié dans les faits relatifs à l'attentat du 28 juillet. On disait que *Laluyé* avait eu des rapports mystérieux avec un nommé *Robert*, inculpé, et avec le nommé *Travault*, marchand de vin, habitant la même maison que *Fieschi* : on n'indiquait aucun témoin.

Une perquisition fut faite chez *Laluyé* et l'on n'y trouva rien.

Laluyé a été interrogé sur mandat de comparution; il a déclaré ne connaître personne du nom de *Robert* et ne jamais s'occuper de politique.

Aucune charge n'existant contre *Laluyé*, il n'a pas été retenu.

118.

BRENET (Jacques-Victor), *âgé de 24 ans, blanchisseur, né à Boulogne (Seine), y demeurant.*

Brenet a été reçu, le 28 juillet, sur les quatre heures, à l'Hôtel-Dieu. Il était sans chapeau; il avait une fièvre ardente, mais point de blessure. Dans la nuit, il tenta de s'évader, et fut trouvé le lendemain matin caché sur le ciel de son lit.

Ces circonstances avait fait naître des soupçons contre lui; on avait pensé qu'ayant participé à l'attentat, il avait été chercher un refuge après le crime dans l'hôpital où il était découvert; mais des renseignements pris sur cet individu et la nature de sa maladie ont dissipé ce que ces soupçons avaient de spécieux. D'ailleurs, un certificat signé de personnes honorables habitant Boulogne, constate qu'en revenant de la revue elles avaient trouvé, sur la route de Boulogne, *Brenet* se rendant à Paris, circonstance qui fait tomber toutes les conjectures dont il avait été l'objet, puisqu'il est établi par là qu'il n'était point à Paris au moment de l'attentat. Il n'a été donné aucune suite aux informations.

119.

HURÉ (Louis-Hubert), *âgé de 38 ans, né à Vigny (Seine-et-Oise), instituteur, demeurant à Paris, rue des Lombards, n° 37.*

MAGNY (Antoine-Étienne-Louis), *âgé de 44 ans, né à Ville-d'Avray (Seine-et-Oise), entrepreneur de plomberie, demeurant à Paris, rue des Moineaux, n° 28.*

Les nommés *Huré* et *Magny* furent signalés comme ayant eu des relations avec *Fieschi* à l'époque où il était connu sous le nom de *Girard*, et par conséquent pendant qu'il se préparait à commettre son crime.

Fieschi avait, disait-on, été vu plusieurs fois chez *Huré;* on y avait vu aussi le sieur *Raspail,* avec lequel *Huré* allait souvent au Jardin Turc.

Quant à *Magny*, on annonçait qu'il avait établi une guinguette à Neuilly, rue des Poissonniers; mais que cette guinguette n'était qu'un prétexte, et qu'en réalité, elle n'avait pour but que de réunir une société d'individus qui conspiraient la mort du Roi, et que c'était pour cela qu'il avait choisi un local à proximité du château de Neuilly.

L'instruction n'a pas confirmé les documents indiquant que *Huré* avait eu des relations avec *Fieschi:* elle a seulement établi que *Huré* recevait des républicains et qu'ils faisaient des caricatures où la personne du Roi était tournée en dérision.

Une perquisition faite chez *Huré* a produit seulement la saisie d'une carabine de calibre, modèle de guerre, et d'un fusil d'infanterie qui, d'après le dire de *Huré* lui-même et de sa femme, avait été réclamé par le tambour de la compagnie de la garde nationale par laquelle ce fusil lui avait été délivré.

L'instruction à l'égard de *Magny* n'a pas non plus confirmé qu'il fût en relation avec *Fieschi*. La dame *Pommier,* portière de la maison où *Magny* a demeuré, a été confrontée avec *Fieschi* et a déclaré ne l'avoir jamais vu. Il résulte aussi des dépositions de témoins que les réunions qui avaient lieu à son cabaret n'avaient rien de politique.

Toutefois, deux témoins, la femme *Pommier* et le nommé *Barreau*, boucher à Courbevoie, ont déclaré que, le lendemain des événements du mois d'avril 1834, *Barreau* ayant dit, en parlant des événements qui avaient eu lieu à Paris la veille : « Ces brigands de républicains ne nous laisseront donc « pas tranquilles ? » *Magny* lui avait répondu avec colère : « Ce ne sont pas des « brigands, ce sont d'honnêtes gens, j'en suis un. » Et qu'il aurait ensuite ajouté : « Si on avait bien fait, on aurait mis le feu aux quatre coins de Paris, « vous auriez été obligés de revenir et nous vous aurions coupé les reins par « derrière. »

Une perquisition faite chez *Magny* n'a produit aucun résultat; il a été interrogé et a nié les propos que *Barreau* et la femme *Pommier* ont rapportés; il a même dit qu'il était loin de professer de pareils sentiments, qu'il faisait lui-même partie de la garde nationale, et qu'il était venu à Paris dans ses rangs pour combattre l'émeute; que s'il n'y était pas allé en avril 1834, c'était parce qu'il se trouvait alors malade.

Le sieur *Lefranc*, capitaine de la compagnie de sapeurs-pompiers de Neuilly, a déclaré que *Magny* avait fait partie de cette compagnie, et qu'il avait été plusieurs fois avec elle, lorsqu'elle avait pris les armes contre les émeutes. Il ignore pour quel motif *Magny* n'y est point allé en avril.

L'instruction n'ayant révélé, soit contre *Huré*, soit contre *Magny*, aucune charge tendant à établir une participation dans l'attentat du 28 juillet, *Magny* a été mis en liberté. *Huré* n'avait point même été arrêté; il s'était présenté volontairement pour être interrogé.

120.

OLIVE (Jean-François-Augustin), *âgé de 30 ans, né à Beaucamp-le-Vieux (Somme), brocanteur, demeurant à Paris, rue de la Harpe, n° 54.*

Le 27 août dernier, un sieur *Pardigon* se présenta devant le commissaire de police du quartier du Luxembourg, et lui déclara qu'une fille *Hélène*, qui avait servi chez une dame *Corée*, rue de la Harpe, n° 54, avait dit à sa femme qu'*Olive* fréquentait souvent la dame *Corée*, à laquelle il avait dit qu'il avait inventé un pistolet à huit coups, et que s'il possédait 10,000 francs, il en fabriquerait un à trente coups; qu'il irait dans son pays, du côté d'Amiens, pour se procurer cette somme. La fille *Hélène* aurait ajouté que, quelques jours après, *Olive* était en effet parti pour son pays. Une autre fois, toujours suivant la même déclaration, cette fille aurait entendu dire au sieur *Olive* qu'il était allé sur le boulevart du Temple pour y louer une chambre; qu'il n'en avait pas trouvé de favorable, mais qu'il en avait une en vue, sur le même boulevart, près du Jardin Turc; que lorsqu'il aurait loué cette chambre, il y établirait ce pistolet à trente coups; que personne n'y pénétrerait, parce qu'il fallait qu'il fût toujours seul, et que personne n'eût connaissance de ce qu'il faisait.

Une perquisition faite chez *Olive* a produit la saisie d'un assez grand nombre de lettres insignifiantes, de quelques brochures républicaines qu'*Olive* a déclaré ne pas lui appartenir, et lui avoir été laissées par des locataires, lorsqu'il tenait un hôtel garni; d'un fusil de chasse et de débris de mauvais pistolets; d'un canon de fusil, d'un sabre ancien modèle, et enfin d'un modèle en bois de pistolet se chargeant par la culasse, de l'invention d'*Olive*, ainsi que d'une assez grande quantité de morceaux de sureau vidés, et paraissant destinés à faire des modèles de pistolet se chargeant par la culasse.

Le sieur *Pardigon* a été entendu de nouveau comme témoin; il n'a pu donner l'adresse actuelle de la fille *Hélène*, qui n'est plus au service de la dame *Corée*; mais il a indiqué comme témoin un ancien portier de la maison où demeurait *Olive*. Ce portier a déclaré qu'il avait entendu *Olive* parler d'une arme à trente coups dont il était inventeur, et dire que c'était une arme de guerre; il a ajouté qu'*Olive* avait écrit à un banquier pour avoir des fonds, afin de mettre cette arme à exécution, mais il n'a jamais entendu dire qu'*Olive* eût cherché un logement sur le boulevart du Temple.

La dame *Corée* a déclaré qu'*Olive* ne lui a jamais parlé d'un pistolet à plusieurs coups, et que seulement il lui a dit qu'il désirait trouver des personnes qui lui fournissent de l'argent pour exécuter des améliorations dans les armes, et qu'il voulait prendre un brevet d'invention.

Olive a soutenu qu'il n'avait pas inventé d'autre arme que le pistolet dont le modèle a été saisi chez lui; il a déclaré avoir cherché des capitalistes qui voulussent s'associer avec lui pour exécuter ce pistolet.

Un document de police est venu confirmer les déclarations d'*Olive*. Il résulterait de ce document que cet homme, qui a fait de mauvaises affaires dans son commerce, a inventé un moyen de charger plus promptement une arme à feu; qu'il a écrit à Liége et à Saint-Étienne pour faire part de son invention, et qu'il a fait insérer une annonce à ce sujet dans l'*Indicateur Parisien*.

Olive a été mis en liberté.

121.

DELORD, *professeur, demeurant à Paris, rue Quincampoix, n° 18.*

FREYSSINET, *traiteur, demeurant à Paris, rue Quincampoix, n° 77.*

LETANG, *ouvrier ferblantier, demeurant à Paris, rue Quincampoix, n° 64.*

PITARD, *cordonnier en chambre, demeurant à Paris, rue Quincampoix, n° 36.*

RAVERDY, *maître serrurier, demeurant à Paris, rue Quincampoix, n° 64.*

Un document transmis à M. le Procureur général signalait les nommés *Delord, Letang, Pitard* et *Raverdy*, comme se réunissant fréquemment, le soir à dix heures, chez *Freyssinet*, quelque temps avant l'attentat, et passant une grande partie de la nuit à s'occuper d'affaires politiques. Ce document annonçait que *Boireau* faisait partie de ces réunions.

Des perquisitions ont été ordonnées chez ces individus; elles ont eu lieu chez *Freyssinet, Letang, Pitard* et *Raverdy*, mais il n'a pas pu en être fait chez *Delord,* dont l'adresse était mal indiquée. Ces perquisitions n'ont produit aucun résultat.

Depuis, *Delord* lui-même a indiqué son adresse et a déposé un certificat signé par un député de la Dordogne, et constatant sa moralité.

De nouveaux documents, favorables à la conduite de *Delord, Freyssinet, Letang, Pitard* et *Raverdy,* ayant été transmis par la préfecture de police, les poursuites n'ont pas été continuées.

122.

BOVES (Charles-Antoine), *âgé de 60 ans, né à Gargeuville (Seine-et-Oise) scieur de pierres, demeurant à Sablonville (Seine).*

BOVES (Louis-Joseph), *âgé de 25 ans, né à Gusier (Seine-et-Oise), marchand de vins, marbrier, demeurant à Sablonville (Seine).*

Les nommés *Boves,* père et fils, avaient été signalés comme pouvant avoir des rapports avec les auteurs de l'attentat.

L'instruction n'ayant cependant rien fait connaître qui les rattachât aux auteurs du crime du 28 juillet, *Boves* père et fils ont été mis en liberté.

123.

BONNIN, *cordonnier, demeurant à Paris, rue des Fossés-Saint-Marcel, n° 49.*

SYMEDART, *cordonnier, demeurant à Paris, rue Mouffetard, n° 237.*

Tous deux avaient été signalés comme ayant dit, quelque temps avant le 28 juillet, que *Louis-Philippe allait la danser,* et *que, bon gré malgré, on allait lui faire faire le saut périlleux.*

On disait que *Bonnin* avait réuni chez lui une douzaine de personnes pour se concerter sur les moyens à prendre pour arriver plus promptement à leurs fins.

Symedart avait été vu, disait-on, pendant quelques jours, avant le 28 juillet, allant et venant sur le boulevart du Temple.

Des perquisitions ont été faites, tant chez *Bonnin* que chez *Symedart.* Ces perquisitions n'ont produit aucun résultat.

Aucun témoin n'ayant été indiqué et aucun fait n'étant établi à la charge de *Bonnin* et de *Symedart,* les mandats d'amener qui avaient été joints aux mandats de perquisition n'ont point été exécutés.

124.

CALLON (John), *demeurant à Paris, rue Saint-Antoine, n° 155.*

On avait signalé le sieur *Callon* comme se mêlant d'intrigues politiques et n'étant point étranger à l'évasion des détenus de Sainte-Pélagie.

Une perquisition eut lieu au logement dudit sieur *Callon,* en présence des deux demoiselles Laura et Élisa *Callon,* ses filles adoptives. Il n'a été trouvé aucun papier se référant, soit à l'évasion des détenus à Sainte-Pélagie, soit à l'attentat du 28 juillet.

Cette maison avait été signalée comme renfermant des valeurs importantes appartenant à un parti politique; il n'a été trouvé qu'une somme de 300 francs.

Les demoiselles *Callon* ont attribué à un sentiment de vengeance la dénonciation dont leur père a été l'objet, et, à l'appui de leur conjecture, elles ont remis au juge d'instruction une lettre anonyme contenant des menaces récemment adressées à l'une d'elles.

Interpellées sur le lieu de la retraite de leur père, les demoiselles *Callon* ont déclaré qu'il était en Belgique. Sommées de produire leur correspondance avec lui, elles ont prétendu avoir l'habitude de brûler les lettres qu'elles recevaient.

En l'absence de tout fait se rattachant au crime du 28 juillet, il n'y avait aucune suite à donner à la dénonciation.

125.

TAMIET (Étienne), *lampiste, âgé de 35 ans, né à Lyon (Rhône), demeurant à Paris, rue des Fossés-du-Temple, n° 43.*

Étienne *Tamiet* avait été signalé comme ayant des rapports avec *Fieschi* et comme ayant été impliqué dans les événements d'avril 1834.

Une perquisition a été faite à son domicile sans résultat. Quant au prévenu, dans son interrogatoire, il a prétendu n'avoir jamais connu *Fieschi,* et s'il a été traduit devant la cour d'assises, les poursuites se sont terminées par son acquittement.

Par suite de ces explications, *Tamiet* a été mis en liberté.

126.

Azum (Alexandre), *perruquier, âgé de 36 ans, né à Saint-Paul (Hautes-Pyrénées), demeurant à Paris, rue de la Roquette, n° 30.*

A été signalé comme l'un des complices de l'attentat du 28 juillet.

Il se serait chargé, disait-on, de fournir, la veille de l'événement, de la poudre, des balles et la mitraille nécessaire pour l'exécution du crime.

Ces faits ont été démentis par l'instruction : *Azum*, arrêté le 5 septembre, a été interrogé le même jour et mis immédiatement en liberté.

127.

Noirpoudre (Paul-François), *mécanicien, âgé de 30 ans, né à Saint-Germain-en-Laye (Seine-et-Oise), demeurant à Paris, rue Saint-Christophe, n° 16.*

Un renseignement portant la date du 31 juillet 1835, annonçait qu'un individu, disant se nommer *Gerard*, avait proposé au sieur *Beaudouin*, mécanicien, il y a environ deux ans, de la part d'un carliste, de lui construire une machine semblable à celle qui a éclaté le 28 juillet; qu'il lui avait montré beaucoup d'or; ce *Gerard* était signalé comme ayant demeuré chez un sieur *Jeandon*, sous le nom de *Noirpoudre*.

Beaudouin et *Jeandon* ont été entendus. Le premier a dit qu'un nommé *Gerard* vint en effet, il y a environ deux ans, lui demander le plan d'une machine infernale, disant qu'il l'exécuterait lui-même; qu'il lui offrit de l'or, et dit qu'il avait douze ou quinze cents francs sur lui, et que, s'il en fallait davantage, il saurait le trouver. *Beaudouin* ajouta que ce même homme, pour vaincre ses refus, lui avait dit qu'il avait été dans l'affaire de la rue des Prouvaires, et qu'il savait que déjà *Beaudouin* avait reçu de semblables propositions du parti carliste; qu'alors, sur le conseil que lui donna *Jeandon*, qui l'avait vu causer avec cet homme, il avait écrit au Préfet de police.

Jeandon a déclaré qu'il avait eu pour locataire en 1830, jusqu'au com- commencement de 1831, un nommé *Noirpoudre* qui était républicain; que, peu de jours après le coup de pistolet tiré contre le Roi sur le Pont-Royal, il avait rencontré cet homme au moment où il sortait d'un estaminet, et lui avait parlé; que *Beaudouin* lui ayant demandé s'il le connaissait, sur sa réponse affirmative, *Beaudouin* lui dit que cet individu venait de lui demander de lui faire une certaine quantité de fusils à vent et d'autres machines, et qu'il lui avait dit se nommer *Gerard*.

Il a été constaté que le nommé *Noirpoudre*, auquel se rapportaient ces déclarations, était à Paris dès avant la révolution de 1830, tandis que *Fieschi* n'y est arrivé qu'après cette époque; ce qui a détruit le soupçon que *Noirpoudre* pouvait n'être autre que *Fieschi*.

On a toutefois fait rechercher *Noirpoudre*; son domicile a été découvert, et le 7 septembre, une perquisition a été faite chez lui : elle n'a rien produit. *Noirpoudre* a été arrêté et interrogé; il a nié avoir fait à *Beaudouin* les propositions dont on l'accuse. Il a été mis en liberté, aucun fait ne paraissant le rattacher à l'attentat.

128.

DEFREY (François-Joseph), *fabricant de pianos, âgé de 65 ans, né à Colmar (Haut-Rhin), demeurant à Paris, Vieille-rue-du-Temple, n° 51.*

Defrey avait été signalé comme pouvant n'être pas étranger au complot du 28 juillet dernier.

Une perquisition a été faite à son domicile et suivie de l'arrestation de l'inculpé.

L'instruction a établi que *Defrey* ne se mêlait d'aucune intrigue politique, et qu'il consacrait son temps à des œuvres de bienfaisance et de charité.

Il a donc été remis en liberté.

129.

RADIGUET (Jacques-Charles), *marchand de mécaniques, âgé de 49 ans, né à Saint-Quentin-du-Chardonnet (Orne), demeurant à Paris, rue des Anglaises, n° 20.*

Une lettre de M. le Préfet de police, du 19 août 1835, donna avis à M. le Procureur général qu'on signalait *Radiguet* comme étant intimement lié avec *Fieschi*.

Une perquisition fut faite chez *Radiguet*; elle ne produisit d'autre résultat que la saisie de deux pistolets de calibre, un fusil de calibre avec sa baïonnette et une bouteille de poudre de chasse.

Radiguet a été appelé par mandat de comparution; il a dit que *Fieschi* acheta chez lui un métier de tisserand, il y a environ deux ans et demi, et qu'il acheta ensuite différents objets pour servir à ce métier; il a ajouté qu'il avait vu *Fieschi* pour la dernière fois il y a environ un an, lorsqu'il quitta le quartier du Jardin-des-Plantes.

Radiguet a déclaré qu'il avait depuis longtemps les pistolets et le fusil de calibre saisis chez lui.

Il n'y avait pas d'autre suite à donner à cette partie de l'instruction.

130.

PIERAGGI (Jacques-Pierre), *âgé de 49 ans, né à Corte (Corse), officier démissionnaire, demeurant à Paris, rue Louis-le-Grand, n° 35.*

Un renseignement transmis à la commission d'instruction signalait le sieur *Pieraggi*, né en Corse, comme ayant des relations avec *Fieschi*.

Aucun indice résultant de la procédure n'est venu confirmer ce renseignement.

Une perquisition a été faite au domicile du sieur *Pieraggi :* elle n'a procuré la découverte d'aucun objet pouvant se rattacher à la politique.

Cet individu n'a pas été arrêté.

131.

BONODET (Étienne), *mécanicien, âgé de 29 ans, né à Rochefort (Charente-Inférieure), demeurant à Lyon, rue Saint-Dominique ;*

CHABERT (Jean), *bijoutier, âgé de 21 ans, né à Lyon (Rhône), demeurant à Paris, rue Montmartre, n° 5 ;*

MONTAGNON, *bottier, demeurant à Lyon, rue Saint-Joseph, n° 1.*

Une lettre de M. le Préfet de police, en date du 6 août 1835, annonçait que M. le Préfet du Rhône avait été averti que *Chabert*, ouvrier horloger ou bijoutier, avait écrit à *Bonodet*, à Lyon, une lettre en chiffres, annonçant *que le coup tenté sur le Roi avait malheureusement manqué ; que plus tard on prendrait la revanche;* que lui-même il faisait partie d'une association à laquelle appartenait *Girard;* qu'ils étaient 80 et qu'ils s'étaient engagés à se succéder, jusqu'à ce que tous les membres de la famille royale eussent péri.

Le même document annonçait aussi que, le 20 mai 1835, *Chabert* et un nommé *Montagnon*, avaient écrit au même *Bonodet :* « Nos héros se « couvrent de gloire : *Louis-Philippe* et tous ses brigands de Pairs sont en-« foncés; du courage, de la patience et de la prudence : l'heure approche de « venger les infortunées victimes d'avril. »

Pendant qu'on cherchait à Paris le nommé *Chabert*, dont le domicile n'était pas indiqué, on faisait une perquisition, à Lyon, d'abord chez *Bonodet*, et ensuite chez *Montagnon*. Aucune pièce qui annonçât une correspondance quelconque avec *Chabert* ne fut trouvée chez eux. Ils ont soutenu n'avoir pas reçu de lettre de *Chabert*, pendant son séjour à Paris.

La demeure de *Chabert*, à Paris, ayant été découverte, une perquisition fut faite chez lui : on n'y trouva qu'une lettre insignifiante qui ne lui est même pas adressée.

Il nia avoir jamais écrit à *Bonodet*, et déclara être entièrement étranger à l'attentat.

Aucun témoin n'ayant pu être indiqué, *Chabert* a été mis en liberté.

132.

PERRIN (Alphonse-Jules-François), *âgé de 23 ans, né à Poussin (Ain), étudiant en médecine, demeurant à Lyon.*

Perrin quitta Lyon en 1834 pour se rendre à Paris, afin d'y subir ses examens de droit; pendant son séjour à Paris, il vit quelquefois les sieurs *Bichat* et *Saint-Oyen*, et le nommé *Chabert*, dont il vient d'être question dans la notice précédente.

Perrin arriva à Lyon après l'événement du 28 juillet, et on apprit qu'il avait quitté Paris le 28 juillet même, dans l'après-midi; il fut arrêté à Lyon. Des recherches ont été faites sur sa conduite à Paris; l'instruction a établi que, depuis le mois de janvier 1835, il avait pris des leçons d'un sieur *Perrard*, avocat, pour le baccalauréat ès-lettres, et que, pendant ce temps, il avait tenu une conduite régulière; que peu de temps avant les fêtes de juillet, il avait passé son examen, et que, depuis ce moment, il était décidé à quitter Paris; qu'il n'avait enfin retardé son départ jusqu'au 28 que pour attendre un ami qui devait retourner à Lyon avec lui.

Aucun indice ne résulte d'ailleurs contre lui de l'instruction.

133.

PATEY (Adolphe), *ancien militaire, demeurant à Rouen.*

Une lettre adressée de Rouen, annonçait qu'un sieur *Patey*, désigné comme président de la Société des Droits de l'homme de cette ville, en était parti le 24 juillet 1835, pour se rendre à Paris, et était revenu à Rouen le 28 au matin; qu'après l'attentat, cette démarche de *Patey* avait paru suspecte; qu'il avait été arrêté et avait dit s'être rendu à Paris pour traiter d'un cabinet d'affaires, avec un sieur *Poigny*.

Poigny a été entendu; il a dit que *Patey,* qui est le beau-frère de son gendre, s'était rendu à Paris dans le courant de juillet 1835, non pour traiter d'un cabinet d'affaires, mais parce que son beau-frère lui avait écrit de venir régler des affaires d'intérêt privé.

Il n'y avait aucune suite à donner à cette partie de l'instruction.

134.

MINGELS (Pierre-Joseph), *âgé de 38 ans, se disant militaire au service de la Belgique, né à Saint-Nicolas, province des Deux-Flandres (Belgique).*

Mingels se présenta, dans la nuit du 30 au 31 juillet dernier, au poste de la garde nationale de Péronne (département de la Somme), pour demander qu'on lui fît ouvrir la porte de la ville, disant que, n'ayant pas d'argent pour payer sa place à la diligence et aller plus loin, il voulait gagner Lille à pied. Il fût arrêté comme vagabond et retenu comme tel, faute de papiers. Il se disait militaire au service de la Belgique. Il déclara qu'il était arrivé à Paris le 13 ou le 14 juillet; qu'il s'était occupé à faire des achats de marchandises pour la maison de commerce que, disait-il, sa femme tient à Gand. Il indiqua plusieurs négociants chez lesquels il disait avoir fait des achats à Paris. Il déclara en outre qu'il était allé à Meaux pour y voir un ami; que là, il avait été arrêté quoique porteur de son congé, et n'avait été mis en liberté que le 26 juillet; qu'il était ensuite retourné à Paris, et avait quitté cette dernière ville le 29 du même mois de juillet.

Comme *Mingels* ne rendait pas compte de l'emploi de sa journée du 28 juillet, et que d'ailleurs on avait remarqué des érosions à l'intérieur de ses mains et une autre au bras gauche, on pensait qu'il pouvait être un des individus qu'on présumait avoir été avec *Fieschi* dans sa chambre, le 28, au moment de l'explosion, et s'être évadés au moyen de la corde dont *Fieschi* s'est lui-même servi pour descendre dans la cour de la maison voisine. Il fut, en conséquence, arrêté à Péronne et envoyé à Paris.

L'instruction a fait connaître que *Mingels* s'était effectivement présenté à Paris chez plusieurs négociants auxquels il avait acheté des marchandises, en se recommandant de son père, marchand à Malines, mais que ces marchandises ne lui avaient point été livrées, parce qu'on ne le connaissait pas, et qu'il ne pouvait ni payer comptant, ni donner des garanties.

Il a été constaté, par la déclaration d'un témoin, que, dès le 26 juillet, *Mingels* avait aux mains les érosions qui ont été remarquées plus tard à Péronne. Il disait alors s'être blessé à Meaux, dans une prison où on l'avait déposé.

Les renseignements pris à Meaux ont justifié cette déclaration. *Mingels* avait été arrêté dans cette ville faute de papiers; on avait écrit pour avoir des renseignements sur sa personne, mais cet homme, dont l'esprit est dérangé, impatienté de ce que les réponses n'arrivaient pas assez tôt, chercha à s'évader au moyen d'une corde à puits, et se fit alors les blessures qui, plus tard, motivèrent son arrestation à Péronne et son transfèrement à Paris.

Les renseignements reçus de Gand et de Malines constatent que *Mingels* est frappé d'aliénation mentale. Il a été mis en liberté et a dû être renvoyé en Belgique, avec itinéraire obligé sur sa feuille de route.

135.

USSE (Jean-Joseph-Arsène), *âgé de 42 ans, né à Aurillac (Cantal), membre du conseil municipal d'Aurillac, y demeurant.*

Il a été signalé comme ayant eu connaissance, avant le 28 juillet, de l'attentat contre la vie du Roi. De plus, il aurait dit à un sieur *Lapeyre,* pharmacien à Aurillac : « Je vous donnerai cinquante louis si vous me faites con« naître un secret constitutif d'un poison qui opère son effet étant répandu sur une « lettre ou des habits, » annonçant qu'il voulait en faire usage contre le Roi.

Sur le bruit de ce propos, et connaissant l'exaltation des opinions républicaines du sieur *Usse,* le préfet du Cantal crut devoir le faire arrêter à l'instant, faire apposer les scellés sur ses papiers et l'envoyer à Paris, à la disposition de M. le Procureur général près la Cour des Pairs.

Le sieur *Usse* arriva à Paris le 10 août et fut immédiatement interrogé; il nia toute participation dans l'attentat du 28 juillet; nia également le propos qui lui était imputé, demanda à être confronté avec les témoins qui en déposaient, et prétendit que son arrestation devait être attribuée à la mésintelligence qui régnait entre lui et le préfet.

La proposition faite par le sieur *Usse* au sieur *Lapeyre,* en supposant qu'elle ait eu lieu, serait étrangère à l'attentat du 28 juillet. Cet individu ayant été réclamé par la justice ordinaire, et frappé d'un mandat d'amener de M. le juge d'instruction d'Aurillac, il a été renvoyé dans cette dernière ville.

136.

GUIGNARD (Eugène-Charles), *âgé de 24 ans, officier de santé, né à Nantes, demeurant à Montigné.*

Les autorités judiciaires de l'arrondissement de Beaupréau, département de

Maine-et-Loire, avaient eu avis qu'un sieur Eugène *Guignard*, officier de santé, connu par l'exaltation de ses opinions légitimistes, et signalé comme l'un des combattants de la Penissière en 1832, était parti furtivement de Montigné pour Paris, le 20 juillet, sans passe-port, et qu'avant son départ il avait menacé un citoyen, partisan du gouvernement actuel, de se venger bientôt de lui; qu'il était ensuite revenu subitement à Montigné, et que depuis son retour il faisait habituellement une dépense plus considérable que ne le comporte l'état de sa fortune.

Une instruction a été faite sur les lieux. A la suite d'une visite domiciliaire qui n'a produit aucun résultat, le sieur *Guignard* a été interrogé; divers témoins ont été entendus; il est résulté de leurs dépositions et des réponses du sieur *Guignard* que les menaces qu'il aurait faites à un habitant de Montigné seraient entièrement étrangères à la politique; qu'il était parti le 20 juillet de Montigné pour Nantes, et de là pour Paris, après avoir fait connaître d'avance à plusieurs personnes ses projets de voyage; qu'il avait pris un passe-port à Nantes, le 22 juillet; que ce passe-port, régulier dans la forme, avait été visé à Paris, par le préfet de police le 25 du même mois; que le sieur *Guignard* était à la vérité reparti de Paris pour Montigné dès le 1er août, mais qu'il avait annoncé en partant de Montigné que son absence serait de très-courte durée; enfin rien n'a constaté que depuis son retour le sieur *Guignard* ait fait plus de dépense qu'à l'ordinaire.

Dans ces circonstances, il ne pouvait y avoir lieu à suivre contre le sieur *Guignard*.

137.

MANSY (Simon), *âgé de 30 ans, né à Villenox (Eure), tailleur de pierres, demeurant à Chantilly (Oise).*

Le 30 juillet au soir, le nommé *Mansy* était à Louvres, se rendant à Chantilly, au moment du passage de la diligence des Messageries royales. Cet homme demanda à monter dans la voiture. Il se disait blessé au bras par l'explosion de la machine infernale. Il dit, devant un voyageur, à l'aubergiste qui lui demandait ce qui se passait à Paris : « Il s'en est fait de belles, et voilà ce « que je rapporte à mon maître (montrant son bras qu'il portait en écharpe). J'ai « été blessé devant le Jardin Turc. » Cet homme qui se disait blessé près du Jardin Turc par la machine infernale, et qui fuyait Paris, parut suspect; il fut arrêté et conduit à Paris; mais l'instruction a constaté que *Mansy* n'a pas été blessé; qu'il a travaillé à Gonesse pendant les journées des 28 et 29 juillet 1835, et que, s'il s'est dit blessé, c'était par pure fanfaronnade.

Il a été mis en liberté.

138.

DOUSSE-D'ARMANON (Pierre-Marie-Dominique-Édouard), *âgé de 24 ans, né à Bordeaux, employé dans une compagnie d'assurances maritimes à Londres, domicilié en ladite ville.*

Un nommé Édouard *Dousse*, prenant le nom de *d'Armanon*, et s'attribuant sans droit le titre de vicomte, a demeuré, pendant le mois de juin dernier, dans un logement de la maison portant sur le boulevart du Temple le n° 50, logement dont la dame *Gomez* est locataire. Cet homme, aux allures suspectes, arrivait d'Angleterre; il avait successivement logé dans deux maisons garnies de la rue du Temple et de la rue du faubourg de ce nom. Véritable chevalier d'industrie, suivant l'expression d'un témoin, Édouard *Dousse* avait eu antérieurement quelques démêlés avec la justice comme complice d'une escroquerie, imputée à un nommé Jacques *Péties*, condamné par le tribunal de police correctionnelle de la Seine en 1834, à six mois de prison. Édouard *Dousse*, signalé par ses opinions légitimistes, s'était mis en rapport, pendant son séjour sur le boulevart du Temple, avec un sieur *Renaud*, layetier coffretier, auquel il avait acheté une malle et donné en échange deux autres malles.

Edouard *Dousse*, en donnant son adresse à la dame *Renaud*, avait déclaré s'appeler *d'Arlincourt*, il avait prétendu avoir le titre de vicomte, et lorsque le sieur *Renaud* se présenta le lendemain à sa demeure pour lui livrer sa malle et recevoir l'échange proposé, Édouard *Dousse* n'avait pas les fonds nécessaires pour lui payer une somme de 35 francs qu'il lui devait en retour du marché. Toutefois, il ne fut pas embarrassé de trouver cette somme qu'il alla demander à une dame *Nones*, marchande de rubans, boulevart Saint-Martin, et qui lui fut comptée à la demande du fils de cette dame. Le signalement de ce jeune homme, ses habitudes extraordinaires, l'état de gêne et d'opulence dans lequel il se trouvait successivement, ses voyages sans motifs plausibles, son séjour dans la maison habitée par *Fieschi* à une époque voisine de l'événement, provoquèrent des recherches sur sa conduite. Il fut trouvé à Chartres et arrêté; ses effets furent visités; ils contenaient deux lettres suspectes. Les personnes de la maison qui pouvaient connaître ses habitudes, sa réputation, furent interrogées : ses habitudes, sa réputation à Chartres étaient équivoques. Il parut utile de rechercher s'il ne faisait pas partie du complot du 28 juillet, et s'il n'était pas notamment l'un de ceux qui ont été aperçus fuyant, dans différentes directions, au moment de l'attentat.

Dans ce but, et sur les renseignements obtenus, différentes perquisitions ont été ordonnées. L'instruction a démontré la présence d'Édouard *Dousse* à Chartres, pendant la journée du 28 juillet. Les autres mesures ont été sans résultat, quant à l'inculpation dirigée contre lui.

Des affaires de commerce ont seules, s'il faut l'en croire, appelé Édouard *Dousse* en France; car il se prétend attaché, en qualité de témoin, à une compagnie anglaise d'assurances. Cette circonstance n'a pu être vérifiée. La source des moyens d'existence de cet homme est suspecte; il faudrait la chercher, suivant quelques renseignements confidentiels, dans son immoralité. Dans son système, Edouard *Dousse* se dirigeait vers Bordeaux au moment où il a été arrêté; il allait, s'il faut l'en croire, y visiter sa famille : il est vrai de dire que ses père et mère habitent cette ville.

Néanmoins, comme aucun fait n'est venu rattacher Édouard *Dousse* à l'événement du 28 juillet et aux auteurs de l'attentat, il a dû être remis en liberté.

139.

MARTINON-SAINT-FÉRÉOL (Amédée), *avocat au barreau de Brioude.*

Signalé pour l'ardeur de ses opinions républicaines, le sieur *Martinon-Saint-Féréol* se présenta, le 27 juillet, chez la dame *Cartal,* marchande à Brioude, pour lui commander des cocardes, dont les couleurs devaient être disposées dans l'ordre affecté par le parti républicain (le blanc au centre). Cette commande n'a pas été exécutée; mais la proposition faite à la dame *Cartal,* le 27 juillet, fit penser que *Martinon-Saint-Féréol* avait connaissance de l'attentat qui devait être commis le 28. Cependant, une perquisition faite au domicile de cet individu n'ayant produit aucun résultat, les poursuites ne furent pas poussées plus loin.

140.

BELLINGER (Henri), *demeurant à Paris, chez M. Linck, mécanicien, rue du Rocher, nº 18.*

Le 29 juillet, un portefeuille, trouvé dans les environs de Meaux, fut déposé entre les mains du maire de Charmentray. Ce portefeuille contenait diverses lettres écrites en allemand, dont cinq non cachetées, signées par un sieur *Bellinger*. Ce portefeuille paraissait appartenir à un nommé *Ranke-Conrade*. Cependant un individu nommé *Tetterchen*, arrêté faute de papiers à Briey, ayant dit qu'il avait perdu son portefeuille le 28 juillet, en allant de Paris à Meaux, ce portefeuille trouvé fut envoyé à Briey, mais il fut reconnu que ce n'était pas celui du sieur *Tetterchen*. On le renvoya à M. le Procureur général près la Cour des Pairs, parce qu'une lettre du préfet de la Moselle annonçait qu'une des lettres signées *Bellinger* contenait des phrases mystiques, qui, en raison de sa date (25 juillet 1835), pouvaient annoncer une participation à l'attentat du 28 juillet. Les cinq lettres signées *Bellinger* ont été traduites; l'une d'elles, adressée à un nommé Frédéric *Kuidrim*, contenait les phrases suivantes: *Différents coups sont partis, mais non le Roi. La cause est parce que je n'y étais pas. Je jette mon encrier après le phosphore pensant que c'était le Roi. Le bonnet rouge est tombé. Au premier balotage la première boule sera pour moi. Bonsoir, Messieurs....... Mon cher Frédéric, parce que tu as bien joué à la boule, encore quelques mots entre nous. Bellinger* parle ensuite, dans cette lettre, de son travail, pour apprendre à fond son état, et pour acquérir des connaissances utiles, de manière à pouvoir faire honneur à ses parents. Les autres lettres ne parlent que des projets de mariage formés par *Bellinger*, du zèle avec lequel il s'occupe de travailler pour devenir un bon ouvrier; de ses projets de retourner dans son pays pour s'y établir. Cette correspondance, en un mot, annonce un ouvrier attaché à ses travaux, et qui en fait sa seule occupation : elle détruit ainsi les doutes qu'auraient pu faire naître le mysticisme de la lettre à Frédéric.

141.

Dans le cours de l'instruction, on apprit que, le 23 ou le 24 avril dernier, deux individus s'étaient présentés chez le sieur Guillaume *Schwerdtféger*, mécanicien, rue des Trois-Bornes, n° 15, pour lui commander un obusier d'une portée de soixante à quatre-vingts pas.

Le sieur *Guillaume* leur ayant demandé quel usage ils voulaient en faire, ils lui répondirent que leur intention était d'établir des jeux.

Ils promirent, au surplus, de revenir le lendemain, mais le sieur *Guillaume* ne les a pas revus.

Confrontation a été faite des nommés *Fieschi* et *Morey* avec le sieur *Guillaume;* il ne les a pas reconnus pour être les deux individus dont il s'agit.

Rien d'ailleurs ne tend à faire penser qu'on voulût faire un mauvais usage de l'arme commandée à cet armurier.

142.

Le sieur *Valpêtre,* médecin, demeurant avenue des Champs-Élysées, n° 20, trouva, dans un fossé de l'avenue de Neuilly, une lettre dont l'écriture est visiblement déguisée, et l'adresse est effacée, et qui contient des offres considérables d'argent, faites à des inconnus, pour tenter un nouvel assassinat sur la personne du Roi, au moyen d'une machine composée de trois petits canons.

Cette lettre, envoyée par le sieur *Valpêtre* à M. le Ministre de l'intérieur, fut transmise à M. le procureur général, comme pouvant se rattacher à l'attentat du 28 juillet.

Le sieur *Valpêtre* a été entendu; il a déclaré avoir vu l'individu qui a déposé cette lettre dans le fossé où elle a été trouvée; mais il n'a pu donner le signalement de cet homme que d'une manière si imparfaite, qu'il a été impossible de le rechercher.

Il n'y avait donc aucune suite à donner à cette lettre dont l'authenticité est peu vraisemblable.

143.

Une lettre anonyme, sans date, fut adressée au ministre de la justice, qui la transmit à M. le Procureur général.

Cette lettre, écrite par un Corse, signalait un individu de son pays qui avait travaillé chez le sieur *Gotteri,* et qui était connu sous le nom de *Jaunasse.*

Il a été reconnu que ces renseignements n'avaient aucunement rapport à des relations de *Fieschi.*

144.

Le 10 août dernier, M. le préfet de police transmit à M. *Zangiacomi,* juge d'instruction, une lettre sans signature, qui avait été trouvée sur le boulevart.

Cette pièce, dont l'écriture est déguisée, parle des projets criminels qui ont été mis à exécution, le 28 juillet dernier, sur la personne du Roi.

Il a été impossible de connaître l'auteur de cet écrit.

145.

Dans la nuit du 24 au 25 avril 1834, un inconnu vint frapper à la porte du sieur *Boyau*, ancien officier de gendarmerie à Privas, et lui remit une lettre anonyme, par laquelle on annonçait qu'*une machine infernale de la plus haute dimension se construisait en ce moment, et était sur le point d'être achevée; qu'elle devait servir à un bouquet de fête pour débarrasser la France des tyrans qui l'opprimaient.* On engageait le sieur *Boyau à se tenir prêt à entretenir le véritable amour de la patrie.*

Il paraît que, quelques jours avant le débarquement en France de la duchesse *de Berri*, le sieur *Boyau* aurait reçu une semblable dépêche, lui annonçant que *le jour n'était pas éloigné où* Henri V *monterait sur son trône.*

Diverses commissions rogatoires ont été expédiées pour rechercher la source de semblables avis.

Aucun indice n'a mis sur la trace de leurs auteurs.

Le sieur *Boyau* s'était empressé de remettre à ses supérieurs militaires copie des deux lettres anonymes dont il vient d'être parlé.

146.

Le 28 juillet dernier, la dame *Lallouette*, ferblantière, demeurant boulevart du Temple, n° 44, était à la fenêtre de sa boutique, lorsqu'un instant après la détonation de la machine infernale un grand nombre de personnes pénétrèrent chez elle, et notamment trois jeunes gens, qui lui parurent armés de bâtons, d'un fusil et de pistolets; elle alla avertir le commissaire de police, qui vint faire une perquisition, laquelle fut sans résultat. Le procès-verbal constate que l'arrière-boutique de cette dame est éclairée par une fenêtre, à environ huit pieds du sol, et que les jeunes gens dont il s'agit ont pu profiter de l'absence de la dame *Lallouette* pour s'évader par cette fenêtre, qui était fermée d'abord, et qu'elle trouva ouverte.

La perquisition fit découvrir un petit calepin qui appartenait à l'un des jeunes gens dont il s'agit; mais ce calepin n'a pu fournir à l'instruction les renseignements nécessaires pour faire connaître qui l'avait perdu. La dame *Lallouette*, qui était très-effrayée, n'a pas assez remarqué ces jeunes gens pour les reconnaître, dans le cas où on aurait pu les lui représenter.

147.

Un rapport, en date du 31 juillet dernier, fait connaître qu'un individu qui uyait par la rue du Faubourg-du-Temple s'arrêta un instant près de la maison l'une fruitière, même rue, n° 7, et changea de vêtements avec une promp-itude extrême ou du moins se débarrassa d'une blouse et d'un pantalon de oile qui recouvraient ses vêtements.

Il était dit, en outre, dans cette note, que l'individu en question était por-eur d'une paire de pistolets, et qu'interpellé sur l'usage qu'il voulait faire de ces rmes, il avait répondu : « Qu'est-ce que cela vous f....? » La note en question ignalait aussi une marchande de couleurs, demeurant rue du Faubourg-du-Temple, n° 5, comme ayant dit, en parlant de l'attentat : *Plût à Dieu que le oup n'eût pas manqué!*

Plusieurs témoins ont été entendus; ils ont tous confirmé la premiere partie lu rapport dont il s'agit, mais ils n'ont pu faire connaître d'une manière posi-ive le signalement de l'individu en question, ni indiquer positivement de uel endroit il venait, ni par où il a fui. Aucun d'eux n'a déclaré avoir vu de istolets en sa possession : on a bien remarqué quelque chose de gros dans l'une e ses poches; mais tout en pensant que ce pourrait être des armes, on n'en pas acquis la certitude.

Quant au propos attribué à la marchande de couleurs, cette femme qui se omme *Delatasse* a été interrogée par le juge d'instruction; elle a nié les aroles qu'on lui imputait, et aucun témoin ne dépose les avoir entendues.

148.

Richard *Gibbons* se trouvait sur le boulevart du Temple, pour voir passer a revue : il était adossé contre la maison n° 50, et avait, par conséquent, en ace de lui le Jardin Turc. Au moment du passage du Roi, une espèce de siffle-nent frappa son oreille; il se retourna avec vivacité, et vit à ses côtés un omme qui cachait précipitamment, sous une ample redingote, un fusil *à ent* qu'il aperçut très-distinctement. Au même instant, l'explosion de la bat-erie de *Fieschi* détourna son attention et lui fit perdre de vue cet étrange in-ident. Le témoin est étranger; il s'exprime avec beaucoup de difficulté en ançais : cette circonstance accrut son embarras, et la vue de ce qui se passait ui fit prendre subitement la fuite, sans faire arrêter l'inconnu porteur du fusil vent.

Il croît qu'il pourrait le reconnaître s'il lui était représenté, mais le signalement qu'il en donne ne s'applique à aucun des individus arrêtés.

149.

Le 28 juillet, les sieurs *Achard* et *Massard*, surveillants des Tuileries, s'étaient rendus sur le boulevart pour assister à la revue. Ayant appris l'attentat, ils voulurent aller sur les lieux où il avait été commis : trouvant trop d'embarras sur les boulevarts, ils suivirent la rue des Jeûneurs, pour gagner la rue Poissonnière. Ils étaient à peine entrés dans la rue des Jeûneurs, qu'ils virent deux jeunes gens, dont l'un tenait à la main un pistolet à deux coups ou une paire de pistolets, et remit ce pistolet ou ces pistolets dans sa poche, après avoir soufflé dedans. Ce fait engagea les sieurs *Achard* et *Massard* à suivre ces jeunes gens jusque sur les boulevarts, près la rue Poissonnière : là, ils les virent s'arrêter, et causer avec plusieurs individus : puis ensuite ces deux jeunes gens, se voyant suivis, traversèrent le boulevart, évitant de passer devant le poste de Bonne-Nouvelle, et gagnèrent le faubourg Saint-Denis, où ils rejoignirent quinze ou vingt individus. Les sieurs *Achard* et *Massard* ne purent faire arrêter ces jeunes gens à démarches suspectes, n'ayant pas trouvé en ce dernier endroit d'agents ni de gardes municipaux.

150.

Le cocher de fiacre *Baulot* était indiqué comme ayant entendu, environ trois semaines avant l'attentat, l'explosion d'une arme à feu, tirée de la maison qu'habitait *Fieschi*, boulevart du Temple, n° 50.

Il a expliqué devant le Juge d'instruction que, passant sur la chaussée du boulevart, près la rue Charlot, huit jours avant l'attentat, vers minuit et demie, il avait entendu, du côté du café *Périnet*, l'explosion d'un coup de feu qui avait fait le bruit d'un pétard : mais il n'a pu dire, ce qui était le plus important, si ce coup de feu ou ce pétard était parti de la maison même où se trouve le café *Périnet* ou de quelque maison voisine.

151.

Une lettre du 5 août 1835 dénonça deux faits graves : le premier, que le 28 juillet précédent, à peu près au moment où se commettait l'attentat contre le vie du Roi, un cocher avait été arrêté par une bande d'individus qui voulaient commencer une barricade avec sa voiture; 2° qu'à peu près au même instant, plusieurs coups de fusil avaient été tirés, sur le quai des Célestins, sur un hussard qui conduisait un cheval en lesse.

Sur le premier fait, un assez grand nombre de témoins ont été entendus. Un sieur *Lespinasse* a déclaré qu'étant à la revue, dans les rangs de la 12ᵉ légion, dont il fait partie, il rencontra un de ses amis, le sieur *Vériot*, avec lequel il entra chez un marchand de vin, à l'entrée de la rue Sainte-Appoline, près la rue Saint-Martin; que, pendant qu'ils étaient en cet endroit, ils entendirent des cris; qu'alors ils sortirent et virent une foule de gens qui venaient de la rue Meslay en poussant des cris; que ces gens étant arrivés près d'un fiacre qui était arrêté au coin de la rue Sainte-Appoline, plusieurs d'entre eux cherchèrent à déboucler les traits des chevaux et que le cocher les frappait avec son fouet. Le sieur *Lespinasse* voulut alors rejoindre sa compagnie, mais un homme de cette foule se porta sur lui et chercha à lui arracher son fusil, en disant : *canaille, vous assassinez le peuple.* Le témoin se débarrassa de cet assaillant et rentra dans les rangs de sa légion. Le jour même, il raconta toutes ces circonstances au sieur *Jubé*, commandant de son bataillon.

Vériot a déclaré que la foule qui descendait la rue Meslay criait: *Vengeance!* qu'il n'a pas observé si on cherchait à déboucler les traits des chevaux d'un fiacre, mais qu'il a vu une foule de gens autour de ce fiacre, qui était en travers de la rue Sainte-Appoline et la barrait, et qu'il s'est aussitôt retiré parce qu'il avait sa femme avec lui. Le marchand de vin de la rue Sainte-Appoline dit n'avoir rien vu d'extraordinaire. Les garçons marchands de vin des deux coins de la rue Meslay, qui seuls tenaient les boutiques ce jour-là, leurs maîtres étant à la revue, ont dit qu'ils avaient vu beaucoup de monde descendre la rue Meslay, mais qu'ils n'avaient pas entendu de cris et n'avaient pas vu qu'on cherchât à dételer les chevaux d'un fiacre. L'un de ces derniers témoins a déclaré que plusieurs personnes étaient montées sur des fiacres au coin de la rue Meslay.

Sur le deuxième fait, le nommé *Guth*, soldat au 5ᵉ régiment de hussards et ordonnance ordinaire du lieutenant-colonel *Combes*, a déclaré que le 28 juillet, pendant la revue, il ramenait deux chevaux appartenant à M. *Combes;* qu'il était monté sur l'un et tenait l'autre en lesse, qu'en arrivant sur le quai des Célestins, il entendit tirer d'abord trois coups de feu, et ensuite quelques autres, et entendit alors une balle siffler près de lui. Les chevaux qu'il conduisait étant très-vifs, l'un d'eux se cabra, et il fut trop occupé de les retenir pour remarquer d'où partaient les coups de feu. L'instruction a constaté que ce même jour, et avant que l'attentat commis contre la personne du Roi fût connu dans la maison où demeure M. *Combes*, *Guth*, en rentrant, avait dit aux domestiques de son maître qu'il avait manqué d'être tué; qu'on avait tiré sur lui des coups de pistolet; qu'une balle avait passé près de lui; qu'il l'avait entendu siffler, et que ses chevaux s'étaient cabrés. Lorsque *Guth* apprit l'attentat, il dit : *C'est bien à peu près au même moment qu'on a tiré sur moi.*

On a vainement cherché à connaître d'où étaient partis les coups de fusil ou de pistolet, on n'a pu rien découvrir sur ce fait, en supposant même qu'il ait existé, et que les détonations entendues par *Guth*, ne provinssent pas de pétards tirés par des enfants dans un jour de réjouissance comme l'était le 28 juillet, ce qui a eu lieu dans plusieurs autres endroits.

152.

Le sieur *Papillon*, cocher de voiture de remise, a déclaré que, le 28 juillet, étant allé sur le boulevart pour voir le Roi, il se trouva près du théâtre de la Gaieté, à côté d'un groupe de jeunes gens qui disaient entre eux : *Voilà qu'il va passer, il ne faut pas le manquer;* qu'alors il se retourna et dit : *Pourquoi cela?* qu'aussitôt ces jeunes gens s'écrièrent : *Voilà un philippiste;* se jetèrent sur lui et le frappèrent. Mais il n'a pu d'ailleurs les faire connaître.

153.

Une lettre, datée du 4 août 1835, annonçait qu'une personne restée inconnue avait été frappée d'un coup de couteau, sur le boulevart du Temple, le 28 juillet, au moment où elle s'écriait : « Quel bonheur que le Roi ne soit « pas blessé! » On indiquait comme témoins les sieurs *Chailly* et *Grequiard.*

La même lettre annonçait aussi qu'un négociant de Boulogne-sur-Mer, dont le nom n'était pas signalé, avait dit, à un cocher de cabriolet de remise, que le 28 juillet il avait été frappé sur le boulevart du Temple, parce qu'il manifestait sa joie de ce que le Roi n'avait éprouvé aucun mal.

Les sieur et dame *Chailly* et leur commis, témoins indiqués pour le premier fait, ont dit qu'ils avaient vu un groupe se former devant leur boutique; et qu'une femme leur avait dit qu'il y avait dans ce groupe un monsieur âgé, lequel racontait qu'il était près du Jardin Turc au moment de l'explosion, qu'il avait dit alors : *Ceux qui ont fait cela sont des scélérats*, et qu'aussitôt il s'était senti frapper; qu'on voyait, en effet, que son habit et son gilet avaient été percés, mais qu'il n'était pas blessé.

Quant au négociant de Boulogne, l'instruction a fait connaître qu'il se nomme *Roger*. Un cocher de cabriolet, nommé *Masson*, et un sieur *Mahias*, ont rapporté ainsi le récit que ce négociant leur aurait fait. Le 28 juillet, au moment de l'attentat, le sieur *Roger* se trouvait près du Jardin Turc; il se serait écrié : *C'est abominable; il est bien heureux que le Roi n'ait pas été atteint.* A ces mots, plusieurs jeunes gens se seraient jetés sur lui et l'auraient frappé. Le sieur *Mahias* a vu des écorchures à la figure du sieur *Roger*. Celui-ci a été lui-même entendu à Boulogne; il a déclaré qu'il ne se trouvait pas sur le boulevart au moment de l'explosion; mais que le soir il était assis à une table d'un café situé sur les boulevarts, qu'il n'a pu désigner d'une manière précise; qu'il y avait à une table voisine deux individus qui causaient de l'événement; qu'il leur adressa la parole en disant : « C'est un bien grand malheur ! » que l'un des individus répondit : « Cela n'est pas fini. » Qu'alors le sieur *Roger* dit : « Comment ! cela n'est pas fini? Est-ce qu'il n'y en a pas assez? » Que ce même individu ayant répliqué « Non, cela n'est pas fini ; » le sieur *Roger* lui dit : « Vous êtes un polisson ; » et qu'aussitôt cet homme lui donna un coup de canne, et s'échappa dans la foule.

154.

Le sieur *Bocatte*, garçon de service à la prison de la Conciergerie, passant le 28 juillet, à six heures, sur le quai situé entre le pont d'Arcole et le pont Louis-Philippe, au moment où un coup de canon était tiré de l'hôtel de ville, fut apostrophé par un individu qui venait du côté opposé, et qui lui dit : *Dis donc, crois-tu que c'est le coup de canon qui doit tuer Louis-Philippe?*

A la suite d'une réponse insignifiante, cet individu leva la main pour frapper le sieur *Bocatte;* celui-ci renversa l'assaillant d'un coup de poing, mais deux autres individus sortis d'une rue voisine s'étant jetés sur le sieur *Bocatte*, il prit la fuite.

Aucun renseignement n'a mis sur la trace de ces trois inconnus.

155.

Gelée (Laurent), ouvrier tapissier, demeurant rue de la Barillerie, n° 31, se trouvait, le 28 juillet, sur le boulevart Saint - Martin, pour y voir passer la revue. Lorsqu'il apprit la nouvelle de l'attentat qui avait été commis sur la personne du Roi, il s'écria hautement : *C'est un grand bonheur que le Roi n'ait pas été tué!* Près de lui se trouvait un individu qui, l'entendant parler ainsi, le regarda de travers et lui lança un violent coup de coude qui faillit le renverser et lui fit vomir le sang. L'individu dont il s'agit, d'après le signalement qui a été donné par *Gelée*, avait environ 36 ans et une barbe de bouc, mais toutes les recherches faites pour le découvrir sont restées sans résultat.

156.

Le 28 juillet, quelques instants après l'explosion, un individu, âgé d'environ 30 ans, de forte corpulence, vêtu d'une veste de velours, se présenta en courant devant la maison sise boulevart du Temple, n° 15, et, se frayant un passage à travers diverses personnes qui se trouvaient là, il pénétra dans cette maison et ressortit, toujours en courant, par la porte qui donne sur la rue

Meslay. Comme on lui avait demandé le motif de cette fuite, il avait répondu qu'*on se battait par là,* en désignant, disent quelques témoins, le boulevart du Temple. Cet individu, dont le signalement n'a pas été donné d'une manière exacte, n'a pu être arrêté, ni par conséquent confronté avec les témoins qui, du reste, ont déclaré qu'ils ne pourraient le reconnaître.

157.

Le témoin Alphonse *Tristam,* entendu dans la procédure instruite contre *Fieschi,* a déclaré, qu'étant dans son atelier, sis rue du Faubourg du Temple, n° 33, le 28 juillet, il avait vu, un instant après avoir entendu la détonation de la machine infernale, un individu qu'il a signalé, escalader la palissade de clôture d'un atelier qui donne sur le boulevart et se sauver par la porte de la rue.

Interpellé s'il reconnaîtrait cet individu, il a répondu négativement.

158.

On sut que le 28 juillet, dans la journée et après l'attentat, un inconnu s'était présenté chez le sieur *Nayet,* perruquier, rue Montmartre, pour se faire couper les moustaches : il avait paru, disait la note, inquiet et agité, lorsqu'on vint annoncer la nouvelle de l'attentat : une instruction a été faite sans qu'on ait pu parvenir à découvrir cet individu. L'instruction a seulement constaté que le 28 juillet, un instant après que le Roi eut passé sur le boulevart Montmartre, en retournant vers la rue de la Paix, un homme portant la barbe en collier, des moustaches et une mouche, entra précipitamment dans la boutique du sieur *Nayet,* où se trouvait le nommé *Croizet,* garçon perruquier; que cet homme avait chaud et paraissait agité; qu'il se fit raser par *Croizet,* et que, pendant cette opération, quelqu'un vint annoncer l'attentat commis sur la personne du Roi; qu'alors l'inconnu demanda à changer de place et se mit derrière un carreau dépoli, de manière à n'être pas vu, et que, dès que sa barbe et sa mouche furent coupées, il dit: *en voilà assez!* tira précipitamment quatre sous de sa poche, prit sa redingote sous son bras, sans se donner le temps de s'en vêtir et sans permettre qu'on lui essuyât la figure, sortit précipitamment et se mit à courir, disparaissant au milieu de la foule et des voitures.

Croizet a été confronté avec plusieurs personnes alors arrêtées et notamment avec *Boireau,* mais il n'a reconnu personne.

159.

Dans les premiers moments qui suivirent l'attentat, on recueillait des renseignements sur les moindres faits, qui paraissaient alors suspects et qui depuis ont été reconnus insignifiants.

Ce fut alors qu'on reçut la déclaration du nommé *Dumont* dit *Jocko*, qui prétendit, que le 27 juillet, à onze heures du soir, il avait rencontré dans la rue des Fossés-du-Temple, au bord d'une allée, un individu qui faisait chauffer quelque chose dans un chaudron; que lui, *Jocko*, avait renversé ce chaudron et ce qu'il contenait, et que l'inconnu lui aurait dit d'un air fâché: *J'avais quelque chose de pressé à faire; ce sera pour demain.*

Du reste, *Dumont* n'a pas su ce que contenait ce chaudron, et l'individu dont il a parlé est demeuré tout à fait inconnu.

160.

Il existait à Poses, arrondissement de Louviers, en la possession d'un sieur *Guérard* dit *Laroque*, une machine composée de quinze petits canons, placés parallèlement et assujettis entre deux pièces de bois, et dont les lumières étaient disposées de manière à être mises en communication par une rainure destinée à recevoir une traînée de poudre, afin de les faire partir simultanément. On savait que *Guérard* avait trouvé cette machine dans le canal de la Villette, pendant un de ses voyages à Paris.

Après l'attentat du 28 juillet, cette machine éveilla l'attention de l'autorité. On pensait que sa construction pouvait avoir quelque connexité avec l'attentat, et que la recherche de son origine pourrait être utile à l'instruction et à la découverte des complices.

L'instruction faite à ce sujet a démontré que la machine dont la possession paraissait suspecte n'est autre chose qu'une pièce d'artifice que *Guérard* a trouvée, il y a environ quatre ans et demi, dans le bassin de la Villette qui alimente le canal Saint-Martin.

Le sieur *Zhendre*, qui était maire de la Villette en 1830, et le sieur *Aubin*, artificier, ont déclaré qu'un feu d'artifice avait été préparé pour être tiré le dernier jour des fêtes de la Villette, en juillet 1830; que ce feu d'artifice devait être tiré sur le bassin du canal et représenter l'attaque d'un fort par une flottille; que la révolution de juillet ayant eu lieu à cette époque, on avait jeté les pièces d'artifice dans le bassin, à la sollicitation des habitants qui craignaient quelque accident, si on venait à s'emparer des poudres.

La pièce transportée à Poses par *Guérard* n'est autre chose qu'une des batteries de ce feu d'artifice.

161.

Une lettre annonçait qu'un nommé *Bertin*, détenu à la Conciergerie, avait déclaré avoir entendu annoncer dans la prison, le 28 juillet au matin, les assassinats commis dans la journée.

Bertin a été cité en justice : il a déclaré n'avoir pas entendu parler, le 28 juillet, d'assassinats qui devaient avoir lieu; mais il a dit que dans cette journée on avait, en sa présence, annoncé qu'il y aurait du bruit. Pareil propos avait été entendu par lui le jour de la fête du Roi.

162.

La dame *Hanier*, demeurant à Paris, rue Michel-le-Comte, n° 8, se trouvait près du Jardin Turc, sur le boulevart du Temple, pour y voir passer la revue, le 28 juillet dernier. Lorsqu'elle entendit dire que le Roi approchait, elle s'écria : *Voilà le Roi.* Plusieurs jeunes gens, qui se trouvaient près d'elle, dirent alors : *Il peut bien venir, car il n'en a pas pour longtemps; il n'en a pas pour une demi-heure.* Ce fut peu d'instants après que l'explosion eut lieu.

Le lendemain de l'événement, la dame *Hanier* se présenta volontairement devant M. le juge d'instruction pour lui faire sa déclaration, et elle ajouta qu'il lui serait impossible de signaler et de reconnaître les jeunes gens dont il s'agit.

163.

Un nommé *Agnel*, serrurier, rue Mouffetard, n° 193, se présenta le 1er août dernier devant le commissaire de police du quartier Saint-Marcel, et lui déclara que le 28 juillet il avait suivi avec son fils, âgé de 11 ans, une légion de la garde nationale qui s'était assemblée aux greniers d'abondance; que parvenu vers le poste de la Galiote, il s'était assis sur un banc sur le boulevart, auprès de deux individus de lui inconnus qui causaient, et que l'un de ces individus avait dit à l'autre, en parlant de la garde nationale qui passait : *Ils vont bien gaiement, ils reviendront bien tristement.*

Agnel a été cité; il a renouvelé sa déclaration à peu près dans les mêmes termes. Il a dit avoir entendu : « Ils vont bien gaiement, mais je t'assure qu'ils « s'en iront bien tristement. »

164.

Une lettre du sieur *Piedana* annonçait que la nommée Annette *Gauthiés*, sa domestique, avait entendu, le 28 juillet au matin, des jeunes gens dire : *Il est certain qu'aujourd'hui il ne l'échappera pas.* Cette fille, entendue comme témoin, a déclaré que le jour de l'attentat, au matin, en passant près du marché Saint-Joseph pour aller à la boucherie, elle avait vu quatre ou cinq jeunes gens qui causaient entre eux, et qu'elle avait entendu l'un d'eux dire aux autres : *C'est sûr qu'aujourd'hui il sautera le pas;* mais l'auteur du propos n'avait nommé personne; et ce n'est qu'après l'événement du 28 juillet que la fille *Gauthier* a pensé qu'il s'agissait du Roi.

165.

Une note annonçait qu'un tambour de la garde nationale avait dit à une portière que *le Roi y passerait bientôt, s'il n'était pas mort.* On a cherché à remonter à la source de ce propos. L'instruction a constaté que, le 28 juillet, la femme *Médéralt,* domestique, boulevart Beaumarchais, n° 83, étant descendue pour chercher de l'eau, se mit un instant sur la porte pour voir si le Roi passait, et dit : *S'il ne vient pas bientôt, je vais remonter.* Alors un garde national lui dit : « Ne vous impatientez pas, il va passer dans un quart d'heure, » et un instant après, il ajouta : « s'il n'est pas tué. » Ce fut exactement un quart d'heure après qu'elle apprit l'attentat commis contre le Roi.

Il n'a été donné aucun indice qui pût faire connaître le garde national, auteur de ce propos.

166.

Un sieur *Delpont* annonça qu'il avait des révélations à faire. Assigné comme témoin, il a déclaré que, le 28 juillet, il se trouvait sur le boulevart Poissonnière, lorsqu'il entendit des individus qui disaient : *Ce sont des malheureux d'avoir tué quatorze personnes, il n'en fallait tuer qu'une;* un autre ajouta : *Il eût mieux valu en tuer deux autres avec;* ces individus dirent ensuite que l'endroit le plus convenable était la vieille route de Neuilly, sur laquelle le Roi passait isolément.

On n'a pu remonter à la source de ces propos.

167.

Suivant une note transmise à M. le Président, un charretier conduisant du vin, et passant sur le pont de Grenelle, aurait eu, le 27 juillet, une altercation avec le receveur de ce pont, et aurait laissé échapper des menaces pour la revue du lendemain 28.

Le receveur du pont de Grenelle, entendu comme témoin, a déclaré qu'un charretier conduisant du vin était, en effet, passé sur ce pont le 27 juillet, et que sommé de produire ses lettres d'expédition, il les avait d'abord remises, puis les avait arrachées des mains du préposé, en refusant de payer les droits, et en disant :

Je me f.... de toi; vous êtes un tas de canailles; demain c'est la revue et vous serez tous pendus ou fusillés. Cet homme fut arrêté un instant par les gendarmes qui le laissèrent ensuite partir. On n'a pu indiquer que son prénom de *Jean*. Des recherches infructueuses ont été faites pour le découvrir.

168.

Une lettre signée d'*Hévon* annonçait qu'un jeune commis libraire avait été arrêté, quelques jours avant le 28 juillet, par des individus inconnus qui lui avaient dit : *Avertissez votre libraire d'avoir des fusils tout prêts pour le jour de la revue : le Roi sera assassiné; il faut se tenir prêts.*

Le nom du libraire n'était pas donné, ni l'adresse du commis. L'instruction a fait connaître qu'on voulait parler du jeune *Piquet*, commis chez le sieur *Grimprelle*. Il a été cité, et a déclaré que, cinq ou six jours avant le 28 juillet, passant rue Beauregard, il avait été accosté par trois individus dont un, qui était ivre, lui avait demandé s'il avait un fusil; et comme il répondit que *non*, en disant *pourquoi?* le même individu lui répondit : *Pour tuer le Roi.*

L'ivresse de l'interlocuteur a paru ôter à ce propos toute importance.

169.

Le sieur *Morlot de Vingy* a déclaré que, le 5 août dernier, une dame qu'il n'a pas nommée raconta devant lui qu'elle venait du marché aux Fleurs de la Madeleine; qu'elle avait été suivie par deux jeunes gens dont l'un portait des éperons; que l'un d'eux s'était approché d'elle au point de mettre sa tête sous son chapeau, et lui avait dit : *Grenelle*, paraissant attendre qu'on lui donnât un autre mot en réponse; qu'alors elle avait pressé le pas; que ce jeune homme revint près de son camarade qui lui dit : *C'est elle, c'est elle.* Qu'alors ce même jeune homme s'approcha de nouveau de cette dame, et lui dit encore : *Grenelle*, tira quelque chose de sa poche et le lui montra, mais qu'elle ne distingua pas ce que c'était; que ces jeunes gens parurent contrariés de leur méprise; et néanmoins suivirent cette dame jusqu'à sa demeure.

Aucune autre suite n'a dû être donnée à cette déclaration dont on ne parle ici que pour montrer avec quel scrupule les moindres faits ont été recueillis.

170.

Le nommé Pierre *Duguet*, domestique de M. *Marcellot*, membre du conseil général de la Seine, a déclaré que le 28 juillet, il était allé voir la revue;

qu'il se trouvait près de la Madeleine au moment où le 4e régiment de hussards passait pour défiler; qu'il le suivit jusqu'à la rue des Capucines; que, lorsqu'il fut arrivé près de cette rue, des gardes municipaux lui dirent qu'on ne passait pas; qu'on le fit reculer jusqu'au trottoir, où il se heurta et manqua de tomber; qu'en cherchant à se retenir il prit la bride du cheval d'un garde municipal qui, le croyant sans doute mal intentionné, dit: *Il faut conduire cet homme au poste;* que plusieurs personnes le dégagèrent en lui disant : *Allez-vous-en;* qu'il se retira en effet; qu'à quelques pas de là il rencontra un individu qui lui dit : *Vous avez bien manqué d'être arrêté,* et ajouta ensuite quelques mots. *Duguet* ajouta qu'il ne se rappelait pas bien ces mots, mais qu'il croyait que cet individu lui avait dit : *Que ce n'était pas le bon moment, ou que ce n'était pas le bon endroit.*

171.

Une demoiselle *Raffine,* demeurant rue des Deux-Portes-Saint-Sauveur, n° 30, a fait une déclaration de laquelle il résulte que dans la nuit du 2 au 3 août 1835, s'étant mise à la fenêtre, elle entendit plusieurs personnes qui causaient ensemble, et ne put saisir de leur conversation que les phrases détachées qui suivent: *Nous en avons trente mille comme ça; il faut nous emparer de ce jeune homme-là; au lieu d'employer des clous cette fois, nous emploierons des cosses de pois; je connais mon affaire; au premier mouvement, je serai prêt;* que, lorsqu'ils se quittèrent, l'un d'eux dit : *Adieu, bonne chance.*

Elle disait avoir vu, après que ces individus se furent séparés, de la lumière dans une maison qu'elle croit être celle qui porte le n° 31. Le portier de cette maison a été cité comme témoin. Il a déclaré n'avoir entendu personne rentrer tard dans la nuit du 2 au 3 août. Aucun individu n'a pu être désigné, et les propos rapportés n'ayant pas un rapport assez direct à l'attentat pour motiver de plus amples recherches, l'instruction est restée à ce point.

172.

Un sieur *Bergette,* cité comme témoin, a déclaré que, le 28 juillet, vers onze heures du matin, il était sous les arcades de la rue de Rivoli, en face le pavillon des Tuileries habité par S. A. R. le duc d'Orléans; qu'il remarqua un jeune homme de 18 à 20 ans qui était avec une dame d'environ 40 ans et un enfant de 14 ans, et qui disait des choses fort inconvenantes en parlant du Roi; que quelques instants après, il entendit ce jeune homme dire, au sujet des personnes qui attendaient le passage de Sa Majesté : *Voilà bien des curieux qui se pressent pour voir le Roi; qu'ils se hâtent : peut-être, un peu plus tard; il ne sera plus temps* : il aurait ajouté : *c'est au moins ce qu'affirment plusieurs personnes.*

173.

Un sieur *Delahaye*, demeurant à Paris, rue des Lombards, n° 10, avait transmis une note par laquelle il promettait certaines révélations relatives à l'attentat de 28 juillet dernier.

Cité en témoignage, cet homme a fait une déposition tout à fait dénuée d'importance.

174.

Une note qui n'est pas signée, annonce que son auteur avait entendu deux individus dire avant l'attentat, en finissant une conversation : *Une machine comme celle-là ne peut manquer de réussir.* Cette note ne cite aucun témoin et ne nomme pas l'auteur du propos. Aucune recherche n'a pu être faite.

175.

Une lettre, en date du 1er août dernier, et signée d'un sieur *Chapuis*, a fait connaître quelques propos, tenus le jour de l'attentat, en présence du fils dudit sieur *Chapuis*, par plusieurs jeunes gens *à barbes longues.*

Le sieur *Chapuis* n'ayant pas fait connaître son adresse, ou celle de son fils, et ne citant aucun nom propre dans son récit, il n'a pas été possible de donner suite aux renseignements qu'il adressait.

176.

D'après un renseignement en date du 1er août 1835, un perruquier aurait dit, deux ou trois jours avant l'attentat, qu'il savait *qu'il y aurait du nouveau à la revue, que le coup était si bien monté qu'il ne pouvait manquer.*

Des recherches ont été faites; elles ont fait connaître que ce perruquier, qui était désigné comme rasant le curé de Saint-Nicolas-des-Champs, demeurait, à Paris, rue de la Tixéranderie, n° 41. Il a été cité devant un juge d'instruction et interpellé sur les propos dont il s'agit. Il a déclaré qu'il ne connaissait pas les auteurs de l'attentat du 28 juillet, mais qu'il avait entendu dire, dans sa boutique, quelques jours auparavant, par des ouvriers qu'il ne peut désigner, qu'il y aurait quelque chose à la revue. Il a ajouté que, s'il avait appris quelque fait particulier, il se serait empressé d'en faire part à l'autorité.

177.

Deux portières de la cour Saint-Hilaire furent indiquées comme ayant eu connaissance à l'avance de l'attentat du 28 juillet. Elles ont été entendues et ont déclaré n'en avoir eu aucune connaissance.

178.

Un sieur *Gavard*, commissionnaire, s'est présenté le 11 août dernier devant le commissaire de police du quartier Montmartre, pour signaler quelques propos se référant à l'événement du 28 juillet dernier, qu'il aurait entendu proférer par un inconnu dans un cabaret du quai de Bercy.

Le sieur *Gavard* a été cité en témoignage; il a persisté dans les déclarations qu'il avait faites devant le commissaire de police du quartier précité. Le sieur *Ravat*, cabaretier, chez lequel les propos signalés auraient été tenus, a été appelé à s'expliquer à ce sujet : il a contredit la déposition du sieur *Gavard*, soutenant qu'il n'avait aucune connaissance de pareils propos.

179.

Une dame *Huet* était signalée comme ayant dit que son frotteur avait tenu, quelques jours avant le 28 juillet, le propos suivant : *Vous verrez comme les trois jours se passeront.*

L'instruction a établi que ce frotteur avait dit, en effet, à la sœur de la dame *Huet*, non de lui-même, mais comme rapportant un ouï-dire : *qu'on ferait sauter le Roi pendant les fêtes de juillet.* La sœur de la dame *Huet* a déclaré que ce propos lui avait paru sans importance dans la bouche d'un homme connu pour ses bavardages

180.

Le sieur *Poignant*, indiqué comme témoin des projets de complot existant pour le 28 juillet 1835, a déclaré que la veille de l'attentat un individu qu'il ne connaît pas, le voyant occupé à nettoyer son sabre pour la revue, lui dit : *Vous voilà bien occupé, vous aurez besoin de vous en servir demain à la revue.*

Une femme *Humbert* et un nommé *Ratier* avaient été aussi indiqués comme ayant connaissance de faits relatifs à l'attentat; mais ils ont déclaré n'en avoir entendu parler qu'après l'événement.

181.

Une note, adressée à M. le Procureur général, faisait connaître que, le 28 juillet, des individus se trouvant au café *Vistel*, situé boulevart Poissonnière, n° 6, avaient tenu des propos de nature à faire croire qu'ils avaient connaissance de l'attentat avant qu'il eût été commis. Un sieur *Chevalier* était indiqué comme ayant tenu ces propos.

La propriétaire du café *Vistel* a été entendue; elle connaît bien un sieur *Chevalier*, qui vient habituellement chez elle, et qui s'y trouvait le 28 juillet; mais elle assure qu'il est incapable d'avoir tenu les propos rapportés, et elle affirme que les faits signalés sont controuvés.

Il a été impossible de pousser plus loin l'instruction.

182.

Une lettre anonyme, écrite de manière qu'on ne pût pas facilement reconnaître la main de son auteur, signalait un Corse comme ayant tenu des propos suspects dans un estaminet de la rue du Faubourg-Poissonnière.

La dame *Strong*, maîtresse de l'estaminet indiqué, a été appelée en témoignage; elle a dit qu'en effet un homme qui se donnait pour Corse fréquentait son estaminet; qu'il parlait beaucoup de vengeance; que le jour de la revue (le 28 juillet) il vint à l'estaminet et dit *qu'il n'allait pas voir ces choses-là;* que plus tard il parla de l'attentat; mais la dame *Strong* n'a pas pu se rappeler en quels termes.

Des recherches ont été faites pour connaître le nom de cet homme et sa demeure; mais elles ont été infructueuses.

183.

Il résulte d'un renseignement transmis à la commission que, le 28 juillet, deux jeunes gens se sont présentés dans le café tenu par la dame *Bossy*, boulevart Beaumarchais, en disant qu'ils attendaient des amis. Ils laissèrent une canne noire comme signe de reconnaissance pour *ceux qui devaient venir*. En effet, deux autres jeunes gens vinrent au même café une heure après et dirent, en voyant la canne : « On ne nous a pas attendus. » Ces derniers remirent en partant, au garçon de café, un écrit portant ces mots :

« Philippe, nous avons attendu jusqu'à deux heures; voyant que vous ne « veniez pas, nous vous donnons rendez-vous au café en face le fort où vous « prenez de la poudre, à Vincennes. Je vous salue : signé *Letellier*, » et pour adresse : M. *Lemolle*.

On n'a pu obtenir aucune information sur les jeunes gens dont il était question dans cet avis.

184.

Suivant un rapport de gendarmerie, deux individus, en costume de garçons boulangers, seraient entrés, le 27 juillet dernier, chez le sieur *Delaguepierre*, marchand de vin à Vincennes, avec un artilleur nommé *Carraire*, et auraient tenu à ce dernier les propos suivants : « Vous paraîtrez à la revue de demain « avec des pièces non chargées; il n'en sera pas de même de notre machine in- « fernale : il y aura une grande affaire qui changera le Gouvernement. »

Les sieurs *Delaguepierre* et *Carraire* ont été entendus comme témoins.

Le premier a déclaré qu'aucun individu en costume de boulanger ne s'était présenté, le 27 juillet, dans sa boutique.

Le second a fait connaître que ce jour-là il était de garde à la salle de police, et n'était pas sorti du château.

Tous deux ont affirmé qu'ils n'avaient jamais entendu tenir de propos semblable à celui qui vient d'être rapporté.

185.

Un billet sans signature, adressé à M. le Procureur général, fit connaître que, le 29 juillet, le sieur *Aclocque*, revenant de conduire son fils en pension, à Châtillon, serait monté dans un cabriolet de remise, dont le cocher, à propos de l'attentat, lui aurait dit qu'à quelques jours de là il avait conduit dans son cabriolet un serrurier mécanicien, de la rue du Bac, qui s'était vanté d'avoir construit une machine pour tuer le Roi et sa famille, et qui paraissait être sûr de réussir dans son infâme projet.

Le cocher dont il était parlé dans cette note n'a pu être trouvé.

186.

Le commissaire de police du quartier du Marché-Saint-Jean fit savoir qu'un cocher du sieur *Lachiche*, loueur de cabriolets, avait conduit deux ou trois individus à longue barbe, qui avaient parlé de circonstances paraissant se rapporter à l'attentat du 28 juillet.

Ce cocher, nommé Jean-Baptiste *Berlheau*, a été entendu : il a déclaré que, trois ou quatre jours avant le 28 juillet, revenant de conduire quelqu'un à la Chambre des Pairs, il descendait la rue de l'Odéon, lorsqu'il fut appelé par un individu, ayant une longue barbe et portant un chapeau pointu, qui monta dans son cabriolet et le fit retourner place de l'Odéon; que là cet individu descendit; qu'il ne vit pas dans quelle maison il entra, mais qu'il croit que ce fut à l'hôtel Corneille; que quelques instants après, cet individu revint avec un autre, portant aussi une longue barbe; qu'ils montèrent tous deux et lui dirent de les conduire rue Dauphine; qu'en partant, ils se mirent à causer entre eux, et que l'un d'eux dit : *Il ne l'échappera pas, le coup est monté pour cela;* qu'ils firent arrêter le cabriolet rue du Pont-de-Lodi; que là ils descendirent; le témoin ajoute qu'il ne vit pas où ils allaient, mais que peu de temps après ils revinrent avec un troisième individu, aussi à longue barbe, qui les quitta lorsqu'ils furent montés en cabriolet, et leur dit en s'en allant: *Je pars ce soir pour Orléans; de l'exactitude;* que ces deux individus se firent ensuite conduire à la place de la Concorde et revinrent au Pont-Neuf, où ils quittèrent le cabriolet.

187.

Le 28 juillet, peu d'instants après l'explosion de la machine infernale, le sieur *Lamort*, ancien limonadier, se trouvait sur le boulevart, près la porte Saint-Martin, devant le café de Malthe, lorsqu'il entendit très-distinctement un homme assez bien vêtu, de 40 à 50 ans, dire à deux individus qu'il appelait par leur nom: *L'affaire est faite, nous n'avons plus rien à faire ici; vite à notre poste.*

Ce fait, dont vos commissaires n'ont eu connaissance que fort tard, a motivé l'audition du sieur *Lamort;* mais ce témoin, en rapportant le propos cité plus haut, n'a pu se rappeler en aucune manière les noms prononcés par l'inconnu dont il a parlé. Il a expliqué son défaut de mémoire par le trouble dans lequel il se trouvait en apprenant l'attentat : cette circonstance n'a pas permis à vos commissaires de donner suite à ce renseignement, qu'ils ont dû néanmoins consigner dans leur travail.

188.

Le 8 août dernier, M. le préfet de police transmit à M. le Procureur général la copie d'une déclaration faite, le 7 août 1835, par un sieur *Hommel*, propriétaire et cocher d'un cabriolet de remise portant le n° 1283. De cette déclaration il résulte que, le mardi 28 juillet, à midi et demi, *Hommel* fut pris à l'heure, rue Vivienne, près de la Place de la Bourse, par deux jeunes gens d'environ 20 ans, qui se firent conduire du côté du Marais, par les rues Neuve-Saint-Eustache, Bourbon-Villeneuve, Sainte-Appoline, Meslay et de Vendôme; que, pendant ce trajet, ces deux jeunes gens parlaient d'une machine; que l'un d'eux disait qu'elle avait besoin d'être bien dirigée; que l'autre répondit : *Oh! c'est un fort gas, qui est résigné et qui manœuvre cela comme il faut;* que lorsqu'ils furent arrivés rue de Vendôme, l'un d'eux descendit, s'absenta quelques minutes, se dirigea vers le boulevart et revint, en disant : *Tout est en ordre, ça ira bien;* ajoutant que *ce serait malheureux si ça ne marchait pas bien d'après l'argent que ça coûtait;* qu'aussitôt que ce jeune homme fut remonté en cabriolet, on entendit crier : *Le Roi arrive;* qu'alors ces deux jeunes gens lui dirent de faire demi-tour et de retourner sur ses pas; que, près de la porte du Temple, ils mirent pied à terre, en lui donnant cinq francs et disparurent, et qu'un instant après il entendit l'explosion de la machine; que depuis il trouva dans son cabriolet une baguette de pistolet et trois balles, qu'il jeta dans la hotte d'un chiffonnier, au coin de la rue du Pas-de-la-Mule.

Hommel a été appelé et entendu comme témoin. Il a reproduit à peu près la même déclaration, fixant toujours le fait au 28 juillet.

Un procès-verbal du commissaire de police du quartier Saint-Jean, en date du 31 juillet 1835, annonçait qu'une personne digne de confiance avait déclaré que le cocher du cabriolet de remise portant le n° 1283 (celui de *Hommel*), lui avait raconté les mêmes choses qui se trouvent dans la déclaration de *Hommel;* mais ce procès-verbal reportait les faits à la date du 5 juillet.

MM. *Bouland,* avoué, à Paris, et *Fiot,* président du tribunal de Mantes, qui avaient employé le cabriolet de *Hommel,* le 31 juillet, et auxquels il avait raconté ce qui lui était arrivé, ont été entendus. Leur déclaration est semblable à celle de *Hommel,* mais elle en diffère sur la date, que MM. *Bouland* et *Fiot* portent au 5 juillet.

Les deux jeunes gens indiqués par *Hommel* n'ont pu être découverts.

189.

Le 25 septembre dernier, un sieur *Misley*, demeurant habituellement en Angleterre, se présenta pour faire des révélations relativement à un nommé *Ferrari*, qui lui avait été signalé comme un absolutiste exalté, s'occupant de projets qui compromettaient la sûreté du Roi des Français, et qui pouvaient se rapporter à l'attentat du 28 juillet.

Il déclara que la dame *Ferrari* lui avait annoncé, à Londres, longtemps avant l'attentat, *que le Gouvernement français allait bientôt tomber;* qu'un jour cette dame, en l'absence de son mari, lui montra plusieurs machines construites de manière à pouvoir être introduites dans un bonnet à poil de grenadier, ou même à se cacher dans la main, et dont il devait être fait usage contre le Roi.

Le sieur *Misley* déclara également que, dans le commencement de mars, un de ses correspondants de Londres lui écrivit, à Madrid, où il se trouvait alors, que *Ferrari* venait de se rendre à Paris, et qu'il avait expédié des machines pour la France. Enfin, il déclara que, depuis l'attentat, il avait reçu une lettre de Londres, dans laquelle on lui disait que l'on pensait que c'était *Ferrari* qui en était l'auteur.

Le sieur *Misley* n'ayant pas cru pouvoir nommer les correspondants qui lui avaient donné ces renseignements, aucun autre document n'étant d'ailleurs venu les confirmer, il n'a été fait aucun acte d'instruction contre le sieur *Ferrari*.

190.

BERNARD (Jean-Baptiste), *âgé de 53 ans, né à Benoisey (Côte-d'Or), marchand de vin traiteur, demeurant à Paris, barrière du Maine, n° 5.*

Le sieur *Molard*, surveillant du jardin du Palais-Royal, a déclaré que, le 29 mai 1835, *Bernard* lui avait dit : *Tu portes moustaches, c'est séditieux..... Mais tu es gardien du Roi..... Toi, tous les tiens et ton Roi, vous serez tous écorchés le 27.*

Ces derniers mots, quoique le mois ne fût pas indiqué, pouvaient paraître un indice que *Bernard* avait connu l'attentat projeté pour le 28 juillet. Une perquisition fut faite à son domicile, et un mandat d'amener fut décerné contre lui et exécuté. La perquisition ne produisit aucun résultat, et pendant que

Bernard subissait son interrogatoire, le capitaine de la compagnie de garde nationale dont il fait partie et le commandant du bataillon envoyèrent un certificat constatant qu'il avait toujours fait son service avec exactitude, que, quand ses infirmités l'empêchaient, il se faisait suppléer par son fils, et que *ses sentiments patriotiques se sont manifestés chaque fois qu'il s'est agi de défendre les lois et le trône de juillet.*

Bernard et *Mollard* ont autrefois servi dans le même régiment; peut-être *Mollard* aura-t-il mal compris des termes échappés à *Bernard* dans une discussion personnelle entre eux. Aucune autre charge n'ayant été indiquée contre *Bernard*, il a été mis en liberté.

191.

BONNIE (Pierre), *né à Lodève, chirurgien, demeurant à Paris, au Gros-Caillou.*

Une lettre datée du 30 juillet dernier, et adressée à M. le procureur général par le sieur *Mothet*, sergent-fourrier dans la garde nationale et propriétaire, signala le docteur *Bonnie* comme ayant affirmé, une dizaine de jours avant le 28 juillet, devant trois personnes de la connaissance du sieur *Mothet*, que *le Gouvernement tomberait avant un mois, qu'on pouvait l'en croire sur parole*, et comme ayant ajouté que, dans cette intime conviction, il partait pour Prague avec plusieurs personnes, pour aller au-devant de *Henri V*.

Le sieur *Mothet*, entendu comme témoin, a confirmé les énonciations de sa lettre.

Le docteur *Bonnie*, interrogé sous mandat d'amener, a formellement dénié les propos qui lui étaient imputés. Il a déclaré, à la vérité, qu'il avait fait un voyage au mois de juillet dernier; mais il a ajouté qu'il n'avait pas dépassé la ville de Bade, et qu'il n'avait jamais été à Prague.

D'après ces explications, et le sieur *Mothet* n'ayant rapporté que sur des ouï-dire les propos cités plus haut, il n'a pas été donné d'autre suite à cette partie de l'instruction.

192.

DAVID (Louis-Auguste), *âgé de 20 ans, né à Verneuil-le-Hautier (Haute-Vienne), clerc d'avoué, demeurant à Paris, rue Fromenteau, n° 3.*

David a été arrêté à son domicile le 31 juillet, sur mandat de M. le préfet de police. Il a été saisi chez lui quelques papiers insignifiants.

Il a justifié d'une manière satisfaisante de l'emploi de son temps le 28 juillet.

Aucune charge n'existant contre lui, et ses papiers n'ayant aucun rapport à l'attentat, il a été mis en liberté et ses papiers lui ont été rendus.

193.

DOYENNAT (Jacques-François), *âgé de 33 ans, serrurier en voitures, demeurant à Paris, rue de Menilmontant, n° 6.*

Suivant un renseignement transmis à M. le Président, un sieur *Hennequin* aurait dit qu'un nommé *Doyennat*, ouvrier serrurier, avait déclaré avoir eu connaissance de l'attentat du 28 juillet.

Doyennat a soutenu n'avoir eu aucune connaissance de l'attentat avant qu'il fût commis, et rien n'est venu infirmer sa déclaration à cet égard.

194.

Une dénonciation anonyme a signalé un sieur Auguste *Dussautoy* comme ayant parlé, en juin dernier, d'une machine à peu près semblable à celle de *Fieschi,* machine qui aurait été dressée déjà une fois dans un rez-de-chaussée de la place Vendôme, dans le but d'attenter à la vie du Roi.

A la date du 8 août, un mandat d'amener fut décerné contre *Dussautoy*, et le même jour il fut donné avis de cette communication à M. le préfet de police, pour qu'il eût à ordonner des recherches à l'effet de découvrir le lieu sur lequel cette machine aurait été dressée. Ces recherches ont été faites avec soin et ont démontré l'invraissemblance du document qui avait été adressé à la Cour.

L'impossibilité de trouver *Dussautoy*, dont l'adresse n'était pas indiquée, en supposant même l'existence de cet individu, n'a pas permis, jusqu'à ce jour, de mettre à exécution le mandat d'amener.

195.

Un nommé Nicolas *Blanche* est aujourd'hui détenu pour complicité de vol, sur la déclaration d'un sieur *Gazon,* avec lequel il paraît avoir été en relation.

Blanche, par une lettre du 13 septembre dernier, a demandé à être conduit devant l'un de MM. les juges d'instruction, pour lui faire, disait-il, des révélations de la plus haute importance.

Il a été fait droit à cette demande : *Blanche* a été entendu par M. *Legonidec.*

La révélation qu'il a faite devant ce magistrat est peu précise. Elle se résumerait dans ce peu de mots, savoir : que *Gazon* lui aurait annoncé à l'avance l'attentat du 28 juillet, en l'invitant à ne point se rendre à la revue.

Une perquisition rigoureuse a été opérée au domicile de *Gazon*.

Elle a été infructueuse.

Peu de jours auparavant, le domicile de *Gazon* avait déjà été fouillé par ordre de la justice, au sujet d'une autre affaire, on y avait opéré la saisie d'une espingole, d'un sabre turc, d'une paire de pistolets et d'un couteau de chasse.

Les rapports actuels de *Blanche* et de *Gazon* ne permettent pas d'ajouter aucune foi à la prétendue révélation du premier.

196.

Femme GRUSON (Joséphine-Julienne JOHN), *âgée de 56 ans, portière, née à Long-Pont près Montlhéry, (Seine-et-Oise), demeurant à Paris, rue de l'Université, n° 82.*

Une note indiquait la femme *Gruson*, portière chez madame la marquise *de Montaigu*, demeurant rue de l'Université, n° 82, comme ayant dit, avant l'attentat, qu'il ne fallait pas aller sur le boulevart le 28, qu'il y aurait quelque chose.

Une perquisition fut faite chez cette femme; on y trouva, 1° une brochure ayant pour titre : *Almanach du peuple pour 1835;* 2° une feuille ayant pour titre : *Odieuse machination de Louis-Philippe contre l'honneur de S. A. R. MADAME;* 3° une chanson intitulée : *La Parisienne de 1832;* 4° une gravure au bas de laquelle se trouvent écrits ces mots : *Arrivée en Bretagne de S. A. R. Me Régente de France, et de son fils Henri V Dieudonné.*

Ces pièces faisaient assez connaître les opinions de la femme *Gruson*, qui fut arrêtée et interrogée le lendemain 19 août.

Elle nia avoir connu d'avance l'attentat qui a été commis le 28 juillet; elle assura qu'elle n'avait pas tenu le propos qu'on lui imputait.

Ce propos n'étant confirmé par la déposition d'aucun témoin, la femme *Gruson* a été mise en liberté.

197.

Lafargue (Jacques-Pierre), *âgé de 67 ans, régisseur du théâtre des Funambules, demeurant à Paris, rue des Fossés-du-Temple, n° 37 bis.*

Une lettre anonyme annonçait que le nommé *Lafargue* connaissait les complices de l'attentat du 28 juillet, et qu'il avait conseillé à un sieur *Touchard* de ne pas aller à la revue.

Lafargue a été cité; il a soutenu qu'il n'avait pas entendu parler de l'attentat avant qu'il fût commis, et qu'il n'avait conseillé à personne de ne pas aller à la revue.

Touchard, entendu comme témoin, a déclaré que *Lafargue* ne l'avait pas engagé à ne pas aller à la revue.

198.

Poiret (Charles), *âgé de 42 ans, marchand bonnetier, demeurant à Paris, rue Saint-Denis, n° 292.*

M. *Queneau,* propriétaire, demeurant rue de Tracy, n° 6, a déclaré, qu'étant à la revue, comme garde national, il avait pris part à une conversation dans laquelle il avait entendu un chasseur de la 6e légion qui disait: « *Il* « *y a six semaines environ, on m'a dit qu'il s'établissait une machine* « *infernale contre le Roi.* »

Ce chasseur était le sieur *Poiret*: appelé en témoignage, celui-ci a déclaré qu'il n'avait pas prononcé les paroles rapportées par le sieur *Queneau;* qu'il avait seulement dit avoir entendu parler en voyage, il y avait trois semaines ou un mois, d'un complot qui avait eu ou devait avoir lieu; il a ajouté ne pas se rappeler si on le lui avait dit, ou s'il l'avait lu dans les journaux.

199.

Valerius (Philippe), *âgé de 40 ans, bandagiste, demeurant à Paris, rue du Coq-Saint Honoré, n° 7.*

Une note envoyée à la commission d'instruction annonçait que, le 10 août dernier, la femme *Faure* ayant conduit son fils à Saint-Eustache, pour sa première communion, y avait été accostée, près de la chapelle de la Vierge, par un inconnu qui lui avait demandé ce qu'elle pensait de l'archevêque, et qui avait fini par lui dire :

« Je suis *Valerius*, le bandagiste ; je vous garantis que d'ici à peu de temps, « il y aura une catastrophe, et que Henri V montera sur le trône. »

Dans la note, il était ajouté que la dame *Faure* avait rapporté le propos à son mari, qui n'y fit pas grande attention, mais qui se l'est rappelé après l'attentat du 28 juillet.

La dame *Faure*, dans une déposition circonstanciée, a rapporté d'une manière différente ce qui lui avait été dit par le sieur *Valerius*. Leur conversation avait roulé sur certaines difficultés qui existeraient entre le clergé de Saint-Eustache et celui de Saint-Germain-l'Auxerrois. La déposition de la dame *Faure* se termine ainsi : « C'est désagréable que l'église de Saint Ger- « main-l'Auxerrois ne soit point rouverte. Il m'a dit: Cet état de choses ne peut « pas durer; avant peu il y aura un changement; je croirais qu'il a dit : un grand « changement, je n'en suis pas sûre. Il n'a parlé ni de catastrophe, ni de « Henri V. »

La déclaration du sieur *Valerius* s'est trouvée conforme à celle de la dame *Faure*. Il a annoncé avoir dit, au sujet de difficultés qui auraient existé entre les deux curés, que c'était une calamité, et que cela ne pouvait pas durer longtemps.

200.

Un document avait annoncé que le sieur *Lepelletier de Saint-Fargeau* aurait dit, avant le 28 juillet, que *dans peu de jours le Roi serait assassiné*, et qu'*il y avait un comité composé de trois membres organisé à cet effet.*

Le domicile du sieur *Lepelletier de Saint-Fargeau* avait été indiqué aux Batignolles, rue des Carrières, n° 4. Il a été recherché à ce domicile ; il n'y était pas connu du portier. Mais un locataire de la maison fit connaître que depuis plus d'un an le sieur *Lepelletier de Saint-Fargeau* avait quitté les Batignolles pour aller demeurer à Saint-Germain-en-Laye.

Une perquisition a été faite à Saint-Germain-en-Laye au domicile du sieur *Lepelletier de Saint-Fargeau*, et n'a produit aucun résultat.

Aucun témoin n'étant indiqué qui pût s'expliquer sur les propos attribués au sieur *Lepelletier de Saint-Fargeau*, les recherches n'ont point été poussées plus loin.

201.

On avait signalé un sieur *Rodez*, que l'on disait être portier de la maison n° 12, rue de Vendôme, comme ayant dit, quinze jours environ avant l'attentat, qu'*il connaissait un mécanicien qui tuerait plutôt trois cents personnes que de manquer le Roi.*

Le portier du n° 12, rue de Vendôme, ne se nomme pas *Rodez;* il porte le nom de *Étiben :* il nie avoir tenu ce propos; il n'existe point d'ailleurs de portier du nom de *Rodez* dans cette rue, et tout se réunit pour ôter toute importance à ce renseignement anonyme.

202.

FAGNON, *graveur sur bois, demeurant à Paris, place Dauphine, n° 24.*

Le sieur *Fagnon* avait été signalé comme ayant dit, quelques jours avant l'attentat du 28 juillet : *Il est impossible qu'il échappe cette fois.* Aucun témoin n'était indiqué comme ayant entendu ce propos.

Une perquisition a été faite chez *Fagnon;* elle a été sans résultat. L'instruction a constaté que cet individu était souvent absent de chez lui; que sa conduite paraissait peu régulière : mais elle n'a pas confirmé que *Fagnon* eût tenu le propos qu'on lui avait imputé.

Fagnon est maintenant absent de Paris; il n'a donc pu être interrogé.

203.

MAHU (Louise), *âgée de 23 ans, née à Maursovilliers (Eure), journalière, demeurant à Paris, rue des Carmes, n° 14.*

Le 28 juillet la fille *Mahu* aurait dit au marché de la Vallée, que *le Roi serait assassiné pendant les fêtes de juillet.*

Ce propos fit penser que cette fille, connue du reste par ses opinions anarchiques, pouvait avoir eu quelques rapports avec les complices de *Fieschi.*

Perquisition fut faite à son domicile, mais sans résultat; la fille *Mahu* fut interrogée, le 2 août dernier.

Elle nia le propos qui lui était imputé. L'inspecteur des marchés, entendu comme témoin, a fait perdre à ce propos de sa gravité. Cette fille aurait dit : *C'est bien de hasard si le Roi n'est pas assassiné*, propos de même nature que bien d'autres qui ont été prononcés à la même époque, et qui cependant n'établissent aucune participation à l'attentat de la part de ceux qui les ont tenus.

204.

MAESNER (Paul), *âgé de 18 ans, ébéniste, demeurant à Paris, rue du faubourg Saint-Antoine, n° 86.*

Un sieur *Stréby*, ébéniste, a pour ouvrier depuis quatre ans Paul *Maesner* : le dimanche 26 juillet dernier, il l'envoya près la dame *Ferreris*, demeurant aux Batignolles-Monceaux, pour faire quelques réparations aux meubles de cette dame. Ce jeune homme, tout en s'y livrant à ses travaux, tint quelques propos qui plus tard semblèrent annoncer qu'il avait connaissance de l'événement alors en projet. Paul *Maesner* a été appelé comme témoin, dans le but de faire connaître à la justice la source des propos tenus par lui. Il n'a pas nié une partie de ces propos, il les a expliqués; il a prétendu qu'il n'avait fait que répéter ce qu'il avait entendu dire à des individus qu'il n'a pu signaler.

205.

MÉTEYER, dit NORMAND (Albert-Guillaume-François), *âgé de 33 ans, menuisier, demeurant à Paris, passage Popincourt, n° 3.*

Une déclaration faite le 9 août dernier, devant le commissaire de police du quartier Bonne-Nouvelle, avait signalé le sieur *Méteyer*, ouvrier menuisier, comme ayant eu une connaissance anticipée de l'événement du 28 juillet.

Une perquisition fut faite immédiatement au domicile de cet homme. Cette perquisition a été sans résultat, et de bons renseignements furent obtenus sur *Méteyer*.

Interrogé sur les propos qui lui étaient imputés, le sieur *Méteyer* a déclaré ne les avoir point tenus.

206.

PONSIN (Jules-Nicolas), *âgé de 17 ans et demi, cuisinier, né à Stenay (Meuse), demeurant à Paris, rue de Lille, n° 75.*

MEYMAC (Jean-Jules), *âgé de 34 ans, restaurateur, né à Sainte-Foix (Gironde), demeurant à Paris, rue Croix-des-Petits-Champs, n° 38.*

Ponsin fut arrêté, le 28 juillet, en vertu d'un mandat de M. le préfet de police.

Il avait dit, le 27 juillet, *qu'on avait manqué d'assassiner le Roi, à Neuilly, mais qu'on ne le manquerait pas à la revue du 28.* Il avait dit le même jour, en parlant devant le sieur *Halot*, à une femme *Tranchant*, qui annonçait le projet de remettre une pétition au Roi, à la revue : *Si vous voulez remettre une pétition au Roi, il faudra vous y prendre de bonne heure; on lui fera son affaire ce jour-là: on l'a manqué sur le chemin de Neuilly, mais on ne le manquera pas à la revue.*

Ponsin ajoutait qu'il y avait quarante personnes qui venaient chez le sieur Meymac, son maître; qu'on ne parlait que de cela; que quatorze avaient été arrêtées, que trois étaient évadées et que les autres seraient aussi bientôt évadées; que son maître était de la garde nationale à cheval, que ce serait lui qui ferait le coup, qu'il en était le chef.

Ponsin a déclaré qu'il avait entendu dire tout cela chez le sieur *Meymac*, peut-être par lui, peut-être par d'autres; que la plupart des individus qui fréquentaient son maître étaient républicains.

Une perquisition a été faite chez *Meymac*; elle n'a rien produit.

Meymac, qui fait partie d'une compagnie d'*infanterie* de la garde nationale, a été interrogé sur mandat de comparution; il a nié tous les propos qui lui ont été imputés par *Ponsin*, dont le témoignage est loin d'inspirer une entière confiance; les antécédents de *Meymac* éloignaient d'ailleurs l'idée qu'il ait eu aucun rapport avec les auteurs de l'attentat du 28 juillet.

Meymac et *Ponsin* ont été mis en liberté.

207.

MARTIN (Jean), *âgé de 27 ans, tailleur, né à Toulon-sur-Aroux (Saône-et-Loire), demeurant à Paris, rue des Petits-Champs-Saint-Martin.*

Martin fut signalé comme ayant dit, le 27 juillet, à une domestique, nommée *Hortense*, que le lendemain il y aurait des coups de fusil tirés et du sang répandu du côté de la porte Saint-Martin, et que l'on ferait des barricades sur tous les boulevarts.

Le 1er août, un mandat d'amener et de perquisition fut décerné contre lui.

Cette perquisition donna lieu à la saisie d'un livret contenant les statuts de la société des Droits de l'homme, et les portraits des accusés *Kersausie*, *Delente* et *Imbert*.

L'instruction a fait connaître que *Martin* a travaillé, pendant trois ans, chez le sieur *Marais*, tailleur, qui ne l'a renvoyé que parce qu'il ne gardait plus d'ouvriers chez lui, et qui alors l'a adressé au sieur *Foucher*, chez qui *Martin* travaillait depuis trois mois, au moment de son arrestation. Tous deux ont rendu de lui un bon témoignage.

La nommée *Hortense* a été appelée; confrontée avec *Martin*, elle l'a reconnu, et a déclaré que, le 27 juillet, il lui avait demandé si elle irait à la revue; qu'elle lui avait répondu que *oui*, et qu'alors il lui aurait dit : *Il y aura peut-être des barricades à la porte Saint-Martin et du bruit à la revue;* mais, en même temps, elle a ajouté qu'au ton dont il disait cela, elle avait pensé qu'il plaisantait.

Martin a déclaré ne pas se rappeler avoir tenu ce propos. Interrogé sur la possession du livret trouvé chez lui, il a dit qu'il lui avait été donné à l'époque où l'on voulait former une société pour l'augmentation des salaires. Mais il a déclaré, en même temps, n'avoir fait partie d'aucune société.

Martin a été mis en liberté.

208.

Femme MAZEAU (Rosine ROUGEMAT), *âgée de 29 ans, chapelière, née à Beaurard-le-Jenne, près Aurnal (Somme), demeurant à Paris, rue du Faubourg-du-Temple, n° 14.*

Des renseignements firent connaître que la femme Mazeau avait, dans les derniers jours de juillet, annoncé qu'*il y aurait du bruit à la revue*, et avait engagé le sieur *Laforest*, son voisin, à ne point y aller; qu'elle avait ajouté que, quant à elle, elle était tranquille, parce que son mari était déterminé à ne point sortir. Elle fut arrêtée et interrogée; elle nia d'abord le propos qui lui était imputé; elle prétendit qu'elle n'avait rien dit de semblable; mais bientôt, mise en présence de la dame *Laforest*, elle finit par convenir que diverses personnes, qu'elle ne pouvait indiquer, lui avaient dit qu'il y aurait du bruit à la revue, et qu'on craignait qu'on n'attentât à la vie du Roi. Ces craintes, ajouta la dame *Mazeau* étaient motivées sur l'attentat de Neuilly, dont il était question journellement dans les journaux : on en concluait, disait-elle, que, peut-être, les complices de cet attentat pourraient essayer de le mettre à exécution dans la journée du 28 juillet. Au surplus, il n'est pas établi que la dame *Mazeau* ait eu personnellement connaissance de ce qui devait se passer dans cette fatale journée.

209.

JOSSET, *tourneur, demeurant à Paris, rue de Chabrol, n° 4.*

Une note transmise à M. le Président signalait *Josset* comme ayant dit, la veille de l'attentat, *que les fêtes de juillet étaient les dernières que verrait Louis-Philippe.*

Le sieur *Chappe* et le perruquier *Lebrun* ont été cités comme témoins.

Chappe a déclaré qu'il tenait de sa femme que *Lebrun*, perruquier, avait rapporté que *Josset* avait dit, la veille de la revue, que cette revue serait la dernière que verrait *Louis-Philippe.*

Lebrun a déclaré que, le 27 juillet, il rasait le sieur *Josset :* comme le temps était nébuleux, il lui dit que ce serait fâcheux qu'il plût pour les fêtes, *Josset* répondit : « Il faut espérer qu'il n'arrivera pas de mal ce jour-là. »

Le propos est si vaguement rapporté, qu'il n'a pas paru qu'il y eût lieu d'interroger *Josset.*

210.

Femme OUDART (Françoise-Augustine BIGOT), *âgée de 48 ans, sans profession, demeurant à Paris, rue des Martyrs, n° 16.*

La dame *Oudart* était signalée comme ayant dit, le 28 juillet, à l'hôtel des finances, que *le Roi serait assassiné à la revue.* Le même renseignement indiquait le sieur *Desnoyers,* employé de ce ministère, comme ayant répliqué : *il faut bien que cela finisse, on a trahi la révolution de juillet.*

Un juge d'instruction a entendu madame *Oudart.*

Elle a déclaré qu'elle se trouvait, le 28 juillet, au ministère des finances, pour voir passer la revue, mais qu'elle n'a tenu aucun propos de la nature de celui qui lui était imputé, et que le sieur *Desnoyers* n'a pu par conséquent lui faire aucune réponse à ce sujet.

211.

PRESLEUR (Jean-Michel-Charles), *âgé de 45 ans, ferblantier-lampiste, né à Paris, y demeurant, rue des Fossés-du-Temple, n° 20.*

Le sieur *Forge,* appelé comme témoin, a déclaré que, le 28 juillet, il avait rencontré *Presleur* sur le boulevart, et que celui-ci lui avait dit : *C'est aujourd'hui le coup de bas de Louis-Philippe.*

Une perquisition a été faite chez *Presleur :* elle a produit la saisie de chansons et gravures légitimistes, mais on n'a trouvé aucune pièce ayant rapport à l'attentat du 28 juillet.

Presleur a nié avoir tenu le propos à lui imputé par le sieur *Forge ;* aucun autre témoin n'étant d'ailleurs indiqué, il a été mis en liberté.

212.

RIVERT, *âgé de 75 à 78 ans.*

Le sieur *Cosson*, perruquier, rue Mouffetard, a déclaré que, le 28 juillet dernier, un sieur *Rivert* serait venu le trouver, pour se faire raser, vers sept heures du matin, et qu'il l'aurait, à cette occasion, entretenu de la revue projetée pour le même jour. Le sieur *Cosson* a ajouté qu'il avait cru, dans la conversation de cet homme, apercevoir quelques connaissances prématurées de l'événement alors en projet.

Un mandat d'amener a été décerné contre *Rivert,* qui paraît inconnu dans la maison où, suivant *Cosson*, il aurait été logé à cette époque.

L'information n'a pas eu d'autre suite.

213.

SAUVIGNON (Jean-Baptiste-François-David), *âgé de 17 ans, papetier, né à Bordeaux (Gironde), demeurant à Paris, rue Simon-Lefranc, n° 18.*

Une lettre signée *Duhamel* signalait le nommé *Sauvignon* comme s'étant promené, le 28 juillet, sur le boulevart, en tenant de mauvais propos sur le Roi, et ayant dit, notamment : *Pourvu que cet imbécille ne le manque pas, c'est notre affaire.*

Une perquisition faite chez *Sauvignon* donna lieu à la saisie, 1° d'une lettre écrite par un nommé *Lecomte,* datée de Bordeaux, le 13 avril 1835, dans laquelle se trouvaient quelques lignes en chiffres; 2° d'une autre lettre entièrement écrite en chiffres.

Le chiffre étant fort simple, ces lettres ont pu facilement être lues. *Lecomte,* dans un passage en chiffres, dit à *Sauvignon* de lui écrire de cette manière. La seconde lettre est de *Sauvignon,* il annonce à son camarade qu'il est malade en ce moment.

On a aussi saisi chez *Sauvignon* une petite gravure représentant *Danton* à la tribune, et un dessin au crayon d'un bonnet de liberté avec des inscriptions analogues.

Sauvignon a été arrêté au moment de la perquisition; il a été interrogé et a déclaré qu'il s'était en effet promené le 28 juillet sur les boulevarts, depuis neuf ou dix heures du matin, jusqu'à la revue, mais il a nié avoir tenu le propos que lui impute la lettre signée *Duhamel*. Le signataire de cette lettre n'ayant point donné son adresse, il a été impossible de le faire entendre, et comme il n'avait d'ailleurs indiqué aucun témoin, le fait n'a pu être vérifié.

Sauvignon a été mis en liberté.

214.

BAR (Auguste), *âgé de 35 ans, journalier, demeurant à Paris, rue des Guillemittes, n° 2.*

A l'époque des fêtes de juillet, Auguste *Bar* était ouvrier chez le sieur *Marteau*, artificier, faubourg Poissonnière, qui, le 27, avait établi, par ordre de l'administration, sur la place du Marché des Innocents, des feux de couleur auprès des tombes de juillet: *Bar* avait été envoyé le soir pour porter de l'esprit de vin à l'ouvrier chargé de l'entretien de ces feux. Tous les deux sont restés ensemble jusqu'à minuit.

Le 29 juillet au matin, dans la boutique d'un épicier de la rue du Faubourg-Saint-Denis, et dans l'atelier du sieur *Marteau*, *Bar* a tenu des discours fort extraordinaires qui ont eu quelque retentissement dans Paris. C'est en effet dans la rue Dauphine qu'en a été recueilli le premier bruit.

A six heures et demie, d'après un témoin, à sept ou huit heures selon un autre, un individu qui était Auguste *Bar* avait dit que lundi soir, vers minuit, il avait été arrêté et conduit par force dans une maison où *on lui avait fait faire des cartouches jusqu'au lendemain à midi*. Il disait : *Nous étions au moins soixante ;* une personne présente ayant dit : *Mais pas dans la même pièce?* il avait répliqué : *Il y en avait quatre.* Il avait ensuite annoncé qu'il connaissait particulièrement quelques-uns des individus qui l'avaient arrêté; qu'on lui avait promis de l'argent si le coup ne réussissait pas, et, dans le cas où le coup réussirait, une place s'il savait écrire.

C'était rue Aubry-le-Boucher, au rapport de l'épicier, et rue Transnonain, suivant une autre déposition, que *Bar* avait dit avoir été arrêté. Un troisième témoin a déclaré lui avoir entendu dire que *ces fripons* (c'est ainsi qu'il s'était exprimé) l'avaient forcé de les suivre boulevart du Temple, à l'endroit même où était la machine; qu'il l'y avait vue; qu'il y avait beaucoup de monde; qu'ils étaient dans trois chambres au nombre de plus de soixante; qu'ils avaient fait des cartouches et des balles; qu'ils ne s'étaient retirés qu'après l'affaire manquée; que la porte leur avait été ouverte, et qu'ils s'étaient sauvés tous.

Les témoins se sont accordés à dire, en rapportant ces discours, que l'homme qui les tenait avait l'air de ne pas avoir la tête à lui.

C'est vers sept heures du matin, d'après le contre-maître du sieur *Marteau*, que, dans son atelier, Auguste *Bar* a fait un récit à peu près semblable.

Le contre-maître lui a demandé pourquoi il n'était pas venu la veille. Il a répondu que ce n'était pas sa faute, qu'après avoir quitté l'ouvrier auquel il avait apporté de l'esprit de vin au marché des Innocents, il avait été abordé par deux ou trois individus qui l'avaient forcé à les suivre dans une maison de la rue Aubry-le-Boucher, au quatrième (à ce que croit le contre-maître), où s'étaient trouvés une cinquantaine d'autres individus; qu'il avait passé la nuit à boire avec eux, et qu'on ne l'avait laissé sortir qu'à deux heures après midi. Il a ajouté qu'on lui avait pris dans cette maison ses souliers et une cravate. Au moment où il fit ce récit, il avait aux pieds des souliers neufs. Il a dit qu'il venait de les acheter.

Des explications lui ayant été demandées, il a exposé que, le 27 juillet, étant parti à minuit du marché des Innocents pour rentrer chez lui, il avait rencontré dans la rue Aubry-le-Boucher, des ivrognes qui l'avaient insulté et frappé; qu'il avait continué son chemin; qu'il était couché à minuit un quart.

Interrogé sur les discours qu'il avait tenus, il a dit avoir fait cette histoire pour s'excuser de n'avoir pas travaillé le mardi. Mais il n'avait pas besoin d'une telle excuse dans la boutique de l'épicier.

Toutefois, indépendamment de l'invraisemblance du récit d'Auguste *Bar*, il résulte de l'instruction qu'il n'a pas acheté, le 29 juillet, les souliers neufs qu'il a montrés au contre-maître; qu'en effet il les avait commandés à un cordonnier qui est son voisin, qui les lui avait livrés la veille, dans l'après-midi; que ce même jour, 28 juillet, dès huit ou neuf heures du matin, il était allé chez le cordonnier les lui demander; qu'il avait passé presque toute la journée à boire dans la boutique d'un marchand de liqueurs, rue Vieille-du-Temple, n° 68. C'était dans son quartier. Il a fait une dépense assez considérable, qu'il n'a pas payée. Il a déclaré que le lendemain, 29 juillet, avant de se rendre dans le faubourg Poissonnière, il avait bu pour sept à huit sous d'eau-de-vie chez le même marchand de liqueurs.

Il n'y avait pas d'autre suite à donner à ces informations.

215.

CUSTOT (Jacques-Octave), *âgé de 24 ans, né à Gaëte, près Naples, commis négociant, demeurant à Paris, rue Coquillière, n° 28.*

Le sieur *Custot* quitta Marseille, où sa famille est établie, pour venir à

Paris, où il arriva dans les derniers jours de juillet dernier, et alla demeurer rue Coquillière, n° 28.

Custot fut signalé comme professant habituellement des opinions républicaines et comme s'étant rendu à Paris dans l'intention d'y assassiner le Roi.

En passant à Lyon, il avait, disait-on, assisté à un repas républicain où on l'aurait coiffé d'un bonnet rouge.

A Paris, quelques jours après l'attentat, *Custot* aurait dit au Palais-Royal que *Girard* était un maladroit parce qu'il avait tué beaucoup de monde sans tuer le Roi; que pour lui il ne l'aurait pas manqué et ne le manquerait pas lorsque son parti le lui commanderait.

Une perquisition fut faite le 4 août au domicile de cet individu; on y saisit diverses lettres sans importance, de la poudre, une balle, du plomb et notamment un bonnet rouge dit *phrygien*.

Le mandat d'amener décerné contre *Custot* fut mis à exécution.

Dans son interrogatoire, cet individu repoussa l'inculpation qui lui était faite; il prétendit n'avoir jamais tenu le propos qu'on lui impute; affirma que le jour indiqué il n'était pas au Palais-Royal, mais à Charenton, en compagnie de diverses personnes.

Quant au bonnet dit *phrygien*, il a déclaré l'avoir depuis le carnaval dernier.

Tous les renseignements donnés sur cet individu échappaient au contrôle de l'instruction; aucun témoin n'avait été indiqué. En cet état, *Custot* a été mis en liberté.

216.

FAUCHEUX (Pierre), *âgé de 42 ans, menuisier, né à Paris, y demeurant, rue Saint-André-Popincourt, n° 17.*

DESJEUX (Louis-François), *âgé de 32 ans, ébéniste, né à Paris, y demeurant, rue Moreau, n° 11.*

Un nommé *Faucheux*, républicain connu du quartier Popincourt, et membre de l'ancienne société des Droits de l'homme, prétendit le 28 juillet dernier, en apprenant l'attentat du même jour, avoir eu connaissance depuis la veille du projet conçu contre la personne du Roi. Ce propos, proféré en présence de témoins, provoqua l'arrestation de cet homme. Il prétendit tenir la nouvelle de l'événement encore en projet du nommé François *Desjeux*, son beau-frère. Celui-ci fut alors recherché et arrêté. Il n'a pas nié la circonstance du propos qui lui est imputé. Il l'aurait, suivant lui, entendu rapporter vaguement et en aurait parlé de même à sa sœur. Il n'a pu nommer les personnes par l'intermédiaire desquelles cette annonce serait venue frapper ses oreilles.

Une perquisition a été faite aux domiciles des susnommés: *Faucheux* a été trouvé nanti d'une arme de guerre appartenant à l'État et dont il était dépositaire comme garde national : cette arme, sur la demande du colonel de la 8ᵉ légion, a été rétablie à la mairie du 8ᵉ arrondissement.

Il a été placé en outre sous la main de justice quelques écrits qui ne peuvent être l'objet d'aucune inculpation.

Quant aux perquisitions faites chez *Desjeux*, elles n'ont été suivies d'aucun résultat.

217.

GALLAND (Victor-Jules), *âgé de 25 ans, ouvrier en châles, né à Paris, y demeurant, rue de Paradis-Poissonnière, n° 39.*

Galland a été signalé comme ayant dit qu'il s'était trouvé sur le boulevart au moment de l'attentat, parce qu'il savait qu'il devait se commettre, et qu'il en connaissait les auteurs.

Une perquisition a été faite au domicile de cet individu; on n'y a rien trouvé qui eût rapport à l'attentat du 28 juillet.

218.

On fut informé que, le 28 juillet, un homme était venu louer, moyennant dix francs, un cabriolet de place, sur le boulevart des Italiens, à dix heures du soir; qu'il l'avait conduit devant une porte de la rue de Grammont; que là, un individu, se disant fils de la portière, était monté dans le cabriolet, et s'était fait conduire à Sceaux pour y porter le journal du soir. On voulut savoir quel motif pouvait faire porter un journal à si grands frais. L'instruction a établi que le journal avait été porté à M. *Juteau*, agent de change, qui était alors à Sceaux; que son caissier, ayant ordre depuis longtemps de lui porter le journal du soir à la campagne, toutes les fois qu'il était arrivé quelque événement important, avait pensé que l'attentat en était un assez grave pour qu'il fît la dépense d'une course de cabriolet, même à 10 francs, pour porter le journal qui l'annonçait.

219.

Collas, *coiffeur employé par l'Opéra, demeurant à Paris, rue Neuve-des Mathurins, n° 54.*

Un sieur *Collas*, coiffeur, avait été désigné comme ayant annoncé, le jour de l'attentat, que, *si Louis-Philippe l'avait échappé, il n'échapperait pas sans doute à une mort plus cruelle qui lui était réservée.*

On n'a pu indiquer le lieu où ce propos aurait été tenu, et il n'a été désigné aucun témoin qu'on pût faire entendre. On n'a pas cru que l'instruction dût être poussée plus loin.

220.

Un procès-verbal du commissaire de police du quartier du Marché-S.-Jean annonçait qu'un nommé *Énard* avait déclaré avoir des révélations fort importantes à faire.

Suivant le même procès-verbal, cet homme aurait raconté que le 28 juillet, une demi-heure ou trois quarts d'heure après l'attentat, un individu, ayant son habit et son pantalon fraîchement déchirés, serait venu acheter des bottes chez la dame *Mansaud*, pour laquelle il travaille, et que cet individu avait dit qu'il avait sauté par une croisée.

Énard a été cité : il a déclaré que le 28 juillet, en revenant d'une course, il vit un jeune homme qui venait d'acheter des bottes chez la dame *Mansaud*; que cette dame l'avait chargé de porter les bottes et d'accompagner le jeune homme; que chemin faisant celui ci lui aurait dit qu'on avait tâché de tirer sur le Roi; mais que malheureusement on l'avait manqué, et qu'on avait tué le fils d'un mauvais général; qu'il avait accompagné ce jeune homme jusqu'à son hôtel, rue Guénégaud, n° 16, et lui avait proposé de cirer les bottes qu'il avait apportées; mais que le jeune homme lui avait répondu : « Non, non, il faut que je retourne « là-bas, pour savoir ce qui se passe; » qu'il lui avait demandé ensuite si sa redingote n'était pas déchirée, et qu'alors il avait reconnu une déchirure à l'épaule droite, et une en dedans du genou gauche du pantalon.

Énard, qui paraît d'un esprit borné, a dit n'avoir pas beaucoup de mémoire.

La dame *Mansaud* a été appelée comme témoin : elle a dit que le 28 juillet un jeune homme était venu chez elle pour acheter des bottes; qu'il avait demandé qu'on les lui portât, disant demeurer près du Pont-Neuf; que son ouvrier *Énard* venant à rentrer en ce moment, elle l'avait envoyé avec ce jeune homme; mais qu'elle n'avait pas fait attention si celui-ci avait ou non son pantalon déchiré. Il n'a pas été question que ce jeune homme eût dit qu'il avait passé par une croisée.

Eard avait déclaré que ce jeune homme occupait, dans un hôtel garni, un cabinet portant le n° 5 : le maître de l'hôtel a été cité, et a dit que ce cabinet était occupé par un sieur *Vigneron*, avocat à Angoulême, qui sortait toujours avec des papiers, et s'occupait d'écrire sur la mythologie.

221.

Dupuis (Xavier), *âgé de 38 ans, démolisseur, demeurant à Paris, place Saint-Jean, n° 7.*

Par suite d'un rapport du 31 juillet dernier, le sieur *Dupuis* aurait déclaré connaître le nommé *Girard*, avec qui il aurait même bu plusieurs fois dans le café Périnet. *Dupuis* a été entendu, et a déclaré qu'il connaissait en effet un nommé *Girard*, mais que ce n'était point l'auteur de l'attentat, et que, depuis cette époque, il avait vu plusieurs fois le sieur *Girard* dont il avait voulu parler.

222.

Landry (Vialat), *âgé de 42 ans, homme de peine de la maison du Roi, demeurant à Paris, rue Thévenot, n° 30.*

Le sieur *Landry* fut rencontré, dans la nuit du 1er au 2 août dernier, ivre et à moitié endormi au coin d'une borne de la rue Sainte-Foi; arrêté par la patrouille, il demanda à être reconduit à son domicile, ce qui eut lieu. Lorsqu'il y arriva, le chef de patrouille s'adressa à la femme *Landry*, qui excusa son mari, et dit : « Depuis cette affaire (de l'attentat), il est tout dérangé; il a « vu quelque chose; mais que voulez-vous? on ne peut rien dire, on ne veut « pas se mêler de ces affaires. »

Le rapport du chef de patrouille ayant été transmis à M. le Procureur général, *Landry* a été interrogé; mais on n'a pu tirer de lui aucun éclaircissement. Savait-il quelque chose de ce qui se tramait? connaissait-il un des inculpés? c'est ce qu'on n'a pu éclaircir. Il a prétendu avoir vu entrer dans une maison, rue Basse-du-Temple, quelques jours avant l'attentat, un homme portant une *barbe de bouc;* il a ajouté qu'il pensait continuellement à cet homme, et que ce souvenir le tourmentait.

223.

Deforestier (Joseph-Henri), *âgé de 50 ans, né à Saint-Domingue, peintre, demeurant à Paris, rue Meslay, n° 55.*

Cet homme fut signalé comme ayant, le 27 juillet 1835, pendant le service funèbre pour les victimes de juillet 1830, auquel il assistait comme garde national, tenu le propos suivant : « Celui à qui on aurait enlevé tous ses moyens « d'existence et qui tuerait le Roi ne commettrait pas un crime : ce serait un « acte de courage ; il faudrait seulement qu'il fît le sacrifice de sa vie. »

Deux témoins ont été entendus. D'après l'un, *Deforestier* aurait dit : *Une personne à qui le Roi aurait retiré ses moyens d'existence pourrait l'assassiner : ce ne serait point un crime ; ce serait un acte de courage ; mais il faudrait faire le sacrifice de sa vie.* D'après l'autre, il se serait exprimé ainsi : « Une personne qui aurait perdu ses moyens d'existence par la « faute du Gouvernement, et qui n'aurait plus de ressources, pourrait assassiner « le Roi : ce ne serait point un crime ; mais il faudrait avoir fait le sacrifice de « sa vie. »

Deforestier, appelé par mandat de comparution, a soutenu n'avoir pas tenu ce propos. Il a dit qu'on parlait d'un individu qui, poursuivi pour un fait politique dont il était innocent, se cachait et avait ainsi perdu ses moyens d'existence, et qu'alors il avait dit qu'un homme était toujours maître de la vie d'un autre ; que le système du Gouvernement relativement à quelques individus était de nature à pouvoir susciter un Séide, qui pourrait attenter aux jours du Roi.

Les témoins entendus, en rapportant le propos comme ils déclarent l'avoir entendu, ont ajouté que le sieur *Deforestier*, qui fait assidûment son service comme garde national, est de mœurs douces et incapable de prêter les mains à un crime.

224.

Carton (Louis-Christian-Pierre-François), *âgé de 26 ans, tailleur d'habits, né à Brest, domicilié en ladite ville.*

Oudin *fils, domicilié à Brest.*

Le sous-préfet de Brest donna avis qu'on lui avait rapporté qu'un sieur *Oudin*, jeune homme connu à Brest par son exaltation républicaine, et habitant depuis le milieu du mois de mars 1835 la capitale, où il est venu inutilement chercher fortune, avait écrit à Brest qu'il était toujours dans une position précaire, mais que cette position allait changer et que, sous quinze jours, il serait nommé préfet; que cette espérance aurait été manifestée au nommé *Carton*, et que ce dernier aurait pris, le 17 juillet 1835, un passeport pour aller à Paris et y serait allé.

Le 12 août dernier, des mandats d'amener furent décernés contre *Oudin* et *Carton*. Des commissions rogatoires pour faire perquisition chez eux furent expédiées en même temps.

Une commission rogatoire fut envoyée à Brest, pour entendre les témoins qui auraient connaissance de ces faits; mais cette commission rogatoire est restée sans effet, le sous-préfet n'ayant pu indiquer comme témoin que le maire de Brest, qui lui-même a déclaré qu'il avait seulement dit au sous-préfet qu'on rapportait, comme bruit de ville, qu'*Oudin* avait dû écrire qu'il était toujours dans une position précaire, mais que sa position allait changer, et que sous trois semaines il serait nommé préfet; mais il n'a pu se rappeler qui lui avait rapporté ce bruit.

On recherchait pendant ce temps à Paris la demeure de *Carton* et de *Oudin;* mais déjà ils étaient retournés à Brest.

Aucun témoin n'ayant été indiqué contre eux, l'instruction n'a pas été poussée plus loin.

225.

CHARLOT (André), *âgé de 59 ans, maître d'hôtel, demeurant à Abbeville.*

Le 25 juillet dernier, le colonel *de Baucourt* passait par Abbeville pour se rendre à Paris où son service l'appelait. Il était sur le point de monter en voiture, lorsqu'un sieur *Charlot*, aubergiste, voulut le dissuader de continuer son voyage, sur le motif qu'*il devait y avoir du bruit à Paris, et même une révolution dans cette ville, à l'époque des journées de juillet.*

Le sieur *Charlot* ajoutait tenir ce fait d'un Anglais qui aurait reçu de Paris une lettre qui lui annonçait ces étranges nouvelles.

Appelé, le 3 août, devant le juge d'instruction, le colonel *de Baucourt* a confirmé ces détails; et en conséquence, commission rogatoire fut décernée par M. le Président de la Cour, pour entendre le sieur *Charlot* et rechercher l'Anglais qui disait avoir reçu la lettre dont il s'agit.

Interrogé par le juge d'instruction, le sieur *Charlot* a déclaré avoir effectivement dit au colonel *de Baucourt* qu'il y aurait peut-être des troubles à Paris, à l'époque des anniversaires; mais qu'il avait énoncé ce fait, ou plutôt cette présomption, sur un bruit qui en avait couru à Abbeville. Il a ajouté que ce bruit avait même circulé en Angleterre, et qu'une dame anglaise avait rapporté qu'on craignait un mouvement à Paris pour cette époque; mais il a affirmé n'avoir rien dit, rien annoncé de positif, et s'être exprimé vis-à-vis du colonel dans des termes qui annonçaient le peu d'importance qu'il attachait à ces propos.

Rien, en effet, dans l'instruction, n'est venu donner de consistance à cette conversation, résultant, comme tant d'autres, de l'inquiétude que des articles de journaux et un complot récent avaient jetée dans les esprits.

226.

DUPARC (Yves), *âgé de 37 ans, né à Tollé, près Morlaix (Finistère), marin de deuxième classe, de la 45ᵉ compagnie des équipages de ligne, étant à bord de la corvette* la Dordogne.

M. le procureur du Roi de Brest fut informé qu'un marin de *la Dordogne*, corvette de l'Etat, alors en rade de Brest, nommé Yves *Duparc*, avait dit, dans les environs de Morlaix, le 28 juillet dernier, étant en état d'ivresse : *Une révolution est près d'éclater; je le tiens du Préfet.* M. le procureur du Roi, après s'être concerté avec le préfet maritime, interrogea *Duparc*, le 3 septembre. Ce marin a déclaré qu'il était à bord de *la Dordogne* depuis le 27 juillet 1834; qu'il avait obtenu un congé pour aller dans sa famille; qu'il n'avait aucun souvenir des propos qu'on lui imputait; qu'il se rappelait seulement qu'étant ivre, il passait dans un petit bourg; qu'il crut qu'on le prenait pour un déserteur; qu'il peut avoir dit qu'il était informé confidentiellement, par M. le Préfet, qu'une révolution allait éclater incessamment dans le pays; qu'il le croyait, puisque des personnes dignes de foi l'attestent, mais que son ivresse suffit pour expliquer de tels propos, parce que dans cet état il dit tout ce qui lui passe par la tête.

Une instruction a eu lieu : il en est résulté que, quelques jours avant les journées de juillet, *Duparc* passait devant la maison d'un sieur *Lescuyer*, au hameau de Quinquès, commune de Saint-Sève, arrondissement de Morlaix, et qu'il dit aux personnes qui étaient dans cette maison d'avertir les maîtres de la maison d'en sortir cette nuit là même, parce qu'il y avait grande révolution; ajoutant qu'il était venu de la part du sous-préfet, qu'il avait rempli son devoir, et dit, en regardant un calepin et ensuite la tourelle de la maison : « C'est bien « ici; c'est la tourelle sur laquelle il y a un coq; c'est bien celle qu'on m'a dé- « signée », et ensuite il s'en alla à travers champs.

Deux quartiers-maîtres de manœuvres ont été entendus; tous deux ont déclaré n'avoir pas su les propos imputés à *Duparc*, et ne lui en avoir entendu tenir aucun semblable. L'un d'eux est cousin de *Duparc*, par alliance; l'autre appartient à l'équipage de *la Dordogne* : suivant ce dernier, *Duparc* n'est qu'un bavard, qui ne parle ni breton ni français.

Duparc n'a pu être interrogé une seconde fois, en exécution de la commission rogatoire envoyée à Brest, parce que *la Dordogne* avait quitté la rade de Brest, pour se rendre au Havre, d'où elle a dû partir immédiatement pour les Antilles.

227.

FOUCAULT (Augustin-René), *cultivateur à la ferme de Bois-Henault, commune de Cernay, arrondissement de Chartres (Eure-et-Loir).*

Foucault avait été dénoncé comme ayant dit, du 22 au 24 juillet : « Votre » gouvernement n'est rien; il touche à sa fin, car il va tomber d'ici à quelques « jours; je vois les journaux, et quelque chose de plus; je viens de recevoir, « tout récemment, une lettre particulière de Paris, qui m'annonce que le Roi « est sur le bord de la rivière, et d'ici à quelques jours vous entendrez parler « de quelque chose. »

L'instruction a démontré que ces propos n'avaient pas été tenus par *Foucault,* et tout concourt à prouver que la dénonciation dont il a été l'objet n'est qu'une vengeance exercée contre lui.

228.

FORESTIER (Blaise), *âgé de 51 ans, marchand de vins aubergiste, demeurant à Billancourt, commune d'Auteuil.*

Une lettre anonyme adressée à M. le préfet de police, le 2 août dernier, a signalé l'auberge du sieur *Forestier,* marchand de vin à Billancourt, comme un des lieux où, dans la matinée du 28 juillet dernier, des propos auraient été tenus sur l'horrible attentat du même jour.

Le sieur *Forestier* a été cité et entendu; il a déclaré n'avoir aucune connaissance desdits propos.

229.

Fille ARDOUIN (Éléonore), *âgée de 27 ans, culotière, née à Étouy (Oise), demeurant à Paris, rue du Mail, n° 15.*

La fille *Ardouin* demeure avec le nommé *Margara,* âgé de 26 ans, ouvrier tailleur, né à Dolo-Aqua, rivière de Gênes.

Elle est partie le 4 juillet pour son pays, où elle est restée jusqu'au 25 du même mois.

M. le procureur du Roi près le tribunal de première instance de Clermont a écrit le 11 août, à M. le Procureur du Roi près le tribunal de premièré instance du département de la Seine, pour lui faire connaître qu'Eléonore *Ardouin* avait dit à plusieurs personnes du village d'Étouy, qu'*on tuerait Louis-Philippe dans les fêtes de juillet; qu'on avait déjà voulu le tuer, il y avait quinze jours, et qu'il y avait vingt-cinq personnes d'arrêtées.*

Par suite de cette lettre, M. le Président de la Cour des Pairs a décerné une commission en vertu de laquelle le juge d'instruction de Clermont a entendu plusieurs témoins.

Deux de ces témoins seulement ont déposé d'une manière un peu explicite des propos dont il s'agit.

Clarisse *Bourdon*, couturière, a déclaré qu'un jour, qu'elle croit être le 24 juillet, elle était allée chez le sieur *Carroyer* où se trouvait Éléonore, qui avait parlé des fêtes de juillet; qu'elle avait annoncé avoir entendu dire qu'*on tuerait Philippe à cette époque; qu'on avait voulu le tuer il y avait quinze jours, mais sans y avoir réussi; qu'il y avait eu vingt-cinq personnes arrêtées à l'occasion de cette tentative.*

Carroyer a rapporté qu'Éléonore *Ardouin* avait dit chez lui, devant Clarisse *Bourdon*, en parlant des fêtes de juillet : « Ça sera beau, on tuera « *Philippe.* »

Ce témoin a ajouté que, l'ayant interrompue pour lui représenter qu'elle avait tort de dire de telles choses, elle lui avait répondu : « Tu verras; déjà il « y a quinze jours, on a encore voulu le tuer; il y en a vingt-cinq de pris « pour cela. »

Éléonore *Ardouin*, appelée devant le juge d'instruction a nié les propos qui lui étaient attribués; elle a déclaré avoir entendu dire dans son pays qu'on avait voulu tuer le Roi; que l'homme qui devait le tuer s'était endormi; que c'était dans le journal.

230.

LAMOTHE (Guillaume), *âgé de 45 ans, né à Monségur (Basses-Pyrénées), marchand, demeurant à Bordeaux, rue Notre-Dame-aux-Chartrons, n° 99.*

Un sieur *Lamothe*, marchand de tuiles à Bordeaux, fut signalé comme ayant, avant l'attentat, tenu des propos qui semblaient annoncer le crime, ou au moins faisaient présumer qu'il était informé de son exécution projetée. Cet individu, entendu à Bordeaux par commission rogatoire, a nié les propos qui lui étaient imputés, et rien, dans l'instruction, n'est venu les confirmer.

Une perquisition faite à son domicile n'a produit aucun résultat.

231.

Lapertot (Pierre-François-Ferdinand), *âgé de 21 ans, né à Saulieu (Côte-d'Or), étudiant en pharmacie, demeurant chez son père, à Moulins-en-Gilbert (Nièvre).*

Le sieur *Lapertot* a été signalé comme ayant annoncé plusieurs jours avant l'attentat que le Roi devait être assassiné le 28 juillet.

M. le Président de la Cour des Pairs a cru devoir, sur l'avis de ce propos, commettre M. le président de la chambre des mises en accusation de la cour royale de Bourges, pour rechercher la source de la connaissance acquise à l'avance par *Lapertot* du susdit événement.

L'instruction paraît avoir démontré l'exactitude des renseignemens donnés, quant à l'existence du propos tenu par Lapertot.

Un mandat d'amener a donc été décerné contre ce dernier.

Lapertot a prétendu n'avoir point annoncé pour le 28 juillet l'attentat projeté ou la mort du Roi; il a déclaré qu'en parlant de ce jour il s'était tenu dans les généralités; qu'il avait prononcé peut-être les mots de bruits et d'émeutes, tels que la voix publique les avait amenés à son oreille.

Lapertot a été remis en liberté.

232.

Lequeux (Louis-Philippe), *âgé de 26 ans, militaire au 53e de ligne, en congé illimité, né à Beuvarde (Aisne), y demeurant.*

Lequeux avait été signalé à la gendarmerie de Château-Thierry comme soupçonné d'avoir eu des relations avec Paris, relativement à la machine infernale. On avait fait prendre des renseignements, et il en était résulté que, depuis quatre mois que *Lequeux* était en congé à Château-Thierry, il faisait souvent le voyage de Paris; qu'il disait qu'il attendait avec impatience les journées de juillet, et que le Roi *ne la ferait pas longue;* qu'il disait aussi qu'il avait beaucoup d'argent; que c'était M. le curé de Château-Thierry qui lui en donnait; qu'il avait une fleur-de-lis sur le côté gauche; qu'il se faisait connaître pour un dévoué républicain; qu'il était arrivé de Paris peu de jours avant les journées de juillet, et était reparti de suite. D'après ces documents, *Lequeux* fut arrêté le 30 août dernier.

Une instruction fut faite à Château-Thierry, par suite d'une commission rogatoire de M. le Président de la Cour des Pairs. Il est résulté des dépositions des témoins entendus que *Lequeux* allait souvent à Paris; mais un seul de ces témoins, la femme *Davoust,* marchande de vins à Château-Thierry, a parlé des propos qu'il aurait tenus. Cette femme a dit que *Lequeux* venait boire chez elle avec les personnes qui lui achetaient des *formes*, et qu'il l'avait chargée de lui procurer des acheteurs; que *Lequeux* faisait de fréquents voyages à Paris et disait qu'il y allait pour voir une femme avec laquelle il devait se marier, et que c'était cette femme qui faisait les frais des voyages; que son père lui donnerait 10,000 francs pour son mariage; qu'au retour d'un de ses premiers voyages à Paris, *Lequeux* lui avait montré de l'argent; qu'à son dernier départ pour Paris il était venu chez la femme *Davoust* avec sa sœur et un petit enfant; qu'ils demandèrent à dîner; que *Lequeux* sortit un instant et rapporta 40 francs en sous et de l'argent blanc; que, la femme *Davoust* lui ayant demandé où il avait eu cet argent, il répondit : « C'est M. le curé qui me l'a donné, « et j'en aurai quand je voudrai; » que *Lequeux* disait qu'il attendait avec impatience les journées de juillet; qu'il y aurait du nouveau; que le Roi *la danserait* parce que les républicains *le jetteraient à bas;* qu'il disait qu'il avait de grands projets, qu'il ferait un grand voyage, qu'il tenterait la fortune et qu'il viendrait un jour très-riche; qu'il dit un jour qu'il avait une fleur-de-lis sur le côté gauche, et qu'il était tatoué sur un bras; qu'il parlait sans cesse de république, et disait qu'on serait plus heureux sous un gouvernement républicain, et que la république qu'on donnerait ne serait pas comme celle d'autrefois. La femme *Davoust* n'a pas indiqué le lieu où ces propos auraient été tenus.

Lequeux a été interrogé à Château-Thierry : il a nié tous les propos à lui imputés par la femme *Davoust.* Il a dit n'avoir rapporté, à son premier voyage, qu'une somme de 25 francs, dont 20 francs en une pièce d'or et une pièce de 5 francs; qu'une autre fois il avait eu 18 francs en sous, et non 40 francs, comme le dit la femme *Davoust,* et qu'il avait reçu cette somme d'un sieur *Massé.*

Le sieur *Camus*, formier, demeurant à Paris, a déclaré que *Lequeux* avait travaillé un jour chez lui et qu'il lui avait plusieurs fois donné des embouchoirs pour les vendre; qu'une première fois il lui en avait donné pour 20 francs et une autre fois pour 32 francs; que *Lequeux* lui avait remboursé seulement les 20 francs.

Il est résulté des dépositions des témoins entendus à Paris que *Lequeux* ne s'occupait pas de politique; qu'il ne voyait que ses frères, sa tante, le sieur *Camus* et le sieur *Rossignol,* dont il avait ramené l'enfant de Château-Thierry à Paris, aux approches des fêtes de juillet; qu'il avait logé chez le sieur *Rossignol,* en juillet et août 1835; qu'il s'occupait dans la maison dudit sieur *Rossignol,* et sortait très-peu; que, le 28 juillet 1835, jour de l'attentat, il avait passé toute la journée à travailler dans la maison avec les domestiques de *Rossignol.*

Lequeux, qui avait été arrêté, a été mis en liberté.

233.

MOROSI (Antoine), *âgé de 35 ans, réfugié italien, né à Brescia (Lombardie), marchand de savon et de cristaux, ayant déclaré demeurer ordinairement à Paris, rue Saint-Honoré, n° 182.*

Un réfugié italien, le sieur *Negro,* dont la résidence est à Tours, a écrit le 15 août dernier, au préfet d'Indre-et-Loire, pour l'informer de propos qui auraient été tenus par *Morosi,* relativement à l'attentat du 28 juillet. Le sieur *Negro* déclare que *Morosi* lui a dit avoir connu *Fieschi,* mais de vue seulement, et savoir qu'il devait y avoir deux machines infernales. *Negro* déclare, en outre, que *Morosi* lui a dit de plus avoir été informé de l'attentat avant qu'il eût lieu. Enfin, *Morosi* aurait ajouté que, s'il n'avait pas quitté Paris, il aurait été peut-être arrêté.

Par une commission de M. le Président, du 24 août, le juge d'instruction de l'arrondissement de Tours a été délégué pour entendre comme témoins les sieurs *Negro* et *Morosi,* ainsi que toute autre personne dont la déclaration pourrait être utile.

Le juge d'instruction de Tours n'a pu recevoir que la déposition du sieur *Negro.* Le sieur *Morosi* était parti pour la foire de Blois.

La déposition du sieur *Negro,* quoique fort étendue, n'est toutefois, en ce qu'elle offre d'essentiel, que la répétition du contenu de la lettre du 15 août.

En vertu d'une nouvelle commission de M. le Président, adressée au juge d'instruction de Blois, ce magistrat a reçu la déclaration de *Morosi,* qui a nié les propos, et l'a confronté à *Negro,* qui a soutenu en sa présence qu'il les avait tenus.

M. le juge d'instruction a cru devoir faire arrêter provisoirement le sieur *Morosi,* qui, sans domicile fixe, possédait seulement quelques marchandises de la plus mince valeur, et n'avait même pu louer pour son compte l'emplacement où il étalait sur le champ de foire.

Morosi déclarait qu'il avait quitté Paris au mois de mai, s'était rendu dans le mois de juin à Nantes, y était resté jusqu'au 10 août, jour de son départ pour Tours.

Il était, en effet, porteur d'un passe-port délivré à la préfecture de police, le 19 mai, et sur lequel existent plusieurs visas qui paraissent justifier ses allégations.

Il est aussi résulté de la déposition d'une femme, qui habite la même maison que lui à Paris, et dont la chambre était voisine de la sienne, qu'il était parti plus de deux mois avant le 28 juillet.

Il a été mis en liberté.

234.

Parent, *ouvrier, demeurant à Ozouer-la-Ferrière.*

Le sieur *Parent* avait été signalé comme ayant dit, en présence de témoins, plusieurs jours avant l'attentat, *que le Roi avait déjà été manqué, mais qu'il était bien sûr qu'il ne serait pas manqué à la revue.*

Les sieurs *Gaidan* et *Poterlot,* témoins indiqués dans la note, ont été entendus, et il résulte de leurs dépositions qu'ils ont entendu parler à l'avance de l'attentat; mais on ne pourrait attribuer ces propos à *Parent,* qui n'est connu ni du sieur *Gaidan,* ni du sieur *Poterlot,* ainsi qu'ils le déclarent.

Parent a été recherché à Ozouer-la-Ferrière, mais il est totalement inconnu. Il n'a donc pu être interrogé.

235.

Popp (Jean-Baptiste-Ulric), *commis négociant, âgé de 45 ans, né à Strasbourg, domicilié en cette ville.*

Popp avait été signalé comme ayant dit à Altkirch, à la fin de juin ou au commencement de juillet 1835, qu'il venait de Paris, *qu'il y aurait du changement, une révolution, aux fêtes de juillet.* Il fut arrêté à Colmar; une instruction fut faite à Altkirch, où le propos aurait été tenu : deux témoins seulement, les sieurs *Wagner* et *Bettwiller* ont déclaré que *Popp* leur avait dit : au premier, qu'il venait de Paris, et ensuite mystérieusement que, le 27 ou 28 juillet, il y aurait à Paris un événement extraordinaire et de grands changements, et qu'on ne voulait plus des anciens ; au second : qu'il avait demandé un emploi, mais qu'il n'en avait pas trouvé; que sous le Gouvernement on ne pouvait rien obtenir; que bientôt cela changerait; qu'une révolution éclaterait aux fêtes de juillet.

Popp s'était présenté chez les deux témoins en leur demandant des secours; il s'était présenté pour le même motif chez un grand nombre d'autres personnes; ses vêtements annonçaient la misère. Tous les autres témoins ont déclaré qu'il ne leur avait pas parlé de politique. Le voyage de *Popp* à Paris n'est pas établi; tout au contraire, il paraît qu'il n'y était pas allé. Probablement il avait imaginé cette fable pour intéresser d'autant plus ceux chez qui il se présentait pour demander des secours.

236.

VANNIER (François-Charles-Jacques), *prêtre, âgé de 44 ans, né à Vilfré, demeurant ci-devant à Saint-Christophe, maintenant à Châlons (Marne).*

On avait été informé à Châlons que *Vannier* avait tenu, avant le 21 juillet, des propos qui pouvaient faire supposer qu'il avait eu connaissance de l'attentat dirigé contre la personne du Roi, avant qu'il eût été commis. Il était arrivé à Châlons, venant de Paris, quelques jours avant l'attentat, et avait fait, depuis, un voyage dont il était revenu le 31 juillet. On supposait qu'il était allé de nouveau à Paris.

Une perquisition fut faite dans ses effets. On y trouva un cachet fait avec un bouton à fleurs de lys, une liste de députés légitimistes, une parodie de la *Parisienne*, dans le sens de l'opinion légitimiste; une chanson contre le Gouvernement; une lettre datée des environs de Clisson, 1832, sans signature, et par laquelle on recommande quelqu'un à *Vannier*, en termes mystiques; des notes intitulées : *Quelques réflexions sur la légitimité*, et qui paraissent destinées aux journaux; une autre note intitulée : *De l'espérance d'un retour aux véritables principes;* une lettre datée du 27 avril 1835, et signée de l'évêque de La Rochelle, qui, dans cette lettre, rappelle à *Vannier* les désagréments qu'il a éprouvés dans une précédente paroisse, lui dit qu'il avait espéré que ses avis l'éloigneraient désormais de tout reproche, lui déclare que les derniers événements arrivés à Saint-Christophe, et qui l'ont conduit devant les tribunaux, ont détruit son espoir et rendu nécessaire la retraite de *Vannier;* que déjà on a été obligé de le faire sortir de la Saintonge.

Vannier, interrogé à Châlons, a déclaré qu'il était parti de Paris le 19 juillet 1835, et que, depuis, il n'y était pas retourné; qu'à son second voyage il n'était allé qu'à Montmirail, dans le but de voir la duchesse *de Doudeauville.* Des renseignements ont été pris et ont justifié cette assertion.

Une instruction a été faite à Châlons-sur-Marne, plusieurs témoins ont été entendus; deux d'entre eux, les nommés *Braun* et *Jacquez*, ont déclaré qu'ils étaient partis le 19 juillet de Paris, par la voiture d'un sieur *Vidal;* qu'ils étaient dans l'intérieur avec une femme et le sieur *Vannier*, qu'ils ne connaissaient pas alors; qu'en sortant des faubourgs de Paris, *Vannier* parla des affaires d'Espagne, et dit qu'il n'y avait que des Anglais dans la Péninsule; que *c'était défendu à Louis-Philippe* d'y envoyer des Français, parce que la Russie l'en empêchait; qu'on voulait faire tomber le commerce; que la Russie empêchait les vaisseaux français de débarquer en Turquie; qu'à Meaux *Vannier* demanda à descendre, disant qu'il avait mal aux dents; qu'un des voyageurs lui ayant conseillé de la faire arracher, *Vannier* répondit : *J'ai besoin de mes dents pour mordre plus tard ceux qui sont plus gros que moi;* que, vers deux ou trois heures du matin, *Vannier* parla de *Henri V,* et qu'un voyageur ayant dit qu'il était empoisonné, *Vannier* répondit que cela n'était pas, et que *Henri V* était aussi gros et gras que lui, et qu'il se portait bien; que dans le moment où on disait que *Henri V* était empoisonné on répandait le bruit qu'on voulait assassiner *Louis-Philippe,* mais que l'on ne disait cela que pour sonder les partis et pour savoir quels seraient les plus forts; qu'il ajouta : *Voilà plusieurs fois qu'on a cherché à assassiner Louis-Philippe; mais un de ces quatre matins, lui et toute sa famille sauteront d'un seul coup;* qu'il disait que *Henri V* descendrait en France par les Hautes-Pyrénées, la duchesse *de Berry* en Vendée, et le duc *d'Angoulême* dans le midi; que tous ces pays ne faisaient qu'un, et que tout cela éclaterait en même temps.

Vannier n'a pas nié d'une manière absolue tous ces propos; il a dit qu'il avait été mal entendu. Il a déclaré qu'il avait dit à l'un des voyageurs, qui parlait toujours de guerre, que *Louis-Philippe* était la meilleure tête de son conseil; qu'il était pacifique, et voyait ce qu'il y avait de bon à faire; que l'état de paix ne compromettait jamais le bonheur de la France, et que l'état de guerre mettait son autorité en problème; que les journaux avaient dit que, si on intervenait en Espagne, la Russie avait menacé de faire débarquer le duc d'*Angoulême* dans le midi et le duc de *Bordeaux* dans la Bretagne; et qu'ainsi *Louis-Philippe,* placé plus haut que nous, voyait mieux que nous ce qu'il y avait à faire. Que, comme on parlait politique, il dit qu'il ne fallait pas baser son opinion sur les journaux; et, à propos de cela, il avait cité comme exemple qu'on avait vu annoncer par les journaux la mort de *Henri V* et l'assassinat projeté de *Louis-Philippe.*

Vannier a déclaré avoir fait le cachet à fleur de lys sous le règne de *Louis XVIII,* et ne s'en être servi que sous la restauration.

Des renseignements ont été transmis par M. le procureur du Roi de La Rochelle. Il en résulte que *Vannier* a été desservant de la paroisse de Saint-Christophe; qu'en mars 1815, il porta plainte contre un nommé *Benat,* charpentier, à l'occasion de troubles apportés à l'exercice du culte; que *Benat,* traduit en police carrectionnelle, fut condamné à quinze jours d'emprisonnement; que *Vannier,* étant en mauvaise intelligence avec ses paroissiens, avait oublié son caractère de prêtre au point d'écrire une lettre remplie d'injures grossières à un membre du conseil municipal de sa commune, et qu'il allait être traduit devant les tribunaux, lorsque l'évêque l'obligea à reconnaître ses torts, et se décida à lui retirer son emploi.

Vannier avait dit avoir logé, à Paris, chez les sieurs *Boniface* et *Maeder,* maîtres d'hôtels garnis. Ces deux individus ont été entendus : il est résulté de leurs livres et de leurs dépositions que *Vannier* a été à Paris du 27 mai au 11 juin 1835, chez *Boniface;* du 12 juin au 1er juillet 1835, et du 9 au

16 juillet de la même année, chez *Maeder;* qu'il ne voyait personne, paraissait tranquille, et ne parlait pas de politique.

237.

Le sieur *Desvarennes,* receveur des contributions indirectes à Valençai (Loir-et-Cher), a adressé au préfet du département une lettre, en date du 4 août, par laquelle il annonce que, dans une tournée qu'il vient de faire, étant le 3 à Lys, chez un débitant de tabac, il y a rencontré le maire de la commune de Gouffy, lequel, dans une conversation qui se tenait à table entre eux trois, a dit qu'il savait, depuis une époque remontant au 19 juillet, d'un de ses voisins qui est son parent, *que le Roi devait recevoir vingt-cinq coups de fusil.* D'après la lettre du sieur *Desvarennes,* le débitant de tabac aurait ajouté : « Je suis à peu près fixé sur la personne qui a dû faire cette confidence « à mon parent ; je n'en répondrais pas cependant : mais comme celui qui « m'a confié cela existe encore, il vous le dirait tout comme à moi, et, je vous « le répète, je savais, quinze jours avant l'événement, que notre Roi devait « recevoir vingt-cinq coups de fusil le 28 juillet. »

M. le préfet s'est empressé de transmettre cette lettre à M. le procureur du Roi près le tribunal de première instance de Blois, qui aussitôt a requis le juge d'instruction de se transporter, sans délai, à Gouffy, pour entendre le maire de la commune et toute autre personne dont la déclaration pouvait être utile à la manifestation de la vérité.

Le président du tribunal, faisant les fonctions de juge d'instruction, s'y est rendu de suite avec le substitut du procureur du Roi.

Le maire de Gouffy, M. *Brun,* a déclaré que, le 12 juillet, dans la soirée, Jean *Sicault,* son cousin, lui dit qu'il revenait de Saint-Aignan, où il avait appris qu'on avait tiré sur le Roi, ajoutant : « Vous devez le savoir. » M. *Brun* lui a répondu qu'il ne savait rien. Alors *Sicault* a encore ajouté : « On dit « même qu'on lui a tiré vingt-cinq ou trente coups de fusil. »

Voilà, selon la déclaration de M. *Brun,* le propos qu'il a tout simplement répété à Lys, en présence du sieur *Desvarennes.*

Quant au sieur *Sicault,* il a déclaré que, chez le nommé *Moreau,* cabaretier à Saint-Aignan, des gens qu'il ne connaît point avaient dit : « On a tiré « sur le Roi un grand nombre de coups de fusil. »

Suivant *Sicault,* le nombre des coups de fusil n'a pas été déterminé ; lui-même ne l'a pas non plus énoncé dans sa conversation avec son cousin.

Les magistrats se sont transportés à Saint-Aignan ; mais le cabaretier *Moreau* était dans un état d'ivresse qui n'a pas permis de l'entendre.

La déclaration de M. *Brun* et celle du sieur *Sicault* n'avaient pas été prises d'abord sous la foi du serment. Ils ont été appelés depuis comme témoins à Blois, ainsi que les sieurs *Desvarennes* et *Moreau.* Il a été procédé à leur audition le 14 août.

Le sieur *Desvarennes* a fait une déposition conforme à sa lettre, et M. *Brun* a seulement renouvelé sa déclaration, avec cette addition peu importante, que *Sicault* s'était adressé à lui en sa qualité de maire, lorsqu'après avoir annoncé qu'on avait tiré sur le Roi, il avait ajouté : « Vous devez le savoir. »

MM. *Brun* et *Desvarennes* ayant été confrontés ensemble, chacun a persisté dans sa déposition.

Quant au sieur *Sicault*, en énonçant le propos tenu à Saint-Aignan, il s'est mis d'accord avec son parent sur ce qu'il lui avait rapporté du nombre des coups de fusil. Cette fois, il a déclaré que, placé près d'une table où étaient des jeunes gens habillés en ouvriers, il avait entendu l'un d'eux dire : « On « a tiré sur le Roi vingt-cinq à trente coups de fusil ; mais le Roi n'a pas été « blessé. »

Le cabaretier a prétendu ne rien savoir.

238.

Un sieur *Vassal,* marchand tapissier, avait été indiqué comme ayant entendu tenir, par un ex-garde du corps, des propos qui pouvaient avoir rapport à l'attentat du 28 juillet Il a été cité comme témoin, et a déclaré que, le 30 juillet dernier, un ancien garde du corps de la compagnie de Gramont, dont il ne sait pas le nom, était venu chez lui et lui avait demandé pourquoi on faisait un mur autour du château de Saint-Germain; qu'il lui avait répondu que c'était pour en faire une maison d'arrêt militaire, et qu'alors cet ancien garde du corps répondit : *Vous ne savez donc pas qu'avant six semaines ce mur sera renversé, et nos compagnies rentreront dans leurs quartiers*, qu'il dit aussi que la Bretagne était en insurrection, et que l'on ne voulait pas payer les impôts; qu'il en arrivait.

Le nom de cet ex-garde du corps n'a pu être connu. Il paraît seulement, d'après la déposition du sieur *Gasse,* qu'il est neveu d'une dame *de Gelin,* qui habitait autrefois Saint-Germain, mais qui a quitté cette ville.

239.

GAULTIER (Isidore), *né à Combourg, arrondissement de Saint-Malo (Ille-et-Vilaine), ouvrier chapelier.*

Le nommé *Gaultier* se rendit, dans le cours du mois de juin dernier, à Château-Gontier pour y chercher de l'ouvrage. Cet individu s'y faisait remarquer par l'exaltation de ses opinions politiques; il parlait sans cesse de la république, dont il vantait les avantages.

Cinq ou six jours avant les fêtes de juillet, il affirma qu'il se passerait quelque chose d'extraordinaire pendant ces fêtes; et voyant devant lui le portrait du Roi, il proféra contre Sa Majesté les plus dégoûtantes injures, ajoutant que *s'il avait un pistolet, il lui brûlerait la cervelle.* Pendant les fêtes, *Gaultier* pensait que l'on se battait à Paris; et lorsque la nouvelle de l'attentat contre le

Roi fut connue, il voulait parier de nouveau que le Roi serait mort dans six semaines.

En raison de ces faits, *Gaultier* a été traduit aux assises de la Mayenne et condamné à six mois d'emprisonnement. Les débats ont atténué la gravité des propos imputés à *Gaultier*. Il ne paraît pas qu'il existe aucune relation entre le délit qui a motivé sa condamnation et l'attentat de *Fieschi*.

240.

MARANINCHI (Pierre), *né en Corse, faisant partie d'un détachement partant pour l'Espagne.*

Maraninchi fut signalé à M. le lieutenant général commandant la 20e division militaire comme ayant, dans la journée du 18 août dernier, frappé plusieurs hommes du détachement, et fait avec une canne un trou à la tête de l'un d'eux. Sur les représentations qui lui furent faites par ses chefs, *Maraninchi* exprima le désir qu'il avait de se porter à de pareilles violences envers tous ses camarades, ajoutant que si on ne le laissait pas tranquille, il les assassinerait tous pendant leur sommeil. Cet individu était de plus signalé pour avoir dit, en présence des sieurs *Michaille*, *Léotaud*, *Boussin* et *Borgazzy*, ses camarades, que *Fieschi avait mal fait de diriger sa machine de manière a atteindre plusieurs personnes, et que, si la duchesse de Berry lui donnait cinquante mille francs, avec mission d'assassiner le Roi, il exécuterait ce crime en huit jours. Léotaud* et *Michaille* lui reprochèrent l'atrocité de ce propos; mais *Maraninchi* répondit par des menaces, et, s'adressant à *Léotaud*, lui dit : « Si je savais que tu fusses philippiste, je te f..... mon couteau dans le « ventre, au moment où tu y penserais le moins. » Depuis cette époque, *Maraninchi* a passé en Espagne. L'instruction qui a eu lieu a motivé un envoi devant le tribunal correctionnel d'Oloron, mais n'a pas établi qu'il y ait eu aucune sorte de complicité entre *Fieschi* et cet individu, pour l'attentat du 28 juillet dernier.

241.

Un nommé Julien *Devaux* avait été signalé comme ayant été arrêté à la suite de l'attentat du 28 juillet; on indiqua un sieur *Rouget* comme témoin pouvant déposer de faits à charge contre cet homme.

Vérification faite, il a été reconnu qu'aucun individu du nom de Julien *Devaux* n'a été arrêté.

Le sieur *Rouget* a été entendu; il a déclaré que le nommé Julien *Devaux* a été à son service comme garçon limonadier; qu'il l'a renvoyé, il y a deux ans, parce qu'il parlait toujours politique, et tenait des propos contre le Gouvernement; que cet homme lui avait souvent dit : « Vous avez quelque chose, « il faudra un jour que nous le partagions. . . . Si je tenais le Roi, je l'étranglerais. »

Aucun fait spécial, tendant à établir une participation à l'attentat du 28 juillet, n'ayant été indiqué contre Julien *Devaux*, il n'a pas été recherché.

242.

Une lettre adressée, le 20 août dernier, à M. le préfet de police, et signée des initiales L. P. M., signalait le nommé *Gaudy* comme ayant dit chez une marchande de vin, la dame *Gosselet*, vers le 16 ou le 17 août: « Que *Louis-* « *Philippe* était un avare qui ne dépensait rien que pour lui et sa famille; « que toute sa race, élevée à l'école de l'avarice et de l'amour des trésors, serait « de même, et ne serait contente que lorsqu'elle aurait arraché le dernier sou « provenant des sueurs du peuple. *Gaudy* aurait même ajouté : *Il est bien* « *malheureux que* Fieschi *n'ait pas réussi, car nous en serions débarrassés,* « *ainsi que de sa clique.* — Il est bien malheureux que *Fieschi* n'ait pu se « sauver, car il n'aurait pas compromis de bons enfans, tels que *Morey*, *Re-* « *naudin* et autres que je connais très-bien... Pourvu qu'il ne me compromette « pas;.. mais non, il ne me connaît pas par mon nom. S'il mourait, nous reste- « rions tranquilles. Pourvu qu'il ne parle pas... mais non, il a du caractère et « de la fermeté. »

L'auteur de cette lettre disait que, si on avait besoin de le connaître, on n'avait qu'à insérer la note suivante dans le *Journal de Paris* : « M. L. P. M. est « invité à passer A LA P. D. P. » Cette insertion a été faite sans succès. Néanmoins, comme les propos annoncés étaient graves, une perquisition a été faite chez *Gaudy*; mais elle n'a rien produit. La dame *Gosselet* a déclaré n'avoir entendu aucun des propos qu'on impute à *Gaudy*.

La même lettre signalait un nommé *Bosch* comme pouvant n'être pas étranger à l'attentat du 28 juillet; car, dit la lettre, dès le 23 juillet il faisait ses préparatifs de départ, et en effet, il est allé à Saint-Ouen, chez un de ses amis tenant restaurant, y est arrivé le 28 au soir, y est resté plusieurs jours, et n'est rentré à Paris que lorsque tout a été calme.

Ce document n'était pas assez précis pour motiver une instruction : on a dû attendre que l'auteur de la lettre fût connu, et il ne l'est pas encore.

243.

Une lettre de M. le procureur du Roi d'Avalon, en date du 5 août, signalait le nommé *Oddoul* fils comme étant au nombre de ceux qui manifestaient à toute occasion de la sympathie pour les agitateurs et les séditieux. Il annonçait qu'un ébéniste avait dit que la veille de l'attentat *Oddoul* était informé de ce qui devait arriver; que depuis Pâques il savait que le Roi devait être assassiné; qu'à cette époque l'ébéniste dont il s'agit avait été livrer une commode chez *Oddoul*; que celui-ci l'avait retenu à déjeuner; qu'alors il lui parla mal du Gouvernement, et dit : « Votre Roi n'a pas dix mois à vivre; » que le 27 juillet 1835, *Oddoul* fils lui avait encore dit : *Votre Roi n'a pas long-*

temps à vivre. Je suis en correspondance avec Paris, et j'en sais long; qu'enfin, le 28 juillet, *Oddoul* et d'autres républicains au nombre desquels était le nommé *Rolland*, étaient allés à Lisle; qu'ils avaient assisté à un banquet républicain, où ils avaient bu à la mort actuelle du Roi.

Une instruction fut faite dans l'arrondissement d'Avalon. Le sieur *Macdonnel*, ébéniste, a déclaré qu'à l'époque des fêtes de Pâques 1835 il avait été livrer un secrétaire à un cordonnier nommé *Roblin*, qu'il trouva déjeunant avec *Oddoul* fils; qu'ils l'engagèrent à se mettre à table avec eux, et que pendant le repas *Oddoul* dit que le Gouvernement *n'avait pas six mois à vivre*. Ce même ébéniste a dit que le 27 juillet il était à Lisle chez le sieur *Tournier*, aubergiste; qu'il y vit le sieur *Oddoul* fils, qui lui dit qu'il était venu là pour célébrer les fêtes de juillet; qu'un des jours suivants, il était au café au moment où on lisait le journal qui annonçait l'événement du 28 juillet; qu'il y avait dans le café, à ce moment, trois peintres de Paris, quelques Italiens et d'autres personnes inconnues, et qu'une de ces dernières personnes dit: « C'est « un maladroit de n'avoir pas mieux ajusté. Au surplus, le Gouvernement « ne durera pas longtemps; » mais il a déclaré ne pas savoir ce qui s'est passé au repas que les sieurs *Oddoul* fils, *Rolland* et autres ont fait à Lisle le 28 juillet.

Un assez grand nombre de témoins ont été appelés, et aucun n'a entendu qu'on eût bu, pendant ce repas, à la mort du Roi, ni qu'il eût été tenu aucun propos contre le Gouvernement.

Le premier acte d'instruction fait à Avalon fut une perquisition, tant chez *Oddoul* fils que chez *Rolland*: chez ce dernier on ne trouva rien; chez *Oddoul* on saisit vingt-une pièces, parmi lesquelles se trouvent une Adresse de *Cavaignac* aux républicains d'Avalon, une lettre de *Granier*, de Lyon, écrite de sa prison, et une proclamation des patriotes d'Avalon aux Parisiens, qui paraît appartenir à la fin de 1833, proclamation dont les termes appellent à la révolte.

Ces pièces, qui peuvent avoir quelque rapport avec les affaires d'avril 1834, ne contiennent aucun indice d'une part prise dans l'attentat du 28 juillet. Aucune charge de complicité dans cet attentat ne résultant d'ailleurs de l'instruction contre *Oddoul* fils et *Rolland*, les poursuites n'ont pas été poussées plus loin.

244.

Une lettre de M. le préfet de l'Isère annonçait qu'il était informé que, peu de jours avant le 28 juillet, un des colonels de la brigade de Savoie, un officier piémontais, et le fils du général Bourmont, se trouvaient réunis à l'hôtel de la Bonne-Femme, à Turin, lorsqu'un voyageur, connu du sieur *Bourmont*, arriva en poste; et, interpellé sur ce qu'il y avait de nouveau, répondit:

Pour le moment il n'y a rien, mais il y aura bientôt des événements : nous avons monté, pour le 28 juillet, un coup qui ne peut manquer.

Une commission rogatoire a été adressée à Turin, le 8 septembre 1835, pour instruire sur ce fait.

Il est résulté de l'enquête que ce n'est pas à l'hôtel de la Bonne-Femme, mais à l'hôtel tenu par le sieur *Feder* que M. le comte Louis *de Bourmont* a logé à Turin.

Le maître de l'hôtel a donné sur son séjour les détails suivants :

Arrivé à Turin, par la diligence de Gênes, dans la journée du 17 juillet, M. *de Bourmont* demeura seul dans une chambre jusqu'au 22 du même mois; à cette époque, il partit pour les eaux de Courmayeur, dans la vallée d'Aoste, revint à Turin le 7 août, et en repartit le 29 du même mois, toujours sans aucun compagnon de voyage.

Le maître de l'hôtel ajouta que, pendant son séjour à Turin, M. *de Bourmont* n'était fréquenté par personne; qu'il ignorait si quelqu'un de sa connaissance venait le voir, mais qu'il pouvait affirmer qu'aucun voyageur, arrivant en poste, ne s'était informé de M. *de Bourmont*, qui du reste s'entretenait et mangeait avec les autres étrangers.

Enfin, le sieur *Feder* assure que jamais il n'avait entendu parler, dans son auberge, de l'attentat du 28 juillet, avant qu'il eût été commis.

Les informations recueillies par la voie diplomatique, pour compléter cette enquête, ont d'ailleurs fait connaître qu'à l'époque du passage de M. *de Bourmont* par Turin, du 17 au 22 juillet, il ne se trouvait, dans cette capitale, aucun colonel de la brigade de Savoie.

245.

RABOUIN (Napoléon-Narcisse), *âgé de 27 ans, né à Clairet (Maine-et-Loire), agent d'affaires, demeurant à Paris, rue de Miromesnil, n° 18.*

BARDON (Gilbert-Siméon), *âgé de 36 ans, né à Saint-Yriex (Haute-Vienne), négociant, demeurant à Paris, rue de Ponthieu, n° 9.*

Un nommé *Rabouin*, ancien chef de section dans la société des Droits de l'homme, fut signalé, dans les derniers jours du mois de juillet, comme ayant annoncé, avant le 28 juillet, qu'un attentat serait commis à la revue, et comme ayant écrit au sieur *Bardon*, avec lequel il entretient des relations fort intimes, et qui était alors absent de Paris, de ne pas y revenir le 28, parce qu'il y aurait un mouvement ce jour-là, et qu'il s'exposerait à être arrêté. *Rabouin* était encore signalé comme étant l'agent des sieurs *Kersausie* et *Raspail*, et comme ayant accompagné *Bardon* dans une tournée que celui-ci aurait faite au mois de février dernier dans les départements de la Meurthe et de la Moselle. Ce voyage, entrepris sous prétexte de s'occuper de remplacements militaires, aurait eu en réalité pour but des essais de propagande républicaine et d'embauchage sur les troupes tenant garnison dans l'est de la France.

Rabouin fut en conséquence arrêté le 2 août : une perquisition faite le même jour à son domicile ne produisit aucun résultat; mais l'autorité ayant été avertie que *Rabouin* cachait dans sa cave les papiers et autres objets qu'il voulait dérober aux regards de la justice, une nouvelle perquisition fut ordonnée, et l'on trouva en effet dans la cave de *Rabouin* un grand nombre de lettres relatives à la politique, et qui témoignent de l'exaltation républicaine de ceux qui les ont écrites et de celui qui les a reçues. On y trouva aussi plusieurs exemplaires lithographiés d'une proclamation adressée à l'armée, et contenant des provocations à la désobéissance aux lois et à la révolte.

Interrogé à diverses reprises, le sieur *Rabouin* avoua qu'il était allé une fois dans le département de la Meurthe; mais il déclara qu'il était de retour depuis le mois d'août 1834, de ce voyage, entrepris seulement pour racheter des créances de jeunes soldats, et que, pour ce genre d'industrie, il était associé avec *Bardon*, qui devait être en ce moment à Sarreguemines ou à Nancy. Il protesta d'ailleurs ne s'occuper nullement de politique; il ajouta qu'il n'avait aucune connaissance de l'attentat du 28 juillet avant qu'il eût eu lieu; qu'il n'avait pu, par conséquent, l'annoncer à qui que ce fût.

Il importait de vérifier l'exactitude de ces assertions. Des commissions rogatoires furent envoyées à Sarreguemines et à Nancy, à l'effet de reconnaître à quelle époque et pendant combien de temps les sieurs *Bardon* et *Rabouin* y avaient séjourné, et quelles avaient été leurs relations dans l'une et l'autre de ces deux villes. L'instruction faite sur les lieux a établi que les allées et venues des sieurs *Bardon* et *Rabouin* dans les provinces de l'est pouvaient bien avoir le but que celui-ci leur a assigné; que ces deux individus se livraient en outre sur la frontière à une industrie moins honorable, mais qu'ils ne paraissaient pas s'occuper d'intrigues politiques.

Cependant un mandat d'amener avait été décerné contre *Bardon*, qui était alors en Prusse. Ce mandat n'avait pu être mis à exécution; mais *Bardon* avait été arrêté à Saarbruck, parce que son passe-port n'était pas en règle : son extradition fut demandée et accordée. Interrogé d'abord à Sarreguemines et ensuite à Paris, *Bardon* convint qu'il avait fait plusieurs tournées dans les départements de l'est, et même qu'au mois de février dernier il était allé à Sarreguemines, en compagnie de *Rabouin;* mais il ajouta qu'il ne s'occupait dans ses voyages que d'affaires de commerce ou de contrebande, et que, fatigué de la surveillance dont il était l'objet, il avait quitté la société des Droits de l'homme, dont il avait fait autrefois partie, et avait entièrement renoncé à la politique. Il nia avoir reçu de *Rabouin* aucun avis relatif à l'attentat du 28 juillet.

Une perquisition faite à son domicile amena la saisie d'un certain nombre d'écrits républicains, des *Œuvres de Robespierre*, par *Laponneraye*, et des portraits de *Camille Desmoulins*, de *Saint-Just* et de *Robespierre*. *Bardon* déclara que ces écrits et ces portraits appartenaient au sieur *Vielbanc*, avocat, signataire de la plupart des lettres saisies chez *Rabouin*, et dont il a été question plus haut.

Dans ces circonstances, *Bardon* et *Rabouin*, qu'aucun indice ne rattachait à l'attentat du 28 juillet, ont été mis en liberté.

246.

VILLIERS DE L'ILE-ADAM (Joseph-Gabriel), *âgé d'environ 40 ans, homme de lettres, né à Nogent-le-Rotrou (département d'Eure-et-Loir), sans domicile fixe.*

Le 8 octobre 1835, un sieur *Villiers de l'Ile-Adam* se présenta devant le lieutenant de gendarmerie à la résidence de Mauriac, prétendant qu'un mandat d'arrêt avait été décerné contre lui, sous le nom de Joseph *Laporte*, par la Commission chargée de l'instruction relative à l'attentat du 28 juillet, et qu'en se constituant prisonnier, il voulait obéir à ce mandat. Cet individu, assez mal vêtu, manifestait hautement une haine profonde contre le Roi; il disait qu'il était en correspondance avec la femme *Petit*. On trouva sur lui un passe-port délivré à Libourne le 29 septembre 1835, quelques livres, divers manuscrits, et un projet de lettre écrite de Libourne, le 26 juillet 1835, à *une amie;* celui qui avait écrit cette lettre parlait de l'auteur de l'attentat du 28 juillet comme d'un homme aux projets duquel il serait initié; il l'appelait par son véritable nom; il exprimait l'espoir que le crime qui devait ensanglanter la capitale, pendant la revue du 28, serait couronné d'un plein succès. Dans un post-scriptum sans date, on lisait : *J'avais raison, on a été maladroit; le tyran a gagné son procès et les innocents vont lui faire un ..... pour payer sa peur. Cette lettre ne partira pas.*

Interrogé le jour même de son arrestation par le juge d'instruction près le tribunal de Mauriac, le sieur *Villiers de l'Ile-Adam* déclara qu'il avait connu la femme *Petit* à Embrun, où il était lui-même détenu; que là il s'était lié avec elle et avec *Fieschi;* qu'à l'époque des événements du mois de juin 1832 il avait écrit à la femme *Petit* de conseiller à ses amis politiques de combiner un assemblage de canons qui pût, dans les mains d'un seul homme, produire l'effet d'un feu de peloton; que, sous le règne de *Charles X*, la femme *Petit* et lui avaient décidé que la maison d'*Orléans* ne monterait pas impunément sur le trône; que cette prophétie se réaliserait tôt ou tard; que *Fieschi* n'avait été qu'un instrument; que, d'ailleurs, il n'était pas seul dans sa chambre au moment de l'explosion; que ce n'était pas lui qui avait mis le feu à la machine, et qu'il ne manquait pas de gens armés qui devaient s'élancer sur le Roi, de la maison où logeait *Fieschi*, si l'attentat avait réussi. *Villiers de l'Ile-Adam* ajouta qu'il tenait ces détails de l'un de ses amis, qu'il refusa de nommer. Il refusa également de nommer la personne à laquelle était adressée la lettre dont le brouillon avait été saisi sur lui, et qu'il a reconnue comme étant écrite tout au long de sa main. Enfin, *Villiers de l'Ile-Adam* avoua qu'il avait dit à qui voulait l'entendre, qu'il avait résolu de faire au Roi tout le mal qu'il pourrait. Un mandat de dépôt fut immédiatemnt décerné contre lui par le magistrat qui l'avait interrogé.

Cependant des renseignements avaient été recueillis de toutes parts sur le compte de ce personnage, qui montrait un empressement si extraordinaire à se dénoncer lui-même; il est résulté de ces renseignements que *Villiers de l'Ile-Adam*, né de parents honorables dont il a causé le désespoir par son inconduite, après avoir subi plusieurs condamnations pour des délits malheureusement trop avérés, s'était souvent accusé de crimes imaginaires; que cette conduite était de sa part le résultat d'une habitude et d'un système; que dès son jeune âge il avait montré un esprit d'intrigue très-remarquable; qu'en 1810, à peine âgé de 15 ans, il avait commencé le cours de ses révélations, en dénonçant de prétendus complices de Georges *Cadoudal;* et, que toutes les fois qu'il avait épuisé ses modiques ressources, il ne manquait pas d'inventer une conjuration dont il se disait, suivant l'occurrence, le confident ou même le complice, dans l'espoir, sans doute, d'intéresser à son sort le pouvoir préservé d'un grand danger par ses avertissements officieux. Des antécédents si peu honorables ne pouvaient inspirer de confiance, et il était probable que cette fois encore, *Villiers de l'Ile-d'Adam* avait imaginé une fable et qu'il voulait imposer à la justice: en effet, aucun mandat n'avait été décerné contre lui, ainsi qu'il l'avait prétendu, par la Commission d'instruction de la Cour des Pairs, et depuis son arrestation, aucun indice ne l'a rattaché directement ou indirectement à l'attentat du 28 juillet.

Dans ces circonstances, le procureur général du Roi a requis, et la Commission nommée par l'arrêt du 29 juillet a ordonné la mise en liberté de *Villiers de l'Ile-Adam.*

FAC SIMILE

D'UN CARNET

APPARTENANT A FIESCHI,

ET TROUVÉ DANS LA FOSSE D'AISANCE DE LA MAISON RUE SAINT-VICTOR,
N° 23, OÙ DEMEURE MOREY,

AVEC LES EXPLICATIONS DONNÉES PAR FIESCHI, DANS SON INTERROGATOIRE
DU 29 SEPTEMBRE 1835.

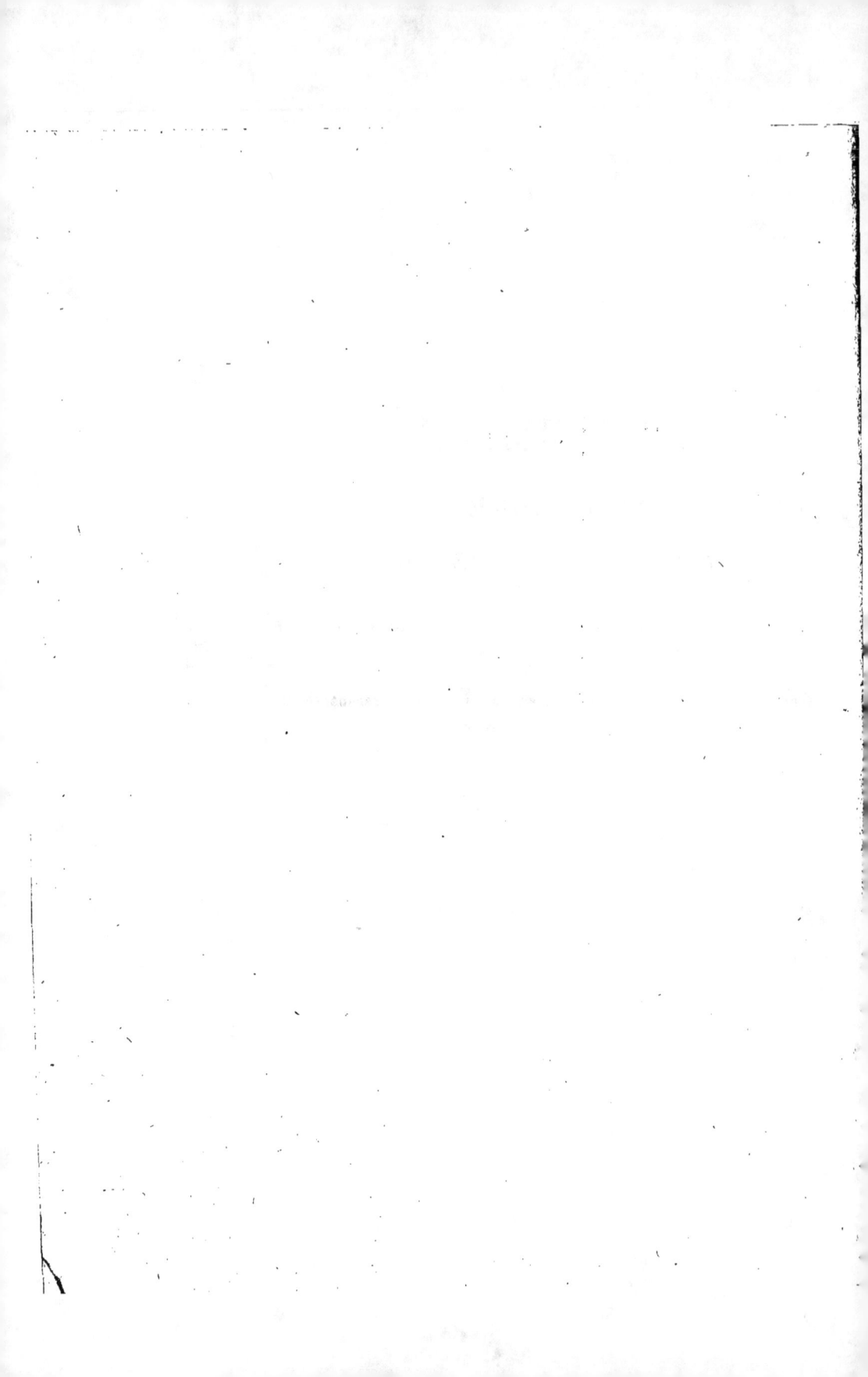

1er feuillet.

EXPLICATIONS

DONNÉES PAR FIESCHI,

Suivant interrogatoire du 29 septembre 1835.

NOTES

INSCRITES SUR LE CARNET DE FIESCHI.

TRICYCLES.

Correspondance sans augmentation de prix.

30 c^{es}.

de la Bastille.............	Au Boulev.d des Capucines. Au Boulev.d des Invalides. A la Porte S.t-Denis.
du Boulev.d des Inv..........	A la Porte S.t-Denis. A la Bastille. Au Boulev.d. des Capucines.
de la Porte S.t-Denis.......	Au Boulev.d des Invalides. A la Bastille. Au Boulev.d des Capucines.
du Boulev.d des Capucines...	A la Bastille par la Place des Victoires et le Marais Au Boulev.d des Invalides. A la Porte S.t-Denis.

L'échange de voitures ne se fait qu'à la Place des Victoires, à la station centrale, où M.rs les voyageurs recevront une carte qui ne pourra leur servir que là; sur aucune ligne les conducteurs ne peuvent ni ne doivent les recevoir.

(Cette page du carnet ne contient aucune note.)

(Cette page du carnet ne contient aucune note.)

EXPLICATIONS.	NOTES DU CARNET.
C'est un nom indifférent; je ne peux me rappeler ce qu'il signifie. *Signé :* FIESCHI, PASQUIER, LÉON DE LA CHAUVINIÈRE.	de Perrottée
Cette Adèle est une femme qui fait des bonnets, et dont j'avais pris l'adresse pour y envoyer *Annette*. *Signé :* FIESCHI, PASQUIER, LÉON DE LA CHAUVINIÈRE.	Rue du Temple, 37, au 4.e Adelle.
Je crois que cette adresse est celle d'un serrurier chez lequel je voulais louer une chambre pour *Agarithe*. *Signé :* FIESCHI, PASQUIER, LÉON DE LA CHAUVINIÈRE.	Rue de Quaire n.° 27. M. Ney.

EXPLICATIONS. — **NOTES DU CARNET.**

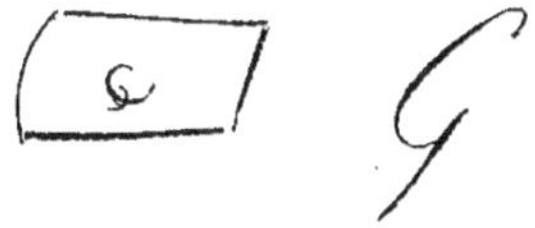

Je n'ai aucun souvenir des figures ci-contre.

Signé: Fieschi, Pasquier, Léon de la Chauvinière.

Magasin de la Crec'

Creche

rue St. Honoré.

Je ne comprends pas pourquoi cette adresse figure ici; je ne me souviens pas de tout cela, à moins que cette adresse ne m'ait encore été indiquée pour procurer de l'ouvrage à *Annette*.

Signé: Fieschi, Pasquier, Léon de la Chauvinière.

(Cette page du carnet ne contient aucune note.)

EXPLICATIONS.

Ces notes sont relatives au travail dont je m'occupais pour les Omnibus.

Signé : FIESCHI, PASQUIER, LÉON DE LA CHAUVINIÈRE.

NOTES DU CARNET.

1.

de la Bastil, Made......

et par correspondenc.....

à la pointe St. Eustache

le palai Royale

le tuileri, Barriere de Roul

Barrier de passi

2.

Les Orleanese

Barriere de Berssi

Suient le quai

jusque la

Correspondence

pour la B

et Nely

EXPLICATIONS.	NOTES DU CARNET.
Ces notes sont relatives au travail dont je m'occupais pour les Omnibus. *Signé* : FIESCHI, PASQUIER, LÉON DE LA CHAUVINIÈRE.	favorite tivoli.
Ce nom est celui d'un vieux brocanteur qui a eu quelques relations d'affaires avec la femme *Petit*. *Signé* : FIESCHI, PASQUIER, LÉON DE LA CHAUVINIÈRE.	Rue Planche. Mibré P. Che. n.° 15. Pelliet.

EXPLICATIONS.	NOTES DU CARNET.
	L. . . D. . . . Bl. . . .
Ces notes sont également relatives au travail dont je m'occupais pour les Omnibus. *Signé :* FIESCHI, PASQUIER, LÉON DE LA CHAUVINIÈRE.	Départ la Bastille Correspondance en face le pont Notre Dame . . . .
Je ne me rappelle pas avoir écrit ces mots-là. Au reste, je ne dis pas que je ne les ai pas écrits; car, puisque j'ai fait la chose, j'aurais bien pu l'écrire. *Signé :* FIESCHI, PASQUIER, LÉON DE LA CHAUVINIÈRE.	Le mois de juill effrera la f

(Cette page du carnet ne contient aucune note.)

EXPLICATIONS.	NOTES DU CARNET.
	Recut
(1) Je n'ai jamais reçu autant d'argent que cela. Au reste, ces chiffres, dont je ne peux me rappeler la signification, ne peuvent exprimer trois payements à moi faits,	
1° Parcequ'il est raisonnable de remarquer qu'on m'eût compté des sommes rondes, au lieu de 219 et 347 fr.	(1) { 219 / 210 / 347
2° Parce que la plus forte somme que j'ai reçue était celle qui a servi à payer les canons, c'est-à-dire 187 fr. 50 cent.; qu'au surplus il ne m'en a été compté, en tout, que 500 francs au plus.	
(2) Total de divers payements.	(2) 218 50
(3) Prix du bois brut de la machine, payé par *Pepin.*	(3) 15
(4) Prix du loyer de ma chambre, y compris le sou pour franc pour le portier.	(4) 40
(5) 20 francs donnés par *Morey* pour payer une malle et les arrhes du marché des canons.	(5) 20
(6) Récapitulation de dépense où figure pour 12 francs le prix réel de la malle.	(6) { 218 50 / 40 / 12 — 250 50

Signé : Fieschi, Pasquier, Léon de la Chauvinière.

EXPLICATIONS.

(1) Je crois qu'on a confondu les chiffres indiquant la date avec ceux qui expriment une somme et que celui qu'on a pris pour un *8* était un *I*; ainsi il resterait à la date du 21,150 fr. 50 c., attendu que je pense que le nombre *18* se rapporte aussi à une date*.

(2) Je ne me rappelle pas ce que peut signifier cette inscription. J'affirme que je n'ai jamais reçu de somme de cette importance.

(3) Deux fois 12 fr. que j'ai reçus de *Pepin*.

(4) Deux fois 15 fr que j'ai reçus du même.

(5) Je ne puis en rendre compte.

(6) Prix de façon payé au menuisier.

(7) Supputations de diverses sommes partielles reçues.

(8) Je ne peux expliquer cet article.

(9) C'est aussi un total des diverses sommes que j'ai reçues.

(10) Prix du bois ayant servi à la confection de la machine.

(11) Divers articles de dépenses.

(12) Prix de trois demi-termes de mon loyer.

(13) Total des deux sommes ci-contre.

Signé : Fieschi, Pasquier, Léon de la Chauvinière.

NOTES DU CARNET.

(1)	21850	18	50 centine		
(2)	4750	40			
(3)	12	12		(8)	103
(4)	15	15			100
(5)	202	85	50		203
(6)	6				
(7)	90 Recue pour compte				
(9)		285	50 centime.		

(12)	37 50		(10)	Bua	13 23
	37 50		(11)	Mattela	28
	37 50			Glasse	5
				Chese	5
	111 50			table	7
				Coverture	20
				Draps	10
	111 50			Oreillie	5
	93				0
(13)	204				
					93 23

* Interpellé par M. le Président, le 29 octobre, sur la singularité de cette explication, *Fieschi* a répondu :

« L'invraisemblance de cette explication tient à l'état de dépit où m'a jeté la vue, sur ce carnet, d'une somme aussi considérable que celle de vingt et un mille francs que j'étais bien sûr de n'avoir pas reçue. Mais il y a une explication qui paraîtra plus satisfaisante, et qui m'est revenue à l'esprit, lorsque j'ai étudié avec plus d'attention et de calme mon carnet, et que je l'ai rapproché d'un article semblable inscrit sur l'un des livres de *Pepin*, qui m'a été représenté lors de ma dernière confrontation avec celui-ci. On voit sur ce registre, au haut d'une page, ainsi que je l'avais déclaré précédemment, une somme de 150 francs, plus une somme de 68 fr. 50 cent., toutes deux remises à *Bescher*, et dont le total forme celle de 218 francs 50 cen. L'erreur apparente qui résulte de l'examen de mon carnet, serait donc uniquement causée par l'omission d'une virgule qui aurait dû séparer les francs des centimes. J'ajoute que comme cet article est écrit au crayon sur le carnet, il se peut bien que la virgule ait disparu par suite du séjour que mon carnet a fait dans l'endroit où il a été trouvé. »

Signé : Fieschi, Pasquier, Léon de la Chauvinière.

EXPLICATIONS.	NOTES DU CARNET.
Cette inscription pourrait exprimer 31 fr. 90 cent.	Recut 3190
N. B. Je fais observer que je n'ai reçu en tout que 500 francs environ.	
Signé : FIESCHI, PASQUIER, LÉON DE LA CHAUVINIÈRE.	

EXPLICATIONS.	NOTES DU CARNET.		
	Logement	37 50	
		37 50	
		37 50	
		112 50	
	plus,	7	franc
	Coverture	20	
	Draps	10	
	Table	7	
	Traversi	5	
	Chese	5	
	Glasse	5	
	Chandelle	1	
	Mattelat	28	
		81	51
		62	30
			80

Interpellé, le 29 octobre, en ces termes, par M. le Président :

« Ne pourriez-vous pas donner quelque explication sur cette circonstance singulière, que plusieurs articles paraissent répétés sur votre carnet? Ainsi, on y trouve portée deux fois la dépense causée par l'achat de votre mobilier; deux fois aussi, celle causée par le payement des trois demi-termes de votre loyer; cette somme de 218 fr. 50 centimes elle-même, dont il vient d'être question, s'y trouve portée trois fois, comme ayant été reçue par vous. N'avez-vous pas, en effet, reçu cette même somme trois fois ?

Fieschi a répondu :

« Il est bien évident que ces inscriptions semblables ont le caractère de doubles emplois; car je n'ai pas acheté deux fois mon mobilier, et je n'ai pas payé six demi-termes de mon loyer, au lieu de trois que j'ai dû acquitter réellement, depuis le 8 mars jusqu'à la fin de juillet. Dans l'agitation d'esprit où je me trouvais, j'ai pu souvent écrire sur une page ce que j'avais déjà inscrit sur une autre. »

Signé : FIESCHI, PASQUIER, LÉON DE LA CHAUVINIÈRE.

Pour copie conforme à l'original déposé au greffe.

Le Greffier en chef,

E. CAUCHY.

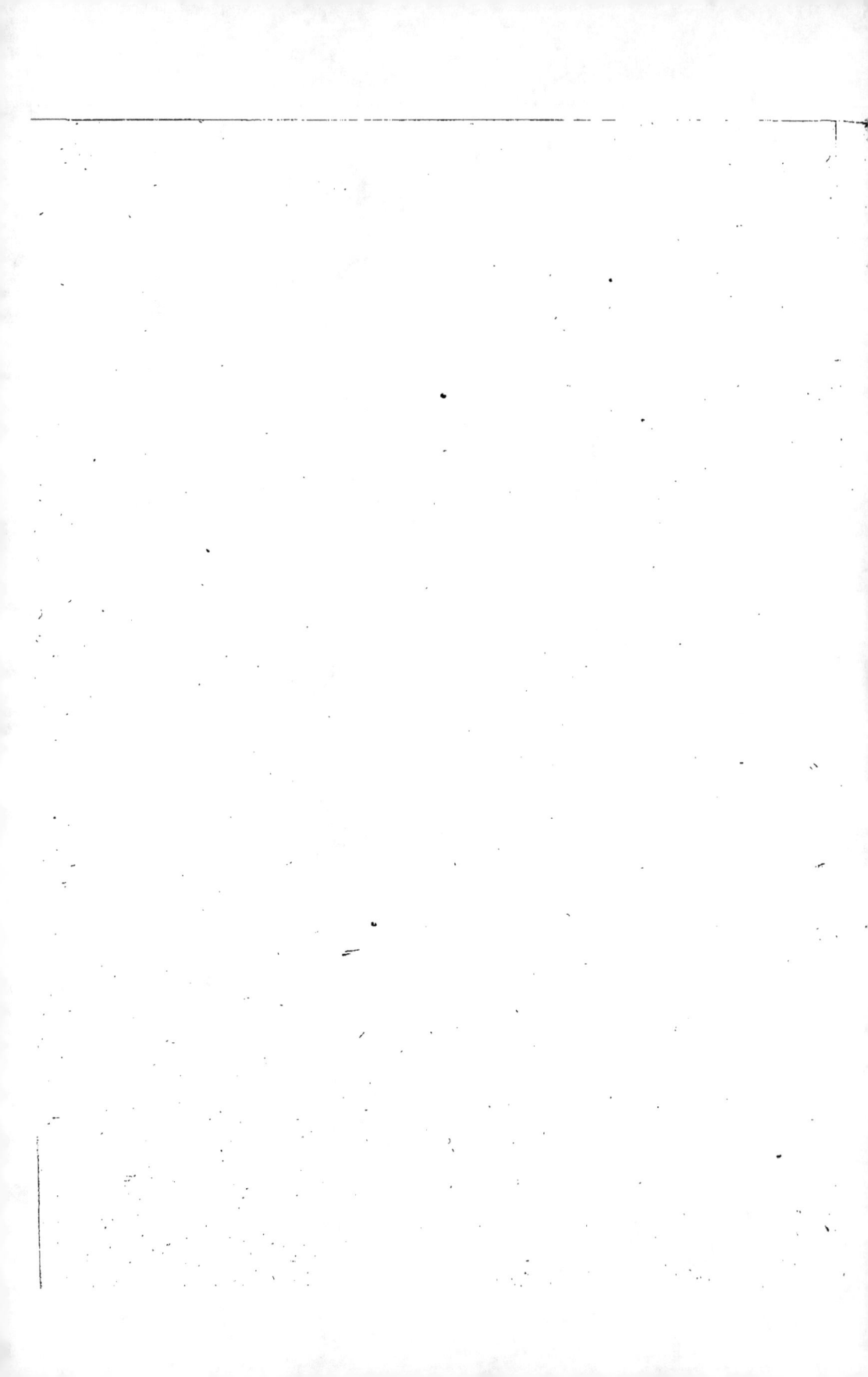

COUR DES PAIRS.

ATTENTAT DU 28 JUILLET 1835.

PLANS

ANNEXÉS

AU RAPPORT DE M. LE COMTE PORTALIS,

AVEC

LES ORDONNANCES RELATIVES A LA LEVÉE DE CES PLANS.

ORDONNANCES

RELATIVES A LA LEVÉE DES PLANS CI-ANNEXÉS.

PREMIERE ORDONNANCE.

Nous Prosper ZANGIACOMI, juge d'instruction, délégué par M. le Président de la Cour des Pairs,

Vu la procédure par nous commencée contre le nommé *Gérard* et autres inculpés d'attentat contre la personne du Roi;

Attendu qu'il importe, pour saisir et apprécier tous les faits de l'inculpation dirigée contre les prévenus, d'avoir une connaissance exacte des localités où ledit attentat a été commis, et qu'à cet effet il est nécessaire de faire dresser, par un homme de l'art, le plan desdites localités:

Ordonnons que par le sieur *Noël,* ingénieur ordinaire au corps royal des ponts et chaussées, il sera immédiatement procédé à la levée des plans suivants:

1° Celui de l'appartement occupé, boulevart du Temple, n° 50, au troisième, par le nommé *Gérard,* avec l'état exact de l'élévation du sol dudit appartement, la hauteur des pièces et plus particulièrement de la chambre dudit appartement donnant sur le boulevart, le plan de la machine placée devant la fenêtre et sa situation relativement au côté droit du boulevart du Temple, en ayant soin de déterminer si ladite fenêtre se trouve au midi.

2° Celui topographique, tant de la maison n° 50 que de celle n° 52, dudit boulevart, y compris, 1° les cours et passages qui la joignent aux deux maisons sises au bout de ces cours et passages, et 2° lesdites deux maisons en ayant soin de teinter d'une couleur particulière les endroits qui lui seront indiqués comme ayant été, au moment du crime, trouvés tachés de sang, et par lesquels a eu lieu l'évasion des inculpés.

A l'effet des présentes, l'ingénieur désigné pourra employer tous conducteurs et piqueurs des ponts et chaussées qui lui seront nécessaires pour la levée desdits plans. Il pourra également se faire assister du commissaire de police du quartier du Temple, qui mettra à sa disposition tous objets nécessaires aux présentes.

Avant de procéder auxdites opérations, l'ingénieur désigné prêtera entre nos mains serment de bien et en conscience remplir la mission que nous lui confions par les présentes.

Signé ZANGIACOMI.

Nous Procureur général du Roi près la Cour des Pairs,

Vu l'ordonnance qui précède, ensemble les dispositions du décret du 18 juin 1811;

Attendu qu'il importe à la manifestation de la vérité, et pour mieux apprécier tous les faits de l'inculpation dirigée contre les auteurs et complices de l'attentat commis sur la personne du Roi le 28 juillet dernier, d'avoir une connaissance exacte des localités, et qu'à cet effet il est nécessaire de faire dresser par les hommes de l'art le plan exact desdits lieux;

Autorisons la mesure ordonnée par M. le juge d'instruction.

Au parquet, le 29 juillet 1835.

Signé N. MARTIN (du Nord).

DEUXIÈME ORDONNANCE.

Nous Juge d'instruction, délégué par M. le Président de la Cour des Pairs;

Vu notre ordonnance en date du 29 juillet dernier et nous y référant : disons que M. *Noël,* ingénieur au corps royal des ponts et chaussées, procédera en outre, 1° au plan de la partie antérieure de la maison sise n° 50, boulevart du Temple; 2° au plan figuratif de la machine saisie en la demeure du nommé *Fieschi,* sur une échelle de six pouces de largeur sur quatre d'élévation.

M. l'ingénieur fera ensuite démonter ladite machine par le sieur *Vidus,* entrepreneur de menuiserie, que nous commettons à cet effet, et il la fera transporter sous ses ordres et remonter dans une des salles du palais de la Cour des Pairs.

Nous ordonnons que cette opération sera faite en sa présense et sous la surveillance de M. *Prunier-Quatremère,* commissaire de police du quartier du Luxembourg, qui dressera du tout procès-verbal; et M. l'ingénieur commis en dressera de son côté rapport qu'il nous transmettra.

Au palais de justice, à Paris, le 8 octobre 1835.

Signé ZANGIACOMI.

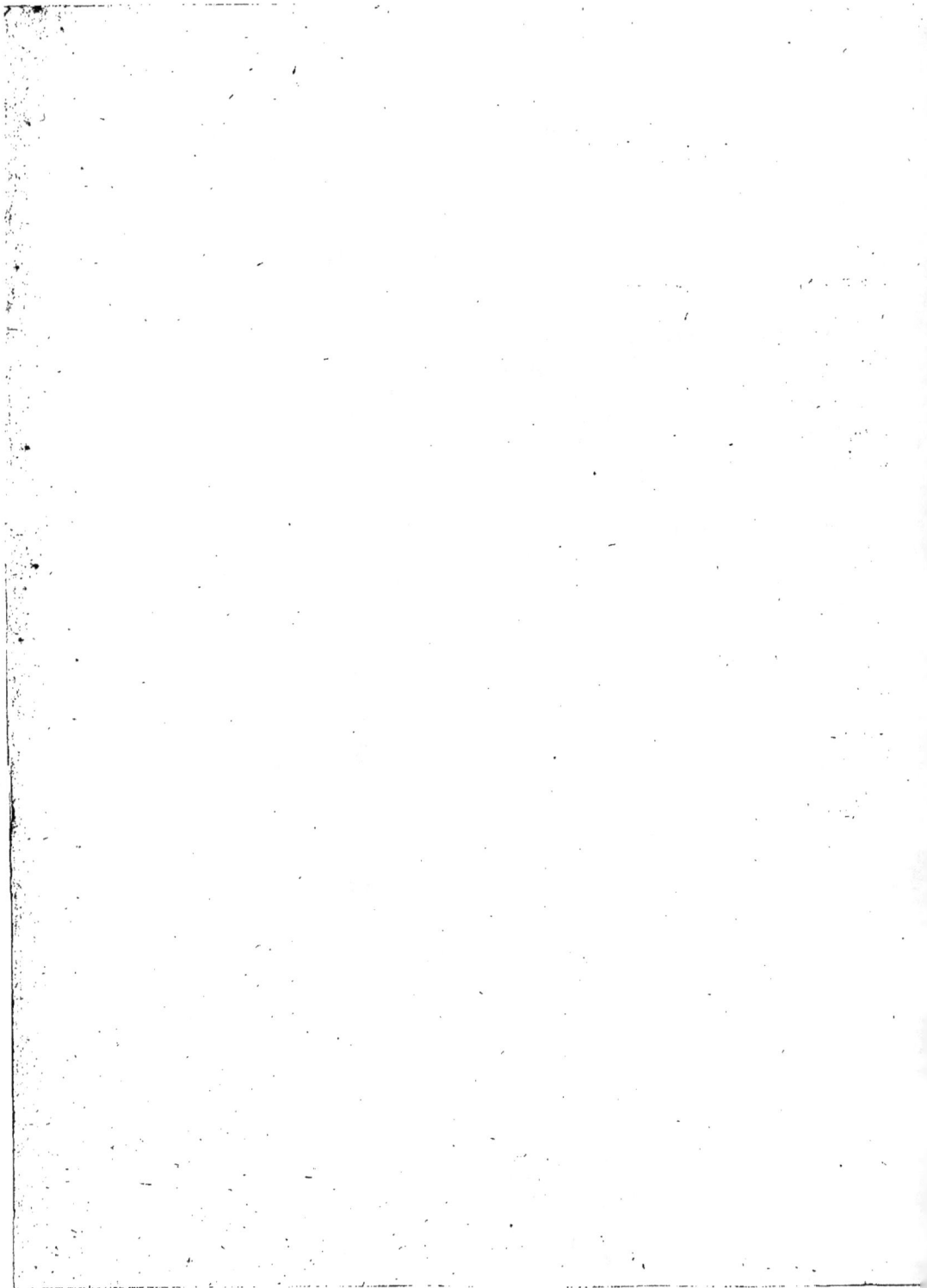

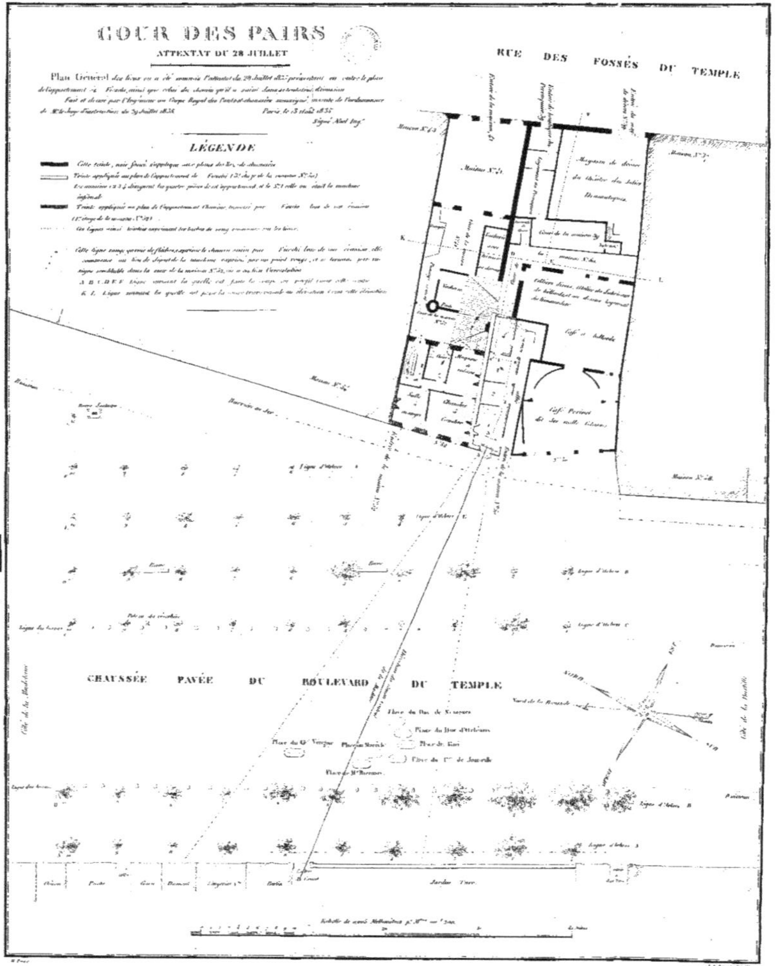
COUR DES PAIRS
ATTENTAT DU 28 JUILLET
LÉGENDE
RUE DES FOSSÉS DU TEMPLE
CHAUSSÉE PAVÉE DU BOULEVARD DU TEMPLE
Café Périnet
Café et billards
Jardin Turc

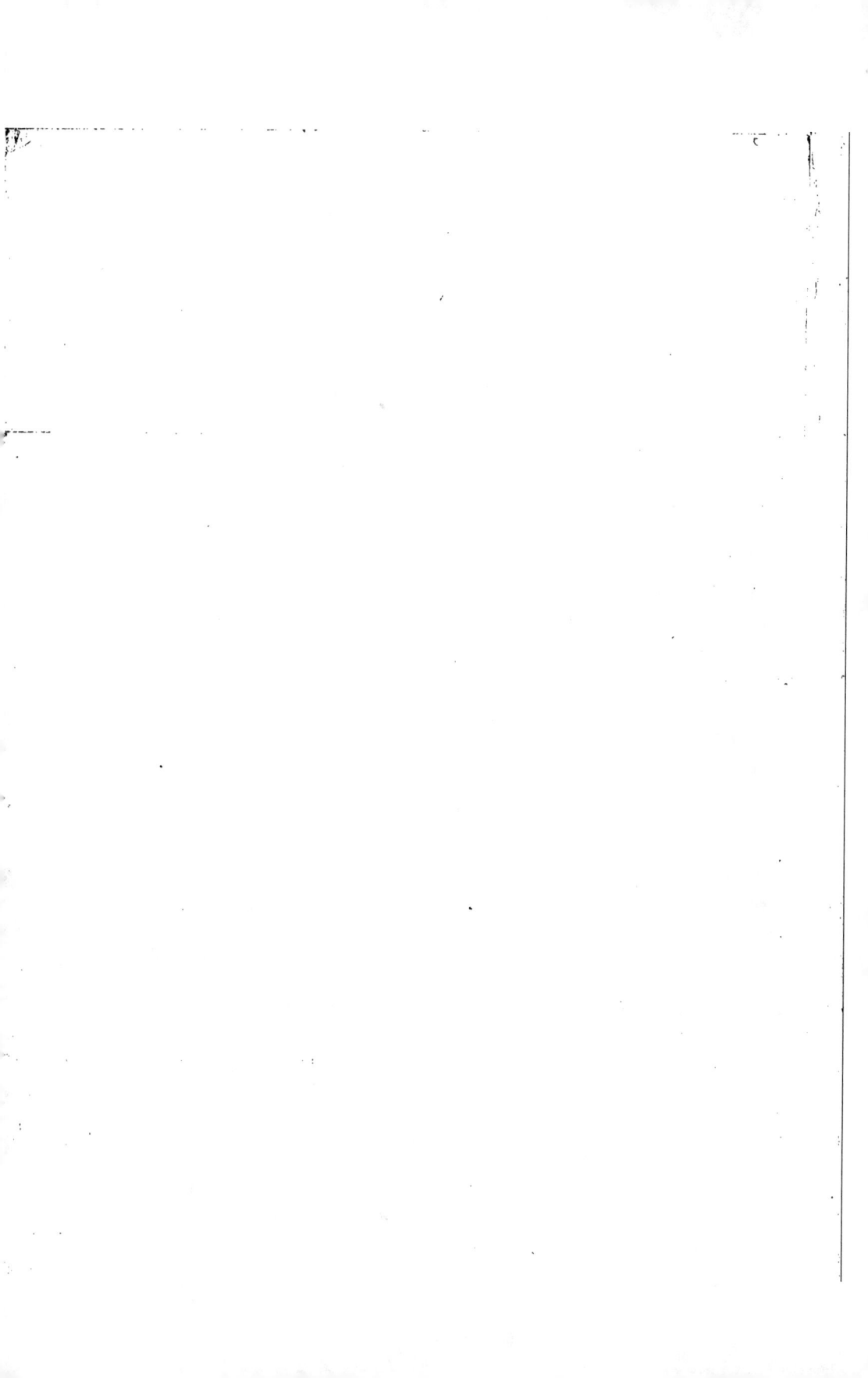

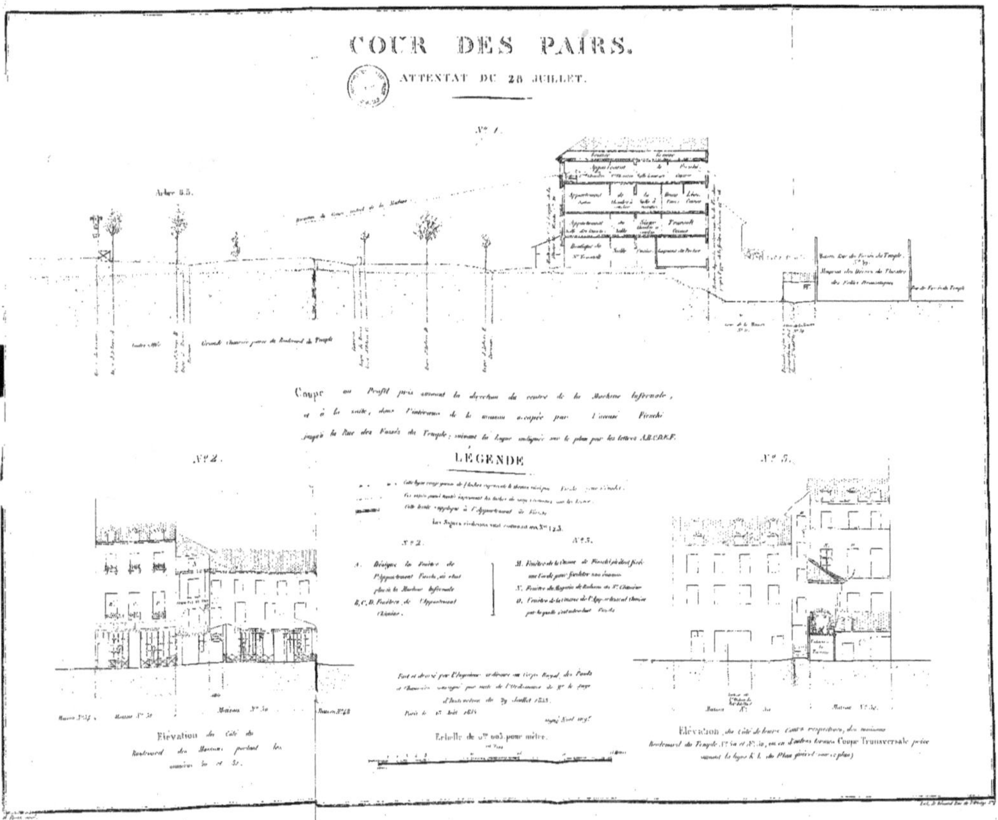

COUR DES PAIRS.
ATTENTAT DU 28 JUILLET.
Nº 1.
Coupe au Profil pris suivant la direction du centre de la Machine Infernale, et à la suite, dans l'intérieur de la maison occupée par l'accusé Fieschi jusqu'à la Rue des Fossés du Temple ; suivant la ligne indiquée sur le plan par les lettres A.B.C.D.E.F.
LÉGENDE
Nº 2.
Nº 3.
A. Désigne la Fenêtre de l'Appartement Fieschi, où était placée la Machine Infernale
B, C, D. Fenêtres de l'Appartement Chinier.
M. Fenêtre de la Cuisine de Fieschi
D. Fenêtre de la cuisine de l'Appartement Chinier
Échelle de 0m 003 pour mètre.
Élévation du Côté du Boulevard des Maisons portant les numéros 50 et 52.
Élévation du Côté de leurs Cours respectives, des maisons Boulevard du Temple Nº 50 et Nº 52, ou en d'autres termes Coupe Transversale prise suivant la ligne K L du Plan (joint au plan)

www.ingramcontent.com/pod-product-compliance
Lightning Source LLC
Chambersburg PA
CBHW050554270326
41926CB00012B/2043
* 9 7 8 2 0 1 4 4 6 8 9 1 5 *